དགེ་རྒྱས་ལོ་རིམ་མེ་ལོང་།

革吉年鉴

2017

（总第2卷）

革 吉 县 人 民 政 府 主办
中共革吉县委员会党史办公室 编

数字革吉 2016

辖区面积：46104.28平方千米

年末常住人口：18170人

地区生产总值：35529万元

第一产业：10134万元

第二产业：8990万元

第三产业：16405万元

全社会固定资产总额：4.34亿元

全社会消费品零售总额：6844.7万元

地方公共财政预算收入：1382万元

工业增加值：2516万元

农牧民人均可支配收入：8570元

阿里地区行署副专员、革吉县委书记　索朗次仁

县委副书记、县长　王明杰

人大常委会党组书记、主任　白玛加布

政协党组书记、主席　洛桑遵珠

2016年3月10日，西藏自治区人大常委会副主任李文汉（左三）到革吉县检查指导维稳工作

2016年5月17日，西藏自治区人大常委会副主任嘎玛（前排右一）到革吉县检查指导换届工作

2016年11月3日，西藏自治区副主席其美仁增（右五）到革吉县督导检查脱贫攻坚工作

2016年9月18日，西藏自治区副主席多吉次珠（前排左三）一行工作组到革吉县“五保”集中供养中心考察工作

2016年9月2日，西藏自治区住建厅厅长斯朗尼玛（前排右二）到革吉县检查指导易地搬迁工作

2016年8月6日，西藏自治区民政厅副厅长、巡视员徐家利（前排左二），阿里地区民政局党组书记索南仁青（前排左一）到革吉县“五保”中心调研

2016年5月6日，阿里地区政协主席洛桑白姆（左四）一行工作组到革吉县调研

2016年2月8日，阿里地区行署副专员、革吉县委书记索朗次仁为参加庆祝藏历新年那布艺术团演出人员敬献哈达

2016年12月14日，阿里地区行署副专员、革吉县委书记索朗次仁主持召开革吉县2016年度党组织书记抓基层党建工作述职评议会

2016年3月26日，阿里地委委员、统战部部长旦巴旺久（中）到革吉县检查指导工作

2016年10月26日，阿里地区中级人民法院党组书记、院长赵宇彦（右二）到革吉县人民法院慰问

2016年8月23日，阿里地区纪委副书记王伟（右一）到革吉县革吉镇检查指导纪检工作

2016年12月14日，阿里地委宣传部副部长次仁多吉（左一）到革吉县检查指导意识形态领域工作开展情况

2016年12月29日，阿里地委组织部副部长庞永旺对县委班子民主生活会作点评提意见

2016年5月7日，阿里地区中级人民法院党组副书记、副院长贡嘎（右一）到革吉县人民法院检查指导工作

2016年9月8日，阿里地区工作委员会副主任其米（右一）、阿里地区工会主席多尔琼（右三）一行到革吉县检查指导工作

2016年12月20日，西藏自治区总工会法律保障部部长扎西罗布（后排左三）、阿里地区工会办事处党组书记、主任多尔琼（后排右二）到革吉县慰问困难职工

2016年7月1日，西藏自治区水土保持工作组一行检查革吉至改则公路建设阶段水土保持工作情况

2016年8月22日，日喀则市人大工作组一行到革吉县人大考察

2016年6月30日，县委副书记、县长王明杰主持召开庆祝建党95周年座谈会

2016年8月7日，县委副书记、县长王明杰主持召开革吉县党建工作推进会

2016年3月21日，阿里地区卫生局副局长李永年（右排左一）到革吉县卫生局检查指导工作

2016年3月23日，阿里地区环保局副局长欧珠多吉（左二）到革吉县检查指导环境保护工作

2016年12月2日，阿里检察分院政治处主任杨邦杰（左二）一行到革吉县人民检察院开展党组成员检察官入额考核会议

2016年5月7日，阿里地区中级人民法院工作组一行到革吉县人民法院检查指导工作

2016年5月9日，阿里地区援藏医疗队到革吉县开展义诊活动

2016年2月8日，革吉县春节、藏历新年文艺演出

2016年6月11日，革吉县举办首届干部职工自行车骑行赛

2016年7月1日，革吉县庆祝中国共产党建党95周年暨表彰大会

2016年8月25日，中国共产党革吉县第九次代表大会

2016年8月25日，中国共产党革吉县第九次代表大会代表合影

2016年8月30日，革吉县十二届人民代表大会第一次会议代表合影

革吉县广场

革吉县干部职工食堂

革吉县蟹儿东湖

雄巴乡象鲁康寺

革吉县民族服饰

藏野驴

革吉县牦牛养殖基地

革吉县雄巴乡巴尔措沼泽地

革吉县盐湖乡聂尔措湖

革吉县亚热乡罗玛温泉

革吉县盐湖乡扎西曲林寺

文布当桑乡青稞基地

编辑说明

一、《革吉年鉴》自2016年开始编纂，每年出版1卷，2017年卷为第2卷。

二、《革吉年鉴》以马克思列宁主义、毛泽东思想、邓小平理论、“三个代表”重要思想、科学发展观为指导，深入贯彻落实习近平总书记系列重要讲话精神和治国理政新理念新思想新战略，坚持辩证唯物主义和历史唯物主义的主场、观点、方法，始终坚持“实事求是、质量第一、存史资政、服务大众”的办鉴宗旨，全面、系统、翔实地记述革吉县上一年度政治、经济、文化、社会等各项事业的基本情况，为社会各界与国内外人士了解和研究当今革吉县提供翔实资料。

三、《革吉年鉴》分为正文与彩页两部分。正文采取分类编辑法，以类目、分目、条目为主要框架结构，个别包含多方面资料的条目，则在段落间加插楷体标题提示，方便读者查阅全书。

四、《革吉年鉴（2017）》载录革吉县2016年经济社会发展的基本资料，设有特载、综述、大事记、政治、武装、法治、经济管理、社会事业、城市建设・环保、交通・通信、金融、乡（镇）概况、附录等内容，通过这些内容，可以为人们了解革吉县、认识革吉县提供一个全新的窗口。

五、《革吉年鉴》的编辑宗旨，在于求真务实，力求真实生动地反映革吉县在改革开放和现代化建设中取得的崭新成就。

六、《革吉年鉴》所提供的内容和数据，分别来自于革吉县各有关部门和乡（镇）人民政府，经各级领导审核，但由于口径与统计方法不同，恐有不一致之处，但使用时应以区统计局提供的数据为准。

《革吉年鉴》编辑部

2017年8月1日

《革吉年鉴》编纂委员会

《革吉年鉴》编辑部

图书在版编目（CIP）数据

革吉年鉴. 2017 / 中共革吉县委员会党史办公室编. -- 北京：方志出版社，2017.8

ISBN 978-7-5144-2519-2

Ⅰ. ①革… Ⅱ. ①中… Ⅲ. ①革吉县－2017－年鉴 Ⅳ. ①Z527.54

中国版本图书馆CIP数据核字（2017）第232115号

革吉年鉴（2017）

编　　者：中共革吉县委员会党史办公室
责任编辑：王　俊

出 版 人：冀祥德
出 版 者：方志出版社
地址　北京市朝阳区潘家园东里9号（国家方志馆 4 层）
邮编　100021
网址　http://www.fzph.org
发　　行：方志出版社图书经销中心
电话（010）67110500
经　　销：各地新华书店
印　　刷：河南匠心印刷有限公司

开　　本：889×1194　　1/16
印　　张：22.75
字　　数：488千字
版　　次：2017年8月第1版　　2017年8月第1次印刷
印　　数：001～500册

ISBN 978-7-5144-2519-2　　定价：350.00元

目 录

特 载

综 述

革吉县概况

大事记

政 治

中共革吉县委员会

革吉县人民政府

革吉县人民代表大会常务委员会

中国人民政治协商会议革吉县委员会

中共革吉县纪律检查委员会（监察局）

中共革吉县委办公室

革吉县人民政府办公室

革吉县人民代表大会常务委员会办公室

中国人民政治协商会议革吉县委员会办公室

中共革吉县委组织部

中共革吉县委宣传部

中共革吉县委统战部

中共革吉县委政法委员会

革吉县党的建设领导小组办公室

革吉县总工会

共青团革吉县委员会

革吉县妇女联合会

革吉县信访局

武 装

革吉县人民武装部

革吉县公安消防大队

武警革吉县中队

法 治

革吉县公安局

革吉县人民检察院

革吉县人民法院

革吉县司法局

经济管理

革吉县发展和改革委员会

革吉县财政局

革吉县国土资源局

革吉县商务局

革吉县安全生产监督管理局

革吉县国家税务局

革吉县工商行政管理局

革吉县旅游局

革吉县邮政分公司

社会事业

革吉县民政局

革吉县人力资源和社会保障局

革吉县民族宗教事务局

革吉县卫生局

革吉县文化广播电影电视局

革吉县农牧局

革吉县扶贫（农发）办

革吉县林业局

革吉县水利局

革吉县教育（体育）局

革吉县藏语文工作委员会办公室（编译局）

革吉县中学

革吉县完全小学

革吉县供电有限公司

城市建设·环保

革吉县住房和城乡建设局

革吉县环境保护局

革吉县重点建设项目管理中心

革吉县建设工程质量监督站

革吉县城市管理监察大队

交通·通信

革吉县交通运输局

革吉县电信局

革吉县移动公司

金　　融

中国农业银行股份有限公司革吉县支行

乡（镇）概况

革吉镇

雄巴乡

亚热乡

盐湖乡

文布当桑乡

附　录

彩页目录

特　　载

在中国共产党革吉县第九届委员会第二次全体会议上的讲话

阿里地区行署副专员、革吉县委书记　索朗次仁

（2016年12月14日）

中共革吉县第九次党代会召开以来，新一届县委班子团结带领全县各级党组织和广大干部群众，高举中国特色社会主义伟大旗帜，全面深入贯彻落实党的十八大、十八届三中、四中、五中、六中全会精神、中央第六次西藏工作座谈会精神和自治区第九次党代会精神，贯彻落实习近平总书记系列重要讲话精神，坚持“依法治藏、富民兴藏、长期建藏、凝聚人心、夯实基础”的重要原则和“加强民族团结，建设美丽西藏”的指示精神，坚持创新、协调、绿色、开放、共享的发展理念，认真落实中央、自治区和地区决策部署，全县各项工作取得了新的成绩。这次会议的主要任务是：以习近平总书记治边稳藏重要战略思想为指引，全面贯彻落实十八届六中全会精神，深入贯彻落实自治区第九次党代会精神，坚决贯彻落实以吴英杰同志为班长的区党委的各项决策部署，坚决贯彻落实以白玛旺堆同志为班长的地委的各项工作要求，动员全县各级党组织和广大干部群众，进一步振奋精神、抢抓机遇，为实现革吉长足发展和长治久安而努力奋斗。下面，我代表县委常委会，讲四点意见。

一、回顾县九届一次全委会以来的工作，坚定经济社会长足发展和长治久安的信心和决心

中国共产党革吉县九届一次全委会召开以来，全县各级各部门严格按照党代会确定的指导思想和目标任务，紧密结合工作实际，围绕“加强党建、夯实基础，突出民生、改善条件，保护生态、利用资源，放大优势、形成特色，加快发展、确保稳定”的工作要求，进一步优化工作思路，明确工作重点，强化工作措施，深入开展学习宣传贯彻党的十八届六中全会精神和自治区第九次党代会精神，积极组织广大党员干部深入学习《关于新形势下党内政治生活的若干准则》和《中国共产党党内监督条例》，不断提高党要管党、从严治党的政治责任；认真开展区党委巡视十三组巡视革吉所反馈问题的整改落实，着力解

决党的领导弱化、党的建设缺失、从严治党不力等方面存在的突出问题；圆满完成雪顿、党的十八届六中全会、自治区第九次党代会等重要节点维稳安保工作，确保了社会局势持续稳定、长期稳定、全面稳定；扎实推进经济、政治、民生、文化和党的建设，城乡统筹步伐逐步加快，精准脱贫工作取得阶段性胜利，民生事业协调推进，生态建设得到改善，党的建设不断加强，干部工作作风持续好转，经济社会继续保持又好又快发展势头，为全面实现“十三五”开门红奠定了坚实的基础。

二、统一思想，充分认识自治区九次党代会的重大意义

自治区第九次党代会是在以习近平同志为核心的党中央的英明领导和亲切关怀下，在我区保持持续稳定和全面稳定、走向长治久安的关键阶段，打赢脱贫攻坚战、全面建成小康社会的决战决胜阶段，加紧生态区建设、增强自我发展能力的重要阶段，落实管党治党责任、不断增强各级党组织管党治党意识和能力的巩固提升阶段，召开的具有十分重大意义的会议。这是一次承前启后、继往开来的大会，解放思想、务实创新的大会，民主团结、昂扬奋进的大会，和谐向上、与时俱进的大会。大会批准了吴英杰同志代表中国共产党西藏自治区第八届委员会作的《坚定不移贯彻落实习近平总书记治边稳藏重要战略思想，奋力推进西藏长足发展和长治久安》的报告，批准了中国共产党西藏自治区第八届纪律检查委员会的工作报告。吴英杰书记的重要报告、重要讲话，高举中国特色社会主义伟大旗帜，坚持以马克思列宁主义、毛泽东思想、邓小平理论、“三个代表”重要思想、科学发展观为指导，深入贯彻习近平总书记系列重要讲话精神和治国理政新理念新思想新战略，深入贯彻习近平总书记治边稳藏重要战略思想，坚持“五位一体”总体布局和“四个全面”战略布局，全面总结了过去五年的工作，系统概括了做好西藏工作的宝贵经验，深入分析了我区经济社会发展的阶段性特征和变化，科学确定了今后五年工作的总体要求、目标任务和重点工作，具有鲜明的政治方向性、战略指导性、现实针对性，充分反映了全区广大党员干部和各族群众的共同意愿，是指导全区各级党组织团结带领各族人民，在新的起点上推进西藏长足发展和长治久安、全面建成小康社会的行动纲领。大会坚持党章和党的民主集中制，充分发扬民主、集思广益，以严的精神、实的作风，选举产生中国共产党西藏自治区第九届委员会和中国共产党西藏自治区第九届纪律检查委员会。我们要从战略的高度，充分认识学习宣传贯彻落实自治区第九次党代会精神特别是吴英杰书记重要报告、重要讲话精神的重大现实意义和深远历史意义，切实把思想和行动统一到以习近平同志为核心的党中央治国理政新理念新思想新战略要求上来，统一到习近平总书记治边稳藏重要战略思想上来，统一到区党委的部署要求和吴英杰书记重要报告、重要讲话精神上来，以铁一般的信仰、铁一般的信念、铁一般的纪律、铁一般的担当，不忘初心、继续前进，同心同德、开拓奋进，谱写好革吉各族人民美好生活的新篇章。

三、深刻领会，牢牢把握自治区第九次党代会精神实质

吴英杰书记的重要报告、重要讲话，通篇贯彻了党的十八大和十八届三中、四中、五中、六中全会特别是六中全会精神，通篇贯彻了习近平总书记系列重要讲话精神和治国理政新理念新思想新战略，通篇贯彻了习近平总书记治国必治边、治边先稳藏的重要战略思想和加强民族团结、建设美丽西藏的重要指示，通篇贯彻了“五位一体”总体布局、“四个全面”战略布局要求和新发展理念，通篇贯彻了中央第六次西藏工作座谈会精神和依法治藏、富民兴藏、长期建藏、凝聚人心、夯实基础的重要原则，围绕长足发展和长治久安的总目标，对维护社会稳定、促进经济发展、建设美丽西藏、加强党的建设作出了全面安排部署、提出了新的目标任务和工作要求。

（一）要深刻领会大会关于绝对忠诚于以习近平同志为核心的党中央的鲜明执政态度。吴英杰书记的重要报告开宗明义指出，以习近平同志为核心的党中央是党的选择、人民的选择、历史的选择，是党心所向、军心所向、民心所向，表明了忠诚拥戴、坚决捍卫以习近平同志为核心的党中央的鲜明态度。我们要进一步增强“四个意识”，特别是核心意识、看齐意识，坚定“四个自信”，坚定不移地向党中央看齐、向党的核心看齐、向党的理论和路线方针政策看齐、向党中央决策部署看齐，更加自觉地在思想上政治上行动上同以习近平为核心的党中央保持高度一致，同党的核心保持高度一致，始终做到党中央提倡的坚决响应、党中央决定的坚决执行、党中央禁止的坚决不做。对区党委和地委的决策部署要坚定不移地贯彻、毫不迟疑地执行、千方百计地落实，以实际行动维护中央、区党委和地委的绝对权威。

（二）要深刻领会和准确把握五年来全区经济社会发展取得的巨大成就和宝贵经验。自治区第八次党代会以来，区党委团结带领全区广大干部和各族群众，抢抓机遇、攻坚克难，主动作为，各项事业取得了新的重大成就，社会大局和谐稳定、经济持续健康发展、民主法治不断推进、统一战线发展壮大、宣传文化富有成效、生态环境保持良好、社会事业全面进步、民主团结持续巩固、宗教实现和睦和谐、改革开放逐步深化、援藏工作力度加大、党的建设全面加强，西藏稳定发展正处在历史上最好的时期之一。我们要充分认识这些成绩的取得，既来之不易，又鼓舞人心，既积累了宝贵经验，又增强了赶超的信心，从而更加坚定贯彻落实中央和区党委决策部署，不断开创经济社会长足发展和长治久安的新局面。

（三）深刻领会和准确把握发展稳定的阶段性特征和困难挑战。吴英杰书记的重要报告在回顾总结五年奋斗历程的基础上，概括总结了“八个必须始终”的基本经验，梳理分析了“四个阶段”“七个最大”的阶段性特征，综合判断了“八个方面”的艰巨挑战和任务。我们一定要深刻认清形势，准确把握规律，坚持问题导向，认清形势、看清差距、找准短板，对症下药、综合发力，着力把稳定做好、发展做大、生态做优、民生做实、改革做细、党建做强、短板做长、基础做牢，确保中央、区党委和地委各项决策部署落地见效，让党中央满意，让区党委和地委满意，让各族群众满意。

（四）要深刻领会和准确把握今后五年全区经济发展的指导思想和奋斗目标。吴英杰书记重要报告描绘了我区稳定发展的宏伟蓝图，深刻领会和准确把握今后五年全区经济社会发展的指导思想、奋斗目标和工作思路，是全面把握自治区第九次党代会精神的关键。报告明确提出，到2020年主要经济指标增速保持全国前列，贫困人口全部脱贫，基本公共服务主要指标接近或达到西部地区平均水平，基础设施条件全面改善，生态文明建设取得明显成效，自我发展能力明显增强，社会大局持续长期全面稳定，党的建设全面加强，建成安居乐业、保障有力、家园秀美、民族团结、文明和谐的小康社会。我们要充分认识现实这一奋斗目标，必须聚焦基础设施、公共服务、对外开放、创新驱动、绿色发展、生态保护、人才支撑、产业富民等方面的突出短板，综合施策、多管齐下，推动经济长足发展。

（五）要深刻领会“四个坚定不移”的部署要求。吴英杰书记重要报告在保持政策连续性基础上，围绕长足发展和长治久安的总目标，提出“四个坚定不移”的要求。各级党组织一定要深刻领会吴英杰书记重要报告中的新思想、新要求、新部署、新对策，坚定不移维护社会稳定，决不允许任何人任何时候以任何形式把西藏的一寸土地从祖国分裂出去，推动社会治理由“要我稳定”向“我要稳定”转变，坚持把藏传佛教不受境外操控作为寺庙管理的底线，着力在“导”上下工夫；坚定不移促进经济社会发展，坚持用新发展理念统领发展全局，以供给侧结构性改革为主线，推动经济持续健康发展；坚定不移建设美丽西藏，牢固树立生态优先理念，加强生态工程建设，健全生态保护机制，培育绿色生态文化，切实保护好雪域高原的一草一木、山山水水、冰天雪地；坚定不移加强党的建设，深入贯彻落实党的十八届六中全会精神，巩固和营造好雪域高原风清气正的政治生态。

（六）要深刻领会和准确把握加强和改进党的建设重大部署。办好西藏的事情，关键在党。必须以改革创新精神全面推进党的思想、组织、作风、制度和反腐倡廉建设，不断提高党的建设科学化水平。我们要清醒地认识到有效解决当前党员干部队伍中存在的主要问题，必须始终保持对以习近平同志为核心的党中央绝对忠诚，对党绝对忠诚，着力加强思想政治建设，加强领导班子和干部人才队伍建设，加强基层组织和党员干部队伍建设，加强党的作风建设，加强党风廉洁建设和反腐败斗争，不断夯实党在西藏的执政根基，为经济社会长足发展和长治久安提供坚强的政治保证和组织保障。

四、坚决抓好贯彻落实，开创革吉经济社会长足发展和长治久安的新局面

吴英杰书记重要报告指出，全区处于“四个阶段”的历史节点，有着“七个最大”的挑战与机遇，面临“八个方面”新的特征和变化，让我们更加清晰地认识到所处的阶段和面临的突出问题。特别是革吉和全地区相比，还面临着一些特殊问题，如，干部群众观念比较落后，市场意识、竞争意识、开放意识不足；反分裂反蚕食反暴恐的形势更加尖锐复杂，面临着“后达赖”向“达赖后”转变的重大挑战，面临着境外势力西藏分裂和新疆分裂势力勾连滋事的压力；经济发展严重不足，经济总量小、发展层次低，基础设施不足，特别是能源供应短缺、综合交通、水利保障能力差；社会发育程度低，产业刚刚起步，市场主体少、层次低、功能差；人才短缺，人才引进难、留不住，特别是教育、卫生紧缺是制约行业发展的根本性原因；公共服务有效供给不足，农牧民居住高度分散，公共服务半径大、成本高，吃水、用电、通行、供暖、供氧设施不足；脱贫攻坚任务十分繁重，脱贫人口占比高、致贫因素多、贫困程度深、脱贫成本高；各类灾害多发易发，地质灾害隐患分布广泛，抵御地震、雪灾、泥石流、风灾等自然灾害能力亟待加强。

虽然面临这些困难和问题，但我们有以习近平同志为核心的党中央亲切关怀，有以吴英杰同志为班长的区党委坚强领导，有全国支援、特别是联通集团的无私援助，有以白玛旺堆同志为班长的地委有力领导和高度重视，有资源丰富、人口基数少、实现后发赶超的优势，有宝贵的先遣连精神、孔繁森精神和阿里精神，可以说，当前和今后一个时期，挑战与机遇并存，机遇大于挑战。只要我们正视困难，把握机遇，集中全县的智慧和力量，心往一处想，劲往一处使，用好用足优势，破解瓶颈难题，革吉的各项事业大有希望、大有作为。

结合自治区和地区提出的今后五年工作总体要求和奋斗目标，今后五年我县全县生产总值年均增长24%以上，财政总收入年均增长15%以上，固定资产投资年均增长22%以上，城镇居民人均可支配收入年均增长10%以上，农村居民人均可支配收入年均增长16%以上，城镇登记失业率控制在3%以内，贫困人口如期全部实现脱贫，基本公共服务主要指标接近或达到西部地区平均水平，基础设施条件全面改善，生态文明建设取得明显成效，自我发展能力明显增强，社会大局持续长期全面稳定，党的建设全面加强，建成安居乐业、保障有力、家园秀美、民族团结、文明和谐的小康社会。

围绕上述目标任务，我们主动适应经济发展新常态，主动顺应人民群众新期盼，主动解决发展中的新问题，着力抓好基础设施推进工程，着力抓好精准脱贫攻坚工程，着力抓好文化旅游打造工程，着力抓好生态保护优先工程，着力抓好民生改善先动工程，着力抓好党的建设从严工程，着力抓好民族团结创建工程，着力抓好社会治理创新工程。

（一）绝对忠诚于核心。进一步强化各级党组织和广大党员干部“四个意识”，牢固树立西藏海拔高但学习贯彻习近平总书记系列讲话精神和以习近平同志为核心的党中央决策部署标准更高，牢固树立西藏客观条件特殊但从严治党和反腐倡廉没有任何的特殊性，牢固树立西藏氧气少气压低但执行《准则》《条例》、坚定理想信念的标准不能降低，更加紧密地团结在以习近平同志为核心的党中央周围、团结在党的核心周围，自觉在思想上拥戴核心、政治上信赖核心、组织上忠诚核心、行动上捍卫核心，坚定不移维护以习近平同志为核心的党中央权威、维护党的核心权威，坚定不移向党中央看齐、向党的核心看齐、向党的理论和路线方针看齐、向党中央决策部署看齐，更加自觉地在思想上政治上行动上同以习近平同志为核心的党中央保持高度一致、同党的核心保持高度一致。要坚决拥护以吴英杰同志为班长的区党委和以白玛旺堆同志为班长的地委，凡是区党委和地委做出的决策部署，始终做到坚定不移地贯彻、毫不迟疑地执行、千方百计地落实，用实际行动践行对以习近平同志为核心的党中央的坚决拥护和绝对忠诚。

（二）切实维护和谐稳定。一要着力实现“要我稳定”向“我要稳定”转变。持续深入开展宣传教育，让各族干部群众深刻认识当前维护社会稳定工作面临的严峻形势，切实把思想统一到区党委、地委、县委的统一部署上来，主动适应反分裂反暴恐斗争和维护稳定的新变化、新特点，切实增强政治意识、大局意识、忧患意识、风险意识、责任意识，自觉从思想深处由“要我稳定”向“我要稳定”转变。二要深入开展反分裂斗争。各族干部群众要深刻认识十四世达赖集团政治上的反动性、宗教上的虚伪性、手法上的欺骗性，清醒认识到我们同达赖集团的斗争不是民族问题、宗教问题、人权问题，而是一场捍卫主权、捍卫旗帜、捍卫道路的严肃政治斗争。要坚决贯彻中央对达赖集团的斗争政策不动摇，积极应对“后达赖”向“达赖后”转变的重大挑战，下好先手棋、打好主动仗，坚持专群结合，充分发挥基层党组织特别是驻村驻寺机构作用，教育引导各族群众自觉感党恩、听党话、跟党走，自觉与达赖集团划清界限；要强化情报信息搜集，依法打击各类渗透分裂破坏活动。三要强化边界防控。严格落实边界防控总体方案，进一步强化乡村联防机制，基层党组织、“三员队伍”“双联户”、民兵、民警携手做好联防巡逻、设卡堵截、封控管控等工作。加强各检查站巡逻执勤、登记检查、人员管理工作。严格落实“三证管理”“四必查”措施，切实管理到位、审查到位。按照以证管人、以房管人、以业管人的要求，做好外来人员的管理和服务工作，确保不漏管失控。四要创新完善社会治理。完善城乡网格化管理体系，持续开展“先进双联户”创建活动，深化司法体制改革，建强社会综合管理体系。加强政法队伍建设，强化干警专业技能和技侦水平，提升专项治理、系统治理、综合治理、源头治理的能力和水平。深化矛盾纠纷排查化解，突出抓好以工程领域为重点的信访调处工作。加强社情舆情、治安动态、热点敏感问题的分析研判，加强重大项目建设、重大活动开展、重大政策调整的社会风险评估，有效防范化解管控各种风险。五要依法做好宗教工作。全面贯彻落实党的宗教工作方针和国家管理宗教事务的法律法规，坚持把藏传佛教不受境外操控作为寺庙管理底线，着力在“导”上下功夫，严格落实“三不增加”工作要求，依法加强宗教事务管理，维护正常的宗教秩序。严格按照“属地管理、分级负责”的原则，层层落实县、乡、村三级寺庙管理主体责任，推进寺庙管理制度化、规范化、科学化。深入开展和谐模范寺庙暨爱国守法先进僧尼创建评选活动及法制教育和时事政策教育。加强社会流动从事宗教人员、四省藏区学经回流人员和寺庙周边信教群众的服务管理，发挥好爱国爱教的宗教界人士在维护祖国统一、促进民族团结和社会和谐稳定中的积极作用，促进藏传佛教与社会主义社会相适应。六要巩固发展民族团结。全面贯彻习近平总书记“加强民族团结、建设美丽西藏”的重要指示和党的民族政策，严格执行民族区域自治制度，加强各民族的交往交流交融。坚持把民族团结工作贯穿于全盘工作的各个方面、各个环节，开展民族团结示范创建工作，带头维护班子团结、党内团结、社会团结，做到聚人心，固基础。七要确保意识形态领域安全。坚持党对意识形态工作的领导，全面落实新时期党的新闻舆论工作的职责和使命，坚持不懈抓好意识形态工作，加强干部群众理想信念教育，夯实反渗透的思想体系。对各种政治性、原则性、导向性问题敢抓敢管，牢牢掌握意识形态工作的领导权、管理权、话语权，确保意识形态领域绝对安全。八要加强民主政治建设。进一步完善人民代表大会制度和民主协商制度，全力支持人大、政协依法行使监督、决定、任免和政治协商、民主监督、参政议政等职权，充分发挥人大、政协在依法治县进程中的应有作用。支持侦查机关、审判机关、检察机关依法独立公正行使职权，充分发挥司法在依法治县中的重要作用。

（三）切实推动经济长足发展。一要坚持投资拉动。我县欠发达的实际决定了区域经济发展在较长一段时期内仍然需要依靠投资拉动。各乡镇各部门一定要始终坚持基础先行、项目带动，围绕“十三五”规划，重点实施一批打基础、管长远、增后劲，对经济发展支撑引领作用的重大项目。着力解决公路等级低、断头路多、迂回线少等问题，切实改善交通条件。深入贯彻落实水利部水利系统支持援助阿里座谈会精神，扎实推进重点水利骨干工程和民生水利工程建设。抓好能源基础设施建设，突出抓好县乡和集中村生产生活用电工作。二要大力发展特色农牧业。编制特色优势产业发展规划，坚持吃好旅游、设施牧业和生态保护产业“三个碗饭”，推动现代牧业产业和生态保护产业发展，建设革吉牧区生态保护型乡村，发展生态牧业经济。按照“草业先行，草畜平衡”的原则，进一步加大人工种草力度，努力提高种草效益，推进畜牧业产业化进程。调整优化结构，努力培育绒山羊和藏系绵羊高产品系，提高绒山羊和藏系绵羊个体生产性能。三要大力发展绿色矿产业。抓好以盐湖资源开发利用为主的绿色矿产业，规划好矿产资源的开发勘查、规划建设、开采、土地复垦、生态环境恢复等，确保实现资源的充分开发利用、环境保护、安全生产与矿业经济可持续发展的目标。四要积极发展民族手工业。大力保护和发展民族传统手工技艺，坚持现代科技与传统工艺相结合，提高民族手工业产品的科技含量，满足消费者多层次需求及旅游业发展需要。五要大力发展非公经济。大力支持非公有制经济发展，消除体制性障碍，放宽非公有制经济市场准入，鼓励和支持非公有资本参与经营性公益事业、参与基础设施项目建设。加强和改进对非公有制企业的服务和监督，切实提高非公有经济在全县经济中的比重。六要保障和改善民生。要坚决打赢扶贫攻坚战。紧紧围绕“两年集中攻坚，三年巩固提升，四年全部脱贫摘帽”的总体部署，紧扣“扶持谁”“谁来扶”“怎么扶”“如何退”等关键问题，以实现贫困人口“三不愁”“三有”“三保障”为目标，进一步强化责任意识、主动作为意识、敢于争先意识和主人翁意识，确保脱贫攻坚工作扎实有效。要坚持教育优先发展战略。抓好“组团式”教育援藏工作，全力推进学前教育普及发展，抓好县乡幼儿园建设，调整优化全县中小学教育布局，加强师资队伍建设，大力实施“名师工程”，加快教育信息化基础设施建设和数字化校园建设，着力推进义务教育均衡发展。要全面实施健康革吉行动。出台《中共革吉县委、县人民政府关于切实加强实施健康革吉行动的意见》，抓好“组团式”医疗援藏工作，加强卫生服务体系建设，培养一批“下得去、用得上、留得住”的实用型医务人才；建立健全农村医疗卫生服务网络，完善县、乡、村医疗机构和公共卫生机构基础设施，集中力量建设标准化村卫生室，积极培养村卫生员、接生员，提高乡村综合救治能力和水平。要加快文化体育事业发展。推进文化惠民工程，提升基本公共文化服务水平；支持民间艺术团组织编排、创造一批特色文化文艺节目，丰富干部群众文化生活；建设一批村级公共服务中心，实现村村有文化室。要积极扩大就业。大力发展服务业、微型企业、经合组织和个体经济，积极开发社区服务、公共服务等公益性岗位，鼓励支持非全日制就业、临时就业等多样化就业形式，多渠道增加就业岗位；鼓励自主创业、自谋职业，支持以创业带动就业。要建立健全公共就业服务平台，加强公共就业服务机构、创业服务体系和人力资源市场建设；加强城乡劳动力技能培训，推进劳动力市场信息网络建设，有序组织劳动力转移就业。要强化城乡社会保障体系。以社会保险、社会救助、社会福利为基础，以基本养老、基本医疗、最低生活保障为重点，以慈善事业、商业保险为补充，建立覆盖城乡的社会保障体系，全面落实“两个低保、五个救助、两个供养、四个补助”各项惠民政策，进一步织密织牢社会保障网络，让群众更多更公平地享受发展成果。七要着力深化改革开放。深化牧区改革，在坚持“三个长期不变”的前提下，加快推进以联户联组放牧、培育养畜大户、草场有偿有序流转为主要内容的农牧区改革，转变传统的牧业生产方式。深化牧区商贸流通体系改革，抓好电子商务、县乡农贸市场、物流藏储批发零售工作；深化行政体制改革，精简审批事项，简化审批程序，规范政府行为，优化政务、商务环境，强化政府经济调节、市场监管、社会治理、公共服务和环境保护职能；深化供给侧结构改革，把握推进供给侧结构性改革的基本原则和基本路径，从生产端入手，从供给侧发力，着力推进强创新、降成本、补短板，推动产业层次向中高端迈进，供需平衡向高水平跃升；深化投资体制改革，制定更多优惠措施，引入中小企业和重点行业到革吉投资入驻，重点发展矿产业、旅游业、加工业、养殖业，让其能进来、留得住、有赢利。在农牧转型升级和脱贫攻坚产业发展中，大力规范农牧民专业经济合作组织，重点培育扶持壮大带动能力强、发展前景好的经济实体，积极引进市场机制，引进专业管理团队、技术力量、社会资本，建设利益共同体，实现企业得到发展、项目发挥效益、群众转思想、提技能、能增收多方共赢。八要加快推进城镇化建设。充分发挥城镇的辐射带动作用，重点围绕特色优势产业开发、脱贫攻坚、就业增收等方面的需要，加快改善基础设施，大力提升县乡城市功能品味，优化公共服务产品供给，着力打造好中心城镇和特色旅游小镇。

（四）切实推进生态文明建设。要牢固树立“绿色”发展和“生态优先”理念。认真落实中央、自治区确定的生态功能保护区各项生态补偿政策措施，抓好退牧还草、人工种草、防沙治沙等重大生态环境保护工作，积极开展湿地、湖泊、河流、矿区、狮泉河源头生态保护、治理、恢复工作，切实做好羌塘自然保护区工作，保护好现有野生动物和原生植物。要落实好环保责任，加强环境监督，严把建设项目准入关，坚守生态安全底线、红线、高压线，加强对矿山矿区、重点项目施工现场和生产过程的检查，坚决制止破坏生态环境的行为发生，切实保护好革吉的一草一木、山山水水、冰山雪地。要建立完善县、乡、村环境卫生整治管理长效机制，大力开展城乡环境保护和节能减排工作，加强生态文明普及教育和宣传，在全社会营造人人关心生态、人人支持生态、人人爱护生态的浓厚氛围。

（五）切实加强党的建设。一要严肃党内政治生活。认真贯彻执行《关于新形势下党内政治生活的若干准则》，落实党内述职述廉、“三会一课”、民主评议党员、民主生活会、组织生活会等基本党内制度，把加强党性修养和道德教育作为一项长期任务来抓，引导党员干部坚定理想信念，坚守共产党人的精神追求，牢固树立正确的世界观、人生观、价值观，增强政治定力。二要加强干部队伍建设。继续实施“党员干部素质提升工程”，进一步完善党员干部学习、考核机制，加强各级领导班子建设、干部队伍建设和党员队伍建设，着力提升干部队伍“善观大势、会谋大事，促进改革、推动创新，厉行法治、依法行政，根植人民、服务群众”的素质能力，努力建设一支忠诚干净担当的高素质干部队伍；严格贯彻执行《干部选拔任用条例》，按照好干部五条标准，严把选人用人动议关、考察关、程序关，旗帜鲜明地支持和鼓励敢于担当、干事创业的干部，进一步树立正确的用人导向。三要加强基层党组织建设。进一步加大各领域党组织建设指导力度，加强“双联户”单元、作业组、非公经济组织、农牧民经合组织、便民警务站、学校、文化站、卫生院等领域党组织的设立和党建工作的指导；继续抓好全县团建、妇建、工建工作；进一步深入推进服务型党组织建设；继续着力提升村（居）“两委”班子履职能力，切实抓好村居“两委”换届工作，树立村（居）“两委”威信，帮助开展工作。四要加强党风廉洁建设和反腐败斗争。全面落实党委主体责任和书记第一责任，带头严格执行党风廉政建设责任制，督促班子成员严格落实“一岗双责”，全面强化作风建设。切实加强对《党章》《中国共产党廉洁自律准则》《中国共产党纪律处分条例》《中国共产党问责条例》相关法规学习和廉政文化教育，教育引导广大党员干部特别是领导干部牢固树立纪律和规矩意识。加强纪委自身建设，全面落实“监督、执纪、问责”工作，加强重点领域、重点环节、重点部位的监督，严厉查处领导干部滥用职权、行贿受贿、腐化堕落、失职渎职等案件，严厉查处违反党的政治纪律、组织纪律、反分裂斗争纪律、不按程序规定办事等违法违规行为，严厉查处党员干部中存在的不作为、慢作为、乱作为、工作推动不力和作风漂浮等问题，积极营造风清气正的政治生态。

各位委员，同志们，让我们紧密团结在以习近平同志为核心的党中央周围，在以吴英杰书记为班长的区党委和以白玛旺堆同志为班长的地委的坚强领导下，立足新起点、把握新机遇，切实解放思想，坚定信心，奋发作为，锐意进取，以扎实的作风、昂扬的斗志，开拓进取，真抓实干，为夺取全面建成小康革吉决战胜利而努力奋斗！

顽强拼搏 攻坚克难 砥砺前行 推动全县经济社会发展持续向好

——在革吉县十二届人民代表大会第二次会上的报告

县委副书记、政府县长 王明杰

（2017年4月11日）

各位代表：

现在，我代表革吉县第十二届人民政府，向大会报告政府工作，请予审议，并请各位政协委员和列席会议的同志提出意见。

2016年工作回顾

2016年，在以习近平总书记为核心的党中央坚强领导下，在区党委、政府和阿里地委、行署、县委的正确领导下，在县人大、政协的监督支持下，县人民政府团结带领全县各族干部群众，高举中国特色社会主义伟大旗帜，全面贯彻落实党的十八大和十八届三中、四中、五中、六中全会精神，贯彻落实习近平总书记系列重要讲话精神特别是“治国必治边、治边先稳藏”的重要战略思想和“加强民族团结，建设美丽西藏”的重要指示精神，贯彻落实中央第六次西藏工作座谈会精神和区党委八届九次全委会精神，坚持“五位一体”总体布局和“四个全面”战略布局，坚持创新、协调、绿色、开放、共享的五大发展理念，牢固树立“四个意识”，以“创新驱动谋全局、攻坚扶贫扣大局、围绕项目抓布局、建设基地创新局”为出发点和落脚点，统筹做好稳增长、调结构、促创新、惠民生、保稳定各项工作，锐意进取，攻坚克难，敢于担当，主动作为，保持了经济持续增长、社会持续稳定、民生持续改善、全面从严治党持续推进的良好局面，全县经济运行呈现出又好又快、又稳又实的良好发展态势，全年经济社会发展主要目标任务圆满完成，全县生产总值达35529万元，增长9.8%；社会固定资产投资达4.34亿元，增长37%；完成财政收入1382万元；社会消费品零售总额达6844.7万元，增长16.63%；农村居民人均可支配收入达8570元，增长10.02%，首次追赶上了自治区9316元和地区9204元的平均水平；居民消费价格涨幅控制在3.5%以内；城镇失业率控制在2.5%以内，“十三五”实现了良好开局。

——重点项目建设加快推进。全年共实施以城建、交通、水利、农牧、教育、扶贫、卫生等为主的基础设施建设项目71个，投资首次突破4亿元，全县基础设施条件明显改善。雄巴至亚热柏油路建成通车，实现了全部乡镇通柏油路；县城垃圾填埋场建设、牧区转场公路和小型桥涵建设、年度安居工程建设、公安局业务用房建设、幼儿园改扩建、步行街公园建设、农贸市场升级改造工程、游客综合服务站建设、2015年公共租房和乡镇干部职工周转房建设等一批重点项目建成并投入使用；嘎尔嘎灌区工程、2015年水利重点县建设、消防大队业务用房建设、2015年退牧还草等项目建设进展顺利。能源保障水平逐步提升，成功与地区实现电网并网，基本解决了县城冬季电力无法保障问题，供电公司成功改制并实现市场化运营。切实加大项目前期工作和协调力度，县财政在地区下拨270万元基础之上又预算200万元前期经费，有效解决了项目前期推进难、速度慢等问题，加快了项目建设进度，确保了项目建设质量和效益。

——脱贫攻坚首战告捷。始终坚持把脱贫攻坚工作作为重要政治任务和头号民生工程来抓，立足实际，科学编制了“十三五”脱贫攻坚总体规划，组织实施了2016年脱贫攻坚产业扶贫、生态脱贫、社会兜底、易地搬迁、教育脱贫、转移就业等脱贫规划具体内容；认真开展了“十项步骤性工作”和“十项重点工作”。易地扶贫搬迁“福康小区”竣工并投入使用，集中安置了70户238人，完成投资2340万元。全年实现了236户862人建档立卡贫困户脱贫出列，超额完成了区、地两级下达的脱贫任务。设立了500万元农牧民群众创业基金，帮助群众创业增收，全年共发放创业基金189.5万元，受益群众达65户340人；完成农牧区劳动力转移就业735人，收入达270万元；3807个生态补偿岗位覆盖了全部有劳动能力的建档立卡贫困户，生态岗位补助每人每年3000元；政策兜底脱贫得到有效落实，每人1245元的定向政策性扶贫补助落实2640人，蔬菜产业园建设、2016年雄巴乡农业综合开发土地治理项目进展良好，分别完成投资940万元和882万元；2015年文布当桑乡农业综合开发土地治理项目建设完成投资807万元。

——产业结构不断优化升级。一、二、三产值分别完成10134万元、8990万元、16405万元，同比分别增长3.7%、10.9%、10.8%，产业结构进一步优化。着力推进产业建设，全力打造“五大产业基地”和蔬菜基地。革吉镇牦牛产业基地牦牛总数达245头，年创收30万元；亚热乡绵羊育肥基地全年出栏绵羊1300只，年创收90余万元；逐步扩大雄巴乡民族手工艺品加工厂生产规模，开展手工艺技能培训，增加了民族手工艺品的品种、提高产品质量，年创收23万元；盐湖乡多种产业发展基地建设不断推进，群众通过出租房屋、开办小型超市、茶馆等方式，年创收达206万元；文布当桑乡饲草料种植加工基地建设取得初步成效，群众通过参与荣热农业综合开发土地治理项目建设，年创收达104万元。不断发展壮大白绒山羊特色产业，目前全县白绒山羊规模达到8.6万只。全县牲畜存栏总数38.27万绵羊单位，完成人工种草1.6万亩。以融入冈底斯国际旅游合作区建设为目标，完成了革吉县国际生态旅游区的规划工作，计划总投资6.98亿元。全年接待游客12631人次，实现旅游收入173.9万元。全年调运硼镁矿7.8万余吨，实现税收439.87万元。

——改革创新不断深化。积极推进牧区供给侧结构性改革，探索解决牧民“惜杀惜售”思想严重与载畜平衡的关系；深入推进行政审批制度改革，强化行政服务体系建设，不断提高行政服务体系建设，不断提高行政效能。深入推进降税清费，全面实施“营改增”，减免各项税费117.36万元。深入推进城乡统筹发展，不动产登记工作有序开展。坚持“创新工作思路、完善方式方法，有偿使用资源、搞活牧区经济，增加群众收入、确保按时脱贫，稳妥有序推进、维护社会稳定”的牧业改革工作原则，明确了“推进草场有偿流转、联户联组经营、培育养畜大户”的三农改革任务，制定完善了《革吉县关于草场有偿流转的工作办法》《革吉县关于推进联户联组经营的工作方案》和《革吉县关于培育养畜大户的工作方案》，在各乡镇试点推广牧区三项改革，亚热乡和革吉镇部分村（居）改革工作取得了初步成效，为全县进一步推进牧区改革积累了经验。

——生态环境持续向好。牢固树立“保护生态环境就是保护生产力，绿水青山就是金山银山”的理念，尊重自然、顺应自然、保护自然，执行最严格的生态红线制度，集中开展城乡环境综合整治，加强环境保护网格化管理，大力实施重点区域生态公益林、防沙治沙工程和生态安全屏障等项目建设，完成植树造林540亩5.56万株。投入30.5万元为各乡镇、县城添置垃圾收集箱30个；投入80万元实施狮泉河源头保护项目；投入

415.64万元建设革吉县生态公园；投入741.86万元创建森布村、布贡村、罗玛村、却藏村、结克村等5个生态村。羌塘国家级自然保护区管理体制机制改革试点工作顺利推进，3个专业管护站建成并顺利通过初验，36名专业管护人员完成培训后持证上岗，为建设生态安全屏障竭智尽力。

——*民生事业持续改善*。优先发展教育事业，教育项目投资5203万元，新建项目15个，其中革吉县幼儿园改扩建项目、亚热乡小学教工宿舍等6个项目已建成，革吉县中学教学辅助用房、革吉县全民健身活动中心、县中学教工宿舍等9个项目进展顺利；"奖学金"优惠政策进一步落实，为考上大学的15名大学生、1名重点高中生、10名内地初中学生兑现奖学金21.9万元；全年兑现教师超课补助88万元、乡村教师生活补助205万元；学校后勤保障改革工作基本完成。大力发展医疗卫生事业，组团式医疗人才援藏工作深入推进；公立医院改革取得阶段性成效；投资286.6万元新建了革吉镇中心卫生院，维修了四乡卫生院、县卫生服务中心原门诊楼、手术室和护士站；在编僧尼和农牧民群众免费健康体检全面落实。积极发展文化事业，全面落实全民健身活动中心和文化站建设配套资金，县文化活动中心、乡镇文化站全部正常开放；完成了53个文物点的普查工作。"十三件民生实事"有效落实，亚热乡集中供暖供氧建成投入使用；"五保"集中供养工作成效显著，成功承办了全区"五保"集中供养机构运行管理现场会。其他社会事业加快发展，重大动物疫病防治、防寒抗灾、惠民政策落实等各项工作圆满完成；建成乡镇职工周转房220套、公租房60套，棚户区改造实施货币安置40户、房屋安置42户，有效改善了干部群众居住环境。统计、编译、工商、物价、粮食、档案、地方志、国防动员、食药监管、民族宗教、妇女儿童、老龄、助残等工作都得到全面加强。

——*社会局势持续稳定*。认真落实自治区维稳十项措施和"六个严防"的任务要求，强化社会面防控，强化涉疆维稳管控，强化反恐防暴工作，强化情报信息收集研判，强化重点部位，要害部门巡逻防范，强化"护城河"过滤作用，强化边界一线管控，强化寺庙管理，强化工程建设领域突出问题专项整治，深入排查、多方协调、积极化解农民工工资拖欠问题，完善矛盾纠纷排查调处工作流程和工作制度，持续深入开展安全生产、消防安全隐患排查治理和"打非治违"专项行动，确保了重要时段和敏感节点的安全稳定，实现了"三无""三不出""三稳定"的目标。

——*政府自身建设不断加强*。自觉接受人大依法监督、政协民主监督和社会舆论监督，完善公共决策吸纳民意机制，认真办理人大代表建议38件和政协委员提案54件，办复率、满意率分别达100%，95%以上。深入推进政务公开和政府信息公开，坚持权力和责任清单"公开为常态，不公开为例外"原则，强化审计监督，规范资金使用，严格支出管理，"三公经费"支出持续下降。扎实开展"两学一做"学习教育，讲看齐、见行动，严守政治纪律和政治规矩，进一步增强领导干部的政治意识、大局意识、核心意识、看齐意识，大力整治庸、懒、散等作风问题，坚决惩戒干部不作为、慢作为、乱作为、不履职、不担当的行为，全县政府系统干部作风不断好转。政务服务环境进一步改善，4个乡便民服务站和县城党政综合服务中心全部建成并投入使用，完成投资589万元。扎实推进法治政府建设，深入开展政府系统党风廉政建设，认真落实全面从严治党要求，坚决贯彻《中国共产党廉洁自律准则》和《中国共产党纪律处分条例》，严格执行中央八项规定、区党委"约法十章""九项要求"，持之以恒纠正"四风"，保持反腐败斗争的压倒性态势。

各位代表，回顾过去一年的工作，我们深深地感受到在县委的正确领导下，革吉的发展思路更加清晰，发展步伐更加坚实，经济更加活跃，城乡更加美丽，社会更加和谐。这些成绩的取得，是地委、行署和县委正确领导的结果，是全县各族人民和全体干部职工团结奋斗的结果，是社会各界关心支持的结果。在此，我代表县人民政府，向全县各族人民、向各人民团体、向无私援建的中国联通公司和长期以来关心支持革吉各项社会事业发展的各界人士，表示诚挚问候和衷心地感谢！

在肯定成绩的同时，我们也要清醒地看到革吉经济社会发展中仍然存在不少的困难和问题。一是经济总量小，发展质量不高和水平偏低；二是项目建设进展不平衡，前期缓慢，富民强县的大项目储备不足，对经济发展的支撑作用还不够强；三是产业化水平低，产业规模小、链条短，优势不优、特色不特，集聚效应差，缺少龙头骨干企业，发展动力不足；四是公共服务能力不足，民生改善任务艰巨，基础设施、医疗卫生、教育文化基础薄弱，与人民群众的期盼还有较大差距；五是农牧民群众市场意识、竞争意识不强，发家致富的思想意识还不够强烈，“富的不引领带路、穷的一心等靠要”的现象依然严重存在；六是不少群众懒惰思想严重，牧区陈规陋习多，严重阻碍了经济发展和社会和谐；七是脱贫攻坚任务繁重，贫困程度深、脱贫难度大，特别是基础设施建设、产业发展、脱贫攻坚、民生事业等严重滞后，填平补齐的任务相当繁重；八是税源结构单一，财源建设后劲不足，资金调度十分困难；九是发展环境不优，谋跨越、促发展的能力水平有待提升；十是维稳形势不容乐观，引导宗教与社会主义社会相适应的方法不多，效果不明显，外来人员之间、群众之间、外来人员与群众之间的各类经济纠纷加剧，维护和谐稳定的任务还十分繁重；十一是政府职能转变还不能完全适应全面深化改革的新要求，依法治县的能力不足，基层组织的凝聚力、战斗力、号召力普遍较弱，干部职工的工作作风、行政效能、群众观念、服务意识仍然较差。以上问题我们将高度重视，坚持问题导向工作法，想方设法认真加以解决。

2017年工作总体部署

今年是实施“十三五”规划承上启下的重要一年，是供给侧结构性改革的深化之年，也是迎接党的十九大胜利召开的关键之年，做好今年的各项工作意义重大。

今年经济工作的总体思路是：高举中国特色社会主义伟大旗帜，以邓小平理论、“三个代表”重要思想、科学发展观为指导，深入贯彻党的十八大、十八届三中、四中、五中、六中全会精神和中央第六次西藏工作座谈会精神，贯彻落实习近平总书记系列重要讲话精神和治国理政新理念新思想新战略，特别是治国必治边、治边先稳藏的重要战略思想和加强民族团结、建设美丽西藏的重要指示精神，贯彻落实自治区第九次党代会、经济工作会议和全国“两会”精神，贯彻落实地区经济工作会议精神，牢固树立“四个意识”，坚持“五位一体”总体布局和“四个全面”战略布局，坚持党的治藏方略，坚持依法治藏、富民兴藏、长期建藏、凝聚人心、夯实基础的重要原则，坚持创新、绿色、协调、开放、共享的发展理念，围绕革吉县第九次党代会的决策部署和县经济工作会议、扶贫会议精神，坚持稳中求进、进中求好、补齐短板的工作总基调，牢固树立新理念、适应新常态、引领新发展的思想，以推进革吉长足发展和长治久安为目标，以脱贫攻坚为主线，以移风易俗、帮助群众树立勤劳致富思想为根本，以加大投资、提高投资效益为重点，以改革创新为驱动，以富民强县为出发点和落脚点，着力推进农牧区三项改革，着力帮助群众自主创业和转移就业，着力发展特色优势产业，着力加强基础设施建设，着力保障和改善民生，着力强化生态保护与建设，着力推进依法治县，着力提升行政执行力，团结带领全县各族人民撸起袖子加油干，凝心聚力推发展、全力以赴促和谐，努力谱写中华民族伟大复兴中国梦的革吉新篇章。

2017年，全县经济社会发展的预期目标是：全县社会固定资产投资5.16亿元，增长20%；本级财政收入完成1479万元，增长12%；社会消费品零售总额达到7522.41万元，增长13%；农牧民人均可支配收入实现10035.42元，增长14%；城镇登记失业率控制在2.5%以内。

为实现上述目标，要着力抓好以下十个方面

的工作。

——着力完善基础设施建设，夯实发展后劲。始终把项目建设作为全县各项工作的重中之重，及时捕捉项目信息，跟踪协调上报项目。一是力争全县社会固定资产投资达5.16亿元。重点开工建设2016年易地扶贫搬迁配套设施、县城集中供氧工程、县城集中供暖供水和排水工程、有线电视数字化建设、11个村级幼儿园建设、联通蔬菜园区等项目。健全招商引资服务体系，拓宽招商引资渠道，积极采取PPP模式推进项目建设。抓紧组建革吉县城投国有资产经营有限公司、扶贫开发投资有限公司、旅游开发投资有限公司的班子队伍，明确经营模式，尽早运转，发挥效益。二是加强与联通公司的沟通衔接，力争在脱贫攻坚、旅游产业发展、特色产品加工、社会事业发展、干部交流培训等方面争取更多支持。三是统筹推进防洪、灌溉、治理、水源和安全饮水等重点工程建设，加快小型农田水利设施建设，大力实施农村安全饮水提升工程。加快推进嘎尔嘎灌溉工程、水利重点县建设项目、雄巴乡贡果饲草料基地工程、加布饲草料灌溉工程等项目，确保早日竣工并投入使用。四是着力提高农村公路等级，加快推进村组公路改造和通达工程，开工建设雄巴至结克村公路改扩建、亚热乡波多桥梁等项目。依托雄巴至亚热公路线路，打通亚热至普兰县巴嘎乡干线公路，把革吉打造成阿里地区东部和南部的重要交通枢纽。五是推进移动网络覆盖工程、应急通信工程、宽带通信工程等项目建设，加强邮政网点基础设施建设。加快解决“盲村”听广播、看电视的问题，建立“村村通”维护管理机制，确保“村村通”长期通。

——着力推进脱贫攻坚，确保精准扶贫到位。全面完成170户688人脱贫，易地扶贫搬迁372户1247人，1个贫困村退出的目标任务。坚持目标导向和问题导向，切实调动广大农牧民群众的积极性、参与性和主动性，凝聚起决胜全面脱贫攻坚的强大合力，加大力度、加快速度，齐心协力打赢脱贫攻坚战。一要强化教育引导，深入开展“讲党恩爱核心、讲团结爱祖国、讲贡献爱家园、讲文明爱生活”喜迎党的十九大主题教育实践活动，深入宣讲党的十八大、十八届五中、六中全会和全国“两会”、自治区第九次党代会精神，引导广大群众树立脱贫摘帽光荣的思想，变“要我脱贫”为“我要脱贫”，依靠内生动力，加快脱贫攻坚进程。要引导群众增强“爱国意识、法治意识、劳动意识、勤俭意识、文明意识”五个意识；狠抓群众观念转变，充分发挥驻村工作队、大学生村官、第一书记、村“两委”的作用，深入开展农牧民群众克服“等靠要”思想主题教育引导活动，引导农牧民群众保持勤劳、勇敢、纯朴的优良品德，发挥好主力军作用，克服“等靠要”消极懒惰思想，牢固树立勤劳致富意识。二要扎实开展移风易俗工作，进一步修订完善乡规民约、村规民约，不写空话、大话、只写能听懂、能理解的话，实现村级组织自我管理、自我服务、自我约束；拓宽致富门路，驻村工作队、大学生村官和第一书记要坚持把推动当地经济发展作为重要任务，因势利导、因地制宜，支持指导农牧民群众用好富民政策，依托区位优势、资源优势，按照宜牧则牧、宜游则游、宜商则商的原则，帮助村（居）找准发展定位、理清发展思路，引导群众脱贫致富奔小康。三要抓好易地扶贫搬迁，科学制定2017年易地扶贫搬迁方案，进一步优化设计，突出民族地域特色，注重与产业发展、旅游开发、特色小城镇建设相结合；加强易地扶贫搬迁小区服务管理，建设小区服务中心，为搬迁群众就业创业创造条件，确保搬得出、稳得住、有事做、能致富。四要做好产业脱贫，坚持群众熟悉、就近就便、能干会干的原则，加快推进2016年产业扶贫续建项目，实施好2017年产业扶贫项目，抓进度、抓质量、抓管理、抓运营，尽可能做到群众不离家、不离土就能融入产业发展；充分发挥农牧民合作组织等市场主体作用，提高农牧民群众、致富能人和村“两委”班子组织化程度和参与市场竞争的能力。健全综合配套措施，落实好金融扶持政策，整合用好财政涉农资金、援藏资金，发挥生态补偿、社会保障等政策优势。五要加大督导检查力度，定期或不定期深入各乡镇、村组对精准扶贫政策宣传、工作落实、教育引导等情况进行督导检查，建立健全追责问责制。

——着力推进产业发展升级，再造发展新势能。牢固树立只有大产业才能促进大发展的理念，发挥自身优势，做强产业支撑，在聚集发展上想办法，在产业延伸上找出路，着力构建产业发展平台，推动资源优势向经济优势转变。一要着力提升特色畜牧业。加快推进“五大产业基地”建设，不断提升产业规模和质量效益，力争形成产业规模化、科技推广规范化、农牧业带动效益化的特色产业发展新局面。立足实际将“五大产业基地”作为全县产业发展基础，努力把提质量与稳增长、调结构、惠民生相结合，全力打造革吉“五大产业基地”发展升级版。不断壮大革吉县牦牛产业基地和亚热乡绵羊育肥基地规模，通过政府引导扶持、草场有序流转、市场化运营等举措，力争牦牛产业基地母畜存栏达300头以上，亚热乡绵羊育肥基地年出栏达2000只以上；加快推进雄巴乡民族手工艺品加工基地，通过提高技术含量、增加产品品种，实行企业化管理和产业扶持等方式，提升产品品质，扩大生产规模，增强产品竞争力；以“恢复生态、发展生产、创新产业”为目标，推进文布当桑乡饲草料加工基地，进一步扩大人工种草亩数，将其打造成为集人工种草、青饲料加工为一体的饲草料生产基地并稳步推进育肥出栏工作；坚持以市场需求为导向，以牧业增产、牧民增收为目，以机制创新、科技创新为动力，努力打造一批特色鲜明的畜牧业产品，着力提高特色畜牧业规模化、特色化、专业化、产业化水平。积极主动对接市场需求，探索建立“公司+基地+合作社”经营模式，大力培育新型畜牧业经营主体，大力发展城郊畜牧业；加快建设牛羊肉标准化规模养殖项目，积极推广白绒山羊养殖。二要加快发展绿色矿产业。科学有序开发盐湖资源，完善盐湖资源开采专项规划，加大优势盐湖资源的勘查力度，依托硼镁矿和盐矿资源，力争年内引进有实力的企业开发盐湖浴盐加工、硼镁矿粗加工等项目，提高盐湖资源综合开发利用水平，打造具有革吉特点的绿色矿产业。三要做大做强旅游文化产业。坚持把加快旅游业发展作为提升县域经济发展的重要突破口，抓住上级支持旅游业发展的机遇，明确发展思路，选准科学路径，在旅游产业发展规划、政策扶持和平台建设上加大投入；加快旅游基础设施建设，发展壮大旅游市场主体，加快推进旅游体制改革；发展以羌塘国家级自然保护区、野生动物观赏区为代表的生态旅游和以扎西曲林寺等为代表的文化旅游，修编完善《革吉县旅游手册》。年内完成文布当桑乡夏玛村乡村旅游项目和罗玛村民族旅游接待中心项目、革吉镇那布居委会扶贫综合楼项目建设。力争全年接待游客达4.56万人次，实现收入2900万元。

——着力深化牧区改革，提升社会治理创新能力。改革开放是推动经济社会发展的强大动力。要全面落实区、地两级有关深化改革工作各项决策部署，在深化改革上下功夫、扩大开放上求突破。要积极稳妥推进改革，把改革作为最大的红利，贯穿于经济社会发展各个领域，坚持以供给侧结构性改革为主线，既抓重要领域、重要任务、重要试点，又抓关键主体、关键环节、关键节点，承接落实好中央、自治区、地区出台的系列改革措施。要根据中央确定的稳中求进工作总基调和自治区提出的“稳中求进、进中求好、补齐短板”工作总要求，坚持在稳定的前提下积极进取，在把握好度的同时更加奋发有为。要突出供给侧结构性改革主题，把改革作为工作主线，贯穿于经济社会发展的各个领域，更加注重激活发展新要素、培育发展新动能、形成发展新驱动，实现经济中长期持续稳定增长；扎实推进牧区改革，借鉴班戈县、改则县的做法和成功经验，坚持因地制宜、自愿互利、优化配置、规范有序的原则，以“牲畜入股、草场入股、劳动力入股”等方式，扎实推进草场有偿有序流转、培育养畜大户、联户联组经营，切实从源头治理草原生态环境退化趋势，解决畜草矛盾突出问题，实现牧业增产增收增效，每个乡镇试点一个村，切实做好牧区改革工作。切实加强经合组织的管理运营。针对经合组织存在的问题有针对性地进行调研，进一步扎实推进经合组织规范化发展，充分发挥经合组织作用，使经合组织发挥效益，促进群众脱贫增收。

——*着力发展社会事业，不断改善民生。*一要优先发展教育事业。深入开展“全区教育管理年”“三联三进一交友”活动，创新开展“县级领导联乡”“乡级领导联村”等系列活动，着力解决影响和制约教育发展的问题；围绕均衡发展和素质教育评估要求抓好教育事业，进一步优化教育布局，合理配置教育资源，解决师资队伍结构不合理的问题和教学常规管理不规范问题，努力实现五个100%教育目标；进一步加大资金投入，全面提高教育教学质量，实施县完小改扩建、县公共体育场建设项目和均衡教育查漏补缺等项目补齐学校基础设施薄弱短板；完善助学机制，切实解决贫困学生上学难问题；力争全年小学纯入学率达99.81%以上，初中毛入学率达100%，农牧区学前教育入学率65%以上，城镇学前教育入学率97%以上，三类残疾儿童入学率60%以上。二要强化医疗保障。继续深化医药卫生体制改革，落实国家基本药物制度，逐步提高基本公共卫生服务保障标准；积极协调推进医疗人才“组团式”援藏工作，重点开展学科建设和人员带教工作，补充医疗服务短板，提升能力水平；做好自治区第三人民医院对亚热、雄巴两乡的定点援助工作，以此为契机培养两乡基层医务人才；加快建设县疾控中心、妇幼保健站建设项目，加快推进乡镇卫生院规范化和村卫生室标准化建设，不断改善基础医疗服务条件；把基础免疫作为今年医疗工作的重中之重来抓，切实提高基础免疫覆盖率；深入开展卫生惠民工程，扩大农牧区合作医疗覆盖面，落实好城乡居民和寺庙僧尼免费健康体检；持续开展医疗卫生、公共场所、学校卫生、食品药品等专项监督检查工作。三要推动文化发展。实施好文化惠民工程，年内完成县级有线电视台数字化建设、广播电视高山无线发射台项目；繁荣发展文艺事业，鼓励和支持那布艺术团组织编排、创作一批群众喜闻乐见的文艺节目；积极推进革吉谚语等非物质文化遗产的保护与传承；加快构建县乡村三级综合文化体系，巩固扩大“村村通”“户户通”覆盖面；加快推进党政网、政府门户网站、网信革吉等信息化平台建设与规范管理工作；各乡镇、村（居）要以形式多样、丰富多彩的方式，倡导文明新风，大力开展群众性精神文明创建活动，培育爱国守法、维护稳定，崇尚科学、积极向上，诚信友爱、乐于助人，勤俭节约、艰苦奋斗，尊老爱幼、平等和谐的良好社会风尚。四要扩大创业就业。大力发展服务业、微型企业、经合组织和个体经济，积极开发社区服务、公共服务等公益性岗位，多渠道增加就业机会；鼓励自主创业、自谋职业，完善创业扶持政策，县财政仍将预算农牧民创业基金500万元，将创业基金使用范围扩大到城镇居民、致富能手，让更多的群众增收致富；制定切实可行的农牧民技能培训方案，扎实开展“订单式”“对接式”“储备式”等综合性技能培训；加强劳动力市场信息网络建设，有序组织劳动力输出。力争全年举办农牧民技能培训班15期，培训440人以上，农牧民转移就业1350人，创收达480万元以上。五要强化社会保障体系。以社会保险、社会救助、社会福利为基础，以基本养老、基本医疗、最低生活保障为重点，以慈善事业、商业保险为补充，建立覆盖城乡的社会保障体系，不断巩固提高参保率；加强对五保集中供养中心的运营管理，提升集中供养保障水平；全面落实“两个低保、五个救助、两个供养、四个补助”等政策，让群众更多更公平地享受改革发展成果；积极发挥社会救助“兜底”作用，切实保障困难群众基本生活；加快保障性住房建设，年内开工建设周转房60套、棚户区改造184户，进一步改善干部职工、进城务工人员和城镇困难家庭的住房条件。继续统筹抓好编译、统计、工商、物价、粮食、档案、地方志、国防动员、食药监管、民族宗教、妇女儿童、老龄、助残等工作。

——*着力培植税源，提高财政保障能力。*深化财税体制改革，巩固现有财源、培育后续财源、发展新型财源，不断强化税收征管，用活用足财税政策，促进财政增收。全面提升税收征管质量和效率，保证税款及时足额入库。积极争取财政转移支付和专项补助，大力推进公共财政服务均等化，保持财政投入向行政保障、公共服务、民生改善、维护稳定的倾斜。切实加强财政资金监管，严格财务制度，严肃财经纪律，提高资金使用效益。完善扶持政策，进一步贯彻落实并健全完善扶持小微企业发展的财税、金融、土地等各项优惠政策，为它们发展"松绑"、创造良好条件，促进小微企业发展壮大。

——着力推进生态文明建设，巩固提升环境优势。一要加大生态保护力度。抓好退牧还草、人工种草等重大生态环境保护和建设工作。加大城乡环境卫生综合整治、"美丽乡村"和小康示范村建设力度，坚持抓好公路沿线乡镇、村、寺庙环境卫生脏乱差的整治工作。认真落实生态文明建设考核指标体系和考核机制，创建至少3—4个自治区级生态村。完善草原生态保护补助奖励机制，积极开展湿地、湖泊、矿区等生态恢复，提升生态效益。实施防沙治沙工程，力争全年完成植树造林132.2亩、封沙育林15499.9亩、补播6630亩。加快布贡保护站、却藏保护站项目建设。二要加强生态环境管理。严格项目引入环评标准，严把建设项目准入关，严禁"三高"项目落户革吉。积极落实自治区、地区关于环境监测网格化的决策部署，切实规范城镇建设开发秩序，大力整治违法建设、违法用地、私自买卖行为。全力做好迎接中央环保督查各项工作。

——着力推进公共服务保障，提高群众幸福指数。紧紧围绕改善民生、凝聚人心，坚持以人为本，统筹推进民生工程，让各族群众共享改革发展成果。教育引导广大群众学政策、懂政策、用政策，切实用好用活用足系列惠民政策，并落实到村到户到人，落实到广大群众的心坎上，切实提升各族群众的幸福感和满意度；深入开展送政策、送科技、送卫生、送文化、送服务和"党员干部进村入户、结对认亲交朋友"活动，时刻把群众的安危冷暖挂在心上，从群众最关心的热点难点问题抓起，从群众最希望做的事情做起，诚心诚意为群众办实事、解难事、做好事；办好民生实事，紧紧抓住群众最关心最直接最现实的利益问题，在落实好"十件民生实事"基础上，坚持尽力而为、量力而行，突出重点、统筹兼顾的原则，集中人力、物力、财力，实施革吉县城供氧工程、集中供暖供水和排水工程、教育质量提升工程、精准扶贫、医疗卫生、防灾减灾、环境整治、城市功能提升和基层基础稳固等工程；加快乡镇防抗灾仓库建设，不断提高乡村防灾减灾能力。

——着力创新社会管理，维护和谐稳定。按照"抓早抓小抓快抓好"的要求，全面落实自治区维稳十项措施，努力实现"三无""三不出""三稳定"目标。一要坚持创新社会管理。切实解决影响社会和谐稳定的突出问题，不断提高社会管理科学化水平。积极推行重大事项社会稳定风险评估制度，努力降低社会稳定风险。加大执法监管力度，对人员密集场所、交通要道严防死守，牢牢掌握反分裂斗争的主动权。充分发挥便民警务站、公安检查站和"双联户"的作用，形成党政军警民联勤联动、联防联控的长效机制。加强维稳基础设施建设，改善维稳硬件条件。创新群众工作方法，综合运用法律、政策、经济和行政等手段、教育和疏导等办法开展群众工作。二要加强创新寺庙管理。要充分发挥寺管会作用，加强寺庙僧尼教育管理。进一步完善"六建"工作，落实好"9+1"工程，开展好"六个一"活动，不断改善寺庙公共服务能力。深化寺庙爱国主义和法制教育，深入开展社会主义核心价值观主题教育，加强民族团结，创建和谐模范寺庙、评选爱国守法先进僧尼活动。三要抓好矛盾纠纷排查。按照"属地管理、分级负责"的原则，健全矛盾纠纷调解体系，畅通反映社情民意的渠道，坚持执行县级干部包乡、乡镇干部包村制度，对建筑施工、拖欠民工工资等领域信访突出问题及时排查调处，切实把矛盾纠纷解决在当地，化解在基层，处置在萌芽状态。健全预防和解决拖欠农民工工资问题长效机制，构建和谐劳动关系。四要抓好安全生产工作。要深入落实《关于推进安全生产领域改革发展的意见》，坚持“党政同责、一岗双责、齐抓共管、失职追责”的原则，深入开展重点领域专项整治，特别是道路交通安全整治，提升安全生产监管水平。严格落实安全生产责任制，坚决杜绝重特大安全生产事故发生，努力实现安全生产事故总量、重特大事故和死亡人数“三下降”。

——*着力转变工作作风，大力建设法治政府*。自觉维护党的权威，用对以习近平同志为核心的党中央绝对忠诚的坚定理念，把在党爱党、在党言党、在党忧党、在党为党体现在具体行动上。牢固树立“四个意识”（政治意识、大局意识、核心意识、看齐意识），坚定“四个自信”（道路自信、理论自信、制度自信、文化自信），在思想上拥戴核心、政治上信赖核心、组织上忠诚核心、行动上捍卫核心。坚持依法行政，建设法治政府。做好法律规定必须做的事，恪守“法无授权不可为和法定职责必须为”的原则。推进政府工作人员遵法学法守法用法，增强运用法治思维和法治方式处理政府事务的能力，健全依法决策机制，落实重大行政决策法定程序。抓好政务公开和政府信息公开，依法接受人大及其常委会的法律监督，自觉接受政协的民主监督，虚心接受社会公众和新闻舆论的监督，让权力在阳光下运行。加强行政执法监督，规范行政执法行为，运用法治思维、法治方式谋划和推进政府工作，全面推进依法治县，着力提升执行力度，努力营造办事依法、遇事找法、解决问题用法、化解矛盾靠法的政务环境。深入推进政府职能转变工作，深化政府执行力建设，着力治庸治懒，提高行政服务质量和效率。广大党员干部要牢固树立“落实就是能力，执行就是水平，担当就是负责”的意识，进一步转变工作作风，主动作为，主动创新工作方法，主动深入群众，提高执行落实能力。强化群众观念、时间观念和效率意识，把每一件事情、每一项任务抓紧抓实、抓出成效。强化行政效能监察，大力推行限时办结制、行政问责制，坚决纠正和严肃查处推诿扯皮、不作为、慢作为和乱作为等问题。深入贯彻落实党风廉政建设主体责任、班子成员“一岗双责”，坚持秉公为民用权，强化廉政风险防控，严肃查处重点领域、关键环节和群众身边的腐败案件，确保干部清正、政府清廉、政治清明。建立完善权力清单制度，加强对重点领域、重点部门、重点项目、大额资金的行政监察和审计监督，用制度管权、管事、管人。紧紧围绕区党委巡视十三组巡视反馈的整改意见，抓好整改落实，切实改进工作作风，提高群众工作能力。继续贯彻落实《中国共产党廉洁自律准则》和《中国共产党纪律处分条例》，严格执行中央八项规定、区党委“约法十章”和“九项要求”，坚决防止“四风”反弹回潮。严格落实厉行节约反对浪费制度规定，政府带头过“紧日子”，严控“三公”经费支出。

各位代表，新常态提出了新要求，催人奋进；新常态孕育着新发展，令人向往。让我们更加紧密地团结在以习近平同志为核心的党中央周围，在自治区党委、阿里地委和革吉县委的坚强领导下，凝聚革吉各族人民的智慧和力量，以“功成不必在我”的态度和精神努力工作，顽强拼搏，不忘初心、继续前进，撸起袖子加油干，卷起裤脚加快走，为打赢脱贫攻坚战、全面建成小康革吉而努力奋斗，以优异的成绩迎接党的十九大胜利召开。

革吉县人民代表大会常务委员会工作报告

——在革吉县十二届人民代表大会第二次会议上

革吉县人大常委会主任 白玛加布

（2017年4月11日）

2016年主要工作

2016年，在中共革吉县委的正确领导下，在上级人大机关的有力指导下，县人大常委会认真学习贯彻党的十八大、十八届三中、四中、五中、六中全会和中央第六次西藏工作座谈会精神，以习近平总书记系列重要讲话精神为指导切实增强“四个意识”，牢牢把握人大工作的政治方向，主动适应新常态，找准服务大局的结合点、监督工作的切入点和社会发展的着力点，坚持谋大局，坚持问题导向，积极开拓创新，进一步深化人大各项工作，以强烈的责任感、使命感和紧迫感，扎实工作，推进各项工作取得较好成绩。县十二届人代一次会议以来共召开常委会会议6次，听取和审议“一府两院”专项工作报告9项，开展专题调研和执法检查11项，作出决议决定和审议意见7项，任免国家机关工作人员42人次，办理代表建议批评意见38件。

一、围绕中心，依法履职

常委会紧紧围绕经济发展、改善民生、维护社会公平正义、促进社会和谐稳定等县委中心工作，依法行使监督职权，推动经济社会和谐发展。

*以经济发展为基，关注社会和谐发展。*把县委决策部署和全县发展大局作为常委会履行法定职责的重要任务，听取和审议“十二五”期间革吉县国民经济和社会发展计划执行情况的汇报，针对经济运行中存在的问题，建议继续抓好特色产业结构调整并牢固树立五大发展理念，夯实农牧民增收基础；抓好重大项目建设，积极培植财源，增强发展后劲；坚持民生优先，统筹发展民生事业，促进全县经济社会平稳健康发展。听取和审议革吉县财政局“十二五”工作总结暨“十三五”工作计划，常委会充分肯定县政府对财政工作的高度重视，建议县财政严格落实中央八项规定，区党委“约法十章”“九项要求”以及党政机关厉行节约反对铺张浪费各项要求，进一步严肃财经纪律。贯彻落实“西藏自治区关于差旅费管理办法”精神，严格预算控制，强化监督问责，切实提高制度执行力度。

*以群众民生为先，关注民生改善。*听取和审议了县政府关于双集中供养、特色小城镇建设以及精准扶贫等实施“十三件”民生工程情况，要求县政府及有关职能部门要进一步加强民生工程实施过程监管和建后管理，提高民生工程实施质量，确保发挥实际效用；进一步创新工作方法，认真研究解决民生工程实施过程中遇到的情况和问题，确保民生工程项目顺利实施；进一步加大民生工程宣传力度，创新宣传方式，增强宣传的针对性，广泛宣传民生工程政策和取得的实效，提升群众满意度。听取和审议了革吉县“三房”建设管理使用综合情况汇报，对周转房、廉租房、公租房住房建设和管理方面存在的问题及应采取的对策进行了深入了解，要求相关职能部门严格按照《住房分配管理办法》，明确规定房

源、分配条件和程序审核等，确保房屋分配有据可依，防止出现该享受的享受不了、不该享受的乱享受现象。

*以法制为本，积极推进法治建设。*听取和审议了县人民检察院2016年工作汇报，要求县检察院全面加强和改进检察工作，秉持“宽严相济、惩防并举、强化监督、阳光执法、固本强基”的20字方针，积极履行法律监督职责。听取和审议了县法院规范司法行为工作情况专题报告，要求县法院继续认真学习相关法律法规、司法工作规范，强化责任意识，注重办案效率和社会效果的有机统一，在上级法院的指导下进一步加强推行司法公开，进一步规范执行行为，增强法律威慑力，切实提高司法公信力。开展安全生产法执法检查。常委会成立执法检查组，深入县卫生服务中心和“四乡一镇”卫生院检查药品安全管理法执行情况，提出县卫生部门要继续提高思想认识，加大宣传教育，把执行《中华人民共和国药品管理法》和西藏自治区实施《中华人民共和国药品管理法》办法作为当前一项重要民生工程，切实解决我县缺医少药现象及治病就医难问题。继续开展“中华环保世纪行—西藏行”活动，在全县范围内对环境保护法贯彻实施情况进行监督检查，指出我县环境保护工作存在的问题，建议进一步加强环保法宣传，加大生态文明建设力度，提高环保执法力度等建议，积极营造良好生态革吉。依法做好人事任免工作，坚持党管干部与依法任免的有机统一，严格实行任前法律考试、述职发言、向宪法宣誓等规定程序，依法任免国家机关工作人员42人次。常委会还配合县委、县政府深入扶贫联系点及贫困户家中开展精准扶贫工作。认真落实扶贫政策，摸清贫困户底数，及时填写《革吉县人大常委会及其办公室精准扶贫工作开展情况登记簿》，深入分析致贫原因，切实做到精准发力、有的放矢，将脱贫攻坚当成一项重要政治任务来抓。引导群众积极培育发展致富产业，充分调动群众的积极性和主动性，鼓励他们通过帮扶工作和自身努力，实现脱贫致富目标。

二、突出主体，创新履职

常委会始终把提升代表履职能力和水平作为基础性工作，采取有效措施，大胆探索，积极实践，支持和保障代表依法履行职责。我县代表工作得到了上级人大充分肯定。

*激发代表履职活力。*2016年是全区县乡党委、人大（政府）换届之年，县乡人大换届选举工作中，各级党委高度重视，县乡两级人大始终坚持党的领导、充分发扬民主与严格依法办事有机统一，最大限度地激发和调动了广大人民群众行使民主权利的积极性，保障了换届选举工作的成功，有力推进了依法治县。我委顺利选举产生了县乡（镇）人大代表共301名。同时，召开了县、乡（镇）新一届人代会。严格按照《中华人民共和国选举法》规定进行选举，以高票选举产生了乡（镇）人大主席5名、乡（镇）长5名以及副乡（镇）长20名，还选举产生了新一届县级人大（政府）、检法两院领导班子共17名，并组织了新任领导向宪法宣誓。另外，我委把提高代表建议办理率作为激发代表履职热情、推进基层民主政治建设重要抓手，严格代表建议办理督办机制。听取县政府关于代表建议、批评意见办理情况工作汇报。对十二届人代一次会上代表提出的38件建议办理中遇到的困难和问题，主动参与，积极协调解决。全面推进县、乡（镇）人大“代表之家”和村（居）“代表小组”规范化建设，于2016年10月实现全县四乡一镇和19个行政村全覆盖并投入使用。于11月在人大阿里地工委的领导下，西四县与东三县人大常委会主任交叉验收人大“代表之家”及“代表小组”创建运行情况，验收成绩排七县前列，取得了实实在在的效果。我县“人大代表之家”和“代表小组”创建工作高质量、高标准地完成，得益于县委的高度重视，得益于政府的大力支持，得益于地区人大机关的精心指导，更得益于乡镇人大的全力创建、扎实推进。

*创新代表活动方式。*换届以来深入开展人大代表联系选民、向选民述职活动，进一步畅通了群众与代表双向联系渠道。县人大和“四乡一

镇”乡镇人大主席团开展了县乡人大代表向选民述职活动，现场回答选民提出的问题，并进行了满意度测评。通过开展代表向选民述职活动，加强了选民对代表的监督，密切了代表与选民的联系，激发了选民参与基层民主政治建设的热情。

提高代表履职能力。先后多批次选派县、乡两级人大代表参加全区人大、人大阿里地工委组织的培训，学习法律知识和人大知识，全年共选派培训14人次。为提高监督实效，在开展执法检查和听取专项工作报告前，有针对性地分别邀请代表参加，进一步增强代表对有关法律法规的了解和发挥代表职能作用。

三、改进作风，服务履职

认真落实区党委人大工作意见。2016年，中央、区党委、地委先后出台了关于加强县乡人大工作的意见，《意见》从充实县乡人大机构编制、优化县级人大常委会组成人员结构、规范县级人大及其常委会机构设置、加强和充实县级人大机关工作力量、加强乡镇人大建设、完善乡镇人大工作机构、提高代表活动经费标准、增强县乡人大履职能力等方面，做出了若干具体而明确的新规定，许多过去长期困扰县、乡人大工作的困难和问题得到了突破性的解决，为加强县乡人大建设，提供了重要遵循，也必将推动县乡人大建设迈出历史性的步伐，对基层民主法制进程产生深远影响。

深入开展“两学一做”专题教育，着力增强自身建设。常委会党组紧密团结在以习近平同志为核心的党中央周围，牢固树立“四个意识”特别是核心意识、看齐意识，积极参与“两学一做”专题学习教育，紧密联系工作实际，紧紧围绕学习党章党规、党的治藏方略、系列讲话及做合格党员四个大课题带头讲党课、带头作专题发言、带头对照检查，认真查摆并解决存在的问题，进一步增强党性原则，遵守政治纪律和政治规矩，带动了机关全体干部做一名合格党员。

加强组织领导，落实党风廉政建设责任制。为了切实推进党风廉政建设，增强廉洁自律意识，常委会党组始终把落实党风廉政建设的主体责任作为加强常委会自身建设，提高依法履职水平的一项重要工作。我委以“两学一做”教育为契机，以上率下，紧抓理想信念教育和党风党纪教育不放松，引领全体干部职工不断提升党性修养，筑牢拒腐思想防线，严格落实中央八项规定和区党委“约法十章”“九项要求”，形成了求真务实、真抓实干的良好氛围，进一步增强了推进党风廉政建设的思想自觉、政治自觉和行动自觉，全面推进了常委会和人大机关思想、组织、作风和能力建设。另外，我委党组成员积极参加县委组织部和县纪检组织的约谈会议，切实发挥了监督责任。

各位代表、同志们，过去的一年，县人大常委会工作所取得的成绩，是县委正确领导的结果，是人大常委会组成人员和全体代表的共同努力的结果，是“一府两院”和政协委员及社会各界大力支持的结果，在此，我代表县人大常委会和机关全体工作人员向你们表示衷心的感谢和崇高的敬意！在总结成绩的同时，我们也清醒地认识到，县人大常委会的工作仍然存在一些问题和不足。监督工作实效需要着力增强，代表意见建议办理有“被满意”和“假满意”的现象，对此我们将高度重视，认真研究，切实加以整改。

2017年的主要任务

2017年是实施“十三五”规划的重要一年，是全面贯彻落实自治区第九次党代会和全国“两会”、自治区“两会”精神的关键之年，更是广泛开展“四讲四爱”主题教育活动和迎接党的十九大胜利召开的重要一年。我委要更加紧密地团结在以习近平同志为核心的党中央周围，高举中国特色社会主义伟大旗帜，深入贯彻落实党的十八大、十八届三中、四中、五中、六中全会精神以及习近平总书记系列重要讲话精神和治国理政新理念新思想新战略、特别是治边稳藏重要战略思想，增强“四个意识”，坚持党的领导、人民当家做主、依法治国有机统一，做到对党忠诚、为党分忧、为党担责、为党尽责。按照区党委人大工作会议的要求，紧紧围绕全县工作大局，依法行使职权，积极开展工作，发挥职能作用，与时俱进推动人大建设，为革吉长足发展和长治久安提供有力法治保障，为全面推进我县经济社会发展和民主法制建设做出积极贡献。

一、始终坚持党的领导，全力落实“三个文件”精神。我委要坚持把落实《中共中央转发〈中共全国人大常委会党组关于加强县乡人大工作和建设的若干意见〉的通知》（中发〔2015〕18号）、《中共西藏自治区人大常委会党组关于加强和改进人大工作和建设的实施意见》（藏党发〔2016〕7号）和《中共西藏自治区委员会关于进一步加强和改进人大工作的意见》（藏党发〔2016〕9号）三大文件精神作为主抓手，健全完善工作机制。自觉把坚持党的领导贯穿于依法履职的全过程，主动在大局中谋划和推进人大工作，依法行使好监督权、重大事项决定权、人事任免权，充分发挥人大工作在服务改革发展中的重要作用，认真贯彻落实区党委人大工作会议精神，把加强新形势下人大工作的各项措施落到实处。

二、认真行使监督权力，着力提高监督实效。积极探索新常态下强化监督工作的有效途径，认真把握“十三五”时期全县经济社会发展的指导思想、发展目标和主要任务，牢固树立五大发展理念，紧紧围绕精准扶（脱）贫、劳务创收等县委中心工作及全县经济社会发展大局，立足人大职责扎实开展工作。召开专题询问会，开展对计划、预算执行情况及对“十三五”规划纲要实施情况进行监督。听取和审议县政府关于进一步促进群众增收工作情况报告，加大对政府全口径的预算审查监督，听取和审议县财政预算执行情况及其他财政收支情况的工作报告，进一步提高预算执行效率；开展审议意见满意度测评，更加注重监督实效。

三、关心关注热点难点，助推民生改善。紧紧围绕县委工作目标，围绕群众关心关注的热点难点问题，继续开展对《中华人民共和国环境保护法》等各项法律法规实施情况的执法检查，依法保障人民群众在绿色环境中生活；开展关于精准脱贫相关政策落实情况调研，继续组织人大代表视察民生工程完成情况；继续配合区人大和人大阿里地工委开展执法检查，增强监督实效，切实实现好维护好和发展好人民群众的根本利益。

四、发挥代表主体作用，增强人大工作活力。为做好代表工作，提升代表履职能力，充分发挥代表作用，2017年我委要以活动为依托，以制度为保证，不断提高代表的服务意识和服务水平。一是严格按照即将制定出台的《革吉县人大常委会党组关于开展“精准扶（脱）贫—人大代表在行动”活动实施方案》，在全县范围内组织开展“精准扶（脱）贫—人大代表在行动”，让代表自觉成为精准扶贫精准脱贫的宣传员、联络员、组织员和服务员，切实为县委、县政府分忧，努力为群众解难，助推革吉县脱贫攻坚各项目标如期完成。二是充分发挥“人大代表之家”和“代表小组”的职能作用，在管“家”上再创新思路，突显“家”的特色化、标准化。以“家”为阵地，让代表在“家”内开展活动，给代表提供履职尽责的场所和平台，充分发挥“家”服务大局的重要作用。三是认真抓好县乡两级人大代表的履职培训，激励和保障代表依法履职的积极性。四是组织代表参加调研视察活动，增加代表列席人大常委会人数，落实好常委会组成人员联系代表制度。五是严格落实代表建议督办机制，进一步提高代表建议落实率、问题解决率和代表满意率。切实改变代表建议办理工作中的“假满意”“被满意”现象。

五、加强自身建设，主动适应新常态。坚持党的领导，坚持人民代表大会制度自信，增强代表人民行使国家管理权的政治责任感，牢牢把握人大工作的政治方向，在贯彻落实中央重大决策部署、区党委、阿里地委以及县委的具体安排和服务全县经济建设上凝神聚焦发力。加强人大制度理论学习，坚持锐意进取和开拓创新，注重运用法治思维和法治方式，不断推动人大工作发展完善。认真践行“三严三实”，进一步改进工作作风，坚持为民用权，依法履职；认真学习《中国共产党问责条例》并贯彻党风廉政建设“两个”责任，以风清气正、求真务实的良好作风推进各项工作；积极开展“讲党恩爱核心、讲团结爱祖国、讲贡献爱家园、讲文明爱生活”主题教育活动，确保活动取得实实在在的成效。

各位代表，同志们，美好蓝图已经描绘，让我们更加紧密团结在以习近平同志为核心的党中央周围，在中共革吉县委的坚强领导下，紧紧围绕县委中心工作部署，奋发进取，扎实工作，为全面建成小康革吉和党的十九大胜利召开做出新的更大贡献。

政协第二届革吉县委员会常务委员会工作报告

——在政协第二届革吉县委员会第二次会议上

政协党组书记、主席　洛桑遵珠

（2017年4月10日）

2016年工作回顾

2016年是“十三五”规划开局之年、全面建成小康社会决胜阶段的关键之年，是我县全面打响脱贫攻坚战的第一年，同时也是人民政协事业开拓奋进、创新作为的重要一年。一年以来，在地区政协的有力指导和革吉县委的正确领导下，常委会团结带领全县政协组织和广大政协委员高举爱国主义、社会主义旗帜，牢牢把握团结和民主两大主题，深入贯彻落实党的十八大、十八届三中、四中、五中、六中全会、中央第六次西藏工作座谈会精神，贯彻落实习近平总书记系列重要讲话精神和治国理政新理念新思想新战略，贯彻落实习近平总书记“治国必治边、治边先稳藏”重要战略思想和加强民族团结、建设美丽西藏的重要指示，贯彻落实俞正声主席对西藏政协提出的“一个平台、两个共同、三个更好”指示要求，认真履行三大职能，切实增强四个意识，紧紧围绕实现我县“十三五”规划开局和社会持续和谐稳定、全面建成小康社会目标，充分发挥人民政协作为协商民主重要渠道的作用，履职担当、发挥作用，为全面推进我县经济社会发展和长治久安做出了新贡献。

（一）强化学习、提升素质，牢牢把握正确政治方向。常委会始终把政治理论学习和筑牢思想根基作为首要任务，认真学习贯彻党的基本理论、基本路线、基本方针和基本经验；坚决维护以习近平同志为核心的党中央的权威，牢固树立“四个意识”（政治意识、大局意识、核心意识、看齐意识），时刻在思想上拥戴核心，在政治上信赖核心，在组织上忠诚核心，在行动上捍卫核心；认真学习贯彻党的十八大、十八届三中、四中、五中、六中全会精神、习近平总书记一系列重要讲话精神、中央第六次西藏工作座谈会精神和俞正声主席关于西藏政协工作的重要指示精神，学习贯彻自治区第九次党代会精神、县第九次党代会精神，学习贯彻党的统一战线和人民政协理论方针政策，学习贯彻区地县各类重要会议精神，推进协商民主广泛多层制度化发展等知识，提高了思想认识，把牢了正确的政治方向，夯实了共同团结奋斗的思想政治基础。

（二）认真履行政协职能，在促进经济社会发展和维护和谐稳定中发挥积极作用。常委会以促进经济社会发展和社会局势和谐稳定为履职方向，围绕履行好“三大职能”谋举措、定措施，进一步增强委员主体意识，发挥委员主体作用，不断丰富履职形式，提升参政议政工作实效。一年来，坚持围绕我县发展、稳定的战略性和全局性的问题开展协商议政，召开政协常委会议6次，主席会议12次。县政协二届一次会议期间，委员们围绕我县经济社会发展的重大问题和人民群众关注的热点问题进行深入讨论，提出了社会稳定、改善民生、经济建设、社会事业、生态文明、寺庙管理、政协自身建设等方面的意见建议，这些意见建议为县委政府科学民主决策提供了参考依据。

1. 认真履行参政议政职能。常委会始终把调查研究作为委员参政议政的前提条件。结合实际制定了《革吉县政协关于2016年调研视察工作方案》《革吉县政协视察工作规则》。主动请求县委、县政府安排调研任务，集中力量，认真调研，形成了《关于部分群众社会主义核心价值观意识差、思想观念陈旧、好逸恶劳、好吃懒做的言行》的专题调研报告，得到了县委、县政府主要领导的批示和肯定。同时按照年初确定的调研任务安排，组织委员深入一线了解情况，通过多种形式深入了解社情民意，找问题、查原因、提办法，形成了《革吉县基层医疗卫生情况》《换届委员摸底调查》《精准扶贫工作》等3份高质量的调研报告，为县委政府的决策提供了依据。常委会还全力协助自治区政协、地区政协开展调研视察工作，共同完成了关于《政协委员维护社会稳定方面的作用》《围绕精准扶贫，提高西藏人均期望寿命》《促进边远乡镇人才培养使用》《革吉县非物质文化遗产保护现状及对策建议》《革吉县城镇居民如何实现小康的对策建议》《如何找准发展旅游业和维护社会稳定之间的平衡点》六份调研报告。这些视察调研、民主监督等工作都是围绕我县发展稳定大局展开的，既为上级政协掌握基层情况提供了第一手资料，又为县委、县政府科学决策提供了依据。二届一次会议以来，人民政协事业在继承中发展，在发展中创新方法、积累宝贵经验，深化政协工作规律性认识，为继续搞好今后政协工作奠定了较好基础。

2. 全力支持党委政府重大工作。充分发挥政协优势作用，积极参与县委、县政府中心工作，努力推动全县经济发展、社会稳定。一年来，常委会安排3名班子成员相继投身到全县维稳工作和异地搬迁联络管理服务负责人工作，特别是在全国“两会”“三月”敏感阶段中，根据县委要求，专门安排2名副主席分别在盐湖乡、革吉镇开展所在乡镇维稳总领队工作，同时常委会专门向委员致信，提出了《关于做好当前维稳工作的几点要求》。为全县实现“三无”“三不出”“三稳定”目标做出了积极贡献。

3. 扎实推进提案办理落实。提案作为政协委员参政议政的重要途径。二届一次会议以来常委会坚持“围绕中心、服务大局、提高质量、注重实效”的提案工作方针，积极动员委员提交真实准确、科学合理的提案，共收到提案69件，经审查立案54件，其余15件转为建议。截至目前，所有提案都已经得到答复，办复率达100%。提案内容涉及实现我县经济社会又好又快发展、基础设施建设以及群众普遍关注的热点难点问题，提案所提意见建议多数被承办单位采纳，产生了良好效益，为县委、县政府的决策提供了参考意见。今年，常委会通过在我县的自治区政协委员，向十届自治区政协提交了3件会议提案，得到了自治区有关部门的肯定并采纳。同时认真举办县政协委员、政协各参加单位负责人及政协工作者提案知识培训会，提高了政协委员撰写提案的能力和水平，委员提案质量有了进一步的提升。

4. 努力拓宽民意反映渠道。反映社情民意信息是委员密切联系群众的重要内容。常委会把收集反映社情民意信息贯穿于政协的各项工作中，制定了《革吉县政协反映社情民意信息规则》，不断加强信息员队伍建设，促进群众关切问题得到及时、准确反映。切实落实委员联系制度。坚持完善联系走访委员制度，认真听取、吸收和反映各界别委员对全县发展和政协工作的意见建议。同时，要求各级政协委员积极深入群众、听取群众心声、征求群众意见建议，及时上报政协办公室。

（三）认真开展“两学一做”学习教育活动，提升为民服务能力。县政协党组和常委会以开展“两学一做”学习教育实践活动为契机，吃透精神实质，把准开展活动的方向，引领广大党员委员紧扣活动主题和总要求，聚焦做“四讲四有”合格党员抓好各环节工作，取得了良好成效。在教育实践活动整个过程中，县政协党组和机关全体党员干部按照自治区和县委提出的要求，结合政协实际，积极探索开展活动的措施和方法。坚持把加强领导放在首位，按照县委决策部署，县政协认真制定并推进落实活动方案，坚持把学习教育贯穿始终。县政协党组成员率先垂范，带头学习重要文献文章、领导讲话等，带动机关学习风气，以采取集中学习与个人自学相结合，观看警示片、参加县委中心理论组专题学习会、撰写心得体会、发言材料和专题总结等。通过学习起到了理论武装头脑、指导实践、推进工作。坚持把为民要求落到实处。主席、副主席和机关干部集中一定时间和精力，认真开展“结对认亲、交朋友”工作，共结对认亲13户，办实事好事、党员志愿服务20余次。利用10余天的时间行程3000余公里到各乡镇、村、寺庙看望慰问困难群众和僧人，捐款捐物2万余元，积极与相关用工单位协调把15名贫困群众劳务就业，共增收5万余元，同时，动员机关全体干部以及公益性人员积极参与扶贫捐款活动，先后为扶贫捐款34300元等等，用实际行动帮助协调解决群众存在的一些实际困难和问题，与群众增进了感情、拉近了距离，有力推动了脱贫攻坚工作。

（四）注重自身建设，不断提高政协工作科学化水平。为适应新时期新阶段新任务的要求，常委会以提高工作效能为目标，通过多种形式，学习党的方针政策，不断加强政协机关和委员队伍能力素质建设，教育引导委员和政协工作者坚定中国特色社会主义信念，培养和提高委员履职尽责的责任感和使命感。一是常委会坚持在召开全委会期间集中举办委员培训，深入学习人民政协理论知识和业务知识；二是积极争取全国政协委员培训等机会，合理安排政协委员、政协工作人员参加培训，不断拓宽视野、提高履职能力，使政协委员懂得珍惜自身荣誉，恪守宪法法律，自觉践行社会主义核心价值观。这不仅让委员在人民政协组织中发挥应有作用，更让委员广泛团结和带领本领域、本行业中的代表作用。全年我们先后安排5名委员和政协工作人员参加了全国政协、甘肃西北大学、地委党校、河北唐山等地培训和挂职，使委员和机关工作人员的履职能力和服务水平得到很大的提高；三是注重“三化”建设，推进政治协商、民主监督、参政议政制度建设。常委会充分利用开展“两学一做”学习教育活动这一契机，紧密结合政协自身实际，推动政协工作制度化、规范化、程序化建设，制定、补充、修改、完善了《革吉县政协委员履职工作规则》等各类规章制度，形成了按规则办事、靠制度管人、管事、管钱的工作运行机制；四是加强委员队伍建设，在政治上信任、能力上培养、制度上规范、生活上关心，委员的政治素质和履职能力不断提升，主体作用有效发挥；五是加强政协机关建设，以建设“学习型、服务型、效能型、创新型、和谐型”机关为目标、以思想建设为基础、以能力建设为关键、以作风建设为抓手、以基础设施建设为保障，继往开来、创新实践，机关“三服务”能力和水平显著提升，机关服务保障作用有效发挥。坚决贯彻执行中央八项规定和区党委“约法十章”“九项要求”，认真制定并落实县政协具体措施，精简文山会海，努力营造厉行节俭、风清气正的良好风尚；六是加强同地区政协的工作联系，主动与地区政协汇报衔接工作，自觉接受指导。

各位委员，过去一年我们取得的成绩，是以习近平总书记为核心的党中央英明领导、亲切关怀的结果，是上级政协业务部门精心指导的结果，是县委坚强领导和县人大、政府大力支持帮助的结果，是政协各参加单位和广大政协委员、政协机关干部职工共同努力的结果。在此，我代表政协第二届革吉县委员会常务委员会向所有为人民政协事业辛勤劳动和关心支持帮助政协工作的各位领导、同志们、朋友们致以崇高的敬意和衷心的感谢!

回顾过去一年的工作，我们也清醒的认识到，工作中还存在一些不足：政协协商民主制度化建设有待进一步加强；履职方式方法需要进一步改进；民主监督制度不健全、方式单一、力度不够；委员主体作用和界别优势有待进一步发挥；重意见建议，轻督促落实等，仍需要我们进行深入研究并加以改进，我们真诚希望广大委员们对常委会工作多提宝贵意见和批评，以利于把革吉县政协的各项工作做得更好。

2017年工作要点

2017年，县政协工作的总体要求是：高举中国特色社会主义伟大旗帜，坚持团结民主主题，以邓小平理论、“三个代表”重要思想、科学发展观为指导，深入贯彻落实党的十八大、十八届三中、四中、五中、六中全会和中央第六次西藏工作座谈会精神，贯彻落实习近平总书记系列重要讲话精神和治国理政新理念新思想新战略，贯彻落实习近平总书记“治国必治边、治边先稳藏”重要战略思想和“加强民族团结、建设美丽西藏”的重要指示，贯彻落实俞正声主席对西藏政协提出的“一个平台、两个共同、三个更好”指示要求，坚持“五位一体”总体布局和“四个全面”战略布局，坚持党的治藏方略，坚持依法治藏、富民兴藏、长期建藏、凝聚人心、夯实基础的重要原则，坚持以人民为中心的发展理念，按照县第九次党代会的决策部署和县经济工作会议精神，以推进革吉长足发展和长治久安为目标，树牢新理念、适应新常态、引领新发展，坚决维护核心、始终围绕中心、牢牢把握履职重心，认真履行政治协商、民主监督、参政议政职能，充分发挥政协协商民主重要渠道和专门协商机构作用，为推进落实“十三五”规划、精准扶贫、精准脱贫、全面建成小康革吉，谱写好中华民族伟大复兴中国梦的革吉新篇章而不懈奋斗。

（一）主动适应新常态，努力把牢政治方向。县政协常委会和广大委员，要毫不动摇地坚持党的领导，牢固树立“四个意识”，在思想上、政治上、行动上同以习近平同志为核心的党中央保持高度一致，坚决维护以习近平同志为核心的党中央的权威，在思想上拥戴核心、政治上信赖核心、组织上忠诚核心、行动上捍卫核心。深入学习贯彻党的十八届六中全会精神，把学习贯彻党的十八届六中全会精神同学习贯彻习近平总书记治国理政新理念新思想新战略结合起来，同学习贯彻自治区第九次党代会精神和县第九次党代会精神结合起来，同学习贯彻全县经济工作会议、扶贫会议精神结合起来，同学习贯彻政协理论方针政策结合起来，始终对地委、县委的部署要求，坚定不移地贯彻执行和落实，始终与县委县政府同频共振，确保人民政协事业沿着正确的政治方向继续前进。

（二）主动履职建言，奋力助推改革发展稳定。县政协常委会和广大委员，要按照“五位一体”总体部署和“四个全面”战略布局，牢固树立五大发展理念，紧扣县第九次党代会、县经济工作会议、扶贫工作会议的安排部署，积极靠前履职尽责，贡献政协智慧和力量。要把维护祖国统一、加强民族团结作为履行职能的着眼点和着力点，深入推进精准扶贫脱贫战略，坚决打赢脱贫攻坚战，确保我县实现如期脱贫，要教育引导广大政协委员珍惜当前发展机遇，不断提升委员的政治把握能力、调查研究能力、联系群众能力、合作共事能力，切实发挥在本职工作中的带头作用。

一要认真实施年度协商工作，拓展协商民主形式，深化专题协商、对口协商、界别协商和提案办理协商，提高协商实效，进一步坚持和完善协商工作机制，紧扣城镇化建设、改善民生、生态环境保护与治理、精准扶贫精准脱贫等重大项目和课题，选准履职的结合点和切入点，深入调查研究，总结有效做法和成功经验，寻找存在的问题和差距，提出改进和加强工作的意见建议，为营造良好的发展环境，推动富民强县进程提出具有针对性的意见建议，为县委、县政府科学决策提供参考。

二要抓住一些党政需要、社会关注重要议题和群众关心的热点难点问题，采取专题调研、对口视察等形式，就产业发展、环境整治、生态建设、卫生医疗、教育文化旅游资源产业、重点项目建设和民生工程等课题，充分发挥政协优势，深入调研视察、广泛协商议政，积极投身参与。

加强与政府对口部门的经常性联系，对2016年完成的调研报告，进行再次回头，根据县委政府的要求进一步督促落实相关工作，2017年将完成2–3次高质量的调研视察工作，积极开展地区政协月协商议题的收集上报工作。力争组织县政协委员到阿里地区其他县视察学习交流，拓展委员的视野，增强履职能力，为促进革吉政治建设、经济建设、文化建设、社会建设、生态文明建设发挥更大的作用。

三要进一步提高提案办理实效，进一步完善提案领导督办、部门负责、沟通互助、跟踪办理等各项工作机制，加大办理协商力度，切实做好提案的征集、整理和交办等工作，对重点提案采取领导包案、全年跟踪、阶段通报进度等形式，推动提案工作的办理速度和办理质量。积极推行委员和承办单位互动机制，严格落实提案办理双把关制度，做到办前协商到位、办中跟踪到位、办后回复到位。提高委员对提案办理落实的满意度，推进提案办理的制度化、规范化和程序化。推动基层群众的意见建议通过理性、合法、有序的渠道进行反映和表达。

（三）广泛凝心聚力，促进民族团结、宗教和睦。认真贯彻落实习近平总书记“加强民族团结、建设美丽西藏”的重要指示精神，全面贯彻党的民族政策和宗教政策，团结宗教界人士、非公经济领域代表人士、先进知识分子等一切可以团结的力量，围绕城镇化进程中少数民族流动人口服务与管理，深入开展民族政策和民族团结教育，培养宗教界中青年代表人士参加议政，发挥宗教界人士代表作用，加强各民族之间的交流、交往、交融，促进民族关系、宗教关系和谐，为形成民族团结、互学互助、互敬互爱、携手共进的和谐社会关系发挥积极作用。

（四）坚持强基固本，不断加强自身建设。要落实委员履职规则，进一步加强政协委员履职能力建设，政协委员应该懂政协、会协商、善议政，更应该守纪律、讲规矩，要切实加强委员学习培训和履职管理，不断提升委员的政治把握能力，调查研究能力，联系群众能力，合作共事能力，切实发挥在本职工作中的带头作用，政协工作中的主体作用，界别群众中的代表作用，不断增强廉洁自律意识，恪守政治纪律和政治规矩，落实中央八项规定和自治区九项要求精神。要切实加强政协机关干部队伍建设，进一步拓展“两学一做”学习教育成果，不断提高服务水平，努力建设一支廉洁、务实、高效的政协干部队伍，进一步树立政协良好形象。

各位委员、同志们，2017年是实施“十三五”规划承上启下的关键之年、供给侧机构性改革的深化之年。是新一届政协班子团结共事、共谋发展的开局之年，让我们紧密团结在以习近平同志为核心的党中央周围，在中共革吉县委的坚强领导和县人大、县人民政府的大力支持下，不忘初心、继续前进，团结拼搏、扎实工作，继续带领全县各级政协委员，全力推进我县政协协商民主建设，为全面建成小康社会、谱写好中华民族伟大复兴中国梦的革吉篇章做出新贡献，以优异成绩喜迎党的十九大胜利召开！

坚定旗帜立场 紧盯目标任务 不断取得全面从严治党新成效

——在中共革吉县纪委九届二次全委会上的讲话

县委常委、纪委书记 冯展强

（2017年2月23日）

此次会议县委高度重视，专门召开了县委常委会进行研究部署，在传达学习了十八届中央纪委七次全会和九届自治区纪委二次全会以及阿里地区2017年党风廉政建设和反腐败工作会议精神后，专题研究部署了2017年革吉县党风廉政建设和反腐败工作。前面，索朗次仁书记作了重要讲话，索书记的讲话充分肯定了2016年我县全面从严治党取得的成效，明确提出了当前和今后一个时期工作的总体要求和主要任务，要求我们要坚持标本兼治，坚持共产党人价值观，不断坚定和提高政治觉悟。我们要把自己摆进去，密切联系思想和工作实际，全面、科学、系统、准确学习领会索书记的讲话精神，聚焦中心任务，强化监督执纪问责，抓好工作落实。下面，我就2016年纪律检查工作作简要的总结，并就如何开展好2017年工作讲几点意见。

2016年的工作回顾

在过去的2016年里，我县党风廉政建设和反腐败工作在上级纪委和县委、县政府的正确领导下，坚持以党中央统筹推进的“五位一体”总体布局和协调推进的“四个全面”战略布局为工作导向，把贯彻落实党的十八大和十八届三中、四中、五中、六中全会精神和习近平总书记系列重要讲话精神作为思想武器和行动指南。深入开展“两学一做”学习教育，牢固树立政治意识、大局意识、核心意识、看齐意识，自觉同以习近平同志为核心的党中央保持高度一致。2016年我县党风廉政建设和反腐败工作坚持经常抓、抓经常，持之以恒纠正“四风”，惩前毖后、治病救人，实现监督执纪的“四种形态”，在强化日常监督执纪上下功夫，抓早抓小、动辄则咎，创新工作方法，考察和督查有机衔接，持续保持遏制腐败高压态势，严明换届纪律、聚焦扶贫民生，坚决惩治侵害群众利益的不正之风和腐败问题。加强纪委班子和队伍建设，加大干部交流和管理监督力度，以《中国共产党纪律检查机关监督执纪工作规则（试行）》为准绳，建设一支忠诚干净担当的纪检监察队伍。

（一）狠抓任务分解，“两个责任”清晰明确。

严格贯彻落实区党委《实施意见》和地委《关于贯彻落实党风廉政建设党委主体责任和纪委监督责任的实施办法》，积极履行党风廉政建设“第一责任人”职责，各级领导干部带头讲廉政党课，做到了重要工作亲自部署、重大问题亲自过问、重点环节亲自协调、重要案件亲自督办。通过督促约谈、报告工作、严肃问责等方式，抓住党风廉政建设主体责任不放松，推进了党风廉政建设主体责任的落实，全年共约谈下级党政主要负责人28人次。班子其他成员也能明确掌握自己在党风廉政建设中的责任，认真履行"一岗双责"，自觉把职责的要求融入到所分管的业务工作中，形成了党委"不松手"、书记"不甩手"、班子成员"不缩手"的良好工作格局。纪检监察机关也明晰了监督范围，理清了问责权限，清楚了执纪条款，把履行监督职能的切入点从配合职能部门开展业务检查，转变到对职能部门履行职责的监督检查上来，回归到监督主业。全年向地区纪委上报党风廉政建设情况4次，组织召开各类监督专题会议3次。

（二）聚焦主业主责，监督执纪问责得到很好规范。

一是把违反党的政治纪律、政治规矩、两个责任落实不到位、制度执行不力、工作消极应对、打折扣、搞变通、不作为等方面作为监督重点。不定期的下到县乡脱贫攻坚指挥部通过询问了解，查阅资料，重点掌握扶贫对象的识别，扶贫项目资金的落实情况，全年在扶贫领域开展监督检查5次，督促县扶贫办整改自治区扶贫（农发）工作督查组反馈问题6个。二是及时开展"三公"经费管理使用情况专项清查工作，要求各乡（镇）、各单位对"三公"经费管理使用情况开展自查，有效预防了"三公"经费违规使用的问题发生。三是在干部民主推荐、考察提拔、调整使用的过程中进行监督检查，杜绝了"任人唯亲、带病提拔、用人不正"等现象的发生。2016年共派出6人次参加干部民主推荐、评测和考察工作。对123名进一步使用或提拔任用的同志进行了集体廉政谈话。四是加大对学习贯彻《准则》《条例》的监督检查力度，践行了监督执纪的"四种形态"，提醒谈话1人，诫勉谈话8人。

（三）加强执纪审查，违纪违法案件得到有效遏制。

在认真履行纪检监察"保护、监督、教育、惩处"四项职责的同时，紧紧围绕构建和谐社会的大局，突出办案重点服务于经济建设这个中心，不断加大查办案件的力度，严格执行案件线索统一集中管理和排查制度，线索处置和纪律审查实行"双报告"制度，及时查办上级转办、交办、督办和本级受理案件线索，未出现压案、瞒案和办人情、关系案、金钱案等现象。全年共初核13件，立案8件，结案8件，给予党纪政纪处分8人，其中开除3人，收缴暂扣违纪资金11万元。

（四）强化廉洁教育，筑牢反腐防线。

一是以集中组织学习、个人自学和理论中心组重点学习等形式，认真学习贯彻了党的十八大、十八届三中、四中、五中、六中全会精神，深刻领会了习近平总书记关于党风廉政建设和反腐败工作一系列重要指示精神，着重学习了《党章》《廉洁自律准则》《纪律处分条例》《问责条例》《关于新形势下党内政治生活的若干准则》等。组织学习了中纪委、区纪委关于党风廉政建设责任追究典型案件的通报、违反中央八项规定及干部违纪违法问题通报等各类文件10份，观看警示教育片8次。二是大力开展宣传教育和"廉政文化宣传月"活动，协同县委组织部开展了两次"新任公务员培训"工作，派出人员对党风廉政建设工作、公务员权力与义务等内容进行了讲解。在"廉政文化宣传月"活动中悬挂廉政标语等宣传横幅4副，发放宣传单、廉政手册等宣传资料共2000余份，制作廉政宣传牌、警示牌各30余张。三是组织全县党员干部开展"学党章党纪党规"活动，并及时对学习活动的开展情况进行督导检查3次。四是在县乡换届期间，利用短信提醒、制作换届纪律小卡片，粘贴廉政宣传标语等多种形式，大力宣传换届纪律。

（五）严格检查考核，党风廉政建设责任制得到全面落实。

2016年初召开了党风廉政建设和反腐败工作专题会议，对全县的党风廉政建设和反腐败工作进行了全面的安排和部署，明确任务举措、责任领导和部门，并制定了工作要点、工作措施和党风廉政建设责任书，层层签订责任书71份。全年共召开了4次党风廉政建设和反腐败工作领导小组专题会议，年中，组织考核组对各乡镇、各单位落实党风廉政建设责任制情况进行了督导检查，提出整改建议12条。年底，组成党风廉政建设责任制考核检查组，通过查资料、看现场、民主测评、召开座谈会、个别谈话征求意见等方式，对各乡镇、各单位党风廉政建设责任制落实情况进行考核评优。

（六）有效落实“三转”，建设一支过硬的纪检监察队伍。

纪委在适应全面从严治党的新形势、新任务、新要求中，对职责定位有了更深的认识，全部退出了非主业和所有议事机构，主业主责意识明显增强。严格落实两个报名考察办法，选举产生了思乡一镇纪委，实现了县乡两级纪委的顺利换届，同时得到了县委、县政府的大力支持，对县乡纪委的人员及时的进行了调整和充实。加大对纪委人员培训和锻炼力度，派出人员到中纪委培训基地培训3人次，前往地区跟班学习2人次，抽调下一级纪委人员到县纪委跟班学习4人次。

过去一年的工作中有成绩也有不足，但进步是有目共睹的，这得益于习近平同志为核心的党中央正确领导，得益于上级纪委部门和县委、县政府的英明决策部署，得益于全县各级党组织的共同努力，得益于广大人民群众的大力支持。但党风廉政建设和反腐败斗争形势依然严峻，监督执纪的“四种形态”在实践中需要进一步深化，有的党员领导干部党的意识薄弱、组织涣散、纪律松弛等现象依然存在，缺乏担当精神，落实主体责任不主动、不到位，压力传导不够，少数党员干部，特别是部分牧区党员干部理想信念不坚定，党性观念淡薄，暗地里信仰宗教，对上一级的要求置若罔闻、我行我素、依然故我。对此我们在2017年将高度的重视，采取有力的措施，根治一部分人的“毛病”，努力打造一支合乎人民要求的党员干部队伍，为早日步入小康社会保驾护航。

2017年工作部署

今年将召开党的第十九次全国代表大会，做好党风廉政建设和反腐败工作意义重大。在地区纪委党风廉政建设和反腐败工作会议上，对今年的党风廉政建设和工作提出了新的要求，我们将以一贯之，2017年，全县党风廉政建设和反腐败工作将全面贯彻党的十八大和十八届三中、四中、五中、六中全会精神，深入贯彻习近平总书记系列重要讲话精神，统筹推进“五位一体”总体布局和协调推进“四个全面”战略布局，牢固树立“四个意识”，特别是核心意识、看齐意识。坚决维护以习近平同志为核心的党中央权威，严肃党内政治生活，加强党内监督，推进标本兼治，深化国家监察体制改革，强化监督执纪问责，驰而不息纠正“四风”，保持惩治腐败高压态势，维护好党内政治生态，推动全面从严治党向纵深发展，严格执行监督执纪工作规则，加强领导班子和干部队伍建设，用担当诠释忠诚，以良好精神状态和优异工作成绩迎接党的十九大召开。

（一）深入学习贯彻党的十八届六中全会精神，严肃党内政治生活，强化党内监督。

一是认真履行党内监督专责机关职责，以党内政治生活准则和党内监督条例为尺子，加强对贯彻落实六中全会精神情况的监督检查，督促各级党委（党组）把十八届六中全会精神落到实处，确保党员领导干部对党忠诚，切实把维护习近平总书记这个核心作为最大的政治，最重要的政治纪律和政治规矩，严肃查处对党不忠诚，破坏党的集中统一，信仰宗教从事分裂破坏活动，维护稳定失职失责等问题。二是严明政治纪律和政治规矩，坚决维护党的团结统一，加强政治纪律教育，督促引导党员干部做坚定的马克思主义无神论者，严禁信仰宗教，认真贯彻落实党的宗教政策，积极引导宗教与社会主义社会相呼应，坚决查处利用宗教破坏祖国统一和民族团结的行为。三是严明组织纪律，严把选人用人政治关、廉洁关，防止干部“带病提拔”“带病上岗”，结合村（居）换届工作，对在政治上有问题、搞团团伙伙的一票否决，确保选对人、用好人，严格把好“党风廉政意见回复”关，为村（居）换届，干部调整提供保障。

（二）巩固作风建设成果，把中央八项规定精神咬住不放。

一是以防止反弹为重点，紧紧抓住落实中央八项规定精神和自治区“约法十章”“九项要求”不放，盯紧潜入地下公款吃喝的问题，既要注意形式主义、官僚主义的滋生，更要注意个人主义、享乐主义的反弹。把纠正“四风”往深里抓、实里做，紧盯老问题，关注新动向，坚决防止反弹回潮。二是在构建长效机制上狠抓制度建设，要在检查落实中央八项规定精神措施时总结经验，梳理出问题，并根据问题导向深挖其根源，要以实事求是的态度，对制度措施加以修订，把制度建设的过程作为深化认识，增强执行力的过程。做不到的宁可不写，写上就要确保做到，严肃查处破坏制度的行为。三是弘扬中华民族优秀的传统文化和党的优良作风，加强廉政文化建设，今年我们将组织全县党员干部观看廉政文化专题片，特别是中纪委的大型纪录片《永远在路上》，把正确导向在全县党员干部中纵深发展，教育引导党员干部坚定理想念。

（三）以强有力问责督促各级党组织履行全面从严治党主体责任。

一是要严格责任追究，夯实管党治党责任。督促解决本级本部门党内政治生活中出现的问题，加强检查考核，强化约谈督促，严格责任追究，把检查主体责任落实情况作为监督执纪的重点。层层传导压力，抓住“关键少数”，确保把党的路线方针政策和党中央、区党委、地委和县委的决策部署贯彻始终。二是严格执行问责条例，加大问责力度，激发担当精神。严格执行自治区《贯彻〈中国共产党问责条例〉实施办法》，坚持失责必问、问责必严，对党的领导弱化、党的建设缺失、从严治党责任落实不到位、选人用人问题突出、腐败问题严重、不作为乱作为的要严肃问责。

（四）坚定旗帜立场、紧盯目标任务，巩固反腐败斗争压倒性态势。

一是要坚持党委对反腐败工作的统一领导，加强反腐败组织协调，增强工作合力，提升执纪效率，坚决减少腐败存量、重点遏制增量，保持高压态势不动摇。要全面加强纪律建设，有效运用监督执纪“四种形态”，在加强日常管理监督上下功夫。要体现政策策略和方式方法的针对性、灵活性，把执纪审查重点放在不收敛不收手，问题线索反应集中、群众反映强烈的问题上。二是把查处侵害群众利益的不正之风和腐败问题作为主要任务，开展扶贫领域专项整治，重点查处在扶贫开发、惠民政策落实等领域优亲厚友、私分节流、贪污挪用问题，让那些胆敢向民生款物伸手的人付出应有的代价。

（五）促进标本兼治，有效运用“四种形态”。

“四种形态”是从党的历史和管党治党实践中总结出来的，是全面从严治党的具体举措，根本目的是坚持党的领导、加强党的建设、保持党的先进性和纯洁性。一是牢牢把握党的纪律这把尺子。要用纪律的尺子去衡量，始终扭住“常态”，坚持党内谈话制度，认真开展提醒谈话、诫勉谈话。经常开展批评和自我批评、约谈函询，让‘红红脸、出出汗’成为常态”，使党内政治生活有战斗性和锋芒。二要惩前毖后、治病救人，综合分析违纪行为的情节性质，考虑认错和悔错的态度，对廉洁自律不严、个人有关事项报告不实或问题较轻的要给予党纪轻处分，问题严重的要给予党纪重处分，作出重大职务调整。要讲政治、顾大局，既见“树木”又见“森林”，治病树、拔烂树、正歪树、护森林，全面净化党内政治生态。

（六）扎实推进监察体制改革，推进组织和制度创新力度。

一是不断提升纪检监察队伍的能力和素质，加大教育培训，积极派出人员前往上级纪检监察部门和更高一级的纪检监察部门跟班学习、跟案锻炼。在自身正、敢担当的同时又要加强日常管理和监督，建设一支让党放心、人民信赖的队伍。二是认真落实《中国共产党纪律检查机关监督执纪工作规则》，在完善工作流程时分解好职责权限，联系实际，找准风险点和薄弱环节，运用好建立的内控机制。要严格依规依纪开展监督执纪工作，把自我监督与接受党内监督、民主监督、群众监督、舆论监督有机的结合起来，推进纪检监察机关治理体系和治理能力步向现代化。三是积极争取县委、县政府的支持和帮助，加大资金投入、加强人员培养、加快监察体制的改革步伐。

同志们，我们要更加紧密的团结在以习近平同志为核心的党中央周围，谦虚谨慎、戒骄戒躁，不忘初心、继续前行，深入推进党风廉政建设和反腐败斗争，不断取得全面从严治党新成效，以永远在路上的恒心和韧劲，推动全面从严治党向纵深发展，为推进革吉的长足发展和长治久安贡献力量，交出让党和人民满意的答卷，以优异的成绩迎接党的十九大胜利召开。

革吉县人民法院工作报告

——在革吉县第十二届人民代表大会第二次会议上

革吉县人民法院院长　李尕青

（2017年4月12日）

2016年工作回顾

2016年，革吉县人民法院在县委坚强领导、县人大有力监督、阿里地区中级人民法院的正确指导和县政府、政协、社会各界的关心支持下，坚持以邓小平理论、“三个代表”重要思想和科学发展观为指导，深入贯彻落实党的十八大、十八届三中、四中、五中、六中全会、中央第六次西藏工作座谈会精神，深入贯彻落实习近平总书记系列重要讲话精神和“四个全面”战略布局，深入贯彻落实自治区、县第九次党代会、区、地县经济工作会议等精神，牢固树立“四个意识”，特别是核心意识、看齐意识，认真落实十二届县人大一次会议决议，紧紧围绕“努力让人民群众在每一个司法案件中感受到公平正义”目标，忠实履行宪法法律赋予的职责，依法服务全县大局，始终牢记司法为民宗旨，自觉加强自身建设，县法院工作取得新进展。一年来，县法院共受理各类案件37件，审执结37件，与2015年同比减少4件，综合结案率100%，与2015年同比持平，通过充分发挥审判职能作用，努力服务并保障全县社会稳定和经济发展。忠实履行审判职责，维护社会公平正义。

依法惩治刑事犯罪。去年共受理刑事案件8件，审结8件，判处罪犯8人，与2015年同比增加4人，其中判处罪犯十年以上1人，五年以上十年以下1人。依法严厉打击危害人民群众生命财产安全、影响经济社会秩序的暴力犯罪、多发性侵财犯罪，审结故意伤害、盗窃犯罪5件5人。严惩贪污贿赂犯罪，审结贪污、受贿犯罪2件2人，彰显党和国家从严惩治腐败的坚强决心，对腐败犯罪始终保持高压态势。依法严厉打击非法猎捕、杀害珍贵濒危野生动物犯罪1件1人。

依法妥善化解民事纠纷。去年共受理民事案件21件，与2015年同比减少16件，审结21件，结案标的额781.82万元。充分发挥民事审判工作在推动经济发展中的独特优势，审结民间借贷、商品交易买卖、房屋租赁合同等纠纷11件，审结发展生产投资领域产生的合伙协议、保证合同、不当得利等纠纷3件，审结地区重点项目革吉至改则公路段等建设工程合同纠纷2件，审结盐湖乡羌麦村一村民非法占有该村村经济合作组织扶贫招待所，造成当地社会影响较大，严重损害村集体经济利益的占有物返还纠纷1件，审结违背社会公序良俗，损害他人财产及名誉权纠纷2件，审结婚姻家庭纠纷2件。工作中，我们以质量更高、速度更快、效果更好、成本更省、人民满意为目标，坚持因人因案制宜，因时因势利导，以诚心赢公信，以耐心促调解，以细心化纠纷，以公正树公信，努力实现案结事了，把大量矛盾纠纷化解在了诉讼之前、法庭之外。去年，共调解民事案件15件，裁定准许撤诉案件1件，调撤率为76.19%。

依法保护债权人合法权益。去年共受理执行案件8件，与2015年同比增加8件，执结8件，执行标的16.6万元，实际执行到位13.7万元。始终维护司法权威、全力攻坚执行工作，依法打击有钱不还肆意躲债的8名“老赖”，及时兑现人民群众合法权益。

一、积极落实便民举措，回应人民群众关切。

大力实施便民诉讼、护民利益、惠民救助的司法服务举措，为让群众少跑路、少花钱、少受累，充分发挥“车子开到哪里，案子就审到哪里，司法服务就送到哪里、基层矛盾纠纷就解决到哪里”的“车载流动法庭”司法服务延伸和前沿阵地作用，把发生在基层群众的纠纷解决在萌芽状态，让群众以最短的时间、最低的诉讼成本、最快捷的方式获得司法服务。去年，县法院车载流动法庭共行程7.85万公里，巡回各类案件15件。

不断畅通利益诉求表达渠道，为保障民权、化解民怨，扎实开展“法官下基层”“法律七进”等活动，共开展各类法制宣传9场次，接待法律咨询来信来访25件48人次。深入推进依法治县、依法治乡、依法治村进程。加大司法扶危济困力度，依法共为困难当事人减、免诉讼费2598.38元，全力解决群众打官司难问题。

强化自身建设，促进司法能力提高，确保公正廉洁司法。以高举旗帜、坚定方向为关键，从坚定政治立场、把握政治方向入手，从解决队伍中最突出的问题着眼，积极探索新形势下加强法院队伍建设的新举措。始终坚持以中国特色社会主义理论武装法院干警头脑，认真贯彻落实党的十八大、十八届三中、四中、五中、六中全会、中央第六次西藏工作座谈会精神，贯彻落实习近平总书记系列重要讲话精神和自治区、县第九次党代会精神，牢固树立“四个意识”，特别是核心意识、看齐意识，积极开展两学一做主题教育，坚持党的绝对领导，确保法院干警信念不动摇，政治坚定可靠，对党绝对忠诚。抓住司法能力建设这个重心，充分发挥国家法官学院西藏分院的平台作用，积极选派干警分批次走出去，参与各种业务培训，全面提升县法院队伍综合能力。去年，共培训干警10人次；认真落实从严治党主体责任，规范党组议事规则，支部三会一课制度，严肃党内政治生活，党组织建设不断加强。加强党风廉政建设和反腐败工作，集中开展纪律作风集中教育整顿，批评教育并提醒谈话少数干警不遵守工作纪律2人次，队伍不良风气得以有效遏制，作风进一步转变，县法院2名干警受到最高人民法院表彰。广泛接受社会监督，深化司法公开。去年，邀请人大、政协视察法院听取工作汇报和旁听案件审理18人次，办理人大代表、政协委员提出意见建议2件次。县法院庭审直播案件12件，执行工作信息上网公开率达100%。

二、围绕中心工作，为大局服务。

全力响应县委、县政府重大决策部署，全面贯彻落实反分裂斗争一系列维稳措施，积极参与维稳巡逻、执勤任务，全力确保社会和谐稳定。积极参与创先争优强基础惠民生活动，选派1名优秀干部开展驻村工作。全力参与脱贫攻坚工作，积极组织动员全院干警结对帮扶8户31名贫困群众为其谋思路，促生产，抓发展，共捐款3.8万元。深入雄巴、盐湖、亚热、文布当桑乡各村组，随同县政法各部门积极开展打击整治民间借贷高利贷行动调研。调研中，我们深入宣传高利贷社会危害性，震慑了一批损害群众利益，欺骗肆意搜刮群众合法权益的外来籍人员，引导教育了一批好逸恶劳、借贷成性、不务正业的群众。参与县第九次党代会精神宣讲团，深入基层一线，宣传县第九次党代会精神和一系列党的富农惠民政策，把党的温暖送到了人民群众的心坎上。通过参与中心工作，增进了与人民群众的感情，锻炼了队伍做群众工作的能力。

各位代表，去年，县法院各项工作取得了一定的成绩，这是县委坚强领导的结果，是上级人民法院有力指导的结果，是县人大有力监督、政府、政协以及社会各界大力支持的结果。在此，我代表县法院表示衷心的感谢，并致以崇高的敬意！

回顾一年来的工作，我们也深刻地体会到，做好法院工作，必须牢固树立社会主义法治理念，坚持党的绝对领导，始终坚定法院工作正确的政治方向；必须把司法审判工作放到党和国家西藏工作大局中思考、谋划和推进，确保法院工作始终适应发展的需要；必须切实维护好广大人民群众的根本利益，确保法院工作始终建立在坚实的群众基础之上。

在总结成绩的同时，我们也清醒地认识到，法院工作与县委的要求和人民群众的期待仍有很大差距。主要是全面深入学习理解党的方针政策和县委的重大决策，更加自觉和创造性地服务经济发展和社会稳定的工作能力有待提高；对人民群众日益增长的司法需求，研究问题不够深入、解决办法不多；队伍的整体素质有待进一步提高，队伍力量有待进一步壮大，队伍服务本领和水平需要进一步增强，工作方式方法需要进一步改进创新，工作作风需进一步扎实。

2017年工作思路

2017年，县法院要高举中国特色社会主义伟大旗帜，坚持以邓小平理论、“三个代表”重要思想和科学发展观为指导，深入贯彻落实党的十八大、十八届三中、四中、五中、六中全会、中央第六次西藏工作座谈会和自治区、县第九次党代会、区、地、县经济工作会议等精神，解放思想，改革创新，与时俱进，认真落实本次大会决议，全面加强审判执行工作，为革吉经济发展和社会稳定提供更加有力的司法保障。

一、坚持高举伟大旗帜，进一步坚定立场，把握方向。

深入贯彻落实习近平总书记系列重要讲话精神，特别是“治国必治边、治边先稳藏”的重要战略思想和“加强民族团结、建设美丽西藏”的重要指示，坚持以“四个全面”战略布局为统领，坚持党的治藏方略，坚持依法治藏、富民兴藏、长期建藏、凝聚人心、夯实基础的重要原则，牢固树立“四个意识”，特别是核心意识、看齐意识，着力在坚定立场、把握方向等重大问题上统一认识，在复杂的形势中保持清醒头脑，在大是大非面前旗帜鲜明，对党绝对忠诚、绝对纯洁、绝对可靠，确保法院工作正确的政治方向。

二、着力加强审判执行工作，为人民司法，为大局服务。

认真贯彻落实自治区第九次党代会、县第九次党代会精神，区、地、县经济工作会议、政法工作会议、脱贫攻坚工作会议精神，紧紧围绕县委、县政府中心工作，坚持反分裂斗争基本方针和依法治县进程，强力推进审判和执行工作，进一步提升维护国家安全和社会稳定的能力，致力推动平安建设，着力优化发展环境，依法保障民权民生，为全县经济发展和社会稳定提供优质高效的司法服务。一是依法严厉打击刑事犯罪，着重依法惩治农牧区突出的盗窃、故意伤害、寻衅滋事等案件；深入基层进行走民情访民意调研，与公安机关、检察机关紧密配合，分工协作，着力开挖一批破除农牧区陈规陋习，违背社会公序良俗，虐待遗弃老人妇女儿童的不良社会风气，对该类不良现象未构成犯罪的，我们将及时建议公安机关根据《中华人民共和国治安管理处罚法》依法予以处置，如虐待遗弃老人妇女儿童造成其流离失所、行街乞讨甚至死亡的，我们将依法以虐待罪、遗弃罪进行惩治。对破坏婚姻家庭，扰乱社会秩序，影响农牧区社会稳定，有配偶者与他人以夫妻名义同居的，我们将依法以重婚罪惩治；同时我们准备开挖一批依法惩治以民间借贷为名，虚构事实，以非法占有为目的，骗取他人财产的诈骗罪案件，并以案宣法，着力引导群众自力更生，勤劳致富。在这里我想强调的是，一方面我们要依法严厉打击个别群众虚构事实，借贷成性，肆意挥霍，无所事事，借钱不还的诈骗罪，另一方面也要依法严厉打击个别放贷者，虚构事实，变相逼迫群众为掩饰隐瞒其高利贷作假，让群众打条子认账，从而榨取群众财产已获取既得利益的诈骗罪。二是充分发挥民事审判职能作用，重点依法受理使用家庭暴力殴打辱骂妇女儿童等违反反家庭暴力法的申请保护令案件，对违反反家庭暴力法且人民法院已下保护令的，我们将依法予以罚款或拘留，构成犯罪的，依法追究刑事责任。通过受理申请保护令案件，极力维护妇女儿童等合法权益；依法广泛受理一批民间借贷纠纷，就高利贷非法利益依法不予保护，逐步防止高利贷现象无处滋生；重点受理一批不赡养老人、不抚养子女，违反法律规定不尽家庭义务的民事案件，通过依法审理此类案件，我们将依法裁判或强制执行赡养人、抚养人履行相应义务，为弘扬牧区家庭传统美德新风尚，提供强有力司法保障，以此依法有力进一步推进我县农牧区移风易俗工作和新文明建设进程。三是支持、监督行政机关依法行政，助力法治政府建设。今年县法院将向全县及各乡镇行政职能部门普及一次依法行政法制宣传教育课。通过宣传，进一步加强干部职工依法行政的能力和水平。四是进一步加强执行工作，对人民法院判决或调解生效后，当事人申请执行判决或调解规定的法律权利和义务，以及其他有关执法部门提请法院申请执行其做出的生效裁决的执行案件，我们将对有能力履行但拒不执行的涉案当事人，坚决依法采取拘留、罚款、追究其拒不执行判决、裁定刑事责任等方式予以严厉制裁，充分保护债权人合法权益。五是夯实亲民便民服务措施，进一步方便群众诉讼。进一步加大车载流动法庭巡回办案力度，组织流动法官团队，深入交通疏远地处偏僻的农牧作业区，为偏远牧区群众解决矛盾纠纷。同时，为进一步减少群众诉讼成本和诉累，今年县法院将于5月份正式开通网上立案通道，让群众和律师足不出户可以在网上注册案件登陆账户填写相关反映诉求，通过网络向本院起诉。凡符合立案条件且属于本院管辖的各类案件，本院将依法予以受理。有关网上立案登录网址、操作程序，届时本院将向全县四乡一镇公告宣传。

三、加强队伍，夯实基层基础建设。

深入贯彻落实党的十八届六中全会、自治区、县第九次党代会、政法工作会议精神，准确把握党要管党，从严治党主体责任要求，深入开展“两学一做”“四讲四爱”主题教育实践活动，以政治建警、素质强警、从严治警、从优待警为目标，持之以恒不断加强法院队伍建设，努力造就一支政治坚定、业务精通、作风优良、廉洁司法、执法公正，县委、县政府值得信赖、群众满意的法院队伍。今年，根据中央、自治区司法体制改革要求，县法院将重点完成本院法官、司法辅助人员、司法行政人员三类人员定岗定位分类管理的报批核定工作，法官、司法辅助人员、司法行政人员三类人员核定后，待自治区统一决策部署，自上而下对三类人员统一实行不同业绩考核，不同工资薪酬及绩效奖金。进一步壮大队伍力量，待自治区统一决策部署，通过政府购买方式，县法院将引进一批聘用制书记员、司法警察、工勤人员；根据中央、自治区司法体制改革要求，逐步完成县法院经费预算、固定资产管理由县财政三级预算、管理过渡至自治区财政厅一级预算、管理的对接工作。今年下半年，力争投入使用新建盐湖中心人民法庭，同时将法庭审判职能作用发挥一并辐射至雄巴乡、文布当桑乡、亚热乡。继续抓好“十三五”项目和援藏项目建设，今年，争取县法院诉讼服务中心项目立项并开工建设，县法院受援供氧项目工程和盐湖乡中心人民法庭受援太阳能供电工程力争于年底完成并投入使用。

四、广泛接受全社会监督，有效提升司法公信力。

积极邀请人大、政协视察法院听取工作汇报和旁听案件审理，认真办理人大代表、政协委员及各级组织提出的有关意见及建议。充分发扬人民当家做主的地位，积极组织人民陪审员参与审理案件。大力发挥信息化功能，依法公开审理案件，继续做到案件庭审全过程录像，同步上网直播，裁判文书同步上网公开。通过接受监督，改进工作，进一步提升县法院司法公信力。

各位代表，新形势、新任务，使命光荣，责任重大。县法院要在县委的坚强领导下，高举旗帜，坚定信念不动摇，服务大局，为民司法不放松，攻坚克难，补齐短板，忠实履行宪法法律赋予的神圣职责，全面加强审判执行工作，实干担当，狠抓落实，为革吉经济发展和社会稳定提供强有力司法保障，同时以优异的工作成绩，全面迎接党的十九大的胜利召开！

革吉县人民检察院工作报告

——在革吉县第十二届人民代表大会第二次会议上

革吉县人民检察院检察长　次仁尼玛

（2017年4月12日）

2016年检察工作开展基本情况

一年来，我院在革吉县委和阿里检察分院的正确领导下，在革吉县人大及其常委会的有力监督下，深入学习贯彻党的十八大、十八届三中、四中、五中、六中全会及自治区第九次党代会精神和习近平总书记系列讲话精神，紧密围绕全县工作大局，积极适应经济发展新常态、回应人民群众新期待，顺应司法改革新要求，全面履行宪法和法律赋予的职责，全力维护司法公正和社会和谐稳定，各项工作取得了新的进展。

一、主动适应经济发展新常态，依法服务和保障社会经济发展，依法尽职履责，维护社会稳定。

依法打击各类刑事犯罪。一年来，我院努力适应新常态下人民群众对检察工作的新要求，充分发挥批捕、公诉职能，大力推进平安革吉建设，坚决打击严重暴力犯罪、多发性侵犯财产等犯罪行为，全年共受理审查批捕案件7件7人，提起公诉案件10件10人，不起诉案件2件2人，办理民事行政案件1件，羁押必要性审查案件1件1人，系阿里检察系统第一次。

加大反腐查处力度。保持反腐高压态势，加强与阿里检察分院和兄弟县院的合作力度，整合力量，积极参与反腐案件办理和反贪、反渎干警培训。在我院人员极其缺乏的情况下，仍抽调两名干警到分院专案组参加为期十个月的专案办理，并完成分院交办的职务犯罪案件起诉2件2人。

认真做好社区矫正监督工作。建立完善的社区矫正人员台账，通过每月思想汇报，及时了解掌握矫正人员思想动态，及时发现不良苗头。通过与公安、司法、法院的联席会议制度，加强社区矫正监督、加强信息交流力度，通过社区矫正联络员制度，及时了解矫正对象情况，防患于未然。加大对司法部门社区矫正的监督力度，全年监督检查7次，提出口头建议3次。

做好控告申诉工作。完善控申科室硬件建设和控申接待室规范化建设，完善细化首问责任制等相关制度，继续以检察长接待日为平台，通过接访和下访及时发现和化解群众矛盾，接待群众来访1次1人。加大涉法涉诉信访工作力度，积极主动化解矛盾，2016年我院控申工作荣获阿里检察系统先进集体称号。

重视预防工作。以分院侦防工作会议为契机，加大侦防一体化建设进程，突出预防、普法工作的重要性，一年来，我院共进行了6次法律宣传，共计发放宣传材料1200余份，大力营造全社会学法守法的良好氛围。

积极开展各项法律监督。加强对侦查、审判工作的法律监督力度，确保全年侦查机关无刑讯逼供、诱供，减少冤假错案的发生机率。加强内部监督力度，通过开展羁押必要性审查，内部下发检察建议1份，通过加强对民事、刑事审判的监督，发现案卷文书不规范、文书送达不及时等问题，及时下发检察建议3份。

二、时刻绷紧维稳这根弦。

稳定是第一要务，阿里地处反分裂斗争前沿，反分裂斗争形势复杂，维稳任务很重。我院要求干警严格按照自治区、地区及革吉县军地联合指挥部的要求，做好维稳各项工作，时刻绷紧维稳这根弦，认真结合十项维稳措施，完善各项维稳工作预案，护院队每日对院里工作区、生活区进行巡逻，“双联户”户长加强对自己负责区域的检查管理力度，控申部门加强对涉检涉诉矛盾排查。干警坚持24小时值班，领导坚持24小时带班，并积极参加县维稳中心值班，全年在维稳中心值班160人次。次仁尼玛检察长按照县维稳指挥部的安排，到文布当桑乡开展三月敏感期维稳督导。

三、全力开展“两学一做”专项活动。

2016年，全党开展两学一做教育活动，学习党章党规，学系列讲话，做合格党员，我院高度重视，严格按照要求召开动员会，统一思想，多措并举，狠抓两学一做工作落实。成立了领导小组，制定了具体的实施方案，明确目标要求，营造浓厚的学习氛围。认真总结提升，查找问题，狠抓问题整改，召开了专题组织生活会，查找存在的差距，通过大家互相之间出出汗、红红脸，把存在的问题摆在桌面上，让党员干部看清自己存在问题和不足，明白自己今后的努力方向，使党员干部能时刻与以习近平总书记为核心的党中央保持一致，自觉维护中央的权威，认真贯彻落实中央的各项决定。

四、加强检察基础设施建设、队伍建设、信息化建设，内强素质，外树形象。

2016年是司法改革的关键之年，我院以司法改革为契机，加强队伍专业化建设和执法能力规范化建设，加强检察基础设施建设和信息化建设，全面提高检察人员执法能力和综合素质。

*涉密机房和涉密计算机管理进入正轨。*我院的涉密机房和计算机设备已经搬迁至新办公楼，各项测试正常，我们的干警也通过多次培训，掌握了设备运行管理及维护的相关知识，目前，我院涉密机房及涉密计算机运行良好，制度完善。

*做好检察官入额工作。*按照区检院的统一部署，我院认真开展检察官入额工作，对入额人员的业绩和工作情况进行全面考核，提出入额人选，接受阿里检察分院统一考核，为下一步检察改革打好了基础。

*重视对干警的业务培训。*克服人少事多任务重的困难，积极选派干警参加各类业务培训。全年先后派干警到国家检察官学院西藏分院、阿里检察分院及河南省参加业务培训，岗位锻炼，提高干警综合业务素质。

*信息化建设取得新的成果。*我院新办公楼内部涉密改造全部完成，使我院的办公办案条件和安全保密条件有了新的提高。新采购的信息化设备即将到位，到时我院的信息化建设将更上层楼。

五、加强党建工作，狠抓党风廉政建设。

把党建工作与业务工作放在同等重要的地位，坚决落实一岗双责，认真开展三会一课，积极发展党员，完善党组及支部机构，夯实党建基础。认真落实中央八项规定、自治区约法十章及九项要求，严格规范干警八小时内和八小时外的行为，严禁公车私用，严禁公款吃喝，严禁干警参与酗酒、赌博，树立检察形象。

六、做好扶贫、驻村及其他中心工作。

*扎实推进精准扶贫，精准脱贫工作。*精准扶贫是今后几年我县的一项重大工作任务，按照地委、县委、县政府的相关文件精神、相关工作的安排部署及要求，我院制定了脱贫攻坚工作的计划。并在6月17日下午在革吉县布贡村进行了党员进村入户、结对认亲交朋友、精准扶贫工作动员大会，详细了解了贫困户家庭的详细情况及致贫原因，理出了脱贫攻坚措施，我院全体干警分两次捐款26850元。

*扎实开展服务群众工作。*一是2016年5月中旬至10月份，按照县委关于安排，由院检察长为副组长的工作组到四乡一镇开展精准扶贫工作，走村入户宣传各项相关政策，并了解民情；二是派出1名副检察长前往布贡村积极开展第五批“强基础、惠民生”驻村工作；三是在县政法委的组织和带领下，我院派出1名干警和一辆车赴往雄巴乡矿区执行任务。四是由院检察长参加的工作组赴

四乡一镇开展黄标车及高利贷专项整治活动。

各位代表，2016年我院各项检察工作取得的良好成绩，先后获得科级目标管理先进集体，党风廉政建设先进集体、党建信息报送先进单位、控申工作先进单位等荣誉称号，多名干警也获得了先进个人等荣誉称号。这些成绩的取得离不开县委和上级院的正确领导，离不开人大及其常委会的有力监督，离不开政府、政协及社会各界的关心支持。在此，我代表检察机关向各位代表，向所有关心支持检察工作的领导和同志们表示衷心的感谢!

回顾过去一年的工作，我们清醒地认识到，检察工作还存在一些不足和问题，还有许多不尽人意的地方急需我们改进。

2017年主要工作任务

2017年是全面建成小康社会的关键之年，党的十九大将要召开，我院将认真贯彻党的十八大、十八届三中、四中、五中、六中全会精神、中央政法工作会议精神、自治区及地区政法工作会议精神，全国、全区检察长工作会议精神，深入学习习近平总书记系列重要讲话精神、中央第六次西藏工作座谈会精神及自治区第九次党代会精神，以维护社会稳定为底线，以检察改革为契机，以进一步提高司法公信力为目标，深化执法为民活动，深化队伍职业化、专业化建设，推动革吉检察工作再上新台阶。

一、全力营造良好的法治环境。认真学习贯彻十八大、十八届三中、四中、五中、六中全会精神，深刻认识检察机关在全面深化改革中的重要责任，充分发挥打击、预防、监督、教育、保护等职能作用，更好地服务和保障革吉经济社会健康发展。严厉打击干扰改革、破坏改革、钻改革空子的违法犯罪行为，为创新发展营造良好的法治环境。

二、加强和规范对诉讼活动的监督。继续严格执行修改后的刑诉法、民诉法，完善诉讼监督机制，促进严格执法、公正司法。健全对重大疑难案件的提前介入。加强刑事审判活动监督，严格规范民事、行政诉讼监督内容，加大人权保障力度，健全羁押必要性审查制度。健全错案的防止、纠正和责任追究制度，切实保证律师权益。

三、深入推进反腐倡廉建设。加大惩治职务犯罪力度和预防宣传力度，深入开展打击损害群众利益职务犯罪专项活动，坚决查处发生在精准扶贫领域群众反映强烈的案件。加大对重大事件的介入调查力度，严肃查处国家工作人员不作为、乱作为等失职渎职、滥用职权犯罪。完善与纪委等部门的协作配合机制，增强反腐工作合力。推动执法、司法机关信息共享，提高自侦案件侦查水平。加强对扶贫工程的监督力度，全面融入扶贫工作，确保扶贫资金能够百分之百用之于民。

四、深入推进检察改革。以检务公开和完善检察权运行机制为重点，推动新一轮检察改革。坚持以公开促公正，以透明促廉洁，增强主动公开意识，做到能公开的一律公开。确立检察官执法主体地位，落实检察官办案责任制和责任追究终身制，严防冤假错案发生。

五、加强检察队伍建设。加强检察人员理想信念、职业道德教育和业务能力建设。坚持从严治检，加强廉政文化建设，提升检察官文化修养和自律精神。内强素质，外树形象，打造专业化、规范化检察队伍。

六、充分发挥检察职能，坚决惩治和打击村霸及宗族恶势力。以科学发展观为指导，深入学习贯彻党的十八大、十八届三中、四中、五中、六中全会精神以及习近平总书记系列讲话精神，按照中央、自治区、阿里地区政法工作会议要求和全国、全区检察长工作会议要求，依照高检院《关于充分发挥检察职能依法惩治“村霸”和宗族恶势力犯罪，积极维护农村和谐稳定》文件精神，认真开展打击村霸和宗族恶势力犯罪，维护我县农牧区和谐稳定。

各位代表，在新的一年里，我院将以更加奋发有为的精神状态和更加求真务实的工作作风，坚守法治，秉公司法，为革吉经济建设和社会发展做出新的更大的贡献，以优异的成绩迎接党的十九大胜利召开。

革吉县2016年国民经济和社会发展计划执行情况与2017年国民经济和社会发展计划草案的报告

——在革吉县十二届人民代表大会第二次会议上

革吉县发展和改革委员会主任 黄 超

（2017年4月11日）

一、2016年国民经济和社会发展计划执行情况

2016年，是“十三五”规划开局之年，也是全县人民砥砺奋进、实干追梦之年。一年来，面对错综复杂的宏观经济环境，在地委、行署的坚强领导下，县委、县政府团结带领全县各族干部群众，认真贯彻落实党的十八大和十八届三中、四中、五中、六中全会和中央第六次西藏工作座谈会精神，贯彻落实习近平总书记系列重要讲话精神，贯彻落实区党委八届八次、九次全委会精神和革吉县委第九次党代会精神，围绕县委1233446总体发展思路，积极适应经济发展新常态，狠抓稳增长、调结构、促改革、惠民生、保稳定各项措施，不断提高经济增长的质量和效益，经济运行实现稳中有进、稳中向好，呈现“两稳、五快”的运行特点，为“十三五”规划的实现起好了步、开好了局。

两稳：一是物价稳。全年居民消费品价格涨幅控制在3.5%以内，国有企业粮食调运实现168吨，实施冬季蔬菜保供措施，居民主要生活必需品供需平衡。二是就业稳。城镇新增就业179人，城镇登记失业率控制在2.5%以内，劳动力转移就业4463人次，实现劳务创收3721万元。

五快：一是增速快。全县生产总值达35529万元，增长9.8%，增速位居全地区前列。二是投资增长快。全社会固定资产投资实现4.34亿元，增长37%，投资总额创新高。三是旅游业发展快。全年接待旅游人数12631人，实现旅游收入173.9万元。四是收入增长快。农村居民人均可支配收入达8570元，增长10.02%。五是项目建设快。全年快速实施交通、水利、农牧、教育等为主的项目71个，完成建设62个，占全年建设项目的87.3%。

（一）脱贫攻坚成效显著。脱贫攻坚作为我县中心工作，2016年全县上下齐心协力，全力以赴推进各项工作。编制完成了革吉县“十三五”脱贫攻坚规划、革吉县“十三五”易地扶贫搬迁规划、产业规划及2016年各专项规划。精心组织，周密部署，扎实推进，实现年度脱贫任务，完成脱贫236户862人。易地扶贫搬迁福康小区完成70户238人安置，小区建设创我县项目进度之最。

（二）投资拉动作用持续发挥。全县完成固定资产投资4.34亿元，比去年同期增加1.17亿元，同比增长37%，投资额完成全年4亿元目标任务，取得“十三五”开门红。国道317线改则至革吉段、雄巴至亚热公路改扩建建成通车，亚热乡供暖供氧投入使用，文布当桑乡荣热人工种草基地土地治理、雄巴乡农业开发土地治理工程完成建设，

嘎尔嘎灌溉工程快速推进。

（三）产业结构优化趋势明显。产业结构从“十二五”末的28：28：44优化为25：27：48。三次产业产值分别完成10134万元、8990万元、16405万元，同比增长3.7%、10.9%、10.8%。大力推进产业发展，加强发展质量和效益，打造“五大”产业基地，实施蔬菜基地建设。完成革吉县游客综合服务站建设，加大旅游宣传力度，推进旅游业持续发展。加强民族手工业、种植业、服务业等技能人员的培养，产业结构进一步优化。

（四）牧区改革深入推进。加强交流学习，强化调查研究，确定了“创新工作思路、完善方式方法、有偿使用资源、搞活牧区经济、增加群众收入、确保按时脱贫、妥善有序推进、维护社会稳定”的牧业改革工作原则，制定了草场有偿流转、联户联组经营、培育养畜大户等工作方法和方案，在各乡镇试点推行三项改革。

（五）公共服务快速发展。争取国家资金5203万元，建设革吉县中学教学辅助用房、盐湖乡小学教师宿舍、雄巴乡改扩建等12个项目，改善各学校基础设施，推进学校明厨亮灶工程。完成11个幼儿园、4个封育操场前期工作。适龄儿童入学率、在校生巩固率始终保持在99.6%以上，教师合格率、学生升学率得到稳步提升。投资180万元，建设革吉镇、文布当桑乡中心卫生院。投入106.6万元维修四乡卫生院、县卫生服务中心原门诊楼、手术室和护士站。编织起县卫生服务中心、乡镇卫生院和村卫生室的医疗卫生服务网络。农牧区合作医疗和医疗统筹全面展开，群众就医、看病条件明显改善。扎实开展食品药品监督检查工作，实现食品药品安全零事故。完成推进革吉县文体中心、那布艺术团排练场、广播电视高山无线发射台站等前期工作。推动文物保护工作，革吉巴那荣建筑遗址等53个文物单位（点）列入县级文物保护单位范畴。全县广播电视覆盖率分别达到97%、98%。建设完成党政综合服务中心和四乡便民服务中心。

（六）基础设施持续改善。推进县城规划修编，县城、盐湖乡控制性详细规划编制。加大项目建设力度，四乡一镇实现全部通油路，县城实现电力并网。建设乡镇职工周转房220套，公租房60套，棚户区改造实施货币安置40户、房屋安置42户。完成公安局业务用房、象鲁康基础设施、牧道桥涵、盐湖乡粮食储备库、县农贸市场等基础设施建设工作，经济社会发展的瓶颈制约进一步缓解。

（七）生态环境向好态势明显。争取4210万元，推进人工种草与天然草地改良、退牧还草、防沙治沙、土地治理等工程。完成植树造林5.56万株，约540亩。投入1237.5万元，实施狮泉河源头保护、革吉县生态公园工程建设及革吉县森布村、布贡村、罗玛村、结克村、却藏村等生态村建设工作。县城垃圾填埋场如期竣工，亚热乡、盐湖乡垃圾填埋场及生态功能区保护工程完成前置审批及前置要件办理。协同编制革吉县产业负面清单并及时上报国家发改委；完成3所管理站建设及36名专业管理人员的培训上岗。

（八）社会局势持续稳定。认真贯彻落实中央关于西藏工作的一系列重要指示精神，周密安排、精心部署，履职尽责、全力以赴，实现了大事不出、中事不出、小事也不出。扎实推进项目建设社会风险评估工作，建成盐湖乡、查比吾检查站为社会局势持续稳定提供保障。

过去一年，我县经济快速发展、社会和谐稳定取得了举世瞩目的成就，全县已步入经济快速发展，社会全面进步，人民生活水平显著提高的快车道，经验日益丰富，体制日益完善，环境日益改善。在此我代表县发展和改革委，向关心支持我县国民经济和社会发展工作的各界人士，表示诚挚的敬意和衷心的感谢！

二、经济社会发展面临的形势

（一）当前面临的发展形势

对面临的机遇和有利条件，一是从外部环境看，有党中央特殊关心关怀，中央第六次西藏工作座谈会确定了新时期党的治藏方略，为包括革吉县在内的西藏经济社会发展提供了坚强政治保障、强大政策支撑和根本工作遵循。二是从自身发展看，全县经济产业培育初见成效，基础设施逐步改善，发展基础更加坚实，工作体制机制更加成熟，发展动力显著增强，民生保障显著加强，社会事业协调发展，社会局势和谐稳定。三是从发展新优势看，随着国家新一轮开放战略、“一带一路”战略和各领域深化改革全面实施，为革吉发展稳定提供了最根本的动力。随着道路的修通、产业的发展、旅游的挖掘，将使我县区位条件得到根本性改变，物流、资金流和信息流将迎来量和质的飞跃，有助于我县在更大范围深化配置资源。

对面临的重要挑战和制约因素，一是从面临的挑战来看，由于特殊的地理环境和历史原因，我县发展与全区发展的差距仍然较大，县域经济总量较小，经济发展水平仍然较低，居民就业渠道单一，收入水平较低。特别是全县剩余贫困人口成为全面小康最大“短板”，全面破解发展瓶颈任务艰巨；二是从制约因素看，我县处于藏西北羌塘高原荒漠生态功能区，草场、环保等刚性约束越来越强，如何妥善处理好“开发和保护”的关系以实现产业发展与生态环保同步任务艰巨。同时，基础设施瓶颈制约仍较突出，公路通达深度不够，技术等级低、抗灾能力弱；电力供应不能满足经济社会发展需要，生产总体条件较差；全县贫困面大、贫困人口多，扶贫攻坚任务十分艰巨。

（二）经济社会发展总体思路和发展目标

经济社会发展总体思路是高举中国特色社会主义伟大旗帜，以邓小平理论、“三个代表”重要思想、科学发展观为指导，深入贯彻落实党的十八届三中、四中、五中、六中全会精神和中央第六次西藏工作座谈会精神，贯彻落实习近平总书记系列重要讲话精神，特别是“治国必治边、治边先稳藏”的重要战略思想和“加强民族团结、建设美丽西藏”的重要指示，贯彻落实自治区第九次党代会精神及自治区、地区经济工作会议精神，贯彻落实各级发展改革工作会议精神，坚持“五位一体”总体布局和“四个全面”战略布局，坚持依法治藏、富民兴藏、长期建藏、凝聚人心、夯实基础的重要原则，坚持创新、协调、绿色、开放、共享的发展理念，坚持稳中求进、进中求好、补齐短板的工作总基调，围绕革吉县第九次党代会安排部署，以推进革吉长足发展和长治久安为目标，实行宏观政策要稳、产业政策要准、微观政策要活、改革政策要实、社会政策要托底的总体思路，以供给侧结构性改革为主线，以加大投资、提高效益为驱动，快速适应经济新常态，全力以赴推进革吉改革发展，努力为革吉改革发展谱写新篇章。

2017年经济社会发展主要预期目标是根据当前面临的发展形势和“十三五”时期总体发展要求，拟定2017年经济社会发展主要指标如下。

确保全社会固定资产投资完成5.16亿元，增长20%；确保本级财政收入增长12%，达到1479万元；确保社会消费品零售总额增长13%，达到7522.41万元；确保农牧民人均可支配收入增长14%，达到10035.42万元；确保物价水平总体稳定，CPI涨幅控制在合理范围内；确保城镇失业登记率控制在2.5%以内。

三、2017年经济社会发展的主要任务和措施

实现上述奋斗目标，我们要牢固树立和贯彻落实创新、协调、绿色、开放、共享的五大发展理念，深入贯彻落实“加强民族团结、建设美丽西藏”的重要指示，团结一心、艰苦奋斗、开拓创新，着力抓好四个工作重点。

（一）着力保障民生改善。一是强化扶贫、脱贫意识，切实将脱贫攻坚工作作为“一号工程”来抓，以产业扶贫为导向，从决策、项目上优先考虑扶贫，在加快推动扶贫工作的同时，拉动产业发展模式，确保年内完成170户688人脱贫任务与372户1247人搬迁任务。力争革吉县建筑建材、盐湖乡天然盐巴粗加工、革吉镇及盐湖乡旅游综合服务中心等产业项目年内实施；二是优化教育布局，合理配置教育资源，解决师资力量

薄弱问题，加大教育投入力度，建设康巴列村幼儿园等11所幼儿园，实施盐湖、文布当桑等小学基础设施改扩建，大力推进均衡教育；三是逐步提高基本公共卫生服务标准，补充医疗服务短缺，加快革吉县疾控预防中心，妇保院、急救站等建设，加快推进乡镇卫生院的规范化和村级医务室的标准化建设；四是积极推进革吉县谚语等非物质文化遗产的保护与传承，加快构建县、乡、村级文化体系，巩固扩大“村村通”“户户通”“舍舍通”覆盖面，加快推进党政网、政府门户网站、网信革吉、农村信息服务网等平台，提高信息化建设。

（二）着力推进农牧区三项改革。一是加快牧区三项改革工作，探索联户联组放牧经营模式，依托牦牛养殖基地，绵羊育肥基地，培育养殖大户，依靠易地扶贫搬迁，小城镇、小康示范村等建设，把多余劳动从牧区转移到城镇或人口集中地区。二是坚持问题导向，解决好牧民群众技能问题，统筹本级财政、援藏等各方力量，找准供需关系，加大建筑业，服务业，种植业，加工业等技能培训力度及文化素质发育力度，确保劳动力都具备一技之长。三是按照产业发展定位及功能定位，加强推进“五大基地”，建筑建材、旅游服务、蔬菜种植等产业工程的推进，探索“基地＋公司＋牧户”及“合作社＋基地＋牧户”等经营模式，在各个选人用人领域优先选择本地群众，树立“家乡是个好地方”的观念，弘扬“家乡建设靠自身”的精神，从而拓展牧民增收空间。

（三）着力发展特色产业优势。一是加快推进牦牛养殖、绵羊育肥产业基地建设，不断提升产业规模和效益，力争形成产业规模化、科学推广规范化、农牧业带动效益化的特色产业发展新局面；二是加快推进民族手工业加工基地，进一步提高技术含量，提升技术人员水平，实行企业化管理，扩大生产规模，增强产品竞争力；三是以“恢复生态、发展生产、产新产业”为目标，推进饲草料基地建设，进一步扩大人工种草面积，将其打造成集人工种草、饲草料加工为一体的生产基地；四是大力培育新型畜牧业经营主体，加快建设革吉县牛羊肉标准化规模养殖基地，积极推广白绒山羊养殖，进一步打造符合革吉县产业模式的品牌；五是坚持把加快旅游业改革发展作为提升县域经济发展的重要突破口，加快旅游基础设施建设，发展旅游市场主体，加强推进旅游体制改革，发展以羌塘国家级自然保护区、野生动物观光等为代表的生态旅游，建设实施革吉县国际生态旅游景区等旅游重点项目，促使革吉县旅游业发展水平取得新阶段成果。

（四）着力加强项目建设。一是坚持把项目建设作为投资拉动重中之重，切实抓好项目前期的跑办和沟通协调，加强与上级部门的汇报衔接，把更多项目列入投资规划中；二是加强项目监督管理力度，调整充实县基本建设领导小组、项目前期工作领导小组，试行1000万元以下政府投资建设项目管理办法，抓好项目实施的每个环节，严把项目建设各项关；三是抓紧2017年易地搬迁工程、革吉县供水、排水工程、革吉县供暖、供氧工程等重点项目的开工建设，切实做好项目开工至建成后管理工作，破解工程“重建轻管”难题，确保项目发挥最大效益；四是抓规划谋发展，进一步理清工作思路，确保“十三五”规划项目顺利实施；抓项目促投资，抓好2017年重点项目开工建设，确保完成年度投资任务。

各位代表，2017年是“十三五”规划关键之年，也是供给侧结构性改革深化之年，对与全国一道全面建成小康社会具有十分重要的意义。我们将按照县委、县政府决策部署，认真贯彻落实各级经济工作及发展改革工作会议精神，锐意进取，勇于创新，全面推进“十三五”规划实施，确保圆满实现年度各项目标，为全面建成小康社会奠定坚实基础。

关于革吉县2016年财政预算执行情况和2017年财政预算（草案）的报告

——在革吉县第十二届人民代表大会第二次会议上

革吉县政府副县长、财政局局长　普布卓玛

（2017年4月13日）

一、2016年财政预算执行情况

2016年是“十三五”规划的开局之年，也是全面深化改革和全面开启脱贫攻坚的一年。在县委、县政府的正确领导和县人大的依法监督下，在各位代表的大力支持下，全县财政工作以年初人大会议确定的任务为目标，积极组织税收收入，严格执行支出预算，加强财政监督管理，增强支出保障能力，确保了全县财政工作平稳有序推进。

（一）2016年一般公共预算收支执行情况

2016年全县一般公共预算收入完成1382万元，为年初预算的90%，比上年同期减少140万元，同比下降9%。其中：税收收入完成943万元，占一般公共预算收入的68%，同期减少37万元，同比下降4%，主要是受“营改增”政策影响；非税收入完成438万元，占一般公共预算收入的32%，同期减少103万元，同比下降19%。

2016年全县一般公共预算支出完成53560万元，占全年支出指标的100%，同期增支8666万元，增幅19%。其中：

一般公共服务支出16185万元；公共安全支出3145万元；教育支出6584万元；科学技术支出6万元；文化体育与传媒支出906万元；社会保障和就业支出1806万元；医疗卫生与计划生育支出2334万元；节能环保支出898万元；农林水支出18683万元；交通运输支出89万元；资源勘探信息等支出120万元；商业服务业等支出200万元；国土海洋气象等支出130万元；住房保障支出1477万元；其他支出997万元。

2016年全县政府性基金支出875万元，主要用于教育事业、残疾人事业和五保户集中供养的彩票公益金支出。

收支平衡方面：2016年，全县一般公共预算收入完成1382万元，上级补助收入52208万元，上年结余148万元，总计可支配财力为53737万元。全县公共财政支出总计53560万元。收支相抵，年终结转177万元在下年度继续使用。

（二）2016年财政主要工作情况

在2016年财政预算执行工作中，全县财政收入总量和质量不断提高，支出结构继续优化，保证了全县干部职工工资、行政运转、民生政策落实、重点项目建设等支出需要。做到了“三个坚持”：

1. 坚持把理财为民作为财政工作的出发点和落脚点，提供优质社会公共服务。

我县财政工作以提升人民群众的幸福感和满意度为根本目标，贯彻落实“取之于民、用之于民”的理财宗旨，在全县财政刚性支出大幅增加的情况下，多渠道筹措、整合和调度资金，进一步加大了民生领域投入，集中财力解决人民群众热切期盼的实际问题，重点支出得到了进一步保障。2016年财政资金用于民生方面的支出超过2亿元，占全县财政支出的50%以上。一是大力发展教育事业。全年教育支出6584万元，配套支教资金占本级财政收入的28%以上，为推动教育教学质量均衡发展提供了坚强保障。二是健全社会保障体系，全年社会保障和就业支出1806万元。三是完善医疗卫生服务体系。全年医疗卫生支出2334万元，有效解决了城乡困难群众的看病就医问题。四是积极实施基层综合体制改革，进一步加大了基层保障力度。

2. 坚持把增收节支作为财政工作的基本任务，努力为经济社会发展提供财力保障。

一是加强征管，确保收入稳定。财税部门坚持科学判断财税收入增减趋势，及早研究应对措施，通过加大监控力度、提高征管效率、挖掘增收潜力等措施，切实加强税收收入征管，继续完善和规范非税收入征缴管理。2016年上缴三项管理费、利息收入、电费、房租承包费等438万元。二是合理调度财政资金，有效缓解财政支出压力。按照统筹来源、集中财力、保障重点的原则，多渠道筹措资金，进一步提高资金使用效益，同时严格控制各部门一般性支出，有效缓解了收支矛盾。

3. 坚持把改革创新作为财政工作的强大动力，努力提高财政管理水平。

一是财政信息化建设稳步推进。通过规范预算编制程序、细化预算编制内容等方式，加快推进财政科学化和精细化管理，进一步提高了理财水平。二是加强财政支出管理。认真落实党政机关厉行节约的相关要求，加强预算执行管理，从严控制一般性支出，集中财力保重点办大事。2016年全县“三公”经费支出1069万元（其中：公务用车运行维护费支出984.5万元，接待费支出84.5万元）。三是加强财政监督工作。组织开展专项检查，完善内部监督检查制度，确保了财政管理更加规范，节约意识更加增强，资金使用效果更加显著，全县未发生乱收乱支和挪用专项资金的行为。四是加强固定资产管理。为彻底摸清我县行政事业单位的国有资产家底，防止国有资产流失，由财政牵头对全县所有行政事业单位的固定资产进行了彻底清查登记，建立了固定资产卡片，并在资产系统平台内进行了详细分类录入。

各位代表，2016年，我县财政各项工作任务顺利完成，取得了较好成绩，但面对新的形势新的任务，也存在一定的困难和问题：一是面对当前财政收入基数大，政策性减税因素多等情况，要继续保持财政收入的快速增收难度较大；二是在支出方面，经济社会发展对财政资金的需求越来越大，财政增支压力很大，收支矛盾更加突出；三是公共财政体系仍有待进一步完善，专项资金和非税收入管理使用仍有待进一步规范，财政监管需进一步加强。下一步，我们将高度重视这些困难和问题，积极应对，采取有效措施切实加以解决。

二、2017年财政预算草案

2017年，财政工作的总体思路和目标任务是：以科学发展观为统领，全面落实各项财政改革政策，以稳增长调结构促改革为主线，加快税源培植，强化收入征管，严格预算执行，不断调整和优化支出结构，切实保障和改善民生，增强支出保障能力，着力加强财政科学化、精细化管理，提高财政资金使用效益，强化财政监督管理。

（一）2017年预算安排基本原则

1. 积极稳妥，收支平衡。收入预算安排既保证一定增幅，又确保与经济社会发展实际相适应。支出预算安排按照轻重缓急，优先考虑重大决策落实及刚性支出需求，确保收支平衡，不编赤字预算。

2. 量入为出，统筹兼顾。按照“保运转、保民生、保稳定”的工作要求，优化财政支出结构，严格控制一般性支出，将财力向“三农”、教育、社会保障和就业、医疗卫生、文化、科技、节能环保、维护稳定等重点领域、重大改革和重要环节倾斜。对各类民生政策提标扩面事项，坚持量力而行、尽力而为、有保有压、可持续发展的原则，结合财力可能，既体现一定增量，也保持财政宏观调控的灵活性和可持续性。

3. 全面完整，硬化约束。按照《中华人民共和国预算法》的规定，严格控制执行中预算调整变更，规范财政资金审批权限，除据实结算、以收定支的事项外，年度预算执行中的新增支出事项一律通过动支预备费报经政府审批后安排。

4. 推进统筹，讲求绩效。统筹中央专款、地方财力和专户结余资金，综合考虑政策要求、预算执行等情况，加大资金整合力度，合理安排支出预算。加强项目支出审核，所有项目要提出具体的绩效目标和实施计划，力争做到“目标明确、内容翔实、依据充足、金额合理”。

（二）2017年预算安排总体情况

根据目前经济发展形势和全年财政工作目标任务，结合我县经济和社会发展实际情况，拟定2017年财政预算草案如下：

1. 收入预算草案

全县财政总财力为3.04亿元。其中：（1）公共财政预算收入预计达到1382万元；（2）转移性收入达到2.91亿元，比上年年初增加1400万元，增长5%。其中：返还性收入530万元；一般性转移支付收入28287.95万元；专项转移支付收入307.38万元。

2. 支出预算草案

2017年全县公共财政支出安排3.04亿元，按照政府收支分类功能科目划分，2017年预算支出计划安排为：除各部门的人员工资、公用经费等基本运行支出外，今年财政重点安排了以下项目：精准扶贫资金238.1万元；教育支教资金407.2万元；医疗卫生经费209万元；国家重点生态功能转移支付767万元；基层政权建设资金100万元；强基惠民驻村工作队生活补助及工作经费118.8万元；县级维稳经费504.2万元；党建经费135万元；科技特派员经费24万元；基层团组织建设经费10万元；乡镇人大保障经费25万元；项目前期费200万元；乡镇综合保障经费50万元；农牧民创业基金200万元；三老人员生活补助经费45万元；旅游发展基金50万元；预备经费304.3万元。

（三）2017年财政收支政策

1. 加强税费收入征管，堵塞收入管理漏洞。对税收、非税收入做到依法征收、应收尽收。

2. 大力整饬财经秩序，净化依法行政环境。严格执行中央八项规定、自治区党委“约法十章”“九项要求”，坚持勤俭节约，强化预算执行动态监控，推动厉行节约反对浪费等制度落地生根。严格控制“三公”经费预算，合理压缩会议费、接待费和车辆运行（维护）费等一般性支出。强化财政监督，加大违反财经纪律问题的查处力度。进一步扩大预决算公开范围，强化部门预算责任主体意识，让政府和部门账单全部“晾出来”“晒一晒”。建立财政内部监控制度，防控财政业务及管理中的各类风险。

3. 提高财政统筹效率，优化财政支出结构。以问题为导向，坚持改革创新，大力推进财政资金统筹使用与深化财税体制改革结合，避免资金使用“碎片化”，盘活各领域“沉睡”的财政资金，化零为整，统筹用于发展亟须的重点领域和保障民生支出，增加资金有效供给，提高财政资金使用效益。重点加强基本公共服务和对特定困难人群的帮扶，在此基础上做好教育、社保、医疗卫生等领域的民生工作。

各位代表，新的一年财政工作任务艰巨，我们将在县委、县政府的正确领导下，在县人大、县政协的监督支持下，以奋发进取的精神、求真务实的作风、扎实有力的举措，全面完成年度工作任务，为促进全县经济及社会事业的加快发展做出应有的贡献。

综 述

革吉县概况

【历史沿革】 革吉，曾译为革杰、改吉，藏语译为“扬善之地”，远古时期即有人居住。西藏民主改革前，境内曾驻有革吉、帮巴、雄巴、亚热、塞利浦、却藏、结克（直吉）七个部落，与藏北其他部落一道被称作藏北十八区，为阿里噶本辖区。1960年合并七个部落设立革吉县，归阿里地区管辖至今，1962年正式定名革吉县。

【地理位置】 革吉县位于阿里地区东部，南与普兰、仲巴县为邻，西北与日土县相连，东与改则县相连，西与噶尔县接壤。全县平均海拔4700米以上，6000米以上的山峰21座，其中最高峰无名峰海拔6434米。

【气候特征】 革吉县属高原内陆亚寒带干旱季风气候区。革吉地处北半球中纬度地带，太阳辐射角度大，能接受较多的阳光照射，从而获得丰富的光能和热量，同时它又处在西风环流控制影响下，是冬季控制革吉的主要气候系统，因此冬季节气候干燥，降水稀少，温差极大，大陆性强。具有日照充足、无霜期短、风大风频、雨雪量小、昼夜温差大等特点，属典型的高原内陆亚寒带干旱季风气候区。年日照时数3110.2～3545.5小时，年降水量70.0～100.0毫米，年雨雪日19天。革吉县同时又是一个自然灾害多发县，自然灾害主要有旱灾、风灾、雪灾等。

【水文状况】 革吉县域内水资源较为丰富，水域面积为96.71万亩，占全县土地总面积的1.4%。境内有大小湖泊30多个，著名的外流水系森格藏布汉语称“狮泉河”，是革吉县境内最大的河流。因源头流自似雄狮张开大口的山崖而得名，是以融雪水补给为主的融水加降水型河流。森格藏布河全长430公里，流域面积27450平方公里，革吉境内长200余公里。森格藏布流域地处干燥地区，水分流失严重，地表径流浅，单位面积产水量不高，水系发育不全。

【自然资源】 革吉县矿产资源丰富，主要有砂金矿、硼镁矿、硼晶、硼砂、盐矿、铜矿、铅矿、锌矿、铁矿等矿种。革吉县盐湖乡的硼镁矿储量居全国第二、西藏第一。县域北部属羌塘自然保护区，拥有广袤神秘的自然风光。革吉县境内有藏羚羊、黄羊、藏野驴、野牦牛、黑头角雉、黑颈鹤、天鹅、金丝野牦牛、翅麻鸭等几十种国家一、二级野生保护动物。

【人文资源】 乐器方面。革吉地区民间常用乐器有笛子和“古斯”。笛子，用老鹰腿或竹筒凿上5个孔制成。“古斯”，用黄铜制成，吹法与笛子类似，旧时由古努等周边地区传入革吉。曲艺方面。革吉地区的曲艺主要为民间说唱艺术，民间说唱体英雄史诗—《格萨尔王传》在革吉广为传唱。史诗塑造了以格萨尔王为首的一群英雄人物同人民一道勇敢机智地与恶势力进行斗争的形象。民主改革以前，《格萨尔王传》主要以艺人口头说唱的方式流传。格萨尔王说唱艺人多居住在牧区，文化程度低，但却有其非凡的记忆，能熟记《格萨尔王传》中数以千计的兵器、古代地名、动植物、宝石等名称，在说唱前还要举行特殊仪式。美术方面。革吉的传统美术有壁画、塑像、唐卡、雕刻、面具艺术，作品大量保存在寺院和民间。这些美术作品既有显著的民族地域特色，又融合了汉族及尼泊尔、印度等地的技法，构成独特的美术系列，并建立起较完善的美术理论。

【行政区划】 全县辖4乡1镇（亚热乡、盐湖乡、文布当桑乡、雄巴乡、革吉镇），18个行政村和1个居委会，52个村民小组。

【特色产业】 推进产业建设，全力打造“五大产业基地”。建设革吉镇牦牛产业基地。按照市场需求，扩大革吉镇牦牛养殖基地规模，试行“公司+基地+农户”的经营模式，拓展市场空间，走规模养殖、精深加工、市场化运作之路，形成从牦牛的养殖到产品的生产、加工、销售一条龙发展格局。建设雄巴乡特色民族手工艺品加工基地。进一步扩大雄巴乡手工艺品加工厂生产规模，从以前的“低、小、散”状态向特色化、规模化、集聚化方向转变，积极发展民族服饰、民族生活用品的生产，满足消费者多层次需求及旅游业发展需要。建设盐湖乡多种产业发展基地。进一步探索绿色矿业发展的新途径和新办法，依托硼镁矿和盐矿资源，在盐湖乡大力实施多种产业发展基地建设，提高矿业、盐巴等产品效益，带动周边产业发展，帮助群众开辟更多致富门路。加强农牧民转移就业，提高农牧民参与服务业创收。利用特色小城镇建设契机，修建农牧民经济合作经营场所，为农牧民转移就业提供产业支撑。建设文布当桑乡饲草饲料和粮食种植基地。依托文布当桑乡光热资源丰富、土质较好，积极推进文布当桑乡饲草饲料和粮食种植基地建设，缓解革吉县草畜矛盾，减轻草地压力，推进畜牧业产业化进程，鼓励和支持群众建设革吉县饲草料加工厂。建设亚热乡绵羊育肥养殖基地。因地制宜调整畜牧业结构，推进亚热乡绵羊育肥养殖基地建设，开展人工种草，做好育肥销售，促进农牧区经济持续发展、农牧民收入持续增长。

【经济现状】 2016年，全县生产总值达35529万元，增长9.8%；社会固定资产投资达4.34亿元，增长37%；完成财政收入1382万元；社会消费品零售总额达6844.7万元，增长16.63%；农村居民人均可支配收入达8570元，增长10.02%；居民消费价格涨幅控制在3.5%以内；城镇失业率控制在2.5%以内。

（索朗旺堆）

大事记

1月

5日　西藏自治区党委组织部常务副部长许成仓带领工作组一行到革吉县四乡一镇检查指导工作。

12日　革吉县重点安排部署及时开展打击非法开采巡查活动。

15日　革吉县驻村工作队深入基层、宣传发放西藏自治区财政补助优惠政策明白卡。

17日　革吉县各驻村工作队开展“党员干部结对认亲交朋友”活动及春节、藏历新年慰问活动。

19日　西藏自治区区直机关工委副书记冯志端带领自治区基层党建考核验收组到革吉县考核验收。

2月

3日　革吉县开展2016年“春节、藏历新年”慰问活动。

10日　革吉县召开2016年消防工作会议。

15日　西藏山南地区政协党组成员、副主席加央带队工作组在阿里地区组织部副部长、老干局局长罗杰到革吉县革吉镇森布村和布贡村，看望慰问驻村工作队。

25日　革吉县政协召开一届五次会议以来第四次主席会议，会议共讨论了四项内容，县政协一届五次会议提案工作交接的相关安排；讨论了一届六次会议筹备工作安排；对选举会议所需要准备的相关材料进行了一一安排和部署；研究讨论了新班子成员的具体分工。

3月

3日　革吉县组织县委理论中心组2016年第一次集中学习。

7日　革吉县十一届人民代表大会第六次会议，在革吉县“人大代表之家”举行宪法宣誓仪式。

20日　西藏自治区人大常委会副主任、水利厅党组书记李文汉一行工作组到革吉县检查水利各项工作。

23日　教育局在县完小举办革吉县教育局关2015—2016学年第一学期统考总结表彰大会。此次会议主要是为了树立典型、表彰先进，弘扬教书育人和敬业奉献的高尚品德，充分调动全县广大师生的积极性、主动性和创造性；积极引导广大师生与时俱进、开拓进取，努力打造一支师德高尚、人民满意的教职工队伍和勤奋好学、积极向上的学生队伍，促进革吉县教育事业又好又快发展。

25日　西藏自治区交通厅纪检组组长王瑞田一行区党委2015年度落实党风廉政建设责任制第

七小组检查考核组到革吉县检查指导工作。

28日 革吉县热烈庆祝第57个百万农奴解放纪念日。

29日 副县长桑杰巴珠到各乡小学对各学校的开学准备情况和维稳工作方面进行全面的了解，教育局副局长扎南陪同。

4 月

3日 革吉县隆重召开扶贫开发工作会议。

5—7日 阿里地区农牧局草补办副局长白育红带队验收组到革吉县乡镇进行地区级初验工作。

7日 革吉县文化执法大队开展文化市场日常检查活动。

同日 革吉县开展“世界卫生日”宣传活动。

同日 阿里地区人社局局长达瓦卓玛一行工作组到革吉县检查指导工作。

12日 阿里地区扶贫办领导到革吉县雄巴乡开展精准扶贫工作督导及扶贫技能培训。

18日 革吉县开展综合执法大检查活动。

同日 革吉县文广局开展到基层送温暖活动。

22日 革吉县召开2016年第一季度党风廉政建设和反腐败工作会议。

同日 革吉县委理论学习中心组召开2016年第二次集中学习暨“两学一做”专题党课学习会议。

19—23日 革吉县委副书记、县人大常委会主任白玛加布，革吉县人大常委会副主任旦增一行工作组到“四乡一镇”及村（组）宣传并动员部署2016年县乡人大换届选举工作。

5 月

3—6日 阿里地区政协党组书记、主席洛桑白姆带队工作组一行到革吉县四乡一镇，就地区政协关于加强干部管理和教育等十个方面专题调研协商工作内容和革吉县精准扶贫脱贫方面存在的主要困难、矛盾、办法以及革吉县政协年初制定的调研课题和群众普遍关注的热点难点问题等方面工作开展调研。

7日 西藏自治区公安厅交警总队总队长德庆洛桑带队工作组一行到革吉县公安局检查指导工作。

10日 革吉县扩繁厂开展人工种草。

12日 革吉县脱贫攻坚指挥部召开办公会议。

同日 阿里地区工会办事处党组书记、主任多琼，阿里地区工会办事处党组副书记、副主任江措一行联合革吉县委副书记、县长王明杰，县委常委、宣传部部长秦建军到革吉县总工会开展调研、指导工作。

同日 革吉县完全小学开展“防地震演练”活动。

13日 革吉县完全小学举行六年级毕业考试。

同日 革吉县革吉镇召开扶贫工作会议。

15日 革吉县卫生服务中心在县城举办“5·15”碘缺乏病宣传日活动。

17日 革吉县召开换届选举动员会。

19日 革吉县旅游局组织开展2016年“中国旅游日”宣传活动，活动主题为“人间圣地天上西藏”，通过以悬挂横幅、发放宣传资料等方式积极引导群众文明出游、安全出游。

28日 西藏自治区水利厅一行工作组，地区水利局、统战部、发改委、民宗局、质监站、疾控中心相关负责人，在副县长普布次仁以及水利局主要领导的陪同下到革吉县三寺两康寺庙饮水安全工程进行终验。

30日 革吉县开展“扫黄打非”专项检查行动。

6 月

1日 革吉县完小开展“童心向党、幸福成长”“六一”儿童节庆祝活动。

2日 革吉县进一步完善全县公益性岗位人员建档立卡工作。

3日 团地委书记刘永刚带队阿里地区换届巡回督导组到革吉县革吉镇进行督查党委换届工作。

7日　革吉县亚热乡中国共产党代表大会隆重召开。

11日　团县委及县总工会联合开展“单车运动其乐无穷、低碳环保乐在其中”为主题的首届自行车环城比赛。

同日　教育局在县完小会议室召开2016年内地西藏班招生考试革吉考点考务会议。

13日　2016年内地西藏班招生考试顺利结束。

14—26日　阿里地区档案局保管科科长和业务科科长多吉旺堆到革吉县四乡一镇对档案规范化进行业务指导。

15日　地委委员、宣传部部长索朗才旦一行工作组到革吉县亚热乡督促检查精准扶贫工作开展情况。

17日　革吉县在县城易地扶贫搬迁安置项目点，隆重举行“革吉县2016年易地搬迁福康小区项目奠基仪式”。

20日　革吉县组织全县机关干部职工及驻军部队、企业职工，积极参与植树造林。

27日　西藏自治区新闻媒体到革吉县采访脱贫攻坚工作。

28日　革吉县开展以“端正党风、人心所向、反腐倡廉、任重道远”为主题的廉政文化宣传活动。

29日　县综治办牵头，开展“6月综治宣传周”为主题的法制及维稳宣传活动。

30日　西藏自治区防汛抗灾督导工作组到革吉县检查防汛抗灾工作开展情况。

同日　革吉县开展庆祝中国共产党建党95周年综合知识暨“两学一做”知识竞赛。

7月

1日　革吉县隆重召开庆祝中国共产党建党95周年暨表彰大会同时举办“庆祝建党95周年”文艺汇演。

7日　革吉县委理论学习中心组开展第五次集中学习。

12日　县团委和环保局牵头组织开展“保护母亲河”活动。

14—15日　教育局局长桑杰巴珠到四乡一镇及各学校，就学生放假的安全问题、教职工管理办法和各学校财务情况进行检查、安排和部署，对存在的问题进行了指正和整改。

18日　阿里地区国土局领导、副县长桑杰巴珠、县国土局相关人员组成一行工作组到盐湖乡羌堆村解决勘探工作纠纷情况。

29日　地区疾控中心工作组到革吉县督查结核病防治工作。

8月

6日　地委统战部副部长、宗教办主任普布一行工作组到革吉县督导检查。

13日　地委统战部副调研员洛桑次仁一行工作组到革吉县进行督导检查和收集、整理西藏统一战线50年来的相关历史资料有关数据和图片等。

14日　县委副书记、县长王明杰到森布村指导抗洪救灾。

15日　教育局副局长扎南主持召开秋季开学部署会议，同时就义务教育均衡发展相关要求进行了培训。参加会议的有县直两校一园及各乡小学校长。

16日　革吉县组织召开理论学习中心组2016年度第七次集中学习会议。

17日　革吉县公安局国保大队民警对辖区进行巡逻，开展流动人员清查工作。

22日　革吉县召开中共革吉县八届七次全委会。

23日　“中国流动科技馆”西藏革吉县巡展活动在革吉县中学举行。

27日　革吉县中学全体师生在校园教学楼前隆重举行2016－2017年第一学期开学典礼。

28日　革吉县召开政协第二届革吉县委员会第一次会议。

30日　革吉县召开第十二届人民代表大会第一次选举会议。

9 月

5日 革吉县干部职工走进五保供养义工服务活动。

8日 县委副书记、县长王明杰，县人大常委会副主任洛桑次仁陪同人大阿里地区工作委员会副主任其米、地区工会主席多尔琼一行工作组先后到革吉镇、县工会、县人大开展《中华人民共和国工会法》和《西藏自治区实施〈中华人民共和国工会法〉办法》（以下简称“一法一办法”）执法调研。

16日 革吉县开展“9·16平安西藏宣传日”宣传活动。

17日 西藏自治区教育厅党组书记普布次仁一行工作组到革吉县文布当桑乡小学检查指导工作。

同日 革吉县发改委、农牧局、扶贫办、质监站等单位技术人员对革吉镇2014年农业开发土地治理项目进行验收。

18日 革吉县在流动科技馆开展科普宣传日活动启动仪式。

25日 地区强基惠民检查组到雄巴乡检查指导党建工作。

27日 革吉县公安局联通路便民警务站对娱乐场所和招待所开展突击检查活动。

30日 革吉县举办“迎国庆 促团结”青年歌手大赛。

10月

1日 革吉县广场举行国庆升旗仪式。

8日 革吉县召开《革吉县委理论中心组第9次学习暨“两学一做”第三次专题学习研讨会》精神。

9日 为切实推进革吉县义务教育均衡发展，深入贯彻落实革吉县义务教育均衡发展动员大会精神。在政府二楼会议室召开革吉县推进义务教育均衡发展座谈会，出席座谈会的有：县政协主席洛桑尊追，县委常委、副县长张树强等在岗县级领导和革吉县推进义务教育均衡发展工作领导小组成员单位负责人、各乡（镇）乡（镇）长、各学校校长、人大代表、政协委员、家长代表等，副县长桑杰巴珠主持座谈会。

同日 革吉县2016年度教育先进表彰暨统筹推进义务教育均衡发展动员大会上，顺利完成革吉县农牧民子女考上内地西藏班奖学金发放仪式，对8名革吉县考上内地西藏班的农牧民子女每人发放奖学金1万元。

同日 革吉县召开统筹推进义务教育均衡发展动员大会。

10日 革吉县召开2016年第3季度党建专题会议。

13日 日喀则市人大党组副书记、常委会副主任尼玛仓带队的市人大教科文卫、市教育局、市教育局基础教育科等一行领导对革吉县小学教育工作进行考察调研。

同日 革吉县完小开展少年先锋队建队67周年纪念日活动。

15日 革吉县完小开展食品安全知识教育。

17日 召开“扶贫济困献爱心”捐款活动动员会。

同日 革吉县举办2016年度“扶贫日”捐款仪式。

23日 革吉县开展干部职工理论知识测试。

24日 革吉县在县会议中心召开2016年下半年和谐模范寺庙暨爱国守法先进僧尼表彰大会。

同日 革吉县完成四乡一镇便民服务中心的建设，并投入使用。

25日 在革吉县隆重召开2016年阿里地区民族团结进步模范事迹报告会。

26日 革吉县完成国道317线改则至革吉段公路改扩建、雄巴乡至亚热乡公路改扩建，四乡一镇实现柏油路贯通。

27日 西藏自治区住建厅副厅长李健康带队督导检查组到革吉县对2015年乡镇干部职工周转房革吉镇点进行抽验。

同日 地区住建局副局长普布次仁一行工作

组到革吉县亚热乡全面验收供暖、供氧项目。

30日 地区阿里分院副检察长费超一行工作组到革吉县检察院指导工作。

11月

1日 行署副秘书长次仁桑珠带队的环境保护考核组到革吉县考核环境保护现场核实工作。

2日 阿里地区公安处督察支队支队长达瓦次仁一行工作组到革吉县公安局检查指导工作。

3日 阿里地委组织部工作组对革吉县新一届领导班子运行情况开展考核。

7日 西藏自治区人大代表、阿里地区林业局党组书记嘎玛次珠带队工作组到革吉县考察和调研落实“十三件事实”和惠民政策情况。

9日 革吉县召开“两学一做”学习教育工作座谈会。

10日 革吉县召开自治区党委巡视十三组巡视革吉县委情况反馈增强意见会。

同日 革吉县工商局开展强制性认证消防产品专项整治行动。

13日 革吉县牦牛产业基地建设项目选址和用地获批。

14—16日 副县长桑杰巴珠带队，由县项目管理中心人员1名，县公安局人员1名，县教育局工作人员2名、财务人员1名，义务教育阶段学校校长6名、统计员6名、随行记者1名组成的革吉县义务教育均衡发展学习组到已经通过义务教育均衡发展验收的噶尔县学习先进经验。

19日 革吉县完小支部组织开展消防、防暴防恐演练活动。

24日 阿里地区老干局副局长张显邦一行到革吉县革吉镇对2016年党建工作进行检查指导。

25日 阿里地区纪委工作组督导小组到革吉县革吉镇督导检查党风廉政建设和反腐败工作开展情况。

同日 阿里地区民政局党组书记索南仁青带队一行工作组到革吉县扶贫办验收评估2016年度脱贫攻坚工作。

30日 西藏自治区宣讲团到革吉县宣讲中共十八届六中全会精神和自治区第九次党代会精神。

12月

2日 阿里地区教育局纪检组长洛桑永忠组织各县部分校长及教研人员，到革吉县完小开展素质教育评估观摩暨培训活动。

同日 革吉县公安局交警大队积极开展“12·2”全国交通安全日宣传活动。

5日 阿里地区公安处出入境管理支队支队长白玛扎西一行考评组，到革吉县公安局检查验收2016年度局长目标责任工作。

9—12日 革吉县开展中共十八届六中全会暨自治区第九次党代会精神巡回宣讲。

18日 革吉县在县城集中搬迁安置点举行2016年易地搬迁（福康小区）入住仪式。

19日 革吉县卫生局在卫生服务中心会议室召开《革吉县2016年村级医技人员培训班》开班仪式。

21—28日 县委常委、常务副县长确巴带队乡镇考核小组到四乡一镇，对各乡镇年度各项工作落实情况进行验收。

24日 革吉县工商局联合相关单位对革吉县公共娱乐场所开展突击检查。

26日 阿里地区统计局驻革吉县康巴列村第六批工作队开展强基础惠民生调研工作。

30—31日 革吉县第三次农业普查领导小组办公室组织召开四乡一镇农业普查指导员及普查员（简称“两员”）培训会，开展入户普查登记前最后一次业务培训。

政 

中共革吉县委员会

【概况】 2016年，革吉县委高举中国特色社会主义伟大旗帜，以邓小平理论、“三个代表”重要思想、科学发展观为指导，深入贯彻中共十八大、十八届三中、四中、五中、六中全会精神和中央第六次西藏工作座谈会精神，深入贯彻习近平总书记系列重要讲话精神特别是“治国必治边、治边先稳藏”的重要战略思想和努力实现西藏“三个稳定”的重要指示精神，坚持“四个全面”战略布局，坚持依法治藏、富民兴藏、长期建藏、凝聚人心、夯实基础的重要原则，坚持“五大发展”理念，大力实施“1233446”的总体发展思路，统筹推进改革发展稳定和党的建设各项工作，全县经济社会发展各项事业呈现稳中有进、进中提质的良好态势，实现“十三五”良好开局。2016年，全县生产总值达到35529万元；固定资产投资达4.34亿元；财政收入完成1382万元；县级财政收入完成944万元；农村居民人均可支配收入达到8570元；社会消费品零售总额完成6844.7万元。全县经济发展、社会稳定、民生改善、宗教和睦、生态良好、党建加强、边防巩固，呈现欣欣向荣景象。

【产业发展】 大力实施“产业强县”战略，围绕建设特色畜牧业，积极推进“五个基地”建设（即革吉镇牦牛产业基地、雄巴乡特色民族手工艺品加工基地、盐湖乡多种产业发展基地、亚热乡绵羊育肥养殖基地、文布当桑乡饲草饲料和粮食种植基地），全年推广白绒山羊达85443只、完成人工种草1.6万亩、调运硼镁矿6.32万吨、肉、奶产量分别达到784吨、3253吨。全力推进旅游文化项目建设，研究编制革吉县野生动物观赏规划，成立县旅游开发投资公司，全年接待国内外旅游人数12631人次，实现旅游收入173.9万元。扎实推进牧业改革，确定“创新工作思路、完善方式方法，有偿使用资源、搞活牧区经济，增加群众收入、确保按时脱贫，稳妥有序推进、维护社会稳定”的农牧区牧业改革工作原则，确定开展“推进草场有偿流转、推进联户联组经营、试点培育养畜大户”的三项改革，研究制订《革吉县关于草场有偿流转的工作办法》《革吉县关于推进联户联组经营的工作方案》和《革吉县关于培育养畜大户的工作方案》，各项工作有序推进。2016年，第一产业实现产值10134万元；第二产业实现产值8990万元；第三产业实现产值16405万元。

【精准扶贫】 加强组织领导。县、乡、村三级均及时成立脱贫攻坚指挥部和相应的领导小组，保证脱贫攻坚工作有人抓、有人管、有人推进。制订完善工作计划。制订《革吉县“十三五”脱贫攻坚规划》《革吉县2016年脱贫攻坚工作安排》，并于4月3日召开革吉县精准脱贫工作会议，全面安排部署精准脱贫攻坚各项工作，与各乡镇签订“十三五”期间脱贫任务、2016年扶贫开发工作责任书。加强保障工作。认真落实“财政收入的10%作为精准扶贫专项资金”的要求基础上专门预算30万元作为指挥部办公室工作经费和安排2000万元用于今后五年精准扶贫工作。扎实开展精准识别工作。制订详实的摸底调查表，按照“四看法”要求和贫困户国家现行标准，组织县级领导、扶贫干部多次进村入户，对农牧户生产资料、生活状况、生产条件和贫困现状进行实地调查。2016年，革吉县共有贫困户数2074户、6013人。全力做好易地搬迁工作。革吉县易地扶贫搬迁“福康小区”项目于6月17日正式开工建设，70户、238人易地扶贫搬迁群众于12月搬迁进住。狠抓群众就业工作。以市场需求为导向，广泛开展以需定培、以培供需、定向输出、定岗就业的订单培训，完成贫困群众技能培训262人。同时，为在全县范围内形成大众创新、万众创业和人人有活干、人人爱干活的生动局面，县政府预算500万元设立农牧民创业基金，积极鼓励和发动群众自主创业，全年已发放创业基金219万元，惠及群众65户340人，群众脱贫236户862人。大力开展牧区突出问题专项整治行动。成立革吉县牧区户口清理整顿工作领导小组和非法借贷专项整治工作领导小组，在盐湖乡设立专项整治指挥部，开展户口清理、黑车整顿、高利贷整治等工作，并进一步完善修订《乡（镇）规民约》《村规民约》，使《乡（镇）民约》《村规民约》。深入开展包户精准扶贫。制订出台《干部职工包乡、包村、包组、包户、走村入户实施精准扶贫工作方案》，正县级干部负责包一个乡（镇），其他县级干部每人负责包一个村和2户贫困户，科级干部负责包一个组和1户贫困户，两名一般干部共同负责包1户贫困户，利用四年时间对全县在册贫困户分批进行结对扶贫，帮助贫困户全部脱贫。

【项目建设】 牢固树立“大项目推动大发展”理念，通过国家投资、援藏投资、县级配套、招商引资等多种方式，大力实施项目带动战略，掀起了新一轮抓项目、促发展的热潮。全年共实施以交通、水利、农牧、教育等为主的基础设施建设项目71个，投资首次突破4亿元，达到4.34亿元，基础设施条件明显改善。特别是年底革吉县实现四乡一镇全部通柏油路，4乡便民服务站和县城的便民服务大厅全部建成，海拔最高的亚热乡实现集中供暖供氧。为切实抓好项目建设，县财政安排200万元用于项目前期经费，地区又下拨470万元项目前期费用，县政府切实加大项目跑办和前期工作力度，支出项目前期经费464万元，切实解决了项目前期资金难的问题，有力推进了项目建设进度，保障了项目建设质量。

【综治工作】 全面贯彻落实习近平总书记“治国必治边、治边先稳藏”的重要战略思想，以维护国家安全和社会稳定为首要任务，以强化稳定意识为先导，以深入开展严打整治斗争为抓手，以“网格化”服务管理和强化“双联户”工作为依托，以预防和化解社会矛盾、强化教育管控、安全生产防范、完善社会治安防控体系为重点，全面落实维稳各项措施，确保重要时段、敏感节点全县平安和谐，全年全县范围内未出现影响维稳局势的刑事及安全生产事件，实现“三不出”“三稳定”的维稳工作目标，群众安全满意度不断提升。

【教育事业】 狠抓控辍保学，巩固提高“两基”成果，提高义务教育普及水平；深入开展爱国主义、社会主义、民族团结进步为主要内容的德育和思想政治教育，不断提升学生思想道德素质；抓好学前教育，优化教育布局，加大中小学校舍安全等九大工程，学校基础设施不断改善。2016年，争取国家投资5203万元，新建12个教育设施项目。“奖学金”优惠政策进一步落实，全年为考上大学的21名、考上重点高中的1名、考上内地初中的10名学生兑现奖学金21.9万元。扎实推进“城乡一体化办学”试点工作，促进义务教育均衡发展。

【卫生事业】 年内，实施“先诊疗、后付费”的卫生服务模式，切实解决群众“看病就医难”的问题；全力推进乡（镇）卫生院规范化建设和村卫生室标准化建设，基础设施不断改善。2016年，投入56.6万元维修四乡卫生院，极大改善了医护人员和患者的诊疗环境。从公立医院改革资金补助中支出50余万元，维修县卫生服务中心原门诊楼、手术室和护士站。投资180万元，建设革吉镇、文布当桑乡中心卫生院；严格落实全民体检政策，研究制订《革吉县城乡居民和在编僧尼免费健康体检工作实施方案》，并与武警西藏边防总队医院签订《2016年城乡居民和在编僧尼免费健康体检合作协议书》，全民体检工作全部完成。

【文化事业】 年内，公共文化设施免费开放，实现县有新华书店、影剧院、综合文化活动中心，乡（镇）有综合文化站、村（居）和寺庙有牧家（寺庙）书屋。广播电视覆盖率分别达到97%、98%，农家书屋共有图书4.1984万册、寺庙书屋共有图书0.3262万册。

【农牧民技能培训】 年内，研究制订《革吉县农牧民技能培训实施方案》，以市场需求为导向，广泛开展以需定培、以培供需、定向输出、定岗就业的订单培训。全年完成培训262人，实现培训后就业95人。

【保障性住房】 年内，修建周转房220套，总投资3850万元；修建公租房60套，总投资672万元。

【“双集中”运营】 研究制订《革吉县推进“双集中”供养运营管理制度》，截至年底，全县共有“五保户”118人，其中地、县两级已集中供养人数65人，在地区孤儿集中收养9人，实现老有所依、幼有所养。9月，顺利召开全区“双集中”供养现场会。全面落实“两个低保、五个救助、两个供养、四个补助”各项惠民政策，各项惠民资金足额兑现。

【实施基层基础稳固工程】 年内，全面提高公益性岗位人员待遇，全县150名公益性岗位人员补贴标准从原有的每人每月1680元提高至每人每月1880元。为改善乡（镇）干部职工生活条件，加大对乡（镇）机关食堂补贴资金的投入力度，在行署每年为各乡（镇）解决15万元补贴基础上，县财政为每个乡（镇）各追加10万元。

【盐湖乡特色小城镇建设】 盐湖乡特色小城镇建设于2015年动工，项目包括新建商品房屋6套、沿街风貌改造1388平方米、新建市政道路1条、改造市政道路两条、水厂和给排水管网建设，所有项目已竣工。盐湖乡基础设施配套建设项目已列入“十三五”第二批实施项目，前置工作进展顺利。

【党建工作】 加大党建经费投入力度，年初预算145.7万元作为党建工作经费，比2015年增涨52%，切实加大基层党建工作保障力度。推进村（居）干部文化素质提升工程，制订《革吉县“百名村（居）干部文化素质提升工程”实施方案》，并认真组织各乡（镇）党委、驻村工作队采取集中办班、结对教学等方式，大力推进文化素质提升工程深入开展。2016年已完成34名村（居）干部为期一个月的文化素质提升培训。加强服务型党组织建设，继续深化干部驻村驻寺、城镇网格化管理、先进“双联户”创建评选、“党员干部进村入户、结对认亲交朋友”“戴党徽、亮身份”、公开承诺践诺、“10+1”“五个一”基层党建工作载体活动，紧密结合“两学一做”学习教育深入开展“做‘忠诚老实、务实创新、实干担当、勤勉奉献’的革吉人”主题教育活动和“强管理、提素质、转作风”主题活动，切实加强干部作风建设，激发党建活力。抓好基层党组织建设。坚持“点面结合，因地制宜、灵活多样”的原则设置党组织，新建党支部1个。深入开展党建交流。8月，由县委常委、组织部部长带领四乡一镇党委书记利用3天时间深入5个乡镇进行党建现场交流学习，通过现场会形式充分展现了各乡镇党建工作的亮点工作，使各乡镇相互取长补短、学习借鉴，进一步激发了革吉县基层党建工作活力。

【“两学一做”学习教育】 年内，认真落实中央、区党委和地委关于开展“两学一做”学习教育的部署要求，及时制订《关于在全县党员中开展“学党章党规、学系列讲话、做合格党员”学习教育实施方案》，成立领导小组，并于4月8日召开“两学一做”学习教育动员会议。全县各级党组织把“两学一做”学习教育摆在突出位置，以“三会一课”等党的组织生活会为基本方式，以落实党员教育管理制度为基本依托，在全县党员中深入开展“两学一做”学习教育。通过学习教育，广大党员进一步认清了自己在思想、组织、作风、纪律等方面存在的问题，进一步增强了政治意识、大局意识、核心意识、看齐意识。

【圆满完成县乡领导班子换届】 年内，严肃换届纪律，认真落实干部选拔“十不准”“十严防”“四个凡提必”和“六个绝不使用”要求，结合实际制订《革吉县县乡党委换届工作实施方案》《中共革吉县委员会关于严肃换届纪律保证换届风清气正工作实施方案》，成立革吉县换届工作领导小组和办公室，设立指导组、督导组，指导督促乡镇换届工作。6月，乡镇领导班子调整完毕，涉及干部调整38名。8月，县党代会、人代会、政协会相继顺利召开，换届工作全部顺利完成。

【党风廉政建设】 年内，县委始终把党风廉政建设和反腐败工作列入议事日程，与全县各项工作同安排、同部署、同检查。年初，结合实际及时调整充实党风廉政责任制领导小组，研究制订《党风廉政建设和反腐败工作计划》《党风廉政建设和反腐败工作要点》《落实2016年党风廉政建设责任制县委主体责任、县委书记第一责任人责任和县委班子其他成员“一岗双责”任务分解方案》，召开党风廉政和反腐败工作会议对全年党风廉政工作进行专题安排部署，并与各乡（镇）、部门、村（居）层层鉴定责任书，确保党风廉政工作有人抓，有人管，有人落实。严格落实民主集中制，对重要工作、重大事项、重大问题、重点环节、重要案件集体研究部署。截至年底，县委召开党风廉政和反腐败工作专题会议4次，对党风廉政工作进行安排部署，听取党委履行主体责任、纪委履行监督责和班子成员履行“一岗双责”情况报告各3次，并结合实际，进一步明确了县委班子成员“一岗双责”工作责任，细化工作任务及工作措施，全面推动党委主体责任落实；严格落实关于从严治党要求，加强对各乡（镇）、各部门的党风廉政建设开展情况进行督导检查，开展中央八项规定、区党委“约法十章”“九项要求”和纠正“四风”督导检查活动，严厉查处整治各类违纪违规行为。2016年，共办理相关信息线索15条，立案8件，给予党政纪律处分5人，诫勉谈话7人。

（雷小聪）

【领导名录】

阿里地区行署副专员、县委书记

索朗次仁（藏族）

县委副书记、县长

王 明 杰

县副书记、政法委书记、公安局局长

旺　庆（藏族，8月免）

阿旺朗杰（藏族，8月任）

县委副书记　李　伟（中国联通援藏，8月免）

吴 月 轮（中国联通援藏，8月任）

革吉县人民政府

【概况】 2016年，全县生产总值达35529万元，增长9.8%；社会固定资产投资达4.34亿元，增长37%；完成财政收入1382万元；社会消费品零售总额达6844.7万元，增长16.63%；农村居民人均可支配收入达8570元，增长10.02%；居民消费价格涨幅控制在3.5%以内；城镇失业率控制在2.5%以内。

【产业结构】 推进产业建设，全力打造“五大产业基地”。革吉镇牦牛产业基地牦牛总数达245头，年创收30万元。亚热乡绵羊育肥基地全年出栏绵羊1300只，年创收90余万元。逐步扩大雄巴乡民族手工艺品加工厂生产规模，开展手工艺技能培训，增加了民族手工艺品的品种、提高产品质量，年创收23万元。盐湖乡多种产业发展基地建设不断推进，群众通过出租房屋、开办小型超市、茶馆等方式，年创收达206万元。文布当桑乡饲草料种植加工基地建设取得初步成效，群众通过参与荣热农业综合开发土地治理项目建设，年创收达104万元。不断发展壮大白绒山羊特色产业，截至年底，全县白绒山羊规模达到8.6万只。全县牲畜存栏总数38.27万绵羊单位，完成人工种草1.6万亩。以融入冈底斯国际旅游合作区建设为目标，完成了革吉县国际生态旅游区的规划工作，计划总投资6.98亿元。全年接待游客12631人次，实现旅游收入173.9万元。全年调运硼镁矿7.8万余吨，实现税收439.87万元。

【项目建设】 2016年，共实施以城建、交通、水利、农牧、教育、扶贫、卫生等为主的基础设施建设项目71个，投资首次突破4亿元，全县基础设施条件明显改善。雄巴至亚热柏油路建成通车，实现，全部乡镇通柏油路；县城垃圾填埋场建设、牧区转场公路和小型桥涵建设、年度安居工程建设、公安局业务用房建设、幼儿园改扩建、步行街公园建设、农贸市场升级改造工程、游客综合服务站建设、2015年公共租房和乡镇干部职工周转房建设等一批重点项目建成并投入使用；嘎尔嘎灌区工程、2015年水利重点县建设、消防大队业务用房建设、2015年退牧还草等项目建设进展顺利。能源保障水平逐步提升，成功与地区实现电网并网，基本解决了县城冬季电力无法保障问题，供电公司成功改制并实现市场化运营。切实加大项目前期工作和协调力度，县财政在地区下拨270万元基础上又预算200万元前期经费，有效解决了项目前期推进难、速度慢等问题，加快了项目建设进度，确保了项目建设质量和效益。

【城乡建设】 牢固树立“保护生态环境就是保护生产力，绿水青山就是金山银山”的理念，尊重自然、顺应自然、保护自然，执行最严格的生态红线制度，集中开展城乡环境综合整治，加强环境保护网格化管理，大力实施重点区域生态公益林、防沙治沙工程和生态安全屏障等项目建设，完成植树造林540亩5.56万株。投入30.5万元为各乡镇、县城添置垃圾收集箱30个；投入80万元实施狮泉河源头保护项目；投入415.64万元建设革吉县生态公园；投入741.86万元创建森布村、布贡村、罗玛村、却藏村、结克村等5个生态村。羌塘国家级自然保护区管理体制机制改革试点工作顺利推进，3个专业管护站建成并顺利通过初验，36名专业管护人员完成培训后持证上岗，为建设生态安全屏障竭智尽力。

【发展活力不断释放】 2016年，圆满完成部门权责清单申报审批，政府职能加快转变、效能明显提升。“营改增”试点工作平稳运行，税收收入实现1873万元。坚持“创新工作思路、完善方式方法，有偿使用资源、搞活牧区经济，增加群众收入、确保按时脱贫，稳妥有序推进、维护社会稳定”的牧业改革工作原则，明确了“推进草场有偿流转、联户联组经营、培育养畜大户”的三农改革任务，制订完善《革吉县关于草场有偿流转的工作办法》《革吉县关于推进联户联组经营的工作方案》和《革吉县关于培育养畜大户的工作方案》，在各乡镇试点推广牧区三项改革，亚热乡和革吉镇部分村（居）改革工作取得了初步成效，为全县进一步推进牧区改革积累了经验。

【脱贫攻坚】 2016年，易地扶贫搬迁“福康小区”竣工并投入使用，集中安置70户238人，完成投资2340万元。全年实现236户862人建档立卡贫困户脱贫出列，超额完成了区、地两级下达的脱贫任务。设立500万元农牧民群众创业基金，帮助群众创业增收，全年共发放创业基金189.5万元，受益群众达65户340人；完成农牧区劳动力转移就业735人，收入达270万元；3807个生态补偿岗位覆盖了全部有劳动能力的建档立卡贫困户，生态岗位补助每人每年3000元；政策兜底脱贫得到有效落实，每人1245元的定向政策性扶贫补助落实2640人，2016年雄巴乡农业综合开发土地治理项目进展良好，完成投资882万元；2015年文布当桑乡农业综合开发土地治理项目建设完成投资807万元。

【社会保障】 2016年，优先发展教育事业，教育项目投资5203万元，新建项目15个，其中革吉县幼儿园改扩建项目、亚热乡小学教工宿舍等6个项目已建成，革吉县中学教学辅助用房、革吉县全民健身活动中心、县中学教工宿舍等9个项目进展顺利；“奖学金”优惠政策进一步落实，为15名考上大学的大学生、1名重点高中生、10名内地初中学生兑现奖学金21.9万元；全年兑现教师超课补助88万元、乡村教师生活补助205万元；学校后勤保障改革工作基本完成。大力发展医疗卫生事业，组团式医疗人才援藏工作深入推进；公立医院改革取得阶段性成效；投资286.6万元新建了革吉镇中心卫生院，维修了四乡卫生院、县卫生服务中心原门诊楼、手术室和护士站；在编僧尼和农牧民群众免费健康体检全面落实。积极发展文化事业，全面落实全民健身活动中心和文化站建设配套资金，县文化活动中心、乡镇文化站全部正常开放；完成了53个文物点的普查工作。“十三件民生实事”有效落实，亚热乡集中供暖供氧建成投入使用；“五保”集中供养工作成效显著，成功承办了全区“五保”集中供养机构运行管理现场会。其他社会事业加快发展，重大动物疫病防治、防寒抗灾、惠民政策落实等各项工作圆满完成；建成乡镇职工周转房220套、公租房60套，棚户区改造实施货币安置40户、房屋安置42户，有效改善了干部群众居住环境。统计、编译、工商、物价、粮食、档案、地方志、国防动员、食药监管、民族宗教、妇女儿童、老龄、助残等工作都得到全面加强。

【社会治理不断深化】 2016年，认真落实自治区维稳十项措施和“六个严防”的任务要求，强化社会面防控，强化反恐防暴工作，强化情报信息收集研判，强化重点部位，要害部门巡逻防范，强化“护城河”过滤作用，强化边界一线管控，强化寺庙管理，强化工程建设领域突出问题专项整治，深入排查、多方协调、积极化解农民工工资拖欠问题，完善矛盾纠纷排查调处工作流程和工作制度，持续深入开展安全生产、消防安全隐患排查治理和“打非治违”专项行动，确保了重要时段和敏感节点的安全稳定，实现“三无”“三不出”“三稳定”的目标。

【党建工作】 深入开展“两学一做”学习教育常态化制度化。深化党的群众路线教育实践活动和“三严三实”教育活动成果，严格按照县委要求扎实开展“两学一做”学习教育常态化制度化，成立革吉县政府党组关于推进“两学一做”学习教育常态化制度化领导小组，制订《革吉县人民政府党组关于推进“两学一做”学习教育常态化制度化的实施方案》，做到一级抓一级，层层抓落实。坚持基础在学，关键在做，把党的思想建设放在首位，以尊崇党章、遵守党规为基本要求，以习近平总书记系列重要讲话精神来武装思想，教育引导党员自觉按照党员标准规范言行，坚定理想信念，提高党性觉悟，增强政治意识、大局意识、核心意识、看齐意识，坚定正确政治方向，树立清风正气，严守政治纪律政治规矩，强化宗旨观念，勇于担当作为，在工作和生活中起先锋模范作用，为党在思想上政治上行动上的团结统一夯实基础，为协调推进“四个全面”战略布局、贯彻落实五大发展理念提供坚强组织保证；抓好党员干部教育管理。深化中央、自治区及地区关于全面深化改革和经济社会发展决策部署的宣传教育，引导党员干部深刻认识、准确把握经济发展新常态。中央、自治区和地区各项会议召开后，及时组织党员干部学习领会会议精神，推动各项决策部署贯彻落实。严格党员日常管理，创新教育形式，不断提高党员教育管理的质量和水平。通过党政信息网、政府门户网站、网信革吉等平台，分享党和国家的方针政策、自治区和地区决策部署、工作学习心得和典型经验等；完善和落实党组党建工作责任制。切实落实党组党建工作责任制，党组书记党建工作“第一责任人”、党组成员“一岗双责”制度，不断推进落实党建工作责任体系，层层传导压力，落实党建责任。不定期召开党组会议，以“补短板”“钉钉子”精神，安排部署党建工作，解决党建工作中存在的问题，全面推进党建工作开展。

【党风廉政建设】 政府党组始终把党风廉政建设工作作为关系全局的大事来抓，坚持把党风廉政建设融入改革发展稳定各项工作中，纳入政府领导班子、领导干部目标管理责任制，带头强化主责意识，全面落实党风廉政建设主体责任。构建明晰的责任体系。严格执行主体责任双报告、主要负责人述职述廉、责任制督导检查和年中检查考核等制度，进一步理清了党组领导班子主体责任、主要负责人第一责任、领导班子成员“一岗双责”责任，形成了认识到位、责任明晰、履职尽责的落实体系；坚持统筹谋划抓部署。召开了政府系统党风廉政建设工作部署会议，及时审定制发《关于进一步加强政府部门党风廉政建设工作的实施意见》《关于自觉接受人大监督提高工作水平的意见》《革吉县人民政府党组领导班子其他成员落实党风廉政建设“一岗双责”工作制度》，明确了重点任务、目标要求。坚持召开党组会议，针对工程、项目、资金等腐败问题易发多发领域，专题听取意见建议，对从严治党和党风廉政建设工作逢会必讲、反复强调，做到了党风廉政建设工作常研究、常部署；细化量化责任年初由政府党组书记与各副县长、各乡镇人民政府分别签订《革吉县人民政府班子成员落实党风廉政建设责任制“一岗双责”目标管理责任书》《各乡镇人民政府落实党风廉政建设“一岗双责”》，班子成员与分管部门签订《革吉县人民政府系统落实党风廉政建设“一岗双责”目标管理责任书》。各乡镇人民政府、政府各部门按照任务明确、目标具体、责任清楚、措施得力的要求，配强了工作力量，明确了工作职责，建立了责任追究机制，形成了层层有任务、人人有责任、一级抓一级、层层抓落实的良好工作格局。

（索朗旺堆）

【领导名录】

县委副书记、县长
　　王明杰

县委常委、常务副县长
　　确　巴（藏族，8月任）

县委常委、副县长
　　吴月轮（中国联通援藏，8月免）
　　李树成（中国联通援藏，8月任）
　　张树强（8月任）

副县长　达　郭（藏族）
　　桑杰巴珠（藏族）
　　尼玛次仁（藏族，8月免）
　　吕荣涛（8月免）
　　罗　布（藏族，8月任）
　　阿　梅（女，藏族，8月免）
　　郭立龙（8月任）
　　普布次仁（藏族，8月免）
　　普布卓玛（女，藏族，8月任）
　　郝永福（8月任）

革吉县人民代表大会常务委员会

【概况】 革吉县人大常委会成立于1962年。第十二届人大常委会于2016年6月换届产生，革吉县人大常委会顺利选举产生县乡两级人大代表共301名，其中机关代表72名，农牧民人大代表229名。8月召开县、乡两级新一届人代会，严格按照《中华人民共和国选举法》，以高票选举产生了新一届县级人大（政府），检法“两院”领导班子共17名，乡（镇）人大主席5名，乡（镇）长5名以及副乡（镇）长20名，并组织新任领导向宪法宣誓。人大常委会核定编制数为5人，领导职数5名；主任1名，副主任4名；平均年龄为47岁，学历大学1名，大专2名、中专2名。2016年，共召开常委会议6次，主任会议5次，听取和审议专项工作报告12

个，组织代表考察8次，开展专题调研8次，开展执法检查3次，指导联系乡镇人大工作40余次，任免国家机关工作人员42名，办理代表意见建议38件，为促进全县经济发展、民生改善、社会和谐做出了积极贡献。

【重大事项决定】 革吉县人大常委会严格法律程序，正确处理县委决策、人大决定和县政府执行的关系，县十二届人代一次会议以来共召开常委会会议6次，听取和审议“一府两院”专项工作报告5项，开展专题调研和执法检查11项，作出决议决定和审议意见6项，任免国家机关工作人员42人次，办理代表建议批评意见38件。确实把党的主张转换为人民的意志，保证人大工作与县委的决策部署同心、同向、同步。

【人事任免】 革吉县人大常委会始终坚持将党管干部和人大依法任免有机统一，严格按法定程序办事，认真行使人事任免权。任免前，严格审查拟提请任免人员的相关材料，认真听取县委人事安排的意见和对拟任干部德、能、勤、绩、廉考察情况的说明，在常委会上进行任免表决。2016年，共计任免国家机关工作人员42人（次），所有新任职人员均进行了宪法宣誓，增强了任命干部的宪法意识和公仆意识。

【监督工作】 加强对经济工作的监督，推动县委重大决策部署落实。县人大常委会通过听取和审议国民经济与社会发展执行情况工作报告、2016财政预算执行情况和“十三五”规划纲要，审查2015财政决算报告及2016年财政预算调整报告，督促有关方面认真落实县委关于经济工作的部署，促进经济发展提质增效，提高财政资金使用绩效。加强对依法行政的监督，为经济社会发展营造良好法制环境。常委会听取了旅游法、食品安全、教育法、交通法等贯彻落实情况的汇报，针对法律法规实施中薄弱环节，提出加大宣传力度、完善监管体制、健全责任体系、落实普遍服务等意见建议。常委会还积极配合自治区人大和市人大开展了归侨侨眷权益保护法和公益事业捐赠法、环境保护法、西藏自治区湿地保护条例等多项法律法规执法检查。加强对民生工作的监督，维护群众根本利益。为保障全县精准脱贫工作开展顺利，按时完成脱贫摘帽工作任务，8月份常委会组织6名县乡代表及县政府办、扶贫办、发改委、住建局等相关单位负责人，利用4天的时间，深入“四乡一镇”开展“十三件民生工程”落实情况专题调研，并形成调研报告1份，详细了解革吉县精准脱贫工作情况，针对调研中发现的问题提出加大宣传力度、进一步完善规划、加强能力培训力度和进一步创新方式等意见建议。同时，深入革吉镇及县城周围，开展革吉县“三房”建设和管理情况专题调研。加强对司法工作的监督，维护和促进司法公正。听取和审议县人民法院工作报告和县人民检察院工作报告，要求切实落实加强司法规范化建设的制度措施，深入推进阳光执法廉洁司法，为全县经济社会发展和长治久安提供有力司法保障。常委会在行使监督职权过程中，始终坚持党的领导、坚持依法履职、坚持问题导向、坚持服务和监督有机结合；紧扣全县中心工作和群众关心的热点、难点问题，以集体监督的方式作为实际问题切入点，不断强化监督职责。通过听取审议报告、调研视察、执法检查等监督形式，较好促进“一府两院”工作的顺利开展，推动民生工程的实施进程，确保法律法规的贯彻执行。

【代表工作】 充分发挥人大代表的主体地位，不断提升代表履职能力、完善服务保障机制、创新服务载体，切实加强和改进代表工作，发挥代表的主体地位。坚持人大代表列席县人大常委会会议制度，邀请人大代表参加县人大常委会；组织各乡镇人大代表对易地搬迁、重大项目建设等各项惠民政策落实情况进行交叉考察学习、开展《中华环保世纪行——西藏行》执法检查等活动，全年共邀请10余名县人大代表列席常委会会议，30余名代表参加常委会组织开展的执法检查和专题调研等活动。常委会坚持把办理代表建议、批评和意见作为支持和保障代表依法履职的重要环节，安排专人专班梳理代表议案，及时做好建议、批评和意见的整理和工作，并召开意见建议督办会1次，确保相关建议、批评和意见得到答复和落实。2016年，对十二届人代一次会上代表提出的38件建议办理中遇到的困难和问题，主动参与，积极协调解决。全面推进县、乡（镇）人大“代表之家”和村（居）“代表小组”规范化建设，于2016年10月实现全县“四乡一镇”和19个行政村全覆盖并投入使用。于11月在人大阿里地工委的领导下，西四县与东三县人大常委会主任交叉验收人大“代表之家”及“代表小组”创建运行情况，验收成绩排七县前列，取得实实在在的效果。先后多批次选派县、乡两级人大代表参加全区人大、人大阿里地工委组织的培训，学习法律知识和人大知识，全年共选派培训14人次。扩宽代表视野，增强代表履职能力；组织新一届农牧民代表学习《中华人民共和国宪法》《中华人民共和国代表法》《中华人民共和国各级人民代表大会常务委员会监督法》及《中华人民共和国环境保护法》等相关法律知识；通过开展视察培训活动，进一步规范人大代表的工作程序，加强作风建设，提高代表的服务质量和办事能力。

【“人大代表之家”】 以发挥人大代表作用为重点，着力增强代表活动的丰富性和经常性。为不断巩固和拓展“人大代表之家”功能作用，积极为人大代表履职、学习培训、联系群众等搭建平台，人大常委会深入贯彻落实全区“人大代表之家”现场会精神，不断巩固和拓展“人大代表之家”功能建设，积极为人大代表履行职责、学习培训、联系群众等搭建良好的平台。为不断巩固和拓展“人大代表之家”功能作用，积极为人大代表履职、学习培训、联系群众等搭建平台，办公室制订“人大代表之家”“人大代表小组”学习计划方案，充实“一册八薄”内容，有效促使“人大代表之家”的作用发挥。有效促使“人大代表之家”的作用发挥。革吉县“人大代表之家”和“代表小组”创建工作高质量、高标准地完成，得益于县委的高度重视，得益于政府的大力支持，得益于地区人大机关的精心指导，更得益于乡镇人大的全力创建、扎实推进。

【换届选举】 县人大常委会在地委、县委的严格要求和领导下，认真贯彻落实中央和区党委关于县乡人大换届选举的部署，严格依照法定程序，圆满完成县乡换届工作，换届过程中，共开展换届专项工作培训会2次，制订以藏汉双语形式的《革吉县人大常委会县乡换届选举工作手册》，并发放换届培训资料100多册。本次换届选举共选举产生县级人大代表38名，乡镇人大代表57名。顺利召开县、乡新一届人民代表大会第一次会议，选举产生新一届的县人大、政府领导班子和县人民法院院长、县人民检察院检察长以及乡镇人大、政府领导班子。同时，及时整理换届选举和十二届一次会议文字材料和选票，并以会议名称和换届选举分类汇总编号形成档案5册，统一归档。常委会在县委的领导下，坚持发扬民主，坚持依法办事，坚持保障人民选举权和被选举权，坚持对违规违纪违法问题“零容忍”，不断加强对选举工作的监督，确保选举工作风清气正。加强统筹安排。根据自治区党委、地委以及县委相关文件精神，县人大常委会认真调研、提前谋划，从4月着手筹备，成立专班、拟订方案、开展培训，认真开展县乡人大换届选举准备工作。加强业务指导。常委会安排专人对中央、自治区、阿里人大关于换届选举工作的指示精神、工作要求、方法步骤等进行系统学习，研究制订《革吉县县乡人大换届选举工作实施方案》，并指导乡镇人大规范工作程序、严肃工作纪律，着力营造风清气正的换届选举氛围。加强舆论宣传。县人大常委会紧扣各阶段工作重点，通过印发资料、制作板报、悬挂横幅、张贴标语、在群众中宣传《中华人民共和国宪法》《中华人民共和国选举法》《中华人民共和国地方各级人民代表大会和地方各级人民政府组织法组织法》等法律法规等形式，让广大人民群众更直观了解选举的重要性和必要性。加强程序操作。人大换届选举工作政治性、法律性、政策性和程序性都很强。在选举各个环节，人大及其常委会坚持有法必依，严格执行法律和政策有关规定，确保换届选举规范有序进行。

【党建工作】 革吉县人大常委会全面落实党建工作责任制，把党建工作抓在手里，落到实处。开展"两学一做"专题学习教育，并针对每一环节都进行了深刻研讨，写出了自己的心得。

【党风廉政建设】 年内，革吉县人大常委会结合"两学一做"主题教育，开展理想信念和廉洁从政教育，明确廉政要求和相关纪律，组织干部填写《个人情况报告表》6份，党组成员相互监督，不断改进"四风"建设，不断提高干部职工抵御腐败作风的能力。

【联系指导乡镇人大工作】 2016年，中央、区党委、地委先后出台关于加强县乡人大工作的意见，意见从充实县乡人大机构编制、优化县级人大常委会组成人员结构、规范县级人大及其常委会机构设置、加强和充实县级人大机关工作力量、加强乡镇人大建设、完善乡镇人大工作机构、提高代表活动经费标准、增强县乡人大履职能力等方面，做出若干具体而明确的新规定，许多过去长期困扰县、乡人大工作的困难和问题得到突破性的解决，为加强县乡人大建设，提供重要遵循，也必将推动县乡人大建设迈出历史性的步伐，对基层民主法制进程产生深远影响。常委会加大联系指导乡镇人大工作力度，促进人大工作交流，进一步规范乡镇人大工作。全年接待其他县区人大考察学习组2次，联系指导乡镇人大工作40余次。

【履行维稳职责】 年内，革吉县人大常委会深入贯彻落实习近平总书记"治国必治边、治边先稳藏"的重要战略思想和地委、县委关于反对分裂、维护稳定的一系列重要指示精神，严格执行县委、县维稳指挥部统一安排部署，重要时段，常委会班子成员到联系乡镇、村居、寺庙、学校，督促指导维稳工作，及时排查和消除影响社会稳定的因素，维护基层和边境稳定；充分发挥代表贴近群众的优势，积极开展宣传教育，在群众中筑牢"团结稳定是福、分裂动乱是祸"的思想基础。

（尼玛石珍）

【领导名录】

县委副书记、人大常委会党组书记、主任

白玛加布（藏族，5月免县委副书记）

党组副书记、副主任

洛桑次仁（藏族）

党组成员、副主任

旦　增（藏族）

多吉平拉（藏族）

刘原华（8月任）

中国人民政治协商会议革吉县委员会

【概况】 政协革吉县委员会于2012年7月10日成立。2016年1至8月，设主席1名，副主席4名，办公室主任1名，副主任1名，科员1名，政协一届革吉县委员会确定委员名额为45人，实际推荐考察产生45名委员，共分7个界别。2016年9月至12月，设主席1名，副主席4名，办公室主任1名，副主任1名，科员1名，政协第二届革吉县委员会确定委员名额为52人，实际推荐考察产生52名委员，共分7个界别。

【政协第一届革吉县委员会第六次会议】 4月4日至4月6日，政协第一届革吉县委员会第六次会议在革吉县政协全委会议室召开，会议应到委员45人，实到委员33人，政协副主席斯扎主持会议。会议聆听了阿里地区行署副专员、县委书记索朗次仁对政协第一届革吉县委员会第六次全委会致辞；审议通过《政协第一届革吉县委员会第六次会议议程》；听取和审议《政协革吉县委员会常务委员会工作报告》《政协革吉县委员会一届五次会议以来提案工作报告》；列席革吉县第十一届人大六次会议听取和讨论革吉县人民政府工作报告等六大报告；讨论政协两个工作报告、政府工作报告及其他报告；审议通过《政协第一届革吉县委员会提案委员会关于政协一届六次会议提案审查情况的报告》《政协第一届革吉县委员会第六次会议政治决议》《政协第一届革吉县委员会第六次会议关于常务委员会工作报告的决议》《政协第一届革吉县委员会第六次会议关于政协一届五次会议以来提案工作情况报告决议》和《政协第一届革吉县委员会第六次会议选举办法》增选洛桑遵珠为政协第一届革吉县委员会常务委员、主席，增选阿旺次仁、白玛旺久为政协第一届革吉县委员会常务委员、副主席。

【政协第二届革吉县委员会第一次会议】 8月28日至8月30日，政协第二届革吉县委员会第一次会议在革吉县政协全委会议室隆重召开，会期3天，会议应到委员52人，实到委员44人，政协副主席阿旺次仁主持会议。会议聆听了阿里地区行署副专员、县委书记索朗次仁对政协第二届革吉县委员会第一次全委会致辞；审议通过《政协第二届革吉县委员会第一次会议议程》；听取和审议《政协第一届革吉县委员会常务委员会工作报告》《政协第一届革吉县委员会常务委员会关于提案工作情况的报告》；列席革吉县第十二届人大一次会议听取和讨论革吉县人民政府工作报告等六大报告；讨论政协两个工作报告、政府工作报告及其他报告；审议通过《政协第二届革吉县委员会第一次会议选举办法》；选举产生主席1名，副主席4名，常务委员11名，确定委员名额52名，推荐产生了52名委员。审议通过《政协第二届革吉县委员会提案审查委员会关于政协二届一次会议提案审查情况的报告》《政协第二届革吉县委员会第一次会议关于常务委员会工作报告的决议》和《政协第二届革吉县委员会第一次会议关于政协一届以来提案工作情况报告决议》《政协第二届革吉县委员会第一次会议政治决议》。

【第二十次常委会议】 4月3日，第二十次常委会议在革吉县政协常委会议室召开，会议应到常委9人，实到9人。会议由县政协副主席扎布拉主持，会议审议通过政协第一届西藏革吉县委员会第六次会议议程、日程（草案）、审议通过关于召开政协第一届西藏革吉县委员会第六次会议的决定（草案）、审议通过政协第一届革吉县委员会常务委员工作报告（草案）、审议通过一届五次会议以来提案工作情况报告（草案）、审议通过政协三个决议（草案）、审议通过提案审查委员会名单（草案）、审议通过选举办法（草案）、审议通过人事任免决定（草案）、县委组织部领导作关于人事事项说明、审议通过政协革吉县第一届委员会关于提交一届六次全委会增选一届政协主席、副主席、常委建议（草案）、提名总监票人、计票人和唱票人的名单（草案）等。

【第二十一次常委会议】 4月30日，第二十一次常委会议在革吉县政协常委会议室召开，会议应到常委9人，实到7人。会议内容为政协换届工作领导小组会议、安排部署政协换届前期工作等。

【第二十二次常委会议】 6月2日，第二十二次常委会议在革吉县政协常委会议室召开，会议应到常委9人，实到8人。会议内容为政协换届工作扩大会议，研究新一届政协委员结构、摸底调研工作、部门之间协调相关工作等。

【第二十三次常委会议】 8月27日，第二十三次常委会议在革吉县政协常委会议室召开，会议应到常委9人，实到6人。会议主要内容为县委统战部部长作关于政协第二届革吉县委员会参加单位、委员名额、委员组成人选情况的说明；审议通过政协第二届革吉县委员会委员名单（草案）；审议通过政协第二届革吉县委员会第一次会议列席人员名单（草案）；审议通过政协第二届革吉县委员会第一次会议委员分组名单（草案）；审议通过增补第二届革吉县政协常务委员名单（草案）等。

【二届政协常务委员会议第一次常委会议】 9月4日，第一次常委会议在革吉县政协常委会议室召开，会议应到常委11人，实到8人。会议主要内容为研究政协党风廉政建设工作、班子成员之间谈心谈话等。

【二届政协常务委员会议第二次常委会议】 9月5日，第二次常委会议在革吉县政协常委会议室召开，会议应到常委11人，实到8人。会议研究了政协第二届革吉县委员会班子成员分工等。

【政治理论学习】 革吉县政协坚持以建设学习型政协组织为抓手，把学习教育摆在首位，贯穿始终。每年根据各级党委的要求，认真制订理论学习和专项教育活动方案。采取每周五党组理论学习、委员培训等形式，及时传达党的十八大以来重大会议精神和三级“两会”精神，学习习近平总书记系列重要讲话，特别是关于人民政协的新思想、新论断、新要求，学习《中共中央关于加强人民政协协商民主建设的实施意见》，学习区党委、地委、县委的重要会议精神。通过学习，使政协新老委员和干部职工坚定了政治信念、共同理想、原则立场、宗旨意识，增强了协商为民、履职为民的责任感、荣誉感和使命感。

【履行参政议政职能】 革吉县政协始终把调查研究作为委员参政议政的前提条件。结合实际制订《革吉县政协关于2016年调研视察工作方案》，制订《革吉县政协视察工作规则》。主动请求县委、县政府安排调研任务，集中力量，认真调研，形成《关于部分群众社会主义核心价值观意识差、思想观念陈旧、好逸恶劳、好吃懒做的言行》的专题调研报告，得到县委、县政府主要领导的批示和肯定。同时按照确定的调研任务安排，组织委员深入一线了解情况，通过多种形式深入了解社情民意，找问题、查原因、提办法，形成《革吉县基层医疗卫生情况》《换届委员摸底调查》《精准扶贫工作》等3份高质量的调研报告，为县委政府的决策提供了依据。常委会还全力协助自治区政协、地区政协开展调研视察工作，共同完成关于《政协委员维护社会稳定方面的作用》《围绕精准扶贫，提高西藏人均期望寿命》《促进边远乡镇人才培养使用》《革吉县非物质文化遗产保护现状及对策建议》《革吉县城镇居民如何实现小康的对策建议》《如何找准发展旅游业和维护社会稳定之间的平衡点》六份调研报告。

【开展换届工作】 2016年，是政协换届之年，政协常委会按照区地两级换届工作的要求，政协第二届革吉县委员会委员核定编制名额从一届45名确定为52名，选举产生主席1名、副主席4名、常务委员11名，设中共、民族、农牧经济、宗教、社会保障、科教文卫、工青妇共7个界别。委员着重从乡村两级干部、青年创业能手、基层妇女、党外爱国人士等领域推选产生，使委员结构更加合理，人民政协的广泛性、代表性、包容性得到进一步体现，为做好新时期人民政协工作打下了良好基础。

【维稳政治责任】 革吉县政协坚持把维护社会稳定作为履职首要政治任务，坚决贯彻落实习近平总书记“治国必治边、治边先稳藏”的重要战略思想，坚持把维护社会稳定作为硬任务和第一政治责任，充分发挥政协联系范围广、基层委员多，特别是民族宗教界委员多的优势主动靠上、团结联合、凝心聚力，在反分裂斗争等大是大非面前，始终做到立场坚定、旗帜鲜明、态度坚决。充分发挥政协优势作用，坚持求同存异、体谅包容，协助县委做好协调关系、化解矛盾、增进团结、促进和谐的工作，扩大团结面、增强包容性。2016年，革吉县政协安排3名班子成员相继投身到全县维稳工作和异地搬迁联络管理服务负责人工作，特别是在全国“两会”和三月份重要时段中，根据县委要求，专门安排2名副主席分别在盐湖乡、革吉镇开展所在乡镇维稳总领队工作。同时，革吉县政协认真研究当前维稳形势，专门向广大委员特别是县基层牧民委员致信，提出《关于做好当前维稳工作的几点要求》（藏汉两种文字），为全县实现“三无”“三不出”“三稳定”目标做出了积极贡献。

【推进提案办理落实】 2016年，革吉县政协共收到提案111件，经审查立案87件，其余24件转为建议。提案内容涉及实现革吉县经济社会又好又快发展、基础设施建设以及群众普遍关注的热点难点问题，提案所提意见建议多数被承办单位采纳，产生了良好效益。2016年，革吉县政协通过在革吉县的自治区政协委员，向十届自治区四次会议政协提交了关于《关于精准扶贫工作》会议提案，得到自治区有关部门的肯定并采纳。向地区政协十届一次全委会提交的《关于解决革吉县医疗卫生机构医务人员紧缺的提案》得到地区政协的高度重视，同时举办县政协新旧委员提案知识培训会，提高了政协委员撰写提案的能力和水平，委员提案质量有了进一步的提升。

【开展慰问活动】 年内，革吉县政协对政协老委员和困难委员进行走访慰问，在“三大节日”期间对11名老委员和困难委员进行走访慰问，送去节日的祝福，使他们深切感受到党的关怀和政协的温暖。

【拓宽民意反映渠道】 革吉县政协把收集反映社情民意信息贯穿于政协的各项工作中，制订《革吉县政协反映社情民意信息规则》，不断加强信息员队伍建设，促进群众关切问题得到及时、准确反映。切实落实委员联系制度。坚持完善联系走访委员制度，认真听取、吸收和反映各界别委员对全县发展和政协工作的意见建议。同时，要求各级政协委员积极深入群众、听取群众心声、征求群众意见建议，及时上报政协办公室。

【开展“两学一做”学习教育活动】 年内，在教育实践活动整个过程中，县政协党组和机关全体党员干部按照自治区和县委提出的要求，结合政协实际，积极探索开展活动的载体、措施和方法。坚持把加强领导放在首位，县政协认真制订并推进落实活动方案，坚持把学习教育贯穿始终。县政协党组成员率先垂范，带头学习重要文献文章、领导讲话等，带动机关学习风气，以采取集中学习与个人自学相结合，观看警示片、参加县委中心理论组专题学习会、撰写心得体会、发言材料和专题总结等。

（方　伟）

【领导名录】

党组书记、主席

才旺罗杰（藏族，2月免）

洛桑遵珠（藏族，2月任）

党组副书记、副主席

扎 布 拉（藏族，8月免）

斯　　扎（藏族）

副主席 巴旦次仁（藏族，2月免）

党组成员、副主席

阿旺次仁（藏族，2月任）

马 俊 峰（2月免）

白玛旺久（藏族，8月免）

扎西平措（藏族，8月任）

牛 代 刚（8月任）

中共革吉县纪律检查委员会（监察局）

【概况】 革吉县纪律检查委员会（简称县纪检委），按照《中共革吉县委办公室关于印发中共革吉县纪律检查委员会（革吉县监察局职能配置内设机构和人员编制方案的通知）》革委办发〔2010〕26号文件，县纪检委（县监察局）机关编制5名（行政编制4名、事业编制1名）其中县级领导职数1名，任县纪委书记，科级领导职数3名。2016年，县纪检机关由纪委、监察局和5个乡镇纪委组成。县纪委、监察局干部队伍由13人组成，其中县纪委书记1名，副书记2名，监察局副局长2名、正科级检查员1名，纪检干部共7名（含监察局）。乡镇纪检干部队伍由4名专职纪委书记和12名纪检专职干部组成。机构设置：纪委（监察局）内设机构共分为四个科室由纪检监察室、党风政风监督室、案件审理室等组成。

【反腐败工作】 2016年，革吉县党风廉政建设和反腐败工作在地委和地区纪委的正确领导下，紧紧围绕县委中心工作，服务大局，坚持全面从严治党、依规治党，强化教育引导和问题导向，严肃“六项”纪律，全面落实党风廉政建设党委主体责任和“第一责任人”的职责。同时，深入贯彻落实中央八项规定和区党委“约法十章”“九项要求”，坚持不懈纠正“四风”“两问题”，加大对违纪干部的审查力度，时刻保持惩治腐败高压态势，严格按照纪委“三转”工作要求，强化监督、执纪、问责工作要求，加强纪检干部队伍建设，提高各项业务工作能力。为开创革吉县经济加快发展、加速崛起的新局面创造良好的政治环境，提供强有力的纪律保障，党风廉政建设和反腐败工作取得了新的成绩。县委对党风廉政建设工作的整体部署情况。为切实落实好中央、区党委和地委、行署关于党风廉政建设各项具体工作安排，聚焦党风廉政建设和反腐败工作为县委中心工作服务的原则，坚持落实“两个责任”和“两个抓手”的工作要求，年初，县委在全县工作会议上专题对今年的党风廉政建设和反腐败工作进行了全面安排部署，并制订《革吉县2016年党风廉政建设和反腐败工作要点》《革吉县2016年党风廉政建设和反腐败工作措施》《革吉县党风廉政建设责任书》，及时与各乡（镇）、县直各单位（部门）签订2016年党风廉政建设责任书53份，各乡镇与各村签订藏文版党风廉政建设责任书19份，明确各项工作任务目标。同时，县委、县政府先后召开4次党风廉政建设和反腐败工作领导小组专题会议和政府廉政工作专题会议，全面研究部署革吉县党风廉政建设和反腐败工作，分析研究解决工作中存在问题，对2016年党风廉政建设工作任务进行了责任分解和细化量化。特别是进一步明确领导干部在落实党风廉政建设和反腐败工作任务中的职责分工，切实落实党委主体责任，夯实牵头单位和责任人工作职责，切实做到与全县其他业务工作同部署、同安排、同检查。强化以监督、执纪、问责为主的纪检监察工作职责，坚持一级抓一级，层层传导压力，完善定期报告、检查督导、责任追究等具体方法，深入推进纪检监察体制改革和“三转”工作要求，确保监督职责履行到位。年初召开专题会议研究2016年革吉县纪检监察工作要点，制订《革吉县纪委监察局2016年工作计划》，把具体工作分解为7项36个任务目标，全面落实纪检监察机关的监督责任。同时，协助县委将党风廉政建设和反腐败工作任务分解细化为7项21个，层层落实到各乡镇和各部门，切实加强督导检查，促进各项任务的有效落实。采取全县集体学习，理论中心组重点学习，党支部集中学习，县直各部门分散学习等方式。共同学习了十八届中央纪委六次全会、区党委八届九次全会、八届区纪委七次全会和地区纪检监察工作会议精神，着重学习了《中国共产党章程》《革吉县维稳追究机制》和中央纪委、区纪委关于党风廉政建设责任追究典型案件的通报、违反中央八项规定及干部违纪违法问题通报等各类文件10份，开展讨论3次，观看警示教育片8次。同时，召开专题会议全面动员部署了《中国共产党廉洁自律准则》《中国共产党纪律处分条例》《中国共产党问责条例》的学习活动，并制订切实可行的实施方案，全面推进革吉县党内法规的学习贯彻工作。

【纪委（监察局）学习情况】 2016年，县纪委组织纪检监察干部学习贯彻三级纪委有关文件精神12次，组织观看《镜鉴》《永远在路上》等警示教育片8次。学习中国共产党《中国共产党廉洁自律准则》《中华人民共和国纪律处分条例》《中华人民共和国问责条例》《中华人民共和国公务员法》《中华人民共和国行政机关公务员处分条例》等业务知识，不断强化纪检干部自身业务素质，提升执纪、监督、问责的工作能力。县委书记认真履行党风廉政建设“第一责任人”职责，按照落实主体责任的相关要求，认真听取汇报，亲自研究安排，全面督导检查，多次强调“六项纪律”要求，重点开展监督检查工作，发现问题早解决，出现违纪早诫勉处理，把问题苗头解决在萌芽状态。全年，共听取专题汇报6次，召开专题会议3次，在党风廉政建设和县纪委工作方面做出批示10次，督导检查工作10余次，听取县纪委办案工作情况4次，检查县纪委工作2次，向上级党委汇报全县党风廉政建设和相关工作2次，县纪委向上级纪委汇报纪检监察工作4次。2016年，在革吉县责任范围内，未出现严重违反“六项纪律”和落实党风廉政建设和反腐败工作不力，造成重大影响被追责通报现象。开展宣传教育和“五月廉政文化”宣传活动。县纪委同县委组织部开展了2次“新任公务员培训”工作，县纪委派出工作人员进行了党风廉政建设工作、公务员权利与义务等方面的廉政知识培训；强化日常廉洁自律教育工，借助每一次大会小会强调各项纪律，及时传达学习上级部门的通报精神，强化自律意识和自我约束，全年共进行党风党纪教育和廉洁自律教育达13次；深入开展廉政文化宣传月活动，制订《革吉县2016年党风廉政宣传教育实施方案》《革吉县廉政文化宣传月活动实施方案》，成立廉政文化宣传月活动领导小组。革吉县各单位结合实际制订单位廉政文化宣传月活动计划43份，学习解相关廉政知识100人次。5月廉政文化“宣传月”期间，在县街道上悬挂廉政标语等宣传横幅4副，发放宣传单、廉政手册等宣传资料共2000余份，制作廉政宣传牌、警示牌各30余张；组织全县党员干部开展“学党章、党纪、党规”活动，深入各乡（镇）、各单位对学习活动开展情况督导检查3次；为不断丰富廉政文化内涵，创新廉政文化传播方式，特制订廉政文化宣传栏，进一步营造“以廉为荣、以贪为耻”的良好社会氛围；在县乡换届期间，利用短信提醒、制作换届纪律小卡片、粘贴廉政宣传标语等多种形式，大力宣传换届纪律。开展党风廉政建设和其他工作的督导检查。年内，由县委办、政府办、维稳办和县纪委等相关单位组成工作组，对各乡镇、县直部门贯彻落实全县工作会精神和各项安排部署情况进行监督检查3次，3月敏感月和大庆期间多次深入四乡一镇和县直部门检查督导维稳纪律和工作纪律。特别是对各乡（镇）、各单位（部门）落实党风廉政建设责任制和第一责任人主体责任落实情况进行了2次督导检查。积极落实党风廉政建设责任制，紧紧围绕农牧区经济发展、牧民增收、社会稳定、加快社会主义新农村建设这个中心，全面完成党风廉政建设和反腐败各项工作任务。

【落实监督责任】 年内，根据委局领导班子人事调整，按照相对固定、保证工作连续性的原则，制订出台《中共革吉县纪委、监察局领导班子成员工作分工制度》，明确委局机关工作职责，从严管理干部，以制度管人的要求，及时完善调整了领导机构和制度措施，制订出台《革吉县纪委监察局干部考勤情况汇总表》《革吉县纪委监察局干部请假审批表》及《革吉县纪委监察局干部外出（出差）登记表》等规章制度，进一步严格工作纪律和廉政纪律。同时，更新完善机关岗位监督、党务公开、廉政宣传栏，积极营造强烈的廉政氛围。严格按照《干部选拔任用工作条例》的有关要求，县纪委开展干部民主推荐、考察提拔、调整使用全过程的监督检查。全年，委局共派出6人次参与干部民主推荐、评测和考察工作，并对39名进一步使用或提拔任用的同志进行集体廉政谈话，严格履行干部推荐、提任前征求县纪委意见，认真审查廉洁自律和举报反映受理情况。确保责任范围内坚决防止出现买官卖官和拉票贿选等腐败现象发生。积极开展中央八项规定、区党委“约法十章”“九项要求”，以及“维稳值班”及“干部纪律作风”的督导检查工作。明查暗访各乡（镇）、县直各单位落实中央八项规定，自治区党委“约法十章”“九项要求”情况28次，多次突击检查机关工作纪律执行情况并通报干部9人次。全年，纪检监察机关初核案件15件，立案8件，结案5件，给予党政纪处分5人，诫勉谈话7人，收缴暂扣违纪资金11万元。县纪检部门有效惩治腐败和违纪违规行为，充分发挥了案件查办工作的治本作用和社会综合效果，起到了处理一个警醒一片作用，为全县经济发展提供强有力的纪律保证。2016年，县纪委严格执行案件线索统一集中管理和排查制度，线索处置和纪律审查实行“双报告”制度，及时查办上级转办、交办、督办和本级受理案件线索，从未出现压案、瞒案和办人情、关系、金钱案等现象。同时进一步严格办案程序，从举报受理到案件结案，严肃各环节工作要求，切实做到程序严格、办案合法、处理合规、卷宗规范，并要求案件承办人员在承办案件开始，就要收集办案全过程形成的各种材料，案结后及时整理立卷，方便查阅。认真贯彻落实中央和自治区、地区、县委全面从严治党、从严从实营造风清气正换届环境的要求，研究制订《严肃换届纪律监督工作方案》并成立换届监督小组，明确目标任务和要求，参与各乡（镇）党委、县直各部门考察工作，全程监督和全面掌握被考察对象的具体情况；按照“四必谈”要求，紧紧围绕换届纪律相关要求，做好各个层面的提醒预防工作，同各乡（镇）提拔调整的干部进行了任前谈话；严格“两代表一委员”的廉政资格审查，及时召开办公会议对出席县党代会、人代会、政协会的候选人资格进行严格的廉政审查，从源头上防止“带病提拔，带病上岗”等问题的发生；坚持贯彻落实“纪委书记、副书记的提名和考察以上级纪委会同组织部门为主”的工作原则，加强对各乡（镇）纪委书记、副书记、纪委委员的推荐考察工作，切实履行单位“一把手”的主体责任，确保乡（镇）纪委换届工作风清气正；县纪委不定期深入县脱贫攻坚指挥部通过询问了解，查阅资料，重点掌握扶贫对象的识别，扶贫重点的确定和项目资金的落实情况，检查工作开展情况5次，督促扶贫办整改自治区扶贫（农发）工作督查组反馈问题6个；县纪委及时下发开展“三公”经费管理使用专项清查工作的通知，要求各乡（镇）、各单位按照“三公”经费管理使用相关规定及时开展自查，并将自查情况报县纪委，对各乡（镇）、各单位上报的自查情况，县纪委、县财政局进行了重点抽查，有效预防“三公”经费违规使用问题的发生。

【党建工作】 2016年，县纪委（监察局）在县委、县组织部和党建办的带领下，纪检委党支部以“两学一做”学习教育工作为契机，深入学习贯彻十八大精神，扎实推进学习型、服务型、创新型党组织建设，不断拓宽工作领域，提升机关党建科学化水平。以党群支部牵头签订《党建目标责任书》，要求支部成员担负党建工作和纪检监察业务工作的双重任务，保证党建目标管理工作有人抓有人管。进一步研究制订2016年党员学习培训计划和学习、培训等制度，结合“两学一做”学习教育，组织本单位党员干部在学好《中国共产党章程》和系列讲话的基础上，结合自身专业特点，对《中国共产党廉洁自律准则》《中国共产党纪律处分条例》以及党风廉政等业务知识进行了深入学习，通过学习，党员干部的思想素质和业务能力都有了明显的提高。对党建目标管理工作采取纵横结合的方法，既坚持逐级部署，逐级考评，分工负责，又注意齐抓共管，形成合力。党群支部把党建工作与量化管理有机结合起来，对党员骨干实行考评管理，形成人人抓落实、求实效的局面。党支部按照“四种形态”要求，实行支部与党员谈话的规定，坚持平等、实事求是和经常及时的原则，组织支部与党员、党员与党员之间广泛深入的交流思想，使党员的思想认识水平有了进一步的提高。

【精准扶贫】 2016年，县纪委（监察局）定点扶贫工作在县委、县政府的领导下，在县脱贫攻坚指挥部的指导和帮助下，认真贯彻落实地委、行署关于打赢脱贫攻坚的战略部署，围绕县委、县政府中心工作和精准扶贫工作要求，圆满完成委局2016年定点扶贫工作。委局领导高度重视扶贫攻坚工作，亲自部署，亲自安排，根据《关于在精准扶贫工作中“包乡、包村、包户”干部的通知》要求，指派专人负责定点扶贫日常工作。根据单位工作实际和人员现状，制订《革吉县纪委精准扶贫工作干部“包户”方案》，明确工作任务，细化了工作措施。为进一步加强对定点扶贫工作的组织、协调、指导，专门成立了以纪委书记为组长的定点扶贫工作领导小组。围绕“四清楚”“七必有”的工作内容要求，做好委局定点扶贫工作。2016年7月6日至11月13日期间，县纪委组织包户干部3次深入亚热乡却臧村了解掌握了8户、36人扶贫对象家庭情况，重点了解了扶贫对象家庭收支情况、收入来源、生活状况、牲畜数量、家庭存款等情况，并对掌握的数据资料进行了准确登记。主动与扶贫对象交心谈心，结对认亲，了解百姓思想状况，了解群众所需。大力宣传党的大政方针和扶贫优惠政策，积极从思想上引导群众转变传统观念，相信科学，用现代化手段和技能，拓宽家庭致富渠道。对群众心声，进行详细登记，做好统筹协调。协调有关单位和私营企业，在双方互利的情况下，助推扶贫攻坚工作，帮助解决群众就业和技能匮乏问题，同时，也解决了私营企业用人短缺的问题，努力争创了互利共赢的局面。根据《关于精准脱贫工作中实行“包乡”“包村”“包户”的方案》，全面落实结对认亲帮扶责任制，按照党政主要领导包乡，其他县级领导干部包村；县级干部联系2户贫困户；科级干部联系1户贫困户；2名一般干部联系1户贫困户的部署要求，委局主要领导高度重视，亲自部署，制订《革吉县纪委精准扶贫工作干部“包户”方案》，结合委局1名县级领导干部、3名科级干部、6名一般干部现状，根据《方案》要求，共定点扶贫8户，36人。详细制订了扶贫工作开展时间、扶贫任务、帮扶措施，确保全年定点扶贫工作能够统筹稳步推进。

【党风廉洁建设工作考核验收】 2016年，为全面提高革吉县党风廉洁建设业务工作水平，着重在抓巩固、抓落实、抓提高上下功夫，督促各单位、各乡（镇）党委、纪委落实好“两个责任”。根据《2016年度革吉县党风廉政责任书》《2016年度革吉县落实党风廉政建设和反腐败工作考核验收方案的通知》要求，县纪委成立督查组对革吉县四乡一镇、县直各单位落实党风廉洁建设责任制情况进行了考核验收。各单位对“三务”公开进一步做了规范，对各单位落实党风廉洁建设基本情况、制度落实、办事机构示意图、办事条件、服务承诺事项、工作纪律等内容全部进行了公平、公正、公开的检查督导。各单位制订完整的领导班子议事规则，对机关财务管理运转、人事调整、重大事项决策等方面进行了详细的规定，都通过会议决定，并做记录。各单位对党风廉洁建设工作相应建立了领导班子议事规则、机关财务管理、来客接待、公车管理、学习、卫生、出勤、文印等一系列常规性机关管理制度。调整充实以乡镇党委书记为组长的党风廉洁建设工作领导小组和以乡党委副书记、纪委书记为组长的反腐败协调领导小组，进一步明确主体责任和监督责任；各乡镇根据乡情制订乡（镇）藏文版党风廉洁建设责任书并与各村之间签订完成。在此基础上，制订《领导干部廉洁责任状》，与乡领导班子成员、各村（居）委会、乡完小、寺管会主要负责人签订责任状，进一步加大反腐倡廉工作力度，确保党令、政令畅通，有效预防腐败现象的发生；各乡（镇）建立乡（镇）机关干部考勤制度，对全乡干部上下班情况、请销假制度落实情况严格检查、严格监督，实行奖惩制度，激励广大干部职工遵守各项规章制度；按照“三会一课”制度，制订学习计划，坚持自学与集中学习相结合的方式，每周五对干部职工进行学习，引导党员干部提高修养素质；各乡（镇）主要领导班子成员都能按照县纪委文件要求，带头讲廉洁党课，确定讲课内容，并建立台账，存档备查，切实发挥领导干部的示范引导作用，促进党风廉洁建设教育工作，着力提升本乡（镇）党员干部廉洁自律意识；在监督方面，各乡（镇）对各项工作的监督检查，尤其是对精准扶贫和换届工作的监督检查，都成立了专项督查组，各乡镇纪委严格履行监督职能，在换届期间，制订本乡镇换届风气监督工作方案，对严明换届纪律，严肃查处违反组织人事纪律行为，匡正选人用人风气，做出了安排部署，切实把监督工作贯穿换届全过程，确保换届工作风清气正。

（杨振国）

【领导名录】

书　记　普布扎西（藏族，2月免）
　　　　冯 展 强（2月任）

副书记、监察局局长
　　　　左　　川（8月免）
　　　　唐 文 兵（8月任）

副书记　普布扎西（藏族，8月免）
　　　　查　　珠（藏族，8月任）

监察局副局长
　　　　胡 兴 南（女，8月任）
　　　　阿旺土旦（藏族）

中共革吉县委办公室

【概况】 2016年，县委办公室协助县委领导督促检查县委重大决策、重要工作部署的贯彻执行和落实情况，办理、检查县委领导和上级领导机关的批示件及交办事项的落实，及时了解和报告执行及办理中出现的新情况、新问题，负责县委全面日常工作；主动加强与人大办、政府办、政协办之间的联系，坚持以理解工作、支持工作、推动工作为目标，及时就“四大班子”重大决策部署和需要协调事项进行协商沟通，确保全县各项重要工作有力推进；认真做好各乡（镇）、部门之间的沟通，始终围绕全县中心工作心往一处想，劲往一处使，形成工作合力，确保县委工作高效运转。

【文字材料】 县委办公室准确把握领导意图，做好文字起草工作。在文稿起草中，敢于创新，做到立意新、体式新、语言新，力求使综合文字材料真正体现领导的最新思想和最高水平，体现对基层的针对性和指导性。2016年，共起草各类文字材料100余篇，有力地确保县委各项工作扎实开展。

【调研工作】 县委办公室始终把握领导的决策意图，找准决策需求点，创造性开展调研活动，及时捕捉对中心工作具有指导意义的典型经验。

【信息工作】 县委办公室发挥“上传下达”职能作用，及时收集整理信息并向地委办公室、县委主要领导反馈防洪灌溉、生产发展、维稳舆情等各方面信息，为地委掌握基层动态和县委决策部署提供了参考依据，全年累计上报各类信息700余条。

【督查工作】 县委办公室围绕督促检查职能作用，将县委、县政府的重大决策、领导批示、群众难点作为督查重点，主动对接有关部门抓督促、抓落实、抓反馈，确保领导部署要求有推进、有成效。

【公文管理】 县委办公室文秘人员以提高办文、办会质量、办事效率为目标，不断加强学习，努力提高自身素质和业务水平。进一步规范了公文运转程序，改进和完善了公文的报送、处理和审批制度，公文处理工作进一步正规化、规范化，做到安全、及时、准确。

【办文办会】 县委办公室坚持重大会议及早部署、紧跟进度，小型会议精心安排、经常检查，大到总体安排等面上筹划，小到材料摆放等具体事宜，尽皆做到超前、周密、细致，绝不允许敷衍了事、凑合应付，以优良的服务保证了会务顺利召开。全年办公室共承办各类会议120余场次，未出现疏漏差错。

【素质教育】 县委办公室积极适应新形势下党委办公室工作需求，持之以恒抓学风建设，针对办公室工作繁忙、工学矛盾突出及部分人员学习上“懒、散、浮、浅”等问题，明确规定每周五下午为集体学习日，认真落实中央、区党委和地委关于开展“两学一做”学习教育的部署要求，及时制订《关于在全县党员中开展“学党章党规、学系列讲话、做合格党员”学习教育实施方案》，成立领导小组，并于4月8日召开“两学一做”学习教育动员会议。期间，在县委理论中心组召开4次专题学习，召开3个专题研讨会。

【制度创新】 县委办公室始终坚持把完善制度、创新机制、强化管理作为激发办公室活力，推进办公室工作规范化、科学化、高效化的有效手段，针对办公室职能和现状，建立完善学习、工作、维稳、请销假等制度20项，进一步明确办公室人员的岗位职责和行为准则，制订《县委办公室工作制度汇编》，以制度管人管事的方式，不断提高办公室工作人员业务水平，确保办公室日常运转更加灵敏、高效、有序。

【人才储备】 县委办公室高度重视人才工作，多次专题研究人才培养计划，始终坚持“一把手抓第一资源”的人才工作理念，不断加强对人才工作的领导和协调，把人才工作纳入日常工作议事日程，经常议、常态抓，落实专人负责具体工作，做到“领导到位、措施到位、工作到位、责任到位”，确保人才工作扎实有效。

【档案工作】 县委办公室紧紧围绕强化档案职能，加快档案工作规范化管理，认真学习贯彻《中华人民共和国档案法》《档案法实施办法》，通过广泛的学习、宣传、落实，进一步增强档案管理员对档案工作的重要性认识，为全县档案管理工作走向规范化，制订较为有效的措施：加强对归档文件材料的保管以及保密力度，由档案人员统一集中管理，任何人不得擅自挪用，凡涉及保密的文件资料，认真做好传阅和保存工作；做到以人为本，努力提高档案管理人员的业务素质，积极参加档案专业技术和业务知识培训。档案工作人员认真做好文件的收发工作，做好档案的收集整理工作，保证归档文件材料完整、准确、系统；对各类档案库存、接收、销毁、利用等进行准确统计，有计划、有步骤地进行档案史料汇编，积极做好档案信息资源的开发利用。

【机要工作】 县委办公室始终坚持“机要无小事，有事是大事”的原则，不断健全和完善各项规章制度，采取有效措施，确保密码顺畅高效运转。按照“确保绝对安全，确保绝对畅通”的工作要求，加强机要办公设备和安全防范设施的建设与管理，严格执行24小时值班制度，不断加强对普通密码和商用密码的管理，定期开展安全检查，及时排查隐患。做到准确及时、可靠高效。按照“统一思想、服务大局，稳中求进，开拓创新，突出重点，狠抓落实”的工作方针，不断加大保密宣传、管理和执法力度，严格落实领导干部保密工作责任制，并在全县开展新《保密法》的宣传学习活动，组织开展保密承诺书签订人员知识竞赛活动，增强了全县保密工作整体防范能力。不定期地开展涉密载体和涉密信息系统保密大检查，切实加强保密要害部门、部位、涉密计算机系统的保密管理，组织开展涉密计算机登记备案工作，开展经常性的网络保密检查，切实加强对政府门户网站的监管。同时，督促做好“三密”文件清退工作，积极做好中高考保密工作，开展《保密工作》杂志的征订工作。严格遵守《县委办公室总值班室工作制度》，坚决执行24小时机要值班和节假日领导带班，认真做好值班记录和交接班，同时督促和指导各乡镇和县直单位做好值班工作，确保联络畅通，运转高效。

【党风廉政建设】 2016年，县委办公室领导班子严格遵守党风廉政建设责任制的规定和实施办法，认真履行职责，积极主动抓好党风廉政建设工作，形成了正职抓全面负主要责任、副职抓分管负直接责任的新机制；坚持把廉政建设与改进机关工作作风结合起来，与具体工作实践结合起来，以廉政促勤政，以廉政促工作作风的改变；坚持把党风廉政建设作为作风建设和班子建设的重要内容，纳入年度目标责任考核，与其他业务工作一起部署，一起落实，一起检查，一起考核。

【党建工作】 县委办公室以坚定理想信念为核心，开展“两学一做”学习教育，创新开展“讲学习、讲忠诚、正风纪、转作风、提效能”主题活动，激发了党员干部干事创业的精气神；以开展“项目化推进年”活动为抓手，用活党建载体，破解了基层党建“不善抓、不会抓、抓不实”的瓶颈；以驻村工作为契机，着力推进农牧区党组织建设，做到成熟一个、组建一个，建立一个、巩固一个，巩固一个、带动一批；以党建促脱贫攻坚为延伸，大力实施结对帮扶措施，广大党员干部勇于担当、扎根一线、冲锋在前，党员先锋模范作用得到有效发挥。

（雷小聪）

【领导名录】

主　　任　伍开树
副 主 任　张　恒
　　　　　普　琼（藏族，10月任）
机要局局长　德吉央宗（女，藏族，10月任）

革吉县人民政府办公室

【概况】 2016年，革吉县政府办公室以“服务领导、服务基层、服务群众”为宗旨，紧紧围绕全县中心工作，不断深化服务意识，改进服务方式方法，进一步发挥参谋助手、督促检查、协调综合、后勤保障作用，找准位置、突出重点、真抓实干、争创一流，全面履行职责，完成了办公室各项工作任务。

【以文辅政】 精心办文，突出实效性。严格执行公文处理相关规定，规范处理流程，提高公文质量。注意把好格式关，保证公文的规范性；把好内容关，保证公文的政策性和严密性、逻辑性以及工作上的连续性；把好程序关，实行归口把关、逐级审查；把好时效关，做到急件急办、急件急传，一般公文均在2个工作日内处理完毕，在符合程序和保证质量的前提下，确保了公文安全、高效运转。大力精简文件，尽量减少公文数量，凡是通过汇报、请示等口头形式协商能够解决问题的，一律不予行文；能够以部门名义发文的坚决不以政府或政府办公室的名义行文。对不符合公文处理规范的文稿，退回重办，确保公文的严肃性。2016年，以政府名义共印发文件99件，以政府办公室名义共印发文件112件；认真调研，突出前瞻性。充分发挥办公室参谋助手的作用，办公室协助各县长开展调研工作，及时了解各乡镇工作开展情况，调研中收集的信息，形成调研报告，为政府决策提供准确、全面、详实、可靠的信息依据和富有针对性、操作性、可行性的意见和建议。撰写好会议、领导讲话等各类材料。准确领会领导意图，善于从服务领导的各个环节中把握指导工作思路、风格和文风，从会议决定中把握其主旨，做到各类文稿思路清、站位准、表达准、特点明。完成政府工作报告、经济运行分析材料、精准扶贫、政府工作总结和农牧区改革等各类大型会议材料60份；规范办文及档案管理。中央、区、地及县级有关下发的文件及时登记和传阅，已办理的文件按分类整理归档；高度重视政务信息报送。政府办公室积极向地区行署信息科报送有价值的信息，为领导掌握情况、指导工作、科学决策提供了较好的信息服务。全年报送政务信息316条，撰写调研文章15篇。

【协调督察】 做好相关会务工作。根据上级部门及县委、县政府的安排，认真搞好会务统筹协调工作，全年组织县政府专题会议39次，县长办公会议13次，协调办理全县各种大小型会议108余次以及电视电话会议100余次；强化政务督查促使政府各项工作落实到位。通过联合多部门组成督导检查组对各乡镇，各单位进行实地查看各项工作落实情况，并以书面形式及时反馈工作中存在的问题，督促各单位扎实抓好整改落实。

【政务信息公开】 年内，加大《政府信息公开条例》宣传力度，为《政府信息公开条例》实施打下了坚实的基础。进一步加强政务公开制度建设，建立健全主动公开、依申请公开、社会评议和政务公开责任追究等制度，使政务公开工作步入了制度化轨道；把政务公开作为党风廉政建设和政府目标管理考核的重要内容，推动政务公开工作的全面落实；进一步扩大政务公开渠道，充分利用政府网站、广播电视、微信平台、宣传资料、宣传栏等各种形式，将政府的重大决策、群众关心的公益事业、涉及群众利益的有关事项向社会全面公开，打造高效的政务公开平台。

【后勤保障】 年内，严格按照《革吉县公务用车管理办法》和《革吉县接待管理办法》，接待工作组时，会同机关后勤服务管理中心，将用餐统一安排到革吉县干部职工食堂；以政府采购形式购买的设备及其他方面，会同相关单位进行采购招标，采购完后认真细致验收并签字。

【法制工作】 年内，在行署法制办的指导下，开展行政复议、行政应诉统计工作；在“六五”普法宣传日、综治宣传月、宣传周、等各种宣传日开展法制宣传教育18次，给农牧民群众发放精简的藏汉双语宣传册，确保达到人人知晓的宣传效果。

【教育管理】 年内，以“两学一做”为载体，制订完善办公室工作制度，不断强化办公室自身建设。加强内部管理方面。为切实有效提高工作效率，办事做到快、细、准，结合政府办公室工作实际个人能力和特点情况，对分工上进一步调整，明确工作人员各自工作职责，很大程度上提高了个工作效率。规范制度方面。结合办公室工作实际，制订完善《工作人员岗位职责》《人员管理制度》《督查督办工作细则》《督查督办工作职责》《督查督办办文办事流程事项》等工作制度，并逐一上墙。在办公室各项规章制度的约束下和领导班子的帮助、指导下，办公室干部职工把“守得住清贫、耐得住寂寞、受得住苦累”作为加强自身修养的必修课。坚持以制度管人、用情感管心，使办公室全体工作人员普遍感到虽然工作辛苦，但心情舒畅；虽然清贫，但感觉充实；虽然工作难度大，但有拧成一股绳、下定一条心克服困难的决心。

【队伍建设】 年内，始终把干部队伍建设放在突出位置，着力打造忠诚守纪、业务精专、协调高效、团结向上、充满活力的一流团队，办公室整体素质和工作能力进一步提高。

【理论学习】 年内，政府办公室始终把学习作为提高素质、搞好服务的重要前提，采取有效措施，常抓不懈，以“两学一做”学习教育和习近平总书记系列讲话精神等方针政策，加强学习《革吉县干部管理办法》和党纪、党规知识，制订学习计划，完善学习制度，组织开展多种形式的学习活动，引导干部职工用理论武装头脑，理论联系实际，深入思考，深刻领会，使思想政治素质和工作水平不断提高。全年办公室组织开展学习13次。

【业务能力建设】 年内，强化“四个意识”，提高业务工作能力水平，组织会议、协调活动、文稿起草、督查工作流程、公文写作与流转、政务公开、信息报送与编写等办公室日常工作的学习培训，引导广大干部牢固树立大局观念和窗口意识，认真开展各项工作。

【领导班子建设】 年内，贯彻落实民主集中制，坚持批评和自我批评坚持实事求是，讲党性不讲私情、讲真理不讲面子，坚持“团结、批评、团结”，进一步促进班子和谐；严格落实分工负责制，明确责任，通力配合，确保各项工作逐级抓好落实。

【党风廉政建设】 年内，加强党组织建设，健全完善党建制度，定期开展“三会一课”等各类党风廉政建设主题教育和实践活动，加强中国特色社会主义理论体系和党性党风党纪教育，党员干部的党性观念和廉洁自律意识进一步提高；严格落实“一岗双责”制，班子成员带头执行述职述廉、民主生活会、个人有关事项报告等制度，认真履行“廉政承诺”，主动接受党组织和党员群众的监督，自觉抵制各种不正之风的侵袭，党员干部的思想政治素质和拒腐防变能力明显提高。

（索朗旺堆）

【领导名录】

主 任 蒋 帆

副主任 舒 艳（女，12月任）

普扎西（藏族）

革吉县人民代表大会常务委员会办公室

【概况】 革吉县人大常委会办公室成立于1964年。办公室核定编制数为2人，实际人数4名，其中办公室主任1名，办公室副主任1名，科员2名。平均年龄为32岁，2016年，革吉县人大常委会办公室牢固建立政治意识和大局意识，自觉把办公室工作放到全县经济社会发展全局和县委重大决策部署去思考、去谋划，紧扣常委会年初确定的工作目标，充分发挥参谋助手作用。

【文秘工作】 人大办公室高度重视文字服务工作，认真把好文字服务的起草、审核关，努力提高文字的思想性、理论性、政策性和可操纵性，通过文字服务，发挥人大办公室的参谋助手作用。认真起草好常委会年度工作计划；力求使常委会的工作紧扣全县发展大局和全县中心工作，并按月份排好工作，推动常委会办公室有条不紊地实施，为常委会充分行使监督、决定、任免等各项职权提供服务。认真起草好常委会工作报告；全面客观正确反映常委会过去一年所做的工作及提出今后一年工作思路，为常委会总结工作经验和谋划全年工作提供有益参考。认真做好常委会举行的各项重要会议、重大活动的文稿起草。在起草进程中，重视早谋划、早安排、早落实，加强学习，深入研究，努力提升文稿起草质量，使文稿更加紧密结合地委和县委重大决策部署，更加符合常委会工作实际，充分发挥“以文辅政”的重要作用。

【会议服务】 为人民代表大会、人大常委会会议和常委会主任会议服务（简称“三会”）是常委会办公室工作的重要职责。2016年，共筹备大型会议（人民代表大会）两次，人大常委会议6次，人大常委会党组会议13次，人大常委会主任会议5次。指导联系乡镇人大工作40余次，决定人事任免事项42人次，完成调研报告和执法检查报告11篇。在工作中，明确分工、多方协调、主动与各有关单位沟通联系，及时完成各类文件和材料准备，提早做好会场布置，改进会务工作，重视抓早、抓实、抓快，对会议的每个环节进行仔细分析、认真安排，依照规定时间逐项抓好落实，认真做好会前预备、会中服务、会后总结等各项工作，进一步完善办会质量，确保各次会议顺利进行。

【督办代表建议】 人大办公室加强与代表的联系，在常委会分管领导的带领下，深入代表建议重点承办单位，通过走访、座谈、实地查看、重点督办、邀请代表深入承办单位督办、电话催办等多种情势，加大对代表建议督办力度，着力增强代表建议的落实率。2016年，召开代表意见建议督办会1次，代表所提的38件建议、批评和意见已全部在规定的时限内办理答复代表，代表们对办理结果比较满意。

【内部管理】 年内，人大办公室认真组织工作人员进行业务学习，狠抓公文处理，不断加强办文质量。坚持公文处理的规范化，明确公文制发各个环节的责任，保证公文印制的质量和运转效力。对所有来文来电都能及时正确地签收办理，未发生耽搁送阅、影响工作的现象。同时，坚持建立“优质服务、综合保障”理念，办公室的后勤保障功能不断增强，为常委会提供优质高效的后勤保障。

【理论学习】 加大人大业务知识的学习，认真组织办公室干部职工学习《中华人民共和国宪法》《中华人民共和国地方各级人民代表大会和地方各级人民政府组织法》《中华人民共和国监视法》《中华人民共和国预算法》等法律法规，学习自治区党委〔2016〕7、9号文件精神，着力创新办公室干部职工开展人大工作的方式方法，提升履职能力和工作水平。

【“人大代表之家”】 利用“人大代表之家”组织大家开展民主评议活动，充分发扬民主，确立扶贫户，确保真扶贫、扶真贫。通过集中群众与人大代表，共同学习和热议政策，确保扶贫政策宣传到位，保障脱贫工作顺利开展。利用“人大代表之家”开展人大换届知识培训，提升人大工作者的业务水平和组织能力；以“代表之家”和“代表小组”为活动平台，多次组织人大代表听取乡政府工作汇报，对小城镇建设、产业建设、重大项目建设等情况进行视察，通过活动的有序开展，进一步加强了人大代表与群众的联系，更增强了人大代表的责任感和使命感。为不断巩固和拓展“人大代表之家”功能作用，积极为人大代表履职、学习培训、联系群众等搭建平台，办公室制订“人大代表之家”“人大代表小组”学习计划方案，充实“一册八薄”内容，有效地促使“人大代表之家”的作用发挥。

【开展执法检查】 全面协助地区人大对全县的调研、执法监督工作，2016年，人大办公室共配合地区人大常委会开展执法检查三次，立法调研2次，为更好实施革吉县创建法制县打下良好的基础。在全力配合县乡两级人大工作过程中，县人大办公室不断吸取上级部门的先进经验，增强自身工作能力。

【党风廉政教育】 人大办公室明确以党组书记为机关党风廉政建设第一责任人的责任。办公室全体干部职工在常委会的领导下坚决贯彻落实中央八项规定、区党委“约法十章”，明确廉政要求和相关纪律，自觉接受广大干部职工和社会各界监督。2016年，结合“两学一做”主题教育，深入开展理想信念和廉洁从政教育，使干部职工明确廉政要求和相关纪律，党组成员相互监督，不断改进“四风”建设，不断提高干部职工抵御腐败作风的能力，不断增强党员干部“为民、务实、清廉”意识，自觉做到勤政廉政、务实为民。

【精神文明创建】 人大办公室制订完善办公室请假考勤制度、办公室值班制度、办公室卫生管理制度，尤其是严格办公室值班制度，做到24小时人不离岗，急事急办，无事报平安。从未出现脱岗、空岗现象。2016年，人大办围绕全县中心工作，突出社会主义核心价值体系建设这个主题，认真学习县经济工作会议精神，按照目标责任书要求，保质保量地完成目标任务。

【社会综合治理】 人大办公室做到敏感节点维稳有部署、有计划、有总结，各项维稳工作有序推进。强化学习。全面传达学习中央、区党委、地委以及县委关于维稳的系列方针政策，毫不放松地坚持开展“团结稳定是福、分裂动乱是祸”“治国先治边、治边先稳藏”“依法治藏，长期建藏”的思想教育，牢牢把握反分裂斗争的主动权。

（白玛加布）

【领导名录】

主　任　加央扎西（藏族）

副主任　尼玛石珍（女，藏族）

中国人民政治协商会议革吉县委员会办公室

【概况】 2016年，革吉县政协办公室贯彻落实习近平总书记系列重要讲话精神和治国理政新理念、新思想、新战略和加强民族团结、建设美丽西藏的重要指示，坚持党的治藏方略，坚持依法治藏、富民兴藏、长期建藏、凝聚人心、夯实基础的重要原则，紧密团结和带领全县广大政协委员，全面贯彻落实县委、县政协党组的各项决策部署，担当履职、发挥作用，为全力助推革吉长足发展和长治久安做出积极贡献。

【政治理论学习】 县政协办公室始终把政治理论学习作为首要任务，通过举办委员培训等形式，及时传达党的十八大以来重大会议精神和三级“两会”精神，学习习近平总书记系列重要讲话，特别是关于人民政协的新思想、新论断、新要求，认真学习《中共中央关于加强人民政协协商民主建设的实施意见》，学习区党委、阿里地委、县委的重要会议精神。通过学习，使政协委员和干部职工坚定政治信念、共同理想、原则立场、宗旨意识，增强协商为民、履职为民的责任感、荣誉感和使命感。

【筹备各类会议】 县政协办公室在政协党组的领导下，围绕政协中心工作，精心组织，周密安排。完成政协第一届革吉县委员会第六次会议和政协第二届革吉县委员会第一次换届会议，历次常委会议、主席会议和党组学习会议的筹备工作，尽心尽力、尽职尽责完成各项工作任务。

【协调各项工作】 县政协办公室注重加强与县直各单位的工作协调与协作，加强与各副主席的协调沟通，加强请示汇报工作制度，当好领导的参谋助手，确保各项工作件件有着落、件件有结果、确保政协工作的圆满完成。

【开展“两学一做”学习教育】 县政协办公室根据“两学一做”学习教育安排，认真学习系列讲话、积极参加支部各类活动，全力支持各项工作，对照“忠诚老实、务实创新、实干担当、勤勉奉献”的革吉人的标准，严格要求，推动工作落实。

【提案督办工作】 政协第一届革吉县委员会第六次会议以来，委员共提出提案111件，提案审查小组根据《政协西藏自治区委员会提案工作条例》《革吉县提案工作条例》进行立案审查，经立案审查，立案87件，未予立案的24件提案作为委员意见、建议交由相关部门解释答复或参阅工作。立案的87件提案，政协办公室及时进行了分类，登记，并召开提案移交会议，提案涉及革吉县社会、经济、文化、生态环境和民生民计等各个方面，提案主题鲜明、内容丰富、针对性和操作性强，通过提案办理，许多意见和建议被采纳，并落实或体现到相关部门工作中，促进了党政决策部署的科学化、民主化，产生了明显成效，为推进革吉县跨越式发展和长治久安发挥了积极作用，展现了政协委员的履职能力和水平。

【助推精准扶贫】 革吉县政协主席、副主席和机关干部集中一定时间和精力，认真开展“结对认亲、交朋友”工作，共结对认亲13户，办实事好事、党员志愿服务20余次。利用10余天的时间行程3000余公里到各乡镇、村、寺庙看望慰问困难群众和僧人，捐款捐物2万余元，积极与相关用工单位协调帮15名贫困群众劳务就业，共增收5万余元，同时，动员机关全体干部以及公益性人员积极参与扶贫捐款活动，先后为扶贫捐款34300元，用实际行动帮助协调解决群众存在的一些实际困难和问题，与群众增进了感情、拉近了距离，有力推动了脱贫攻坚工作。

【机关干部队伍建设】 年内，加强政协机关建设，以建设“学习型、服务型、效能型、创新型、和谐型”机关为目标、以思想建设为基础、以能力建设为关键、以作风建设为抓手、以基础设施建设为保障，继往开来、创新实践，机关“三服务”能力和水平显著提升，机关服务保障作用有效发挥。2016年革吉县政协先后安排5名委员和政协工作人员参加了全国政协、甘肃西北大学、地委党校、河北唐山等地培训和挂职，使委员和机关工作人员的履职能力和服务水平得到很大的提高。

【党风廉政建设】 年内，加强党风廉政建设和机关建设，同时政协党组高度重视党的建设和机关干部思想、组织、队伍、作风、制度建设，认真落实全面从严治党要求，坚决贯彻执行中央八项规定和区党委“约法十章”“九项要求”，结合县政协办公室实际进一步制订和完善各类制度，精简文山会海，努力营造厉行节俭、风清气正的良好风尚。扎实开展“两学一做”学习教育，坚持问题导向、从严要求、以上率下、注重实效，突出“重点在学、关键在做”，使政协党的建设工作得到了全面加强。

（方 伟）

【领导名录】

主 任 尼玛普拉（藏族，10月免）

仁增多吉（藏族，10月任）

副主任 次旦卓嘎（女，藏族）

中共革吉县委组织部

【概况】 2016年，中共革吉县委组织部干部职工共计16名，其中：县级领导干部1名、正科级领导干部1名、副科级领导干部6名、副主任科员1名、科员5名、事业干部2名；共设6个办公室：老干局、办公室、编制办、电子政务中心、党校、档案室。县委组织部属县委下辖机构，主要职能有；研究和指导党组织特别是党的基层组织的建设，组织开展新时期党的建设理论研究；负责干部宏观管理工作、抓好干部人事制度改革工作、贯彻执行和结合实际研究制订选拔任用干部的标准、程序、抓好干部双重管理工作；提出关于乡镇和县直副科级以上单位以及其他列入县委管理的领导班子调整、配备的意见和建议，并负责县委管理干部的考察及任免；负责干部监督工作的宏观指导，负责组织工作和干部工作的检查督促，同时抓好干部监督制度的落实和历史遗留问题的审查；制订干部教育规划，组织县委管理的干部和一定层次的中青年干部的培训；负责县直机关党的建设指导、监督及党员发展、教育与管理工作；培养和建设适应市场经济发展要求的人才队伍。

【县乡领导班子换届】 2016年，自治区党委和地委换届工作会议后，县委高度重视，迅速行动部署，及时传达区党委、地委换届精神。4月6日，组织召开县乡领导班子换届工作部署会，拉开县乡换届工作的序幕；并成立以县委书记为组长的换届工作领导小组、党代会筹备领导小组、县乡领导班子换届工作指导小组，换届风气监督领导小组，每个领导机构下设办公室，负责日常工作，上情下达，充分发挥桥梁纽带作用，进一步明确工作职责，分解任务要求，做到每个环节有指导、有监督、有汇报；在充分调研和征求意见的基础上，研究制定《革吉县县乡领导班子换届工作方案》《革吉县关于认真做好县乡领导班子换届工作的通知》《革吉县县乡领导班子换届风气监督工作方案》《革吉县县乡领导班子换届宣传工作方案》以及《革吉县党代表名额分配通知》，在全县范围内树立了正确的舆论导向，动员引导全县各族干部群众参与换届工作，营造风清气正的换届环境和良好的换届氛围。5月30日，四乡一镇全部向县委递交召开乡镇党代会的请示，其中革吉镇和盐湖乡已经全部完成党代会筹备工作；县直党支部的党代表名额分配方案已经下发，部分不涉及到县委委员的党支部已经开展党代表选举工作；县换届领导小组已向地委打了第一次报告，根据批复精神，地委同意革吉县召开党代会时间、地点、议程以及党代表人数、县委委员、候补委员和纪委委员名额；县委工作报告抓紧时间调研起草，县党代会召开在即，各筹备小组的工作全面启动。2016年，乡（镇）领导班子成员中大学以上文化程度22人，占40.0%，比调整前增加28.6个百分点，大专文化程度31人，占56.36%，比调整前增加2.1个百分点，中专文化程度及以下2人，占3.64%，比调整前降低28.6个百分点；现领导班子成员35岁以下47人，占85.5%，比调整前增加8.4个百分点，班子成员平均年龄32.8岁，比调整前降低1.1岁，班子成员中最大年龄53岁，最小年龄23岁。此次调整中，乡（镇）长调整2人。调整后，乡（镇）党委副书记、乡（镇）长5名，藏族3人，汉族2人；大学文化程度2人，大专文化程度3人；平均年龄34岁，最大年龄38岁，最小年龄30岁。

2016年，是县乡领导班子换届选举之年，为选出忠诚干净担当的好干部，配出结构优功能强的好班子，换出心齐气顺劲足的好面貌，推动革吉县经济工作健康、有序、顺利的开展，革吉县委组织部与各乡镇干部、老干部、“两代表一委员”、驻村工作队员进行了个别谈话，效果很好，很真实的反映了乡镇班子成员的现状。按照相关规定，遵照班子成员原则上年龄不超过45岁；乡镇党政正职“一藏一汉”配备；各乡镇领导班子原则上配备1名女干部，从具有公务员身份的优秀村党组织书记、大学生村官和表现优秀的乡镇事业编制人员三类人员中选拔乡镇领导班子成员不少于1人等规定，结合平时干部职工在思想、工作、生活等方面的表现，评选出信念坚定、为民服务、勤政务实、敢于担当、清正廉洁的好干部，为革吉县今后的经济发展和长治久安提供组织保障。

年内，革吉县换届工作以扩大党内民主为基本方向，以落实群众公认原则为价值取向，呈现出领导重视、操作规范、程序严密、公平公正、运行有序的良好态势。坚持高起点谋划，高标准定位，高质量运行。县委组织部坚决落实地委的一系列政策要求，着力营造风清气正的换届环境，多次向县委主要领导汇报县乡换届工作开展情况，先后召开3次“五人小组”会议研究乡镇换届工作；下发《革吉县县乡党委领导班子换届工作方案》和《革吉县关于认真做好县乡领导班子换届工作的通知》，进一步明确工作目标和具体要求。下发《革吉县县乡领导班子换届风气监督工作方案》，从严从实地做好了全县换届风气监督工作，确保换届工作平稳健康有序进行。为加大宣传力度，还下发《革吉县县乡领导班子换届宣传工作方案》在全县范围内树立正确的舆论导向，动员引导全县各族干部群众积极参与换届工作，营造风清气正的换届环境和良好的换届氛围；明确县委书记为乡镇换届工作第一责任人，县委组织部长为直接责任人，成立县委书记任组长的换届工作领导小组，保证换届期间思想不散、秩序不乱、工作不断。

【党风廉政建设】 年内，按照县纪委《关于党风廉政建设责任单位2016年贯彻落实党风廉政建设工作情况》要求，县委组织部坚持以邓小平理论、“三个代表”重要思想、科学发展观为指导，按照党的十八大、三中、四中、五中全会部署和要求，严格落实党风廉政建设责任制，立足组织工作实际，贯彻落实反腐倡廉工作任务，不断加强预防和治理源头腐败工作的力度，始终把党风廉政建设作为重大政治任务来抓，摆上重要议事日程，与本部各项工作同部署、同落实、同检查、同考核。根据工作需要，及时调整充实本部门党风廉政建设工作领导小组，实行一把手负总责、分管领导具体抓、科室负责人分头落实、依靠群众支持和参与的领导体制和工作机制，形成推进党风廉政建设的强大合力；认真落实党风廉政建设“一岗双责”制度，对所承担党风廉政建设工作任务进行细化分解，制订具体明确的任务目标，落实到分管领导和部、局、办负责人，要求一手抓业务工作、一手抓党风廉政建设，做到管业务必须管党风廉政建设，讲业务必须讲廉洁自律；建立完善部务会专题研究党风廉政建设工作制度，全年共组织召开两次党风廉政建设和反腐败工作专题会议；制订2016年度党风廉政建设工作计划，明确了指导思想、工作目标和主要工作任务；严格执行党风廉政建设责任制，坚持把党风廉政建设纳入领导班子和领导干部目标管理考核，部领导分别与部（局、办）各科室签订了党风廉政建设责任书，并完善了考核机制，强化了考核结果的运用；坚持每半年对党风廉政建设工作贯彻落实情况进行一次检查，发现问题、立即整改。按照“反腐倡廉必须常抓不懈、拒腐防变必须警钟长鸣”的要求，通过县委党校、干部管理培训、理论学习中心组等阵地作用，教育引导党员干部认真学习中国特色社会主义理论、“三个代表”重要思想、科学发展观，坚持用马克思主义的立场、观点、方法来认识世界、分析问题，增强政治敏锐性和政治鉴别力，以落实全国组织工作会议为契机，对党员干部开展拒腐防变廉洁从政教育；采取个人自学、集中学习等方式，加强经常性廉政教育；利用重大节日，开展丰富多彩的党性修养锻炼教育；召开警示教育会议，发放警示教育资料，组织党员干部观看廉政教育警示片、廉政教育公益片；把岗位廉政教育纳入干部管理培训的范围，作为新进公职人员上岗培训、公职人员日常教育培训开展廉政教育的规定动作，并建立相应的考学机制。完善《个人重大事项报告制度》《“三重一大”集体研究和“末位表态”制度》《民主（组织）生活会制度》《领导干部述职述廉制度》等一系列规章制度；健全选人用人权力运行监督机制，完善《革吉县干部管理办法》，推动干部管理科学化、规范化和制度化建设。

【老干局工作】 革吉县有三个退休支部和两个退休党小组，共有离退休干部134名。2016年，县老干局组织老干部学习传达文件30次以上，足额发放老干部离退休管理费、活动费、党员经费等102800元；利用财政补贴特困离退休帮扶资金帮扶离退休干部40人次，每年安排3~4名老干部内地疗养。老干部是国家的财富，县委组织部把老干部工作纳入重要议事日程，时常听取老干部工作汇报和主持专题会议研究老干部工作，在政治上，重点组织学习中共十八大报告及文献，在生活上，多关心照顾老干部，加强对“双高期”离休干部的个性化服务，重大事项向老干部通报，重要活动请老干部参加，为革吉县兴业献计献策，定期或不定期走访老干部，与他们倾心交谈，沟通思想，及时为老干部排忧解难，真正使老干部老友所学、老有所养、老有所为、老有所乐。

【县委党校工作】 2016年，共开设各类培训班9期，培训全县干部职工及农牧民党员共429人，其中培训党务工作者152人。共发放学习资料500余册。将《中共共产党章程》修正案、党史、严明党的政治纪律、《中国共产党廉洁自律准则》、农畜牧产品经济产业、各类惠农政策、公务员礼仪及写作、各类法律法规、各项干部管理制度、村（居）干部文化素质提升等列入日常教学课程安排，突出系统性和实用性相结合。把学习习近平总书记系列重要讲话、十八届六中全会精神和自治区第九次党代会精神，作为当前及以后一项重要政治任务来抓牢抓实。全年共发展正式党员72名、预备党员66名、积极分子246名。其中农牧区党员占到50%以上，农牧民入党积极分子保持在120名以上，全部达到识字水平。全年共上缴党费69734元，并向党员公布党费收缴情况，做到收缴党费有票据，党费管理使用情况年终有结算、公布、公示。全县10个宽带远程教育站点的机顶盒进行全部重新安装升级。其中，革吉县、革吉镇、盐湖羌麦村和文布夏玛村等4个宽带远程站点因地下光缆问题无法使用外，其余6个宽带远程教育站点及15个光盘站点都已投入远程教育工作。2016年革吉县申报自治区级帮扶对象11人，其中：奖2人、帮9人；申报阿里地区级帮扶对象13人，其中：奖3人、帮10人；申报革吉县级帮扶对象24人，其中，奖4人、帮20人。年内，共兑现县级党内激励帮资金16000元（壹万陆仟元整）。其中：奖4人，每人1000元，计4000元（肆仟元整）；帮20人，每人600元，计12000元（壹万贰仟元整）。

【强基办工作】 2016年以来，革吉县强基办以开展“两学一做”学习教育为契机，全面推进村级组织建设和党员队伍建设。全年帮助村（居）把50名党员培养成致富能手，把41名党员致富能手培养成村后备干部；强力整顿软弱涣散党组织，配合村（居）建立完善党务财务公开制度48条，健全村规民约77条；国家工商银行西藏分行驻革吉镇森布村驻村工作队、通过办实事经费16万元和自筹资金22万元，共计38万元建设村生态会议室，为群众冬天召开会议提供便利；国家开发银行西藏分行驻雄巴乡加吾村驻村工作队，通过单位出资30万元，对加吾村村活动场所进行扩建和修缮，为村级阵地建设奠定坚实基础。各驻村工作队把维护稳定作为第一责任，认真落实上级一系列维稳决策部署，全年共召开维稳工作宣讲会议219场次，参与群众10210人次；开展反对分裂主题教育活动79场次，参与群众10396人次；开展

“法律进百家”活动51场次，参与群众9645人；充分发挥治保调解委员会、“双联户”户长的作用，排查不稳定因素、化解和妥善处理各类社会矛盾纠纷110件，及时处理好苗头性倾向性问题，真正实现持续稳定、长期稳定、全面稳定。驻村工作队把感党恩教育为主题，广泛开展“算富账、感党恩、要稳定、求发展”等主题教育活动86场次，受教育面达92%，举办专题讲座34场次，发放宣传材料6526份；组织群众宣讲中共十八大、十八届三中、四中、五中、六中全会和中央第六次西藏工作座谈会、习近平总书记系列重要讲话精神130场次，入户宣传632次，开辟宣传栏48期；认真开展时事政策教育127场次，教育引导广大党员群众全面执行党和国家的方针政策。在“三大节日”期间积极走访慰问五保户、贫困户和“三老”人员1007人次，发放慰问金38万元，投入办实事经费135万元，解决“三有”“三就”“两保”“六通”等民生突出问题27件，开展“送医送药送技术”活动，对全村5名村医进行专业培训，接诊群众200多名，发放价值5000多元的药品。地区统计局驻革吉镇康巴列村驻村工作队对2名贫困学生资助，每人每年资助5000元，解决贫困家庭小孩上学经费筹措难的问题，并资助到大学毕业。全年帮助村（居）理清发展思路50条，找准发展路子32个；帮助牧民群众到区内外培训79人次；帮助所驻村（居）群众劳务输出823人次，增加现金收入100.6万元。亚热乡塞利普村驻村工作队、文布当桑乡夏玛村驻村工作队、革吉镇布贡村驻村工作队，通过“短平快”项目，增加群众收入80万元整。通过组织群众宣传自治区强农惠农富农政策115场次，发放“双语”优惠政策资料7136份，发放明白卡4300多张。在开展“两降一升”工作中，宣传孕产妇住院分娩补助奖励政策和孕产期保健等知识78场次，参与群众2696人次，登记孕产妇185名。在“党员干部进村入户、结对认亲交朋友”活动中，派出单位党员干部与贫困户结对帮扶“结对子”230户564人；向驻在村（居）群众宣传精准脱贫政策131场次，印发扶贫宣传资料5130份，开辟宣传栏121期。自治区档案局驻雄巴乡巴措村工作队，抓住317国道修建工程有利时机，工作队队长郭伟与工程项目部沟通，使巴措村贫困家庭成员参与修路项目，共劳务输出100多人次，累计收入约49万元，有效增加了群众的现金收入。驻村工作队全面宣传好自治区出台的80多项优惠政策和提高的18项民生补助标准。

【机构编制实名制管理】 年内，结合人员编制信息卡片册、人力资源管理数据库，建立个人档案台账，绘制资料清单，实现对全县1010名干部职工的动态掌握和管理。

【行政审批事项、机构改革】 年内，设立机构改革委员会办公室，专项负责行政审批事项和机构改革，根据各单位职能、职责权限，制订科学、合理的“三定”方案。

【权责清单制度工作】 2016年3月，启动政府部门行政权力和责任清单梳理工作，按照权责法定、市场导向、放管结合、规范高效原则，对照“9+X”分类标准，对革吉县27家县直机关事业单位（县直单位26个，部门管理机构1个）的权责清单项目事项进行梳理。2016年5月1日，革吉县成立了以县委副书记、政府县长王明杰为组长的权责清单制度工作领导小组，并建立权责清单工作联络员制度，加强与各部门之间的联系。按照“职权法定”要求，至7月初，通过行署法制办合法性审查，纠正适用依据错误（包括已经废止和修订的依据，不能作为法律依据的一些部门文件）10条，补充完善遗漏的法定职权和依据8条，修正职权事项名称5条。全年经过地区审改办审核，最终确定革吉县权责清单项目事项为3677项。其中行政许可174项、行政处罚2684项、行政强制175项、行政征收42项、行政给付16项、行政检查212项、行政确认43项、行政奖励74项、行政裁决6项、其他类251项。

（文旭维）

【领导名录】

部　长　庞兴圃（2月免）

束 志 勇（2月任）
副部长 加 措（藏族，10月免）
副部长、人社局局长
扎西次仁（藏族）
组织部副部长、编办主任
杨 志 忠（10月免）
努增桑姆（女，藏族，10月任）
副部长 次 巴 珠（藏族，10月免）
贡觉扎西（藏族，10月任）
吴 超（10月任）
老干部局局长
扎西卓玛（女，藏族，10月免）
多吉玉珍（女，藏族，10月任）

中共革吉县委宣传部

【概况】 2016年，革吉县委宣传思想文化工作围绕中央、区党委、市委关于宣传思想文化工作的安排部署，结合县委、县政府中心工作，确定“一二三四五”工作思路，即：贯彻一条主线（把学习贯彻习近平总书记系列重要讲话精神贯穿到宣传工作始终）；突出两项宣传（突出对内宣传、突出对外宣传）；做好三个结合（将宣传思想文化工作与精神文明创建、基层工作加强年、宣传思想文化队伍工作结合起来）；落实四项机制（落实组织领导、责任分工、目标考核、经费保障机制）；强化五项工作（强化理论武装、培育和践行社会主义核心价值观、互联网宣传和管理、文化惠民和维护意识形态安全），工作取得显著的成效。

【党建工作】 2016年，革吉县始终把学习宣传贯彻习近平总书记系列重要讲话精神贯穿到宣传工作始终，进一步夯实革吉县发展稳定的思想基础。扩大宣传覆盖面，以“两学一做”学习教育、“学讲话、找差距、转作风、抓落实”学习教育为契机，统筹抓好县委理论中心组学习、干部教育培训、基层理论宣讲等重点工作，开展习近平总书记系列重要讲话精神学习教育进机关、进企业、进乡村、进社区、进学校、进军营、进寺庙活动，在全县干部群众中营造学习习近平总书记系列重要讲话精神的浓厚氛围，确保全县广大干部群众在思想上行动上始终同以习近平总书记为核心的党中央保持高度的一致；确保宣传学习效果，坚持领导干部带头，紧密联系思想、工作实际，全面地学、系统地学，把握内在逻辑和基本精神，全面理解讲话的重大意义、科学内涵、实践要求，做到知其然知其所以然，做到学之愈久、知之愈深、信之愈笃、行之愈坚，引导广大党员干部努力在发展稳定实践中走在前列。

【“两项”宣传】 年内，县委宣传部围绕县委、县政府中心工作和革吉县“1136”产业发展思路，结合学习习近平总书记系列重要讲话精神、纪念建党95周年、红军长征胜利80周年、西藏百万农奴解放57周年、西藏和平解放65周年、县乡领导班子换届工作、2016年革吉学习贯彻党的十八届六中全会和自治区第九次党代会精神等重点工作进行宣传报道，为相关活动开展营造氛围。2016年，革吉县委宣传部共收集、整理、编辑各类文字、图片信息2933条，其中，通过“革吉县发布”微信公众号发布信息700余条，其中阿里报采用32条；阿里网采用25条；政务网开设“精准扶贫”“两学一做”等专栏3个，通过革吉县政府新闻网发布信息1620条，系统地宣传报道革吉县经济社会民生各领域取得的显著成效，为革吉县改革发展稳定各项工作提供强大的精神动力和支持。对外宣传树形象：2016年7月，县委宣传部接待自治区“西行阿里采风团”记者5人，撰写题目“阿里这个贫困县，开展脱贫致富工作有一套”文章，在“西藏发布”平台发布。县电视台共制作各类新闻216篇，上传地区电视台216篇，被采纳率80%。

【做好“三个结合”】 2016年，县委宣传部将加强宣传思想文化工作与精神文明创建工作有机结合起来。2016年，对自治区级、地委文明村镇、文明单位、文明社区和文明户进行表彰，进一步调动全社会参与精神文明建设的积极性、主动性；组织未成人开展学雷锋志愿服务、中学生开展“3·28”红歌比赛、中小学生开展“十佳歌手”比赛以及“藏语课本剧表演”“藏汉语文朗读比赛”等形式多样、内容丰富的活动，使广大未成年人在潜移默化中滋养心灵、展示良好风貌；为隆重纪念新中国成立67周年，拓展“两学一做”学习教育载体形式，深入开展第26个民族团结教育宣传月活动，丰富全县广大青年文化生活，革吉县举办以“迎国庆、促团结”为主题的青年歌手大赛；革吉县组织开展“庆祝建党95周年综合知识暨两学一做知识竞赛”；认真开展“保护母亲”“慰问孤寡老人”“学雷锋主题班会”“清理环境卫生”等23次志愿服务活动。革吉县组建成立革吉县青年、党员和革吉镇3个志愿服务队伍，共有志愿服务者65人，志愿者服务队在环境卫生整治、敬老爱老、助农收割等方面都发挥了积极的作用。将加强宣传思想文化工作与“基层工作加强年”有机结合起来，2016年，革吉县建成1个县城综合文化活动中心、5个乡（镇）综合文化站、19个农家书屋共有图书4.2万册、5个寺庙书屋共有图书3200余册；在维护原有“村村通”设备的基础上，县电视台组织专业人员，为干部群众维修闭路设备、更新“户户通”设备450人次，确保有线电视网络的正常运行。截至年底，革吉县广播电视覆盖率分别达到98%和97%。在全县开展宣传文化系统“四个一百”活动。2016年，共开展“百名宣传干部下基层宣讲”活动38场，受众12000余人次；“百场文艺节目下基层展播”活动11场次，观众8000余人次；“百场电影下基层展播”活动，放映765场电影，内容包括《西藏往事》《农奴》《焦裕禄》《长征》等红色电影，观众5600余人次；“百名记者下基层采访”活动85次，形成宣传报到文章158篇。

【思想文化工作】 县委宣传部配齐宣传思想文化工作人员：有23名工作人员、农家书屋及寺庙书屋配有兼职的书屋管理员，同时负责基层文化信息资源共享点的日常管理，宣传思想文化工作队伍不断壮大；不断加强宣传思想文化队伍人才培养，积极与上级部门协调沟通，争取各种培训学习机会，推荐人员以岗位培训、挂职锻炼、参观考察等形式提升干部的整体素质；宣传思想文化队伍学习不断强化。开展“两学一做”学习教育、新闻舆论战线“学讲话、找差距、转作风、抓落实”活动和“讲学习、讲忠诚、正风纪、转作风、提效能”主题活动，共开展专题学习会议4次，参学率达90%以上，受教育人数达850多人次；宣传思想文化队伍建设工作取得优异成绩，革吉县委宣传部荣获2016年度革吉县社会治安综合治理工作先进单位、2016年度科级目标管理责任制先进集体。

【落实“四项工作”机制】 县委宣传部落实组织领导机制，制订《中共革吉县委员会关于落实党委（党组）意识形态工作责任制的实施细则》，严格落实党委（党组）意识形态工作主体责任，落实党委（党组）书记第一责任、分管领导直接责任和班子成员“一岗双责”，形成党委统一领导，宣传部门协调指导，各部门分工协作，全社会共同参与的工作格局，确保将宣传思想文化工作放在心上、抓在手中；落实责任分工机制，按照属地管理、分级负责和谁主管谁负责的原则，革吉县各级党委（党组）领导班子对本乡镇、本单位宣传思想文化工作负主体责任。各乡镇、各部门领导班子切实将宣传思想文化工作列入单位的重要工作议程来抓好抓实，制订宣传思想文化工作计划，确定全年的工作任务并将工作任务具体分解落实到相关科室、人员；建立宣传信息审核、报送机制，为抓好宣传思想文化工作提供体制机制保障；落实目标考核机制，结合革吉县实际，制订切实可行的宣传思想文化工作考核办法，并将宣传思想文化工作考核与各乡（镇）、部门年度考核评优、干部升迁工作结合起来，调动各乡（镇）、各部门抓好宣传思想文化工作的积极性与主动性；落实经费保障机制，积极争取县委、县政府对宣传思想文化工作的大力关心与支持，适度增加宣传思想文化工作经费预算，确保基本工作需要。

【做好“五项工作”】 县委宣传部共召开县委理论中心组学习（扩大）会议15次，编写学习专报15期，围绕“两学一做”学习教育以及“忠诚老实、务实创新、实干担当、勤勉奉献”的革吉人主题活动，县委理论中心组成员共撰写心得体会30篇，调研报告30篇，交流发言32余人次，理论文章16篇，撰写发言材料40篇。县委宣传部向5个乡（镇）和19个村（居）及全县党员干部累计发放习近平总书记系列重要讲话读本（2016版）读本1000余册、《中央第六次西藏工作座谈会精神宣讲提纲》1000余册、《习近平总书记系列重要讲话精神30句通俗学习读本》1500余册、《党的十八届六中全会精神宣讲提纲》藏文版1300余册、《自治区第九次党代会精神宣讲提纲》藏文版3900余册，丰富全县党员干部理论学习内容，提升党员干部抓好理论学习的积极性、主动性；全县党员干部理论学习深入透彻，党员干部理论学习突出5个特点，即“听理论辅导和理论讲座、学总书记系列重要讲话精神和党的理论路线方针政策、写心得体会、记读书笔记、谈学习感受”，2016年，革吉县邀请自治区党校老师和地委党校老师先后就纪念西藏百万农奴解放57周年、党的十八届六中全会和自治区第九次党代会精神工作进行四次宣讲，受益党员干部达650余人次。

【开展爱国主义教育主题活动】 2016年，县委宣传部为各乡（镇）、各单位发放《社会主义核心价值观》藏、汉读本2450本，为各乡（镇）、各部门发放领袖画像1200张，县委常委、宣传部部长秦建军在革吉县全县党员干部进行授课。县电视台每晚在《革吉新闻》前后，用藏汉“双语”宣传社会主义核心价值观内容，在公共场所、公路沿线制作3个大型户外广告牌，革吉县英纪念馆等爱国主义教育基地共组织学生、党员群众1000以爱国主义教育为主题的社会主义核心价值观活动。

【互联网宣传和管理】 2016年，互联网信息办公室全年共上报各类信息1627余条，其中阿里报采用32条，阿里网采用25条；革吉县政府新闻网上传1620余条。自3月下旬开通“网信革吉”微信公众号以来，已刊发转载各类新闻，上传700余条，评论300余条，确保革吉县舆情领域的安全。

【文化惠民】 2016年，阿里地区“五下乡”活动在革吉县开展，受益人数1000余人；2016年开展的“五下乡”活动中，向农牧民群众发放藏汉双语版小册子、光盘共50（张），受教育群众达2500余人次，先后组织文艺活动15余场，参与各类专题文艺晚会6场，观众人数达8500余人；革吉县那布艺术团在各乡镇、村和中小学举办形式新颖多样、内容丰富多彩、群众喜闻乐见的文艺活动，全年开展群众文化活动10余场，观众约8900余人次；县委宣传部和县电视台配合“两学一做”学习教育、“建党95周年”“革吉县两会”等活动，深入各乡镇、寺庙和学校放映爱国主义影片和科教片53场次，观众人数达11200余人次。

【规范办事流程度及报送制度】 2016年，县文化综合执法大队与县城内各文化经营单位签订《安全目标责任书》，完善革吉县文化市场行政处罚流程图，对文化市场进行数据更新，并按时做好新闻出版物、网吧、打字复印店、音像制品等经营单位的文化数据采集工作，每周按时报送执法周报，每月按时报送执法月报数据；大力开展联合检查，成员单位对全县13多家文化经营单位进行检查46次，共出动执法人员210余人次，执法车辆18辆，全年共检查各类经营场所441余家次，开展专项整治检查24次，收缴涉黄违禁光盘71张；加大宣传力度，积极参加综治宣传月、安全生产宣传日活动，制作《未成年人保护法》《互联网管理条例》《青少年上网应该注意的事项》等宣传单共1331余份，发放给广大群众和中小学生，受益人数达2752余人。做好重点时段、敏感期间、敏感节点文化市场监管的同时，加强日常巡查、排查工作。

（白玛卓玛）

【领导名录】

部　长　秦建军（8月免）
　　　　史小亚（8月任）
副部长　杨绍鸿
副部长、网信办主任
　　　　央　珍（女，藏族，12月任）
网信办副主任
　　　　巴　次（藏族）

中共革吉县委统战部

【概况】 革吉县委统战部编制7人，领导职数编制4名，1名部长，1名副部长（正科级），2名副部长（副科），3名一般干部。内设有县宗教办，2名主任，3名一般干部。2016年革吉县配齐实有驻寺干部22人，驻寺干部13名，驻寺民警9名，共计下派驻寺干部总数人，按照“先进后出”的原则。

【寺庙（拉康）基本情况】 年内，按照自治区党委、政府关于加强和创新寺庙管理工作的决策部署，结合实际，革吉县境内共辖三寺（扎西曲林寺、扎加寺、芝热寺）两康（象鲁康、加吾拉康），均属噶举派，扎西曲林寺位于革吉县盐湖乡境内。海拔4630米，距革吉县城205公里、距盐湖乡人民政府5公里。芝热寺坐落于西藏阿里地区革吉县雄巴乡，海拔5060米，距革吉县城420公里、距雄巴乡人民政府532公里。象鲁康坐落于革吉县雄巴乡，海拔4573米，距县城95公里、距乡人民政府20公里。扎加寺坐落于革吉县革吉镇南部，海拔4766米，距县城80公里。加吾拉康坐落于革吉县雄巴乡东南部，海拔4800米，距县城142公里、距乡人民政府30公里。革吉县三寺两康僧尼编制41人、实有僧尼36人。分别扎西曲林寺13名僧人，象鲁康9名僧人，加吾拉康4名僧人，扎加寺6名僧人，芝热寺4名僧人。

【驻寺机构基本情况】 年内，革吉县统战部按照（寺庙多、僧人少）片区管理原则，革吉县有三个寺管会一个特派员机构，驻寺干部核定编制20，驻寺民警核定编制14名，其中实有驻寺干部13人，驻寺民警9名，分别扎西曲林寺庙管理委员会7人，象鲁康寺庙管理委员会8人，扎加寺庙管理委员会6人，芝热寺特派员机构3人。担任佛协西藏分会长1名，革吉县寺庙僧尼中担任自治区政协委员1名，担任县政协委员5名。担任地区佛协理事5名。

【党建工作】 2016年，革吉县委统战部围绕“领导班子好，制度保障好，服务意识好，工作作风好，党员队伍好”的五好目标，推进党组织活动正常化，加强对党员的管理、监督和服务，推进机关党的组织建设。始终把加强开展“两学一做”学习活动，提高干部职工的廉洁自律意识作为做好党风廉政建设和反腐败斗争工作的基础，采取集中学习和个人自学相结合的方式，充分利用“两学一做”学习活动，定期和不定期学习，以会代学等机会，组织寺管会成员，干部职工开展对照新《中国共产党章程》建立健全工作制度。进一步完善“三会一课”制度，明确和规范机关党组织的主要任务和职责，从制度上保证从严治党方针的落实。深入开展十八大和十八届三中、四中、五中、六中全会精神学习活动，把深入学习实践科学发展观活动，作为党建工作重中之重的大事来抓，结合统战工作实际，创造性地开展工作，圆满完成各项任务。全年以狠抓思想政治建设为主开展“两学一做”学习教育为契机，认真组织全体干部职工，驻寺干部学习《中国共产党章程》《中国共产党党规》、学习习近平总书记系列讲话精神，学习党的十八届三中、四中、五中全会精神，学习各级统战民族宗教工作会议精神，开展专题讨论，提高干部自身修养，认真手抄党章，撰写学习心得体会。进一步各寺管会（特派员机构）签订了党建工作责任书，进一步完善了党员学习制度，始终把发展党员工作摆在突出位置，截至年底，共有11名中共党员。

【注重教育，提高干部职工廉洁自律意识】 年内，革吉县委统战部利用以会代学等机会，组织寺管会成员，干部职工开展对新《党章》《廉政准则》、十八大、十八届六中全会精神、中央“八项规定”、西藏自治区“约法十章、九项要求”、干部纪律“十严禁”和干部作风“十不准”等有关知识的学习，不断提高驻寺干部的廉洁意识和增强其拒腐防变的能力。《廉政准则》、十八大、十八届六中全会精神、中央“八项规定”、西藏自治区“约法十章、九项要求”、干部纪律“十严禁”和干部作风“十不准”等有关知识的学习，提高了驻寺干部的廉洁意识和增强其拒腐防变的能力，引导干部职工树立正确的世界观、人生观、价值观和政绩观，筑牢干部职工拒腐防变的思想防线，做到一级一级，层层抓落实。

【贯彻落实工作会议精神】 年内，召开革吉县统战民族宗教工作会议，传达学习中央统战工作会议精神和全区统战工作会议精神，阿里地区统战民族宗教工作会议精神。行署副专员、县委书记索朗次仁出席会议，并作重要讲话。就如何贯彻落实各级党委做出的系列决策部署作了全面安排，为革吉县开展统战民族宗教工作指明了方向、明确了目标。县委统战部、民宗局与各乡（镇）党委、各寺庙管理机构分别签订《加强和创新寺庙目标管理责任书》，细化2016年革吉县委统战、民族、宗教工作的任务分解。进一步强化思想认识、明确目标任务、指明了工作方向。2016年，召开5次宗教领域维稳工作领导小组专题会议，召开部办公会议14次，2016年上下半年和谐模范寺庙暨爱国守法先进僧尼以及先进寺庙管理委员会和优秀驻寺干部评选工作会议和宗教领域维稳工作的讨论并安排部署。为推进革吉县经济发展，宗教领域和谐稳定、佛事和顺凝聚人心、汇聚力量做贡献。

【落实长效机制】 维护宗教领域和谐稳定是统战部门的工作重心，也是确保革吉县经济社会持续稳定、长期稳定、全面稳定的重要因素。全县宗教领域为以和谐稳定的状态迎接自治区“两会”、2016年杭州“世博会”、2016年西藏“藏博会”重大庆典如期举行，全年制订下发包括《革吉县2016年“三大节日”和自治区“两会”及“三月”敏感期间宗教领域维护稳定工作方案》《革吉县3月份维稳工作方案》等在内的6个工作方案、1个应急预案，细化每个组织领导责任。全年深入全县5座宗教活动场所，开展全面督导检查工作20场，部（局）抽查10余次，对寺庙僧尼和驻寺干部在寺在岗情况、寺庙维稳措施、寺庙“三不出”“六个一”“九有”等工作落实情况进行重点检查，对发现的问题责令整改，切实维护革吉县宗教领域的和谐稳定。

【开展“一创建”“六建”工作】 年内，根据自治区党委提出的关于寺庙“六建”“六个一”等活动的要求，不断落实寺庙“六建”“九有”“六个一”“一覆盖”等各项利寺惠僧政策，落实县级领导干部联系寺庙制度；各驻寺机构开展与僧人结对子、走访僧人家庭、为僧人办实事等活动，有效拉近了干部僧人之间的关系，畅通了沟通渠道，基本形成了一套寺管会、寺庙、僧尼家庭协调联动的管理机制。截至年底，驻寺干部共开展家访18次，慰问37人次，办实事9件，投入资金14210元，帮助僧尼及其家庭解决一大批实际困难。寺庙“九有工程”的实施，极大改善了基础设施和公共服务条件。还根据寺庙实际，在“九+1”的基础上，寺庙“五小”工程（温室、澡堂、垃圾池、食堂、医务室）的前期调研工作。

【寺庙僧尼社会保障体系全面落实】 年内，在编僧人中，参加医疗保险、养老保险、人生意外保险率达到98%，基本实现全覆盖；对近两年新吸收僧尼参保工作已安排驻寺机构，并正在落实当中。在编僧人中除享受党外人士生活补助的僧尼以外，其他僧尼都纳入低保，全面做到应保尽保，2名60岁以上在编僧尼享受基本养老保险；

开展“一创建”评选工作，创新评选方案，增加考评内容，做到创建评选活动的公平、公正、公开。2016年，评选表彰县级和谐模范寺庙2座，爱国守法先进僧尼18名，2个优秀驻寺机构和5名优秀驻寺干部，下半年对2座和谐模范寺庙和2个优秀驻寺机构，15名爱国守法先进僧尼和2个优秀驻寺机构5名优秀驻寺干部进行表彰，并向受表彰的僧人和驻寺干部发放荣誉证书、每人奖金1000元，优秀驻寺机构发放2000元，地区级上下半年和谐模范寺庙2座，爱国守法先进僧尼20名，2个优秀驻寺机构2名优秀驻寺干部进行表彰，1名自治区和谐模范寺庙、1个优秀驻寺机构，2名优秀驻寺干部、1名自治区优秀涉宗干部，使广大驻寺干部及僧尼政治上有荣誉、经济上有实惠、社会上有地位，树立鲜明政治导向，弘扬良好的社会风尚。

【开展寺庙法制宣传活动】 年内，革吉县委统战部按照上级党委、政府统一部署，组织开展“爱国爱教、遵规守法、弃恶杨善、崇尚和谐、祈求和平”主题教育活动和“爱国主义、时势政策”法制宣传教育活动，同时加强建章立制工作，不断规范寺庙僧人的行为，从源头上防止寺庙不稳定现象的发生。县委统战部制订下发《革吉县委统战部开展以爱国主义、时势政策、法制宣传教育为主题活动实施方案》，深入开展寺庙法宣工作。截至年底，寺庙法制宣传主题教育活动中，宣传各类政策法规20场次，发放宣传册子500余份；帮助广大僧尼掌握藏汉基础知识，提高广大僧尼藏汉双语日常用语口语表达能力，在全县驻寺干部和寺庙僧尼中开展藏汉“双语”学习教育活动，并制订下发实施方案，做到相互学习、相互提升，并把“双语”活动纳入僧尼日常学习内容。

【办实事、解难事】 年内，解决寺庙维修和资金短缺问题协调地委统战部给扎西曲林寺和扎加寺分别争取4万元，共8万元；藏历新年阿里地区行署副专员、县委书记索南次仁亲自去探望在拉萨治病的扎西曲林寺主持喇嘛嘎玛曲珠等僧人并送去了慰问物品和慰问金；县部（局）按照县委、县政府指示要求，安排统战部副部长和民宗局副局长到地区人民医院探望和了解扎加寺主持喇嘛的病情，并办理转院相关手续，送往机场，同时协调县后勤部安排从拉萨到贡嘎机场的接送工作，并给主持喇嘛慰问1000元，送去县委、县政府的温暖和心意。5月，统战部副部长看望在拉萨治病的僧人，了解他们的病情和生活情况，并送去了水果、牛奶、藏鸡蛋等慰问品。

【党外人士队伍建设】 年内，县委统战部加强与相关部门的沟通、协调和配合，做好发现、推荐、培养、考察工作，选拔使用优秀党外干部担任领导职务，切实保障党外代表人士有职、有权、有责，为他们提供良好的参政议政平台，建立党外人士基本信息库。截至年底，革吉县地区级佛协理事有6名，县级政协委员6名，地区级政协委员3名，自治区级政协委员1名（已故），按照相关文件要求党外人士生活补助等各项待遇落到实处。

【境外藏胞工作】 年内，认真落实全区境外藏胞工作会议精神，坚持爱国一家、爱国不分先后的方针和区别对待原则，深入落实境外藏胞工作的政策措施，实地调研藏胞政策落实情况，切实推进境外藏胞工作，最大限度地打击极少数分裂主义分子。加大“走出去、请进来”工作力度，为做好重点人物联络工作，宣传教育和引导工作。县委统战部在各乡镇的协调下开展定居藏胞调研工作，做好重点人物的管理和服务工作，增强他们的祖国观、民族观，革吉县有境外藏胞8名。

【非公有制经济发展】 年内，革吉县非公有制经济代表人士共参加培训5次、参与人数8人次。分别为自治区工商联组织在拉萨举办的工商联系统培训、自治区工商联组织在成都举办的全区非公有制经济人士培训班、自治区在日喀则举办的“五好”县级工商联观摩交流会、阿里地区工商联组织在成都举办的阿里地区非公经济人士培训班、阿里地区工商联组织的非公企业网上注册登记系统培训。以授课、交流、等形式大大提高了革吉县广大非公经济的经营水平、积累经验、增强创业能力；2016年10月30日，按照阿里地区“十企帮十村”精准扶贫行动活动实施方案要求，在地区工商联的带领下，革吉县主管扶贫副县长和工商联工作人员与非公经济人士协商，分别与革吉县文布当桑乡夏玛村农牧民施工队企业经理白桑和阿里地区恒远商贸有限公司签订了帮扶协议书。并达成协议：革吉县文布当桑乡夏玛村农牧民施工队企业经理白桑同意将在2017年争取到项目的情况下，组织革吉县文布当桑乡夏玛村剩余131人进行劳务创收，最低创收资金40万元。同时借给革吉县文布当桑乡夏玛村扶贫经济合作社5万元，还款期根据经营状况制订，另外无偿出资5万元作为革吉县文布当桑乡夏玛村建档立卡扶贫户修股资本；阿里地区恒远商贸公司同意在革吉县革吉镇芒拉村重病人员且具有劳动力的人员提供就业岗位，每月工资为3000元，工作期间安排食宿。同时，阿里地区恒远商贸公司同意收购革吉县革吉镇芒拉村群众每年自制的风干牛肉。建立非公企业工作制度，为扩大非公经济工作方面做出不懈努力。

【信息报送】 县委统战部围绕全县的中心工作，精心选题，深入寺庙僧尼，了解掌握僧尼的思想动态。以研究问题，完善政策的新成果，来推动工作新水平。2016年，完成《革吉县统战部民族宗教史料》按照地委统战部关于2016年度统战理论调研安排要求，县委统战部共写12篇调研报告，全年共报送统战民族宗教工作信息81期。

（琼 吉）

【领导名录】

部　　长 多吉欧珠（藏族）

副 部 长 仁增多杰（藏族，10月免）

卓玛拥宗（女，藏族，10月任）

次仁琼吉（女，藏族，10月免）

副部长、民宗局副局长

普　琼（藏族，10月任）

宗教办主任 格　曲（藏族）

中共革吉县委政法委员会

【概况】 2016年，革吉县政法委紧紧围绕县委总体工作思路，按照“规定动作不走样，自选动作有特色”的标准，进一步加大社会治理创新和平安创建力度，不断深化“双联户”服务管理工作，进一步深化基层综治规范化建设经验，不断夯实“平安革吉”根基，做精政法、做大综治、做强维稳、做深双联、做实护路，扎实有效完成了全年政法综治双联维稳任务。政法委编制7人，实有10人，人员结构为男性10人，藏族6人，汉族4人；党员10人，平均年龄30岁，其中大学本科学历4人，大专学历5人、中专1人。内设政法委办公室（含610办、维稳办、法学会）、综治办（含先进“双联户”创评办、平安创建办）。

【维稳工作】 2016年，革吉县维稳工作本着“围绕中心 服务大局”的原则，制订工作机制及预案。抓好重要时期维稳工作。严格落实政法部门分片包干维稳防控责任机制，加强维稳指挥部办公室工作，制订落实周五例会制度，形成维稳简报55期，上报专题报告10期，开展暗访督导25次；抓好应急处突工作。根据维稳工作需要，制订完善维稳风险评估和应急处突预案20篇，组织公安、武警等力量开展应急处突演练15次，其中春节、藏历新年期间，县公安局全体民警在岗在位，开展每日清查和机动处突演练，其他政法部门2/3以上人员坚守岗位，确保随时拉得出、冲得上、打得赢；抓好重要安保任务。圆满完成中央、全国、市“两会”特别是境外“法会”期间全县社会的持续稳定，春节期间各类佛事活动和其他各项安保执勤任务，确保安全、稳定、可控。

【提升社会治安综合治理水平】 建立健全立体治安防控体系建设中，革吉县充分发挥政法部门职能，特别是公安机关在社会治安综合治理工作中的主力军作用，合理调配和使用各乡（镇）派出所（便民警务站）民警等力量，在明确各警种职责的基础上，实行治安管案、巡警管面、交警管段、派出所（便民警务站）管片的四警联动机制，把刑侦打击防范、派出所管理防范、巡警控制防范、交警车辆管制（含无牌照摩托车）防范结合起来，形成一种“打、防、控”一体化网络。开展各类治安整治检查59次，排查整治各类安全隐患113起，排查整治社会治安重点区域28处，开展治爆缉枪专项整治行动，收缴管制刀具56把。开展防恐处突演练5次，全年共受理治安案件13起，查处13起，查处率100%，刑事案件6起，破案6起，破案率100%。县检察院依法审查起诉案件10件，县人民法院依法审理刑事案件8件。

【开展专项整治】 年内，政法委牵头组织政法各部门及交通局深入四乡一镇开展地毯式、无缝隙整治工作，共清理查处违法违规车辆640辆，其中无证驾驶车辆312辆，无行驶证车辆192辆，无手续车辆60辆，强制报废超年检车辆8辆，教育无证和无手续的违法违规人员500余人次。同时在四乡一镇及各村组开展排查民间借贷纠纷高利贷现象整治工作，重点教育整治了部分农牧民群众好逸恶劳依靠借贷过日子的不良生活风气和个别放贷成性、肆意搜刮民脂民膏，不诚实守信经营，骗取群众财产的一些外来藏族商户损害群众利益的不良现象。此次教育整治行动共发放宣传材料1800余份，受教育群众2400余人，调解民间借贷纠纷15件，金额48万元。通过教育整治行动，革吉县农牧区民间借贷关系逐步趋于法治化和规范化，群众自食其力、勤劳致富的生产与生活意识逐步提高，为革吉县实现小康社会奠定了坚实的基础。

【预防和化解各类社会矛盾】 年内，依托人民调解、行政调解、司法调解联动的大调解工作体系，全县共排查化解各类矛盾纠纷52起。

【公共安全管理】 年内，开展排查整治社会治安重点区域28处，开展治爆缉枪专项整治行动，收缴管制刀具56把。开展防恐处突演练5次。

【综治宣传】 年内，在3月综治宣传月、6月综治宣传周、“9·16”平安西藏宣传日活动中，采取多种形式开展综治宣传，受教育群众达1247人。

【建立完善社会治安立体化防控体系】 年内，全面完善反恐、维稳、严打整治、矛盾纠纷排查调处工作机制，进一步提升流动人口、服务管理水平，使基层综治服务管理平台、网格化管理、社区警务等基层基础更加牢固，人民群众安全感和满意度实现新提升。

【“两新组织”成效显著】 革吉县有登记注册个体工商户457户，从业人员699人，注册资金1674.90元整；内资企业24家、从业人员239人，注册资金5849.55万元；有限公司1家，从业人员60人，注册资金60万元；私营企业7家，从业人员82人，注册资金422万元，农牧民合作社13家，成员人数3479人，出资总额447.08万元。截至年底，革吉县市场各类主体户数增加25户、注册资金540.10万元（其中个体工商户24户、集体企业1户）。为切实做好全县非公有制经济组织和社会组织党建工作，革吉县工商局成立了个体、私营、非公有制经济联合党支部，实有党员7名。

【“双联户”工作】 加强组织领导。成立县委书记亲自挂帅的领导小组，在县综治办设办公室，层层建立“一把手”负责的专班，签订县与乡、乡与村、村与户长、户长与联户家庭的四级责任书；制订实施方案。根据革吉县实际情况，围绕“联户平安、联户增收、联户树新风”的“七项惠民政策”召开专题会议，研究制订下发了详实可行的工作方案；合理调整单位划分。牢牢把握10~15户左右为宜、特殊情况特殊处理、就近毗邻和便于联络的划分原则，全县共划分704个联户单元，其中农牧民户长507个，干部职工联户长141个，寺管会联户长16个，个体工商户40户；参联群众18208人，其中农牧民16842人，城镇人口1366人。双联成效惠及至民。以“10+1”工作台账为依托，为革吉县社会局势长期稳定、持续稳定、全面稳定作出积极的贡献。2016年，全县先进“双联户”共帮扶困难家庭99次，开展环境卫生联管联治264次，排查安全隐患联防联控118次，精准扶贫联户联扶25次、致富项目39个，宣传及学习科技知识72次，精神文化联娱联扬91次，发展成果联创联营42次，联管联教5次，办理小额信贷21笔（23.58万元），组织开展综治干事、农牧民户长培训7次，培训人员350人，创评先进稳步实施。全县获得自治区级先进“双联户”集体1个，先进联户单位2个、18户；地区级“先进双联户”集体2个，先进联户单位2个、19户，同时荣获“2016年度阿里地区社会治安综合治理工作先进县”称号。

【政法工作】 革吉县全面贯彻落实中央、区党委政法工作精神，筑牢工作根基。严格落实各项从严治党、从严治警的纪律条令，进一步严明和规范了政法队伍执法司法行为，大力提升公安队伍岗位技能培训，进一步延伸司法行政工作触角，锻造了忠于党、忠于国家、忠于人民、忠于宪法法律的政法队伍。公安机关刑事案件2起（故意伤害1起、盗窃1起），破案1起，抓获犯罪嫌疑人1名，逮捕1名，正在侦办1起；受理治安案件20起，查处20起，查处率100%；其中行政拘留21人，调解处理4起6人；交通事故9起，其中一般交通事故1起，轻微交通事故8起，直接造成经济损失1.8万元，未发生重特大交通事故及其他安全事故；政法委建立政法书记、公安局长、两院两长、司法局长“周五接待日”制度，防止冤、假、错案的发生；同时按照区、地两级统一规定，严格政法领导干部请销假制度。

【党建工作】 政法委党建工作本着认真履行职责，强化支部组织原则。严格按照党章规定，认真履行职责，结合单位人事变动调动情况，认真开展支部成员改选工作，明确书记抓、抓书记的工作要求，制订《革吉县委政法委2016年党建工作方案》，对本单位党建工作作了明确分工和细致安排。进一步严格制订干警签到、外出报批和请销假制度，建立党员学习、卫生、考勤等各项制度，加强支部民主议事规则，干部财产公示制度。认真学习教育，强化党员素质。严格按照活动办的要求，结合全县实际，制订本单位实施方案计划并成立领导机构，制订学习计划，深入开展“两学一做”学习教育，扎实开展专题学习交流会，要求全体干警党员做好学习笔记、撰写心得体会，实施“手抄党章100天”活动，认真做好每个党员的学习笔记。结合“讲学习、讲忠诚、正风气、转作风、提效能”活动，深入查找存在问题，形成问题台账和个人整改清单并进行公示。2016年，共主持召开专题学习会24次，专题研讨会6次，认真落实支部“三会一课”和每周五下午集中学习制度，通过正反两个角度，组织干警深入学习张飚等全国优秀政法干警先进事迹、观看周永康等政法干警违法违纪典型案例教育警示片，规范建立学习笔记和心得体会，确保党员干警时时充电，随时补脑，以确保党员干警真正达到“内强素质、外树形象”的目标。认真走访慰问，强化扶贫帮困。按照县委统一部署，领导班子在2016年分别在“三大”节日、“七一”“开耕仪式”等节点，深入群众中，为群众宣传教育发放书籍；开展“精准扶贫”活动，与亚热乡的结对共建和走访慰问、扶贫济困、奉献爱心等活动，2016年，结对认亲扶持一批为14个贫困户已完成两次帮扶慰问。真正与群众同在、同吃、同过节，切实让基层党支部感受到党的关怀、让困难党员和贫困户感受到组织的关怀。

【党风廉政建设】 政法委党风廉政建设工作严格落实上级党风廉政建设责任制，强化责任意识。将党风廉政建设工作列入党支部重要议事日程，实行“党支部统一领导、党政齐抓共管、依靠干部职工支持和参与，一把手负总责，各科室负其责”的反腐倡廉工作体制，认真落实“一岗双责”，政法委党支部成员在抓好本职所分管业务工作的同时抓好自己职责范围内的反腐倡廉建设，加强对分管工作范围内的党员干部廉政教育、管理和监督。按照县纪委2016年党风廉政建设反腐败工作会议精神，结合政法委实际，制订《革吉县委政法委党风廉政建设工作实施方案》，进一步落实政法委领导在党风廉政建设中的责任，明确凡涉及本系统内党风廉政建设和反腐败工作，由主要领导亲自部署、亲自过问、亲自协调、亲自督办，形成了主要领导负总责，分管领导具体抓，一级抓一级，一级对一级负责的工作格委。通过采取有力措施，全委人员遵守纪律、行为规范，未发生一起违法乱纪事件和不廉政现象。不断加强党风党纪和廉洁自律教育，强化纪律观念。认真组织党风党纪和廉洁自律学习教育，把反腐倡廉教育融入党的生活和各项业务工作中，深入学习《中国共产党党内监督条例》《中国共产党纪律处分条例》，党的十八大、十八届三中、四中、五中全会和习近平总书记一系列重要讲话精神，以及中央改进工作作风、密切联系群众的八项规定，认真做好警示教育走廊工作，进一步加大预防职务犯罪工作力度，提高广大职工预防职务犯罪的“免疫力”。通过各方面的学习，增强了全委干部职工纪律意识和法制观念，自觉做到依法行政和廉洁从政，通过警示教育，以案明纪，引以为戒，增强拒腐防变的防疫力，牢固树立正确的权力观、地位观和利益观，进一步密切党同人民群众的联系。

【新建检查站】 革吉县盐湖乡公安检查站，位于盐湖乡东侧1公里处，2016年6月，县人民政府投资91.5万元对其全面新建，并于2017年3月投入使用；盐湖乡差比吾检查站，位于盐湖乡往日土县多玛乡公安检查站方向，距盐湖乡大约11公里，2016年6月，县政府投资91.5万元对其进行全面新建，于10月正式投入使用。

（张 耀）

【领导名录】

县委副书记、政法委书记、公安局局长

旺 庆（藏族，9月免）

阿旺朗杰（藏族，9月任）

副书记、综治办主任

洪 峰

副书记、维稳办主任

罗追旦增（藏族，10月任）

综治办副主任

久米次白（藏族，10月任）

革吉县党的建设领导小组办公室

【概况】 2016年，革吉县共有62个党组织，5个乡（镇）党委、1个基层党委（县公安局基层党委），5个党组，2个党工委，1个党总支，20个机关党支部，5个学校党支部，19个村（居）党支部，4个寺管会党支部。有党员1690名，其中农牧民党员1033名、在岗职工党员613名，离退休党员35名，其他9名，少数民族党员1577名。

【“两学一做”学习教育】 “两学一做”学习教育是教育管理党员的重要举措，是加强党的思想政治建设的重大部署，是推动全面从严治党向基层延伸的有力抓手。革吉县认真落实中央、区党委和地委关于开展“两学一做”学习教育的部署要求及何兴茂部长在地区“两学一做”学习教育和强基惠民活动推进会上的讲话精神，及时制定《关于在全县党员中开展“学党章党规、学系列讲话、做合格党员”学习教育实施方案》《革吉县“两学一做”学习教育宣传工作方案》和《革吉县“两学一做”学习教育督导方案》，成立领导小组、协调小组。4月8日，革吉县召开“两学一做”学习教育动员会议。4月22日，县委主要领导围绕“加强党性修养，坚定理想信念，争做‘四讲四有’合格党员”以及争做“忠诚老实、务实创新、实干担当、勤勉奉献的革吉人”这个主题，带头为党员干部上了一堂生动的党课。全县各级党组织把“两学一做”学习教育摆在突出位置，以“三会一课”等党的组织生活会为基本方式，以落实党员教育管理制度为基本依托，在全县党员中深入开展。截至年底，县委理论中心组召开4次专题学习，召开2个专题研讨会，各级党组织组织党员集中学习122场，乡（镇）党委讲专题党课5次，县委党校举办1次村（居）党务骨干队伍培训，撰写心得体会800余篇。通过学习教育，广大党员进一步认清了自己在思想、组织、作风、纪律等方面存在的问题，进一步增强了政治意识、大局意识、核心意识、看齐意识。

【强化思想建设，抓好理论武装】 深入学习贯彻十八届六中全会、自治区第九次党代会精神。把学习贯彻十八届六中全会精神特别是习近平总书记的重要讲话精神作为当前和今后一个时期的重大政治任务。年内，邀请党校教师为全县党员干部开展宣讲1场次，县委宣传部为各乡（镇）党员干部开展宣讲5场次，各乡（镇）党委为各村（居）开展宣讲54场次，宣讲覆盖到了全县各族干部群众。通过深入学习、深刻领会、广泛宣传，广大干部群众进一步统一了思想认识，切实增强了推进全县经济社会长足发展和长治久安的责任感、使命感和紧迫感。

【县乡党委换届】 县委把县乡党委换届作为2016年基层党建工作的核心任务，专题调研，深入研究，结合实际制订《革吉县县乡党委换届工作实施方案》《中共革吉县委员会关于严肃换届纪律保证换届风清气正工作实施方案》。在换届工作中，着重加强学习教育，以“一片一书”为主要学习内容，严格遵守“九个严禁、九个一律”“十不准”要求，组织干部职工集中学习，提高廉政风险意识，筑牢换届纪律思想防线，确保换届工作在风清气正的氛围内有序、有效、扎实推进，并于8月底顺利圆满完成换届所有工作。

【构建党建工作责任制体系】 为进一步强化各级党组织管党治党意识，认真落实主体责任，将党建工作和中心工作一起谋划、一起部署、一起考核。巩固完善好“县委书记+乡镇党委书记+村党支部书记”三级书记责任机制，层层签订《党建工作目标管理责任书》，切实增强了各级党组织书记抓党建主业意识；认真落实党组织书记抓基层党建工作述职评议制度。进一步完善党建工作汇报机制，定期开展好书记评议活动，由县委委员、乡镇党委委员逐级评议书记党建工作履职情况，不断强化督促考核工作力度，形成一级抓一级，层层抓落实的责任体系。坚持县委专题研究党建工作制度，每年至少召开4次党建工作专题会议，县直机关和各乡（镇）、村（居）党组织也经常研究部署党建工作，坚持每季度至少召开1次党建专题会议，研究部署党的基层组织建设工作，听取基层党建工作情况汇报，研究解决重要问题，明确工作重点，落实工作部署。

【从严规范基层组织运行】 年内，在全县“双联户”单元新建立党小组，各乡（镇）已建立党小组130个，党的工作在村组、便民警务站、“双联户”单元、乡小学（幼儿园）、文化站、卫生院等领域实现全覆盖。在基础条件较好且党员人数达到50人以上的盐湖乡羌麦村，试点成立党总支。依托县乡村三级建立便民服务中心，开展星级服务创建活动，完善服务平台“窗口化”运行和管理机制，实现群众小事不出村、大事不出乡、难事不出县。齐抓共管党建、团建、妇建、工建工作。全县机关、企事业单位全部建立了共青团、妇联组织机构，各乡（镇）全部建立了共青团、工会、妇联组织，各村（居）也全部健全了共青团、妇联组织，部分村（居）成立工会委员会。深入推进服务型党组织建设。开展党员干部到社区报到服务群众、干部驻村驻寺、城镇网格化管理、先进“双联户”创建评选、“党员干部进村入户、结对认亲交朋友”“戴党徽、亮身份、作表率、争先进”“10+1”“五个一”“三个带”、公开承诺践诺等活动，构建了覆盖全域的服务体系。

【干部队伍建设】 年内，调整充实乡长2名、党建专职副书记5名，以“认真履职，当好农牧区科学发展和谐稳定带头人”为主题，组织开展新任乡（镇）党委书记、乡（镇）长培训班，增强了新任乡长、乡镇党委副书记、组织委员的责任感、使命感，提升了他们崇尚实干、狠抓落实的能力和水平；各乡（镇）进一步完善了乡镇干部设岗定责工作。举办3期各类培训，累计培训干部近120人次，主要包括：公务员初任培训、公务员礼仪培训、基层党建业务知识培训、乡村党组织书记和大学生“村官”培训等。同时选派20余名干部参加上级调训，到区内外参加各类培训和业务知识的学习。加强乡镇经费保障力度，加大乡镇周转房、食堂、浴室、活动室、生态园、蔬菜大棚建设力度，改善乡镇干部基本的工作和生活条件。关心乡镇干部健康，科学调整工作时间，确保乡镇干部正常休假或轮休，定期组织乡镇干部体检，对生活困难的家庭给予帮助。

【村（居）干部文化素质提升工程】 年内，结合实际制订《革吉县“百名村（居）干部文化素质提升工程”实施方案》，已选派1名村党支部书记兼村委会主任到河北、陕西两省参观学习，参加区党委党校、拉萨市委党校、日喀则市委党校培训村（居）“两委”班子成员53人次，参加地委党校培训村（居）“两委”班子成员39人次，参加县委党校组织的“百名村（居）干部文化素质提升工程”示范班培训30余人次。

【集中整顿软弱涣散基层党组织】 按照“一村一策”“一个支部一个方案”的办法制订整顿方案。并将整改措施在活动阵地进行公示，接受党员群众监督。落实了县级党员领导分别指导，机关事业单位党组织与后进基层党组织结成对子；各乡镇党委结合驻村工作组成“整顿工作组”，选派干部蹲点，每周至少深入后进村一次开展帮扶整顿，定期开展调研，帮助解决党建工作、基础设施、产业发展中的实际困难，增强工作合力；分级开展培训。全县集中举办村党组织书记培训班和后进党组织书记培训班各1期；乡镇举办2期，培训8人次。

【选派优秀机关干部任职大学生“村官”】 为深入贯彻中央、区党委关于加强农村基层党组织建设的一系列重大决策部署和西藏自治区党委书记陈全国关于加强基层党建工作的指示精神，全面落实选派优秀机关干部到村任职工作精神，深入推进基层组织建设，进一步夯实基层基础，巩固党在农牧区的执政地位，革吉县有计划地选派一批优秀机关干部、大学生“村官”到村（居）党组织任职。将大学生“村官”纳入干部教育培训规划，全县每年至少举办1期培训班，定期召开座谈会，重点进行岗前培训和日常培训，并帮助解决工作、生活、学习等方面的问题。积极选派大学生“村官”参加内地、自治区及地区各种培训。全县共有大学生“村官”30名，其中因工作需要继续留任的有13名。为各村（居）平均每年发展1~2名农牧民党员，每年培养入党积极分子2名以上。

【党代会年会制试点工作】 为深入贯彻落实党的十八大提出的“落实和完善党的代表大会代表任期制，试行乡镇党代会年会制”要求，进一步坚持和完善乡镇党代表大会制度，加强基层党内民主建设，根据中共中央组织部《关于试行乡镇党代会年会制的意见》和党章有关规定，以及区党委、地委有关要求，革吉县选择条件较成熟、党建基础较好、党代表整体素质较高、履职能力较强且比较容易集中的盐湖乡、革吉镇作为2015年乡镇党代会年会制试点乡镇。通过每年召开1次党代会年会，引导党员和党代表倾听基层心声、了解群众诉求，更好地提升党代表参政议政、跟踪督查的能力，进一步促进乡镇党委领导班子及成员履职尽责、干事创业，提升乡镇党委决策科学化、民主化水平。通过试点推行探索方法、总结经验、形成制度，为全面推行党代会年会制奠定良好的基础。

【开展实践活动】 年内，开展“强管理、提素质、转作风”主题活动，切实加强作风建设，解决当前党员干部队伍建设方面存在的“不够严、不够实、不够细”等问题，进一步转变作风，牢固树立核心意、看齐意识、服务意识、奉献意识、务实意识和担当意识，结合全面建成小康社会和精准扶贫任务要求，让在经济社会发展中遇到的新情况新问题“浮”出来，让群众把服务的要求“说”出来，把工作中的偏差、盲点“找”出来，帮群众致富的“路”子指出来，将创新工作的点子“想”出来。通过主题教育活动，广大党员增强了党性观念，改进了工作作风，密切了党群干群关系，促进了革吉和谐稳定，为全县经济社会长足发展和长治久安提供组织保证和人才支撑。

【打造乡镇村（居）特色党建品牌】 革吉县各乡镇根据自身特色，提出切合实际的党建品牌项目，着力打造“一乡一品”亮点工程。年内，革吉镇所提出的“抓党建促发展、促脱贫、促稳定”工作法和文布当桑乡所提出的“无职党员带领贫困户劳务创收”活动等党建品牌正在大力推进中。

【打造党建示范点建设】 年内，为在全县范围内形成学先进、比先进、赶超先进的良好氛围，县委在党建工作专题会上明确了基层党建示范点创建任务，要求农牧、扶贫、水利、交通等部门和驻村单位，积极为示范点创建工作提供资金、项目、物力、人才、技术、信息等方面的支持和帮助。截至年底，全县硬件建设有序推进，整合资金35万元，全力打造革吉镇、那普居委会、夏玛村、羌麦村等党建示范镇村，废、改、立各项制度20余个，建立党员干部一对一帮扶对子85个，制订村级集体经济发展思路6条，实施集体经济项目2个，实施了那普居委会牦牛养殖基地，组建羌麦村益民合作社等示范点工作，通过示范点的创建，全县整体经济稳步提升。

【发展壮大党建产业】 年内，县委组织部与人社、扶贫等部门一起，开展“送思路、送信息、送技术、送服务、送温暖”活动，全方位助推村居经济发展，对致富无门的困难群众和党员，重点开展技能培训，提供就业指导、就业信息。2016年，先后组织召开1次专题会议，2次协调会议，共同研究确立村居经济社会发展规划6条，提供致富信息5条，组织党员群众实用技能培训350人次。

（邓奠佳）

【领导名录】

阿里地区行署副专员、革吉县委书记

索朗次仁（藏族）

县委常委、组织部部长

庞 兴 圃（2月免）

束 志 勇（2月任）

党的建设领导小组办公室主任

邓 奠 佳

革吉县总工会

【概况】 2016年，革吉县共有基层工会数25家。工会会员数1675人，全县5个乡（镇）全部建立工会组织，19个行政村，建立工会组织7家，全县共有寺庙5座，建立工会组织4座，革狮一级检查站已成立工会组织。其中2016年新建工会组织6家，发展会员89名（其中包括农民工61人）。革吉县总工会主动适应职工队伍结构和劳动关系的变化，始终把抓基层、打基础、增活力作为重点工作，在维护职工合法权益、构建和谐劳动关系、推动经济社会发展中发挥了应有作用。坚持走中国特色社会主义工会发展道路，努力把科学发展观全面贯彻落实到工会的各项工作中去，更好服从服务于全县工作大局，促进经济又好又快发展。广泛深入开展学习各种法律、法规活动，重点学习宣传《中华人民共和国工会法》《中华人民共和国劳动合同法》，通过各种学习提高革吉县工会干部及广大职工的综合素质。

【维权工作】 维权既是构建和谐社会的重要内容，又是工会的重要职能。要对中国特色社会主义维权观，把维权贯彻于推进发展、促进和谐的全过程，切实维护好职工劳动就业、劳动报酬、社会保障和劳动安全卫生等方面的权益。认真研究维权工作面临的新情况、新问题。要深入实施送温暖工程，切实解决困难职工、农民工等弱势群体的特殊困难。发挥工会在《中华人民共和国劳动合同法》中的作用。在《中华人民共和国劳动合同法》中指出工会应当帮助、指导劳动者与用人单位依法签订和履行劳动合同，并与用人单位建立集体协商机制。维护劳动者的合法权益，一方面帮助、指导劳动者与用人单位签订和履行劳动合同。另一方面，与用人单位建立集体协商机制。帮扶工作是帮助解决弱势群体的一项民生工程也是实施农民工及困难职工子女劳动技能培训的重要平台，根据自治区总工会、阿里地区工会办事处，关于做好当前困难农民工工作的部署，同时充分认识当前革吉县脱贫攻坚战的重要性和艰巨性。2016年，投入本级工会经费13.5万元，安排困难农民工34人分别到阿里地区高原驾校及神山驾校学习驾驶技能培训，同时，县总工会严格按照上级工会有关文件及县委、县政府的慰问方案，严格按照基层工会经费开支的相关要求，在“三大节日”期间慰问了全县范围内的困难职工，困难农民工、困难母亲、职工遗属、退休老干部等共184人、发放慰问资金共计121800元。

【**党建工作**】 年内，革吉县总工会实行全体党员公开承诺制，按照“设岗定责，依岗承诺”的要求，紧紧围绕做好自己的本职工作，发挥共产党员先锋模范作用，做出公开承诺并进行公示。公示内容为：公示党员的名单和具体岗位、公示党员公开承诺、全体党员挂牌上岗。以“两学一做”专题教育活动为契机，切实加强工会干部思想政治教育，着力提高不断推动新形势下工会工作创新发展的能力。

【**党风廉政建设**】 年内，根据工会工作实际，坚持认真抓好党风廉政建设和反腐败工作的学习。特别是党员领导干部进一步认真学习区党委的十八届三中、四中、五中、六中全会精神，学习《中国共产党党内监督条例》《公务员纪律处分条例》，学习传达中纪委、自治区纪委、地、县纪委关于抓好党风廉政建设和反腐败工作的相关文件精神，学习《党风廉政建和反腐败实施办法》，让干部职工及时了解党的路线、方针、政策，引导干部职工树立正确的世界观、人生观、价值观、权力观、荣辱观和地位观，使其自觉反对享乐主义、拜金主义、抵制金钱、美色等各种诱惑，始终保持清醒的头脑，严于律己，清正廉洁，奉公守法。

【**职工活动**】 年内，革吉县总工会充分利用职工之家，开放职工书屋，组织开展“安康杯”职工集体性文体活动，同时，为更好地推动全民健身活动及丰富广大干部职工的业余文化生活，经上级工会组织及县委、县政府研究同意，革吉县工会安排本级工会经费20万元，购置40台自行车用于开展职工活动及经常性租借，同时组织全县职工，开展了革吉县首届职工户外自行车骑行比赛，通过此次活动不仅让青年干部激发锻炼激情，增强职工身体素质，倡导低碳环保的生活方式，鼓励大家参与环境保护，引导广大职工积极参加体育锻炼，不断提高科学健身意识养成良好的体育锻炼习惯，形成崇尚健身、参与健身追求健康文明生活方式的良好氛围。

【**劳模创新**】 年内，为弘扬新时代劳模精神、发挥劳模作用、加强劳模工作创新管理的目标要求，革吉县根据上级部署，2016年7月，率先在教育系统内成立劳模创新工作室，并按期在学校里开展先进模范教育讲座，在教职工中产生了积极的示范和引导作用，有效激发了广大教职工及学生的创新热情和创造活力，积极组织做好先进生产（工作）者和劳动模范的评选、培养和管理服务工作。

【**职工档案建立及管理**】 年内，革吉县总工会根据《阿里地区地、县两级工会开展在档困难职工帮扶工作的实施方案》阿工发〔2016〕122号通知精神，革吉县总工会积极组织人员认真入户调查并完善充实档案内容。为确保上报信息和数据真实、准确，及解困脱困人员分类明确、计划周全、措施具体有效，革吉县总工会以开展在档困难职工全覆盖帮扶救助活动为契机，利用为期一周的时间，入户调查在档困难职工37家，电话了解情况9家，入户走访调查率达到80%以上。在走访调查过程中，以聊家常的形式认真摸底了解家庭情况，包括家庭人数，致困原因，按照就业创业解困脱困一批、社会保险制度覆盖一批、社会救助兜底一批、大病保险和医疗互助保险保障一批、助学帮扶救助一批、整合资源帮助一批、开展送温暖解困一批的解困脱困措施。以各自家庭的意愿，拟定解困脱困清单，做到一户一档案、一户一计划、一户一措施，因困施策、以因定策、分类帮扶。

（达瓦仓巴）

【领导名录】

主　席　才　　旦（藏族，3月免）
　　　　达瓦仓巴（藏族，12月任）
副主席　久米次白（藏族，12月免）
　　　　索朗德吉（女，藏族，12月任）

共青团革吉县委员会

【概况】 2016年，革吉县28岁以下青年2210人，团员人数684名，团青比例14%，设有50个团组织（1个机关团委、13个机关团支部；5个乡镇团委、19个村团支部；1个学校团委、8个乡镇直属团支部、4个农村专业合作社组织团支部），5家青年文明号单位，法制副校长6名，少先队辅导员9人。

【基层组织建设】 2016年，全县5个乡镇和各支部共吸收125名团员，进一步发展和壮大了基层团组织力量；推优入党17名，进一步壮大党员队伍，为党组织输送新鲜血液。团县委以“两学一做”学习教育为契机，为庆祝建党95周年，重温中国共产党光辉历程，更好的继承和发扬党的优良传统和优良作风，推进“两学一做”学习教育工作的深入开展，同时为增强革吉县干部职工工作业务水平，推进全县扶贫攻坚行动计划，提升精准扶贫工作意识和能力。6月30日，团委与县委宣传部、县委组织部联合开展精准扶贫知识暨“两学一做”学习知识竞赛。

【党建带团工作】 团建工作是党建工作中缺一不可、紧密相连的一项重要工作。团员队伍是巩固基层党组织、维护社会稳定、促进产业结构调整。促进经济发展的重要队伍。为使团委充分发挥共青团主要作用。不断加强基层团的工作改善基层团组织中所存在的不足，并定期为团干部进行培训提升团干部的意识，为党建工作奠定基础。2016年，团县委按照党建带团建工作的原则，建立健全了全县的团支部，截至年底，全县共有5个乡镇团委及基层团支部19个，其中团总支1个、机关团支部13个，18~28岁青年共2210名，团员664人，以及5个青年文明号单位。

【团干部选拔配备】 坚持党管干部原则，坚持德才兼备、以德为先的标准和“专兼职相结合”的方式，各乡（镇）党委召开党委会议选好配强乡镇团干部，团委书记由乡镇党委副书记或乡镇党政班子成员兼任，团委副书记由相对固定人员担任，具体负责团的工作；村团支部书记由村“两委”班子成员兼任，配强了村团支部负责人和支部委员会。着眼于扩大团的基层组织覆盖、强化团的工作活力，深入抓好中学、机关事业单位等领域团的基层组织建设。团员人数在3人以上的，都要建立团组织；团员人数少于3人但青年人数较多的，建立青年工作委员会，要求在中学建立团总支和年级团支部2个；企业团支部1个；机关事业单位团支部13个。

【规范基层团组织换届选举】 各级党组织指导团组织按照团章规定进行换届选举。在县、乡、村党组织换届选举的同时，统筹安排县、乡、村团组织换届选举工作。

【创先争优同深化】 以党组织和党员深化创先争优带动团组织和团员青年创先争优。指导团组织把广大团员青年创先争优的积极性凝聚到做好本职工作、完成中心任务、服务人民群众上来，争科学发展之先、创社会和谐之优，以一流的态度、一流的作风、一流的工作，创造一流的业绩、树立一流的形象。支持团组织深化创先争优强基础惠民生活动，开展基层组织建设年，帮助解决实际困难，着力为团组织帮助青年做好事、办实事、解难事创造条件。

【树立先进个人典型】 年内，团县委在创先争优强基础惠民生和“五四”表彰等一系列的评优活动中，评选出政治素质好、组织观念强、模范作用大、本职工作好、工作作风好的先进团员青年作为广大团员青年的表率，树立典型氛围，更好地促进共青团工作取得成效。年内，评选出最美爱岗青年1名、最美志愿者1名、优秀团干部1名、最美驻寺（驻村）干部1名、五四红旗团支部1个。

【党风廉政建设】 2016年，团县委坚持以邓小平理论、“三个代表”重要思想、科学发展观为指导，深入贯彻落实习近平总书记系列重要讲话精神，全面履行党章赋予的职责，坚持标本兼治、综合治理、惩防并举、注重预防的方针，结合工作实际，着力加强领导作风建设，不断提高班子成员的思想水平、政策水平、领导水平和廉政建设水平。根据县纪检委要求组织县中学开展了廉政文化“进校园”手抄报活动，此次宣传活动团县委积极组织，并协助评选优秀手抄报，通过活动增强了广大学生和教师党员的党风廉政建设和反腐败工作的重要性和必要性，增强了党员教师的廉洁自律意识，营造了唱响廉政主旋律。

【基层团建经费工作】 年内，团县委进一步明确经费的使用情况，严格经费审批程序，加大监督力度。深入基层检查及指导乡镇基层团建工作开展情况，同时发放四乡一镇团建经费共100000元。

【青少年维权】 2016年，团县委以各类法制宣传日为契机，积极与司法、法院、消防及乡镇派出所等相关单位沟通协调，组织专门力量，深入学校开展了法制宣传活动和学生自救演练活动，使学生们对青少年犯罪有了更深的了解，有效促进了全县青年学生健康成长。全年共开展法制宣传活动5余次，悬挂横幅7余幅，发放宣传资料200余册，参与人数700余人次。

【青年志愿者工作】 7月11日，团县委组织开展以“我和环境共友好、携手保护母亲河”为主题的志愿活动，县直单位45名志愿者参加此次志愿活动。志愿者在狮泉河指定区域捡垃圾、清理河道中白色污染，充分发扬奉献精神，不怕脏、不怕累，集中对狮泉河进行卫生清理、垃圾分类处理等活动经过两个多小时的捡拾活动，志愿者们捡拾垃圾约1吨。通过此次活动使职工们的环境保护意识得到了提升，团结协作的精神得到了发扬，为革吉的新面貌做出了自己应有的义务，使母亲河重新映现出原来的美丽、洁净的面貌。

【爱心物资捐赠活动】 年内，在团县委的组织下，革吉县完小以“六一”为契机开展“红领巾相约中国梦——关注十三五，创造新生活”为主题的活动。活动中少先队代表在国旗下进行了演讲，通过演讲帮助少先队员了解“十三五”、关心“十三五”、关注“十三五”。同时以此为契机团县委针对四乡小学及县完小贫困学生开展了爱心捐助活动，并为四乡及县完小54名贫困学生发放了书包、文具等学习用具。为牧民学生送去了团组织的关心和关爱。

【开展“村村好青年”活动】 2016年，根据团地委“关于开展村村都有好青年”评选活动通知要求，团县委在四乡一镇19个行政村（居）内进行开展评选活动要求每村推荐1名好青年，根据村“两委”推荐产生19个好青年，团县委从中选取典型事迹在全县范围内进行广泛宣传，引导广大农牧民青年群体走健康成才之路。

【红领巾相约中国梦】 年内，团县委为纪念少先队建队67周年以及为深入贯彻习近平总书记在“快乐童年 放飞希望”主题队日活动时重要讲话精神，组织县完小大队部10月13日开展“红领巾相约中国梦”少先队建队纪念日活动。发扬学校“党带团，团带队”的优良传统，协调各班，优化少先队工作环境，充分调动少先队组织的积极性和创造性，使革吉县少先队工作和学校德育工作迈上了一个新台阶。并对2015年至2016年度涌现出来的25名“优秀少先队员”及“优秀执勤员”进行颁发奖状和学习用具（笔、笔记本、作业本、书包、彩笔等）共计折合人民币3800元，希望受表彰的同学们再接再厉好好学习、天天向上，早日成为社会主义伟大事业的接班人。

【举办体育竞技活动】 “五四”运动97周年，为引导广大团员青年继承和发扬“五四”运动的光荣传统，4月16日至5月4日，团县委组织全县干部职工开展“不忘初心跟党走”为主题的激情杯男女子篮球赛。通过活动展示了革吉县青年干部的活力，同时丰富了节日文化生活，进一步增强青年干部的凝聚力和向心力，增进了同事之间的感情和友谊。充分展现出革吉县新时代党员、团员、青年的青春活力与激情。

【低碳环保单车运动】 年内，为丰富革吉县干部职工业余生活及增强宣传全县干部及群众的环保意识，6月11日，团县委及县总工会联合开展“单车运动其乐无穷、低碳环保乐在其中”为主题的首届自行车环城比赛。此届赛事设男子、女子两个组别，共有革吉县青年干部职工50多名参赛选手，总距离长达约9公里。此次比赛设立男、女子各一等奖一名、二等奖一名、三等奖一名、优秀奖共十二名，奖金共5000元整，并附带物资奖励，通过此次活动提高了广大干部群众的环保意识。

（次仁拉姆）

【领导名录】

书　记　扎西罗布（藏族）

副书记　次仁拉姆（女，藏族）

革吉县妇女联合会

【概况】 2010年8月，《中共革吉县委办公室革吉县人民政府办公室关于印发〈革吉县政府机构改革方案的实施意见〉的通知》（革委办发〔2010〕22号）精神，设置革吉县妇女联合会。结合革吉县实际，制订人员编制2名。其中科级领导职数2名。并产生革吉县妇联领导班子。2010年12月，革吉县妇女儿童工作委员会成立，因人员紧张妇儿工委办公室设在妇联与妇联联合办公。2016年，全县5个乡（镇）19个行政村13个机关支部都配备了妇女主任。19个行政村建立“妇女之家”。革吉县妇联下设办公室、妇儿工委办公室（虚设机构）与妇联办合署办公。革吉县妇联现有核定编制2个，实有人数1人。现有科级干部1名。

【实施巾帼致富工程】 年内，革吉县妇联深入推进妇女“巾帼建功”活动。为提高各行政村村民掌握一技之长，能够更好地转移就业，2016年5月，县妇联联合团县委组织“四乡一镇”农牧民妇女开展手工编织培训，培训在革吉县青年就业创业见习基地开班，12余名来自“四乡一镇”的青年妇女参加了培训班。此次培训历时15天，参加培训12人，其中10名为贫困妇女，投入资金12000元。培训不仅让传统编织技艺得以传承，还为贫困妇女就业创收开辟了新途径。2016年6月为开拓视野，扩大对外交流，借鉴学习先进经验。在地区妇联的组织下革吉县19个行政村的妇代主任在党校参加了为期六天的培训。重点学习地区及各县的先进经验和做法。

【实施巾帼宣传行动】 2016年3月，革吉县妇联以“三八维权周”为契机，大力开展宣传教育活动。联合公、检、司、法、政法等多个部门，利用3月综治宣传月、6月平安宣传周安全生产月、“安全生产革吉行”等宣传活动节点在革吉县县城开展以“反对家庭暴力，创建平安革吉”为活动主题的宣传活动，及男女平等基本国策与妇女法制宣传活动等形式多样、内容丰富、效果显著的法律宣传普及，共发放宣传资料261份，进一步增强了妇女群众法律意识和维权意识；为做好小额贷款宣传工作，切实解决妇女创业就业资金难问题，2016年，革吉县妇女联合会为四户城乡妇女贷款解决20万元，为创业妇女提供了资金支持，帮助一批妇女扩大生产规模，培养发展了一批新的妇女致富能手，促进了革吉县经济和社会的发展。

【精神文明建设】 年内，西藏自治区于2月启动2016年寻找“最美家庭”活动，革吉县妇联按照自治区及地区妇联的相关要求，制订革吉县妇联关于开展2016年寻找“最美家庭”活动方案把寻找“最美家庭”活动作为积极培育和践行社会主义核心价值观的具体举措，在各乡镇、各单位广泛动员和引领，开展寻找“最美家庭”活动，评选出了2016年自治区级“最美家庭”2户。

【幸福关爱工程】 3月8日是国际妇女节106周年纪念日，为丰富全县各行各业的妇女的节日文化生活，结合革吉县的实际情况，对庆“三八”活动进行了精心组织、周密安排。在“三八”国际妇女节当天，在纪检委书记带队下，县妇联慰问13名贫困单亲母亲，为她们送去哈达和每人500元。共计6500元的慰问金，并了解她们的饮食、生活、健康等方面的情况，为她们送去节日的问候与祝福。以“六一”国际儿童节为契机，开展献爱心送温暖活动，为革吉县完小10名贫困留守儿童赠送价值1000元的学习用品和生活用品；在“两大节日”来临之际，革吉县妇联为更好地开展刑释解教人员的安置帮教工作，最大限度地预防和减少重新违法犯罪，使本县的刑释解教人员安置帮教工作逐步走向规范化和制度化。2月11日，在县司法局的陪同下联合团委对革吉县6名刑释解教人员和在外服刑人员进行节前慰问。对刑释解教人员提出要求和希望。8月23日，以“传递邮包传递爱”为主题的革吉县“母亲邮包”集中发放仪式在革吉县县委办公室门前举行。县委常委、常务副县长确巴为14名长期居住在县周围的环卫女工发放“母亲邮包”。8月23日，革吉县妇联在县委常委、常务副县长确巴的带队下到革吉镇为长期居住的15位单亲贫困母亲发放“母亲邮包”。8月24日，到退休一区为长期居住在此的10名的退休贫困妇女发放“母亲邮包”。

【维护妇女儿童合法权益】 年内，革吉县妇联实施“两个规划”工作以来得到县委、县政府领导的高度重视。县妇儿工委办以图片展板和宣传册为载体，科学地宣传了革吉县近五年来的“两个规划”工作的开展情况，实现以点带面的社会效应，进一步建立完善妇女儿童组织领导机构，确保新一轮的实施“两规”工作顺利高效开展，为贯彻落实“两纲”（《中国妇女发展纲要（2016-2020年）》《中国儿童发展纲要（2016-2020年）》）工作要求，科学合理安排发展规划，全面准确地统计革吉县妇女儿童在各个时期发展的指标数据，革吉县委、县政府十分重视妇女儿童事业的发展，2016年，鉴于人事变动等原因调整了部分领导小组成员，组长由革吉县委副书记、县长王明杰担任，副组长由革吉县副县长阿梅和妇联主席德吉卓嘎担任。把妇女儿童工作同经济发展，社会稳定，人口素质、人才培养联系起来周密部署、真抓实管，形成县政府主要领导亲自抓，分管领导具体协调的工作格局；权益维护力度进一步增强。注重从源头参与，加大维护妇女儿童合法权益的力度。

（德吉卓嘎）

【领导名录】

主　席　德吉卓嘎（女，藏族）

革吉县信访局

【概况】 2011年1月，革吉县成立县信访局，革吉县信访局为正科级行政单位，现有核定编制2个，实有人数2名，其中1名为正科级干部，1名为科员。年内，革吉县信访局坚定不移地贯彻落实习近平总书记、李克强总理等中央领导关于信访工作的重要指示精神，舒晓琴在全国信访局长会议上的讲话精神，阿里地区关于信访工作一系列决策部署和革吉县信访联席会议指示精神，紧紧围绕信访案件“零搁置”目标，结合打造阿里地区信访“三无”为目标，全力打造“责任信访、法治信访、阳光信访”，为维护革吉县改革发展稳定大局和人民群众合法权益提供有力保障。

【办信接访】 2016年，坚持“两学一做”学习教育与提升信访工作整体水平结合起来，认真办理群众来电来信，热情接待群众来访，运用法治思维、法治方式化解信访问题、设身处地解决群众实际问题。2016年，县人民法院、各乡（镇）调委会、各驻村工作队以及各乡镇综治干事等力量共排查化解各类矛盾纠纷74件，148人次，都已化解。其中，婚姻纠纷9件，18人次；民间借贷纠纷3件，6人次；草场纠纷7件，14人次；民事纠纷45件，90人次；财产纠纷1件，2人次；经济纠纷9件，18人次，家庭纠纷4件，8人次；县信访局共调处化解22件信访事件。全县没有因矛盾纠纷处理不当而引起群体性事件的发生。

【组织领导】 年内，针对革吉县乡领导班子换届人事变动情况，及时报请县委、县政府对县信访工作领导小组做出调整，革吉县信访工作由县委总揽全局、政府牵头负责、部门分工落实，县直各部门“一把手”既挂帅又出征，定期分析信访形势、准确把握信访苗头、及时研究应对措施，形成“主要领导亲自抓、分管领导具体抓、班子成员配合抓、职能部门落实抓”的信访工作机制。

【健全机制】 2016年，继续巩固革吉县信访网格管理和领导干部接访下访工作成果，发挥信访机构，责任部门、信访专干、联席会调处小组、“双联户”户长形成上下贯通、内外衔接、环环相扣、无缝对接的协调联动工作格局。先后制订《革吉县县信访工作领导接待日制度》《革吉县联席会议制度》二项制度，为做好信访工作提供了遵循。

【责任落实】 年内，革吉县信访局始终把落实主体责任作为做好信访工作的重要抓手，进一步压实属地部门责任和领导，进一步实行党政同责、“一岗双责”，切实推动信访问题及时、就地解决。2016年，信访局在县委、县政府及县维稳指挥部统一协调下，共妥善化解民工工资拖欠问题信访15余件，涉及金额达4993570元。结合年底拖欠事件高发期，下访到各个工地了解工资发放情况，同时普及法律知识《信访条例》发放藏汉版800余册，为全力维护农牧民合法权益奠定良好基础，有效维护了社会稳定。

【畅通信访渠道】 2016年，革吉县信访局延续拓展县领导和职能部门领导接待上访群众制度，县党政主要领导按季度、按重点疑难问题情况来确定接访、约访，定时、定责，其余县级领导结合革吉县工作实际及信访事件诉求有关内容，按照各自部门分管接访，以县信访局为平台，形成县领导接访调度、采取重点约访、专题接访、带案下访、领导包案等方式，把行政资源集中用于解决重大疑难复杂问题，对苗头性、倾向性矛盾纠纷不定期开展下访活动。

【排查调处】 革吉县信访局建立矛盾纠纷和信访热点、难点问题定期排查机制，完善四级矛盾纠纷排查调处中心网络体系，以县、乡（镇）、村、组四级矛盾纠纷排查调处中心，“双联户”排查调处和网格化管理两个机制为依托，将日常排查和节假日等敏感节点的排查结合起来，形成大排查的工作格局。对排查出的问题，坚持能调则调、案结事了原则，综合运用人民调解、司法调解、行政调解等手段和“调诉对接”在诉讼与各类非诉讼纠纷解决方式之间的衔接组织机制，将人民调解、司法调解和行政调解贯穿于矛盾纠纷调处的全过程，促进人民调解与司法调解、人民调解与行政调解、行政调解与司法调解的对接联动，使各类矛盾纠纷在实地得到有效化解。

【人员稳控】 革吉县信访局树立稳定压倒一切的思想，始终把人员稳控作为信访工作的重要任务。特别是全国“两会”“3月敏感月”“萨嘎达瓦”期间，不间断对辖区内矛盾纠纷、信访问题、信访进行梳理排查，逐一落实包保责任。

【宣传力度】 革吉县信访局为有效提高群众对信访接访日活动知晓率、参与率，革吉县定期开展宣传《信访条例》和《西藏自治区信访条例》等有关法律法规，宣传信访知识、信访工作流程和信访工作动态，全年县信访局开展宣传活动4场次，共发放宣传资料4560份。同时做好信访宣传舆论工作，广泛宣传信访改革和法制建设措施，引导群众依法理性有序表达诉求，赢得社会各界理解和支持，为信访工作营造良好的社会氛围。

【“两学一做”学习教育】 年内，革吉县信访局坚持把处理信访问题和维护群众合法权益贯穿学习教育始终，深入贯彻落实中央和自治区、阿里地区关于信访工作决策部署，着力打造“阳光信访、责任信访、法治信访”，推进“网上信访”建设，规范和简化办理程序，将学习成效转化为处理信访突出问题、维护群众合法权益的新思路、新举措、新成果，主动营造为民务实、清廉的良好氛围，深入开展信访工作群众满意度评价活动，使党的宗旨观念切实落实到维护信访群众的合法权益上来。

【精准扶贫】 2016年，按照县委、县政府精准扶贫工作安排部署，坚持把精准扶贫工作作为全年工作重中之重，统一思想认识，强化组织领导，按照精准扶贫、精准脱贫中存在的问题及上级部门要求排查的内容，认真排查各项问题。

（勾鹏程）

【领导名录】

局　长　米玛顿珠（藏族）

武

革吉县人民武装部

【概况】 2016年，革吉县人民武装部认真学习中共十八届五中、六中全会精神，以“三严三实”“两学一做”专题教育整顿为抓手，以学习践行强军目标、争做新一代革命军人为主线，思想政治建设有新的成效。武装部党委坚持管人先管思想的思路，注重以政治教育引导人，以思想工作启迪人，以配合活动感化人，思想政治工作在破解难题中得到全面加强和改进。

【“两学一做”专题教育活动】 军区开展“三严三实”“两学一做”和专题教育以来，严格按照分区实施方案，聚焦习近平主席提出“有灵魂、有本事、有血性、有品德”新四有军人，认真搞好“四项整顿”和解决四个方面问题为抓手，及时拟方案、查问题、明责任、纠弱项、定措施，并结合近年来单位建设中存在的短板弱项，把整治的着力点和落脚点聚集在查问题补短板促建设上来，查思想深刻全面，查作风严谨细致，查问题揭短亮丑，使得“两项整治”活动内容丰富，效果明显。通过召开民主生活会，深入开展批评与自我批评，自我批评剖析深刻，批评他人一针见血，达到“红红脸、出出汗、排排毒、治治病”的效果。

【主题教育】 为认真贯彻落实主题教育活动，武装部党委成立学习领导小组，教育中采取主要领导亲自备课、团以上干部课后辅导、其他干部主动畅谈体会收获等模式，营造了良好的学习氛围，使大家较好地克服对主题教育认识不高、理解不深、效果转化不明显等问题。通过教育广大官兵能够自觉弘扬我军优良传统，保持人民军队良好形象；对强军目标、中国梦、强军梦有了新的认识，进一步巩固听党指挥的强军之魂、能打仗打胜仗的强军之要、依法治军从严治军的强军之基，练兵精武，忠实履行“三个确保”使命任务，官兵事业心责任感明显增强。

【经常性教育成效明显】 根据分区年度政治教育计划，武装部科学制订教育实施计划，认真开展每季廉政教育、每月心理疏导教育、每周安全法纪教育、尊干爱兵教育、“四禁”教育、使命任务教育、计划生育教育、风气建设和党课教育，教育中部领导坚持备课、授课，组织讨论交流，撰写心得体会，确保“四落实”质量。充分利用现有条件，开展读书演讲、心得体会展评等配合活动。进一步增强了教育效果。大力开展专项教育活动，武装部及时定计划、上大课、写心得、谈体会，通过开展系列配合活动，较好地激发了官兵“对党负责、对人民负责、对集体负责、对个人负责”忠诚使命、卫国戍边的革命斗志。

【开展知兵爱兵活动】 年内，深化思想教育、人文关怀和心理疏导工作效果；帮助官兵解决现实思想问题作为主要抓手和具体举措。开展经常性谈心谈话活动为互助平台，采取茶余饭后交交心、日常交往谈谈话、娱乐活动事事辩等方式，引导和启迪大家彼此间聊聊家庭情况、谈谈个人打算、问问生活琐事，做到有问题大家析，有难事大家帮、有顾虑大家解、有快乐大家享，进一步融洽了内部关系，增强了官兵生活工作凝聚力、亲和力。

【精准扶贫】 年内，把学习全军政治工作会议精神作为重大政治人物和长期战略任务。把扶贫帮困、国防教育结合起来，把维稳执勤作为人武部开展群众工作的重要途径，把抓基层武装部正规化作为人武部建设的重点。积极用好“三个半小时”，组织官兵跟进了解政务时事，通过对比新老古田会议时代背景和政治工作现状问题，引导官兵深刻理解此次会议重大政治意义和“生命线”重要地位作用，组织官兵进行讨论，通过讨论明白我军政治工作的时代内涵和优良传统。组织政工科与革吉镇森布村“村委会”班子结成共建对子，一起过党内组织生活，一起学习有关政策规定，努力提高班子成员带领群众致富奔小康的能力。为森布村投入5万余元，为贫困户购买牲畜，组织学习驾驶技术、捐助贫困生、指导农户种植温室等。

【民兵预备役建设】 年内，以执行维稳处突任务为中心，民兵预备役建设在强化训练中有新的提升。根据人武部建设特点规律，武装部党委始终坚持双重领导，充分发挥职能作用，把握工作重点，不断提高国防动员建设力量。战备训练扎实有效。武装部党委始终把民兵管理和军事训练作为年度重要内容来抓，积极协调地方主要领导和有关部门，形成合力，确保民兵管控和军事训（演）练工作的落实。

【基础设施建设】 年内，武装部牢固树立以部为家的思想，始终以主人翁的身份积极为人武部建设建言献策、主动作为。大力开展基础设施建设。武装部驻地偏远、条件艰苦，但始终坚持把国防动员、民兵预备役建设、整组、征兵等工作进行安排部署。秋季征兵工作圆满顺利，保质保量输送新兵12名。通过县委、县政府、武装部党委一班人的不懈努力，人武部生活、娱乐、办公室环境得到很大改观；大力开展营区整治，种植草坪260余平方米，铺设浇灌管带。种植红柳100余棵，成活率达87%；在投入少量资金的情况下，培育花卉20余种100多盆；开展农副业生产。为充分发挥好、利用好温室大棚，开春以来，部领导以身作则，带头翻地、育苗、移栽、施肥、浇水，带领官兵发挥主人翁精神，全年种植蔬菜16个品种，长势喜人，产量达2200公斤，夏季蔬菜自给率达40%以上，较好地丰富了官兵生活。

【后勤保障】 年内，坚持以习近平主席提出反对铺张浪费为指导，后勤科在官兵“衣适、吃好、睡香”上下工夫，经常深入市场调查，按照市场合理价采购副食品，并积极按照粗菜细做、细菜精做、一菜多做的方法，做到早餐讲营养、午餐重质量，晚餐抓调剂，官兵普遍满意。严格落实分区《经费物资管理办法》和《部队财务管理暂行规定》，精打细算，搞好保障，使经费开支符合预算管理，经费支出合理规范，后勤财物管理进一步科学。

【装备保障】 着眼提高精细化保障效益，突出规范化管理重点，定期检修车辆，确保小车“零”故障出动；定期组织对民兵轻武器擦拭保养，对非杀伤性武器、弹药使用、储存、管理进行规范，消除了安全隐患，确保了弹药管理安全，综合保障能力在实践锻炼中得到进一步加强。

【建立共建单位】 着眼巩固基层政权，维护社会和谐稳定，打牢群众听党话、跟党走的思想基础，武装部主动与象鲁康、革吉县完小、革吉镇扎加寺等单位结成帮扶对子，注重抓好双拥共建共保工作。

【开展扶贫帮困活动】 年内，武装部领导带领全体官兵，积极投身边疆建设，组织部队参加县卫生清理60多人次、参加县义务植树200余棵。开展国防教育3次，“六一”期间，武装部领导各拿出500元定向资助特困学生，全体官兵自发捐款近2000元为完小学生购买书包、文具盒等学习用品，受到师生们的热烈欢迎。

【共建活动】 结合“双进”工作落实，2016年组织人员对共建寺院扎加寺进行慰问，邀请僧侣到武装部参加座谈，宣讲党的政策，与僧侣交朋友，以实际行动赢得了当地群众的信任和拥护。在推进精准扶贫方面捐款950元，武装部党委研究对森布村进行共建，为贫困户购买牲畜，培训驾驶员、捐助贫困生、提高温室种植技术等，投资5万元。

【干部队伍能力建设】 武装部按照“抓班子、强干部、带部队、促稳定、求发展”的工作思路，对所属干部定期讲评、大胆管理，有效激发干部队伍遵规守纪、岗位尽责、无私奉献的自觉性和责任感。年内，干部队伍思想素质高、作风纪律严、遵章守纪好、完成任务出色，在单位建设中，祈祷很好的表率作用。政治上清醒坚定，贯彻上级号令、指示坚决。采取党委导学、支部领学、干部帮学等方式认真落实党委中心组学习制度，结合创建学习型党组织建设广泛开展创先争优活动，有效提高党委班子政治敏锐性，班子成员政治纪律意识强，对上级命令指示贯彻坚决，能够充分结合单位实际创造性抓好落实。开展“两学一做”教育实践活动，注重理论联系实际，进入思想、推动工作，在重大原则问题上是非分，头脑清醒、立场坚定；认真贯彻民主集中制，核心领导作用发挥明显。把民主集中制和习近平主席关于民主集中制建设的有关讲话作为党委班子成员的集体学习内容，在实际工作中班子成员都能够自觉执行，坚决贯彻；廉洁自律意识强，班子整体素质好。开展每季廉政教育和“四风”教育，组织“一班人”学习廉政规定，面看警示教育，坚持用制度规范班子建设，按制度议事，按规定办事，在事关官兵切身利益和敏感问题上公道正派，以实际行动树立班子良好形象。

（芦仲田）

【领导名录】

部　长　芦仲田

革吉县公安消防大队

【概况】 2016年，革吉县公安消防大队紧紧围绕“塔尔钦”消防安全保卫工作，以确保火灾形势和队伍安全稳定为目标，不断深化党的群众路线教育实践活动，不断提高队伍素质、执法水平和灭火救援能力，圆满完成了各项工作任务，全力确保了革吉县“火灾形势”和“社会局势”持续稳定。

【政治思想】 年内，严格按照条令条例管理，打牢思想基础，坚持为锤炼一支“听党指挥、能打胜仗、作风优良”的队伍而不懈奋斗。以习近平总书记系列讲话精神为指引，不断提升大队党支部的综合决策能力和官兵的政治理论水平。根据政治工作要求，认真组织官兵学习《中华人民共和国消防法》《西藏自治区消防条例》《公安消防部队执勤战斗条例》等，认真开展尊干爱兵教育活动，落实教育内容、改进教学方法，确保官兵思想稳定；大队紧密结合学习、工作、训练实际办板报，同时大力开展交心谈心活动，通过与战友之间的谈心交心，了解战士日常所需、心中所想，确保官兵思想沟通桥梁的畅通，保证了部队的蓬勃朝气、昂扬锐气和浩然正气，为部队稳定打下坚实的基础；坚持将党风廉政建设作为重要工作来抓。大队党支部严格按照中央“八项”规定、公安现役部队“十项”规定及“五条禁令”“三项纪律”的要求，通过各种切实可行的监督方法，在部队内部营造风清气正事业兴的良好氛围，确保部队高度安全稳定。

【业务训练和实战演练】 大队按照总队和支队的

要求，以“拉得出、打得赢”为目标，紧贴阿里消防工作和部队建设实际，严格遵循《阿里消防支队2016年度岗位练兵方案》和实施细则，扎实开展岗位练兵活动；加强队伍管理。认真落实查铺查哨、晚点名和请销假等制度，重点加强人、车、酒、赌的管理；严格落实硬性规定，定期召开部队安全管理形势分析会，及时解决部队管理中存在的问题，确保部队安全稳定；敢打必胜，圆满完成各项任务。年初以来，大队圆满完成“三节”“两会”“三月敏感期”“萨嘎达瓦”宗教活动、“塔尔钦”佛事活动等重大活动、敏感节点维稳消防安全任务；加强灭火救援演练。为确保革吉县火灾形势安全稳定，组织开展平安加油站、中石油革吉加油站等重点单位灭火演练4次，切实提高了大队灭火救援的技战术能力；积极协调，围绕大队灭火救援指挥系统建设项目，专题研究部署2016年度信息化建设工作，修订应急通信保障方案，全面提升部队指挥水平。

【确保社会面火灾形势稳定】 2016年，大队继续强化消防工作“五个主体”责任，进一步建立、完善消防技术社会化服务体系，规范“三个消防执法主体”为中心任务，大力开展火灾隐患排查整治和消防宣传教育，不断提升全地区防控火灾能力。根据支队的统一安排部署，大队积极协调县公安、民宗局等相关职能部门组成联合检查组开展对辖区寺庙文物单位消防安全专项行动，制订行动方案，积极做好消防安全检查和宣传工作，将检查出的问题以书面报告的形式报告政府，为全县三寺两拉康采购了一批消防器材装备，及时排除了一批消防安全隐患，确保塔尔钦佛事活动期间的寺庙消防安全稳定；结合各个时期消防工作特点，认真开展“五大风险”评估，深化“四个类区”网格化管理，突出重点，联合相关职能部门，采取超常规措施，开展今冬明春“清剿火患”战役和消防安全突出问题集中整治行动，有力整治了一大批历史遗留消防安全隐患；加强社会单位“户籍化”系统录入工作。大队已完成辖区内重点单位“户籍化”更新工作，并定期开展重点单位消防安全管理人培训，督促重点单位的户籍化定时录入；加大社会面消防安全宣传。2016年，大队共开展消防安全宣传20次，其中联合宣传6次，累计发放消防宣传资料3000余份，消防宣传纪念品400多件。2016年，大队共检查单位523家，发现隐患309处，整改308处，下发《责令改正通知书》243份，《行政处罚决定书》1份，罚款5000元，及时消除了一大批火灾隐患，取得了明显的效果。

【提升部队综合保障能力】 2016年，大队积极协调、主动争取，全力确保部队后勤保障。加大从源头上、程序上对财物工作的管控力度，并积极做好经费的争取工作。年内，大队党支部结合当前社会面火灾防控形势、消防工作的特殊性及面临的实际困难，多次向县委、县政府领导进行请示汇报，得到各级领导的大力支持，共争取到业务经费41万元；合理的编制和执行年度经费预算，坚持每季度对财物收支情况、预算执行情况进行汇总，确保在完成各项任务的前提下，做到收支平衡、略有结余；加强专项经费争取力度，2016年共争取专项经费181万元，其中队站建设专项经费100万元，抢险救援车专项经费81万元。

（汪 伟）

【领导名录】

教导员 汪 伟

参 谋 赵年龙

武警革吉县中队

【概况】 2016年，武警革吉县中队坚持以党在新形势下的强军目标为引领，深入学习贯彻习近平总书记系列重要讲话精神，按照总部、总队党委全会部署要求，着力强化核心看齐追随，着力推动调整改革落地，着力提高综合维稳力量，着力稳固部队建设基础，着力深化整风整改成效，稳步推进部队建设向上向好向强发展。立足中队建设实际，树牢科学发展、安全发展理念，一手抓任务，一手抓建设，不断提高工作标准和质量，高标准实现“四个确保”。

【战备执勤】 2016年，中队担负的战备执勤任务诸多，分三点抓好战备制度落实：政治考核、岗前培训。思想教育、组织实施、总结表彰六个程序严格把关；根据不同任务及时确定战斗编组，成立各类组织，准备好物质器材，随时做好处突任务准备；加强战备演练和战法训练，增强官兵对于突发事件的心理承受能力和技战水平。根据战斗执勤方案，中队始终把执勤工作摆在中心位置，坚持每月议勤，牢固树立“把执勤当日子过”的思想，坚持做到工作再忙，执勤工作也丝毫不能够放松，确保中心任务的圆满完成。

根据中队执勤方案，中队积极与革吉县公安局沟通，确保革吉县社会稳定。在三月重要时期间，中队于3月1号至31号期间每天派出官兵与民警组成两警联合巡逻队伍对城区进行巡逻，确保了社会的稳定。在3月14日，中队派出官兵与革吉县各个单位进行联合处突维稳演练。3月28日，中队担负“3・28”百万农奴解放纪念日升旗仪式，较好地完成了“3・28”纪念日升旗任务。在“7・5”“7・6”期间，中队派出官兵与民警组成两警联勤队伍进行巡逻，较好的完成了巡逻任伍，确保了县城的社会稳定。

【安全防事故措施】 年内，坚持严格正规施训、干部跟班作业制度，严格要求严格训练，强化安全意识，训练中严格保护措施、严密组训，严防训练事故发生，确保了训练安全。

【思想政治教育】 年内，高度重视对官兵的思想政治教育，牢固树立政治作首位意识，为加强中队全面建设和圆满完成镇守维稳任务奠定了坚实的思想基础。加强干部的学习和教育，官兵思想稳定。按照干部教育计划，认真抓好干部思想教育，通过教育，增强干部的使命感、责任感和自率意识，使干部自觉树立反腐倡廉思想，帮助干部认清当前形势，正确的面对走留，进一步提高干部队伍的能力和素质，使各级干部都能胜任本职工作，为圆满满完成任务奠定坚实的基础。

（苟中伟）

【领导名录】

队　长　苟中伟

指导员　伍忠伟

法 治

革吉县公安局

【概况】 革吉县公安局成立于1964年9月，当时隶属阿里专属公安处。2016年，革吉县公安局编制为49人，实有正式民警94名，辅警22名，公益性岗位2名，共118人。其中本科学历6人（藏族5人，汉族1人），专科73人（藏族68人、汉族5人），中专高中39人。

革吉县公安局下设机构有110指挥中心、办公室、国内安全保卫大队、刑事侦查大队、治安管理大队、政工监督室、法制大队、交通管理大队、警务保障室、看守所等10个内设机构。派出机构有四乡一镇派出所共5个。公安检查站有1个一级公安检查站、3个常设公安检查站、1个季节性检查站。2个便民警务站。局领导职数为5名（3个正科级、2个副科级），局长1名（正科级）、政委1名（正科级）、副局长1名（正科级）、2名副科级副局长，实配局领导3名。全局实有正科级民警6名，副科级民警10名。

【党建工作】 2016年，在革吉县公安局基层党委的坚强领导下，局3个党支部、4个党小组，63名党员和结合岗位、职责职能公开承诺具体内容，形成人人有目标，个个有动力的创先争优活动机制，革吉县公安局党员人人撰写承诺书，公安局党委制作专栏展板，增强党组织和党员履行承诺的自觉性、紧迫感和社会监督力度，共评出党员示范窗口1个，示范岗4个。县公安局坚持抓入党积极分子和新党员的“双向培养”工作，定期召开机关党委会，研究审议新党员发展工作，共选送培训入党积极分子26名，召开党委会专题研究吸收预备党员12名，审批预备党员按期转为正式党员8名。开展《公安机关人民警察纪律条令》专项学习，在纪律作风整顿活动中，组织召开专题会议3次，自查问题2类8条，提出整改措施3项，民警写出体会文章183余篇。

【党风廉政建设】 年内，革吉县公安局开展党风廉政建设和反腐败工作专项行动，加强对党委重大决策部署贯彻落实情况的监督检查。2016年，革吉县公安局督察按照革吉县公安局党委“工作前置、关口前移”“督察跟着警情走”的要求，紧紧围绕中心工作及队伍管理、业务工作等方面的督察重点，通过现场督察、暗访、视频巡查等方式开展了不间断的督察。共出动督察警力56人（次），警车32辆（次），检查岗位360个、值班备勤256个科室（次），发现并现场督促整改问题186个。

【情报信息采集体系】 年内，全面加强情报信息收集工作，及时搜集深层次、预警性、内幕性的情报信息，加强分析研判工作。牢牢把握主动权，紧紧围绕各敏感节点期间的维稳工作，重点搜集达赖集团分裂活动，特别是派遣人员入境实施破坏活动的线索，以及煽动指使境内分裂分子实施策划恐怖活动的线索，密切关注并搜集达赖集团的各类苗头、动向，及时发现其行动线索及时预警，全年共上报各类情报信息58条。签收各类预警信息1500条，红色预警30条。

【网络安全监察】 年内，革吉县公安局网安大队、国保大队结合革吉县网络安全工作实际，督促网络运营商和网络运营场所的管理，革吉县三大网络运营商基本完成手机、网络使用实名制登记工作。

【社会防控】 年内，由治安部门牵头，各乡镇派出所及便民警务站积极配合，严格按照上级要求，加强对易燃易爆物品、公务用枪、成品油、管制刀具的管理力度，强化社会流散枪支弹药和爆炸物品的收缴力度，加强涉枪涉爆单位、人员的教育管理，督促他们要按时开展内部检查，同时加大对“黄赌毒”等治安突出问题整治力度，定期对革吉县辖区的宾馆、娱乐场所、出租房等涉黄涉赌场所开展突击检查，部署开展对辖区治安复杂场所、重点部位和人员密集地开展治安隐患排查整治行动，深入开展“打非治违”、公共安全专项治理等专项整治行动，切实消除各类治安隐患。期间共收缴管制刀具35把、群众主动上交藏式火枪3支，开展各类安全大检查23次、整改安全隐患13处。

2016年，受理治安案件13起，与2015年同期相比上升31%。对辖区文化市场开展清查行动4次，检查影像售卖、出租店90家，共开展常态清查30次，开展专项清查8次，清查行动中县公安局（四乡一镇派出所、便民警务站、局机关）共出动警力85人次，车辆19台次、共清查辖区流动人口220人、出租房98户、商铺50家、加油站5家、加气站1家、娱乐场所20家，超市25家。

【监管场所管理】 年内，县公安局看守所坚持把非正常死亡问题长抓不懈，查找监管民警在执法思想，执法行为，执法记录，工作作风等方面存在的问题，从教育引导在押人员着手，全面开展在押人员思想道德，法律法规教育。由于革吉县看守所正在改扩建中，按上级要求革吉县所有在押人员统一集中关押在地区看守所。

【打击各类违法犯罪】 2016年，革吉县公安局刑警大队深入调查研究，努力掌握辖区刑事犯罪的特点、规律，加大对侵财案件、“打黑除恶”“命案侦破”“打击拐卖妇女儿童犯罪”等一系列的侦查打击力度，特别是结合打击整治专项行动，采取有力手段，增强打击实效。共计受理刑事案件7起，其中立案7起，1起命案，3起盗窃案，1起强奸案，破案7起。截至年底，破案率100%，抓获各类犯罪嫌疑人8人，抓获网上在逃犯1人，起诉5起5人，其中刑事拘留7人，逮捕6人，取保候审1人。开展禁毒宣传32余次，悬挂横幅10条，发放禁毒宣传单约3500余张。开展电信诈骗宣传25余次，悬挂横幅8条，发放电信诈骗宣传单约2600余张。开展盗抢骗宣传19余次，悬挂横幅6条，发放盗抢骗宣传单约2200余张。

【交通管理】 年内，县公安局重点查处酒后驾驶、无证驾驶、车辆无牌无证、超员、超速、疲劳驾驶，客货混装等严重交通违法行为，大力整治交通秩序，规范交通标志、标牌建设，协调落实8.7万资金，对县城内的道路进行安装标志标牌、减速带及广角镜。全年革吉县共发生道路交通事故8起、其中一般交通事故1起，轻微交通事故7起（简易程序处理1起、自行协商6起），交通求助7起，未发生重大道路交通事故，与2015年同期相比上升25%。查处道路交通违法行为125起（罚款处理9起，拆除摩托车音响设备16起，其余的教育处理）、上交罚没共2400元，开展道路交通安全宣传活动15场次、发放各类宣传单3800余份、张贴警示标语300余份，悬挂横幅7条、案例展板16块次、受教群众达4000余人。

（达瓦次仁）

【领导名录】

县委副书记、政法委书记、公安局局长

旺　庆（藏族，9月免）

阿旺朗杰（藏族，9月任）

革狮一级公安检查站站长、公安局党委副书记、政委　　李学亮

党委委员、副局长、革狮一级公安检查站副站长

次仁阿旺（藏族）

党委委员、副局长

加　　布（藏族，2016年10月10日因公牺牲）

游昕鑫

革吉县人民检察院

【概况】 2016年，革吉县人民检察院设有5个内设机构，分别为反贪局、反渎局，侦监科，公诉科，民行科，办公室。全院人员编制13名，实有干警7名，检察长1名、副检察长2名，本科学历7人，男干警4人、女干警3人，藏族6人、汉族1人，院党组成员3人（藏族2人、汉族1人）、支部党员6人、干警平均年龄30岁，首批检察官入额人员3人。2016年，检察院紧紧围绕跨越式发展和长治久安这个中心，以创建产业强县为目标，以扎实开展“两学一做”活动为重点，全面深化检察改革，立足新起点，把握新要求，顺应新形势，努力提高法律监督能力，积极履行法律监督职能，各项检察工作取得了新实效，实现了新进展，为推进革吉县经济社会和谐发展提供了坚实的法治保障。全年共提请批准逮捕案件7件7人，批捕7件7人，审查起诉10件10人，提起公诉0件0人，做出不起诉2件2人，民行案件1件，2016年办理阿里首例羁押必要性审查案件1件1人。

【法律监督】 年内，革吉县人民检察院召开社区矫正工作联席会议，对近年来全县社区矫正工作进行全面梳理检查，并发出检察建议要求相关部门全面整改；受理来访3次，检察长接待2次和涉法涉诉0件；革吉县人民检察院对5年来法院民事行政裁判文书进行查阅，调取民事行政执行案件卷宗15卷，整理存在的问题并发出检察建议，实现民行工作零的突破。刑事执行检察工作，在阿里检察分院有力指导下，革吉县人民检察院开展羁押必要性审查工作，一件一人，并下发检察机关变更强制措施建议函一次；对革吉县人民法院2013年至2016年执行罚金情况进行监督，罚金共有20200元，其中执行的有3000元，全部已上缴。

【廉政建设】 革吉县人民检察院加大反腐查处力度，在县检察院人员极其缺乏的情况下，仍抽调两名干警到分院专案组参加为期十个月的专案办理，并完成分院交办的职务犯罪案件起诉2件2人。建立完善的社区矫正人员台账，通过每月思想汇报，及时了解掌握矫正人员思想动态，及时发现不良苗头，加大对司法部门社区矫正的监督力度，全年监督检查7次，提出口头建议3次。做好控告申诉工作，完善控申科室硬件建设和控申接待室规范化建设，加大涉法涉诉信访工作力度，积极主动化解矛盾。

【作风建设】 革吉县人民检察院为深入开展“学党章、党规系列讲话，做合格党员”的“两学一做”学习教育，认真贯彻落实“党要管党、从严治党”及党章关于加强党员教育管理的要求，坚持党支部为基本单位，以“三会一课”等党的组织生活为基本形式，落实民主评议等党员日常教育管理制度，针对领导、党员干部、普通干部的不同情况做出安排，提出不同要求。组织干警学习习近平总书记系列重要讲话精神，学习《中国共产党章程》《中国共产党廉洁自律准则》《中国共产党纪律处分条例》等党内法规，到扶贫联系点结对帮扶；开展关爱弱势群体活动，引导党员以高度的政治自觉投身志愿服务；开展党组织关系集中排查活动、党费收缴集中清理整治工作；开展”六个一”活动，每位党员认真做好笔记，抄写并学习《党章》、学习习近平总书记系列讲话心得体会、观看专题教育篇心得体会。

【法制宣传】 革吉县人民检察院在以不断创新的方式开展法制宣传及检察职能宣传工作。与有关部

门积极配合，采取设置咨询点、摆放宣传展板、发放宣传单、悬挂横幅、张贴标语、发放宣传资料等形式积极开展法制宣传活动、“3·17”综治宣传活动、“6·17”廉正文化宣传月宣传活动，“9·16”平安西藏宣传活动，“12·14”法制宣传活动，开展青少年预防犯罪和应对的法制宣传活动。法制宣传6次，发放宣传材料1200余份，进一步增强了群众“学法、知法、守法、护法”的意识。

【维护社会稳定】 革吉县人民检察院始终把维护社会稳定，促进社会和谐作为首要的政治任务，认真贯彻落实习近平总书记的“治国必治边、治边先稳藏”重要战略思想，2016年全院干警严格按照区党委、地委及县委维稳系列工作会议的统一部署及安排，在全国“两会”、三月重要时期、“萨嘎达瓦”宗教活动以及雪顿节、G20峰会、“藏博会”等重要节点时段，在保证各项检察工作顺利有序进行的同时，并派干警到县110值班室做好维稳轮班任务计160次，确保了各维稳敏感节点及时段全县社会平稳；为进一步加强革吉县三月重要时期维稳工作检察院检察长到乡上蹲点执行维稳督导任务；认真落实24小时值班带班和“零报告”制度，严肃岗位职责，从未发生值班人员脱岗离岗现象；开展护院巡逻，切实加强院内安全防范工作。

【开展结对帮扶活动】 年内，精准扶贫是全年的一项重大工作任务，按照地委、县委、县政府的相关文件精神、相关工作的安排部署及要求，为了顺利开展精准扶贫，精准脱贫的工作，县检察院精心安排此项工作每一个细节过程，制定出县检察院脱贫攻坚工作计划。6月17日，在革吉县布贡村进行了党员进村入户、结对认亲交朋友、精准扶贫工作动员大会，县检察院全体干警到村结对认亲，了解贫困户家庭的详细情况，并找出致贫原因，做出脱贫攻坚措施，安排每一个月利用两到三次业余时间进村入户了解贫困户家庭情况，县检察院全体干警分两次共捐款26850万元。

【强基惠民工作】 2016年5月中旬至10月，革吉县人民检察院按照县委统一安排，由检察长为副组长的工作组到四乡一镇开展精准扶贫工作和专项活动，到村进行宣传各项相关政策，并了解民情；派出1名副检察长到布贡村开展第五批“强基础、惠民生”驻村工作。

【基础设施建设】 根据中共阿里地区委员会关于进一步加强和改进检察工作的意见的具体要求，革吉县人民检察院向县人民政府请示后增加预防和执检工作预算总金额5万元，对全年经费支出作了前期预算分析，进一步提高干警生活待遇，重新开办食堂，进一步提高食堂饭菜质量和厨师待遇；聘请清洁工，改善工作环境；干警培训费用按规定就高享受。

【队伍建设】 年内，革吉县人民检察院调出5名干警，从乡上调入一名工作人员充实行政办公人员，县检察院干警的调动频繁，给全院日常工作带来不便，经检察长与县委和组织部沟通协调，从乡上借调2名工作人员缓解检察院人员少的问题。

【业务能力建设】 年内，革吉县人民检察院着力提升队伍能力素质。为加强和规范检察干警执法司法行为，提升业务能力水平，共选派3名干警参加区内外各类综合业务培训竞赛；认真落实“六位一体”受援工作总体格局，选派一名干警到河南省商丘市梁园区人民检察院公诉科开展岗位实践锻炼；通过开展“以案促训”工作，成立办案组和明确承办人的机制，对受理的所有刑事案件开展案件讨论，在确保案件质量的同时提高其他干警的业务水平。通过多种形式的教育培训，队伍素质建设有了全面的提升，队伍执法水平有了很大的提高。

（拉巴卓玛）

【领导名录】

党组书记、检察长

次仁尼玛（藏族）

党组副书记、副检察长
旦　　巴（藏族）
党组成员、副检察长
刘　　铁
侦查监督科科长
拉巴卓玛（女，藏族）
公诉科科长　次　　央（女，藏族）

革吉县人民法院

【概况】 革吉县人民法院成立于1978年。2016年，革吉县人民法院共设有6个副科级建制内设机构，分别为办公室（政工科）、执行局、刑事审判庭、民事审判庭、立案庭、审判监督庭（纪检组），内设派出机构盐湖乡人民法庭（2007年建成，2007年投入使用，现盐湖乡人民法庭干警仅有1名同志）。2009年革吉县人民法院设立党组。设有党组书记1名，党组副书记1名，党组成员3名（其中2009年设1名审判委员会专职委员，并担任党组成员）。正副院长配置为一正三副。现党组有1名党组书记，2名党组成员，院长1名，副院长1名，审判专职委员1名。2011年革吉县人民法院设立党支部、审判委员会。现党支部有党员8名；审判委员会成员5人。革吉县人民法院共有人员编制19名（其中县法院编制14名，盐湖乡人民法庭编制5名），实有13人（县法院缺编2人，盐湖乡人民法庭缺编4人）。其中，男性5人（其中县法院5人），女性8人（其中县法院7人，盐湖乡人民法庭1人）；藏族12人（其中县法院11人，盐湖乡人民法庭1人）、汉族1人（县法院1人）。法官5名，司法辅助人员7名（法官助理1名、司法警察2名、书记员4名），司法行政人员1名。

【队伍建设】 2016年，革吉县人民法院始终坚持以中国特色社会主义理论武装法院干警头脑，认真贯彻落实中共十八大、十八届三中、四中、五中、六中全会、中央第六次西藏工作座谈会精神，贯彻落实习近平总书记系列重要讲话精神和自治区、县第九次党代会精神，牢固树立“四个意识”，特别是核心意识、看齐意识，抓住司法能力建设这个重心，充分发挥国家法官学院西藏分院的平台作用，积极选派干警分批次走出去，参与各种业务培训，全面提升县法院队伍综合能力。2016年，共培训干警10人次。全年县法院有2名干警受被最高人民法院分别表彰为全国法院“办案标兵”“办案先进个人”荣誉称号。县法院被阿里地区中级人民法院评为“阿里两级法院2016年度院长目标责任书第一名”，被革吉县委、政府评为“革吉县2016年度科技目标管理责任制先进单位”。

【履行审判职能】 2016年，革吉县人民法院紧紧围绕“努力让人民群众在每一个司法案件中感受到公平正义”目标，忠实履行宪法法律赋予的职责，依法服务全县大局，始终牢记司法为民宗旨，自觉加强自身建设，县法院工作取得新进展。2016年，县法院共受理各类案件37件，审执结37件，与2015年同比减少4件，综合结案率100%，与2015年同比持平，通过充分发挥审判职能作用，努力服务并保障全县社会稳定和经济发展。

【刑事审判】 革吉县人民法院依法惩治刑事犯罪，共受理刑事案件8件，审结8件，判处罪犯8人，其中判处罪犯10年以上1人，5年以上10年以下1人。依法严厉打击危害人民群众生命财产安全、影响经济社会秩序的暴力犯罪、多发性侵财犯罪，审结故意伤害、盗窃犯罪5件5人。严惩贪污贿赂犯罪，审结贪污、受贿犯罪2件2人，彰显党和国家从严惩治腐败的坚强决心，对腐败犯罪始终保持高压态势。依法严厉打击非法猎捕、杀害珍贵濒危野生动物犯罪1件1人。

【民商事审判】 革吉县人民法院依法妥善化解民事纠纷，共受理民事案件21件，与2015年同比减少16件，审结21件，结案标的额781.82万元。充分发挥民事审判工作在推动经济发展中的独特优势，审结民间借贷、商品交易买卖、房屋租赁合同等纠纷11件，审结发展生产投资领域产生的合伙协议、保证合同、不当得利等纠纷3件，审结地区重点项目革吉至改则公路段等建设工程合同纠纷2件，审结盐湖乡羌麦村一村民非法占有该村村经济合作组织扶贫招待所，造成当地社会影响较大，严重损害村集体经济利益的占有物返还纠纷1件，审结违背社会公序良俗，损害他人财产及名誉权纠纷2件，审结婚姻家庭纠纷2件。工作中，革吉县人民法院以质量更高、速度更快、效果更好、成本更省、人民满意为目标，坚持因人因案制宜，因时因势利导，以诚心赢公信，以耐心促调解，以细心化纠纷，以公正树公信，努力实现案结事了，把大量矛盾纠纷化解在了诉讼之前、法庭之外。2016年革吉县人民法院共调解民事案件15件，裁定准许撤诉案件1件，调撤率为76.19%。

【执行工作】 革吉县人民法院依法保护债权人合法权益，共受理执行案件8件，与2015年同比增加8件，执结8件，执行标的16.6万元，实际执行到位13.7万元。始终维护司法权威、全力攻坚执行工作，依法打击有钱不还肆意躲债的8名“老赖”，及时兑现了人民群众的合法权益。

【窗口建设】 革吉县人民法院着眼方便群众诉讼、减轻群众诉累，建立了集立案登记、信访接待、咨询导诉、诉前调解、执行收案、材料收转、判后答疑等功能于一体的“一站式”诉讼服务中心，完善服务功能，优化办事流程，为各族群众提供方便、快捷的诉讼服务。2016年，诉讼服务中心接待法律咨询来信来访25件48人次。依法共为困难当事人减、免诉讼费2598.38元，全力解决群众打官司难问题。

【以法律推进民族团结】 革吉县人民法院为推进民族团结，大力实施便民诉讼、护民利益、惠民救助的司法服务举措，为让群众少跑路、少花钱、少受累，充分发挥“车子开到哪里，案子就审到哪里，司法服务就送到哪里，基层矛盾纠纷就解决到哪里”的“车载流动法庭”司法服务延伸和前沿阵地作用，把发生在基层群众的纠纷解决在萌芽状态，让群众以最短的时间、最低的诉讼成本、最快捷的方式获得司法服务。2016年，县法院车载流动法庭共行程7.85万公里，巡回各类案件15件。不断畅通利益诉求表达渠道，为保障民权、化解民怨，开展“法官下基层”“法律七进”等活动，县法院共开展各类法制宣传9场次，受教育群众450人次。

【提高司法服务水平】 革吉县人民法院致力于深化司法公开，坚持“以公开为原则，不公开为例外”，积极推进审判流程公开、裁判文书公开、执行信息公开三大平台建设，对依法应当公开的审判流程、裁判文书和执行信息上网公布，进一步提升司法透明度，县法院在中国法院裁判文书网裁判文书上网率达100%。庭审直播案件12件，执行工作信息上网公开率达100%。邀请人大、政协视察法院听取工作汇报和旁听案件审理18人次，办理人大代表、政协委员提出意见建议2件次。积极落实西藏自治区高级人民法院《〈关于常见犯罪量刑指导意见〉的实施意见》，统一刑事司法尺度，确保量刑公开、公正、均衡。落实涉法涉诉信访改革“四个必须，五项制度”，积极开展领导接访、带案下访等工作，强化信访源头治理，共调处化解信访案件4件。

【“两学一做”专题教育活动】 革吉县人民法院开展“两学一做”主题教育，组织干警学党章党规，逐条逐句通读党章，全面理解党的纲领，牢记入党誓词，牢记党的宗旨，牢记党员义务和权利，引导干警尊崇党章、遵守党章、维护党章；学系列讲话，着眼加强理论武装、统一思想行动，认真学习习近平总书记关于改革发展稳定、内政外交国防、治党治国治军的重要思想，认真学习以习近平总书记的党中央治国理政新理念新思想新战略，引导党员深入领会系列重要讲话的丰富内涵和核心要义；着眼党和国家事业的新发展对党员的新要求，引导教育干警坚持以知促行，做讲政治、有信念，讲规矩、有纪律，讲道德、有品行，讲奉献、有作为的合格党员。坚持党的绝对领导，确保法院干警信念不动摇，政治坚定可靠，对党绝对忠诚。

【综治维稳】 革吉县人民法院全力响应县委、县政府重大决策部署，全面贯彻落实反分裂斗争一系列维稳措施，积极参与维稳巡逻、执勤任务，全力确保社会和谐稳定。深入雄巴、盐湖、亚热、文布当桑乡各村组，随同县政法各部门积极开展打击整治民间借贷高利贷行动调研。调研中，县法院深入宣传高利贷社会危害性，震慑了一批损害群众利益，欺骗肆意搜刮群众合法权益的外来籍人员，引导教育了一批好逸恶劳、借贷成性、不务正业的群众。县法院被革吉县委、政府评为“革吉县2016年度社会治安综合治理工作先进单位”。

【党建工作】 革吉县人民法院加强党的建设，改选支部成员，增加党组副书记1名，认真落实从严治党主体责任，规范党组议事规则，支部三会一课制度，严肃党内政治生活，党组织建设不断加强。积极参与创先争优强基础惠民生活动，选派1名优秀党员干部开展驻村工作。全力参与脱贫攻坚工作，积极组织动员全院党员干警结对帮扶8户31名贫困群众为其谋思路，促生产，抓发展，共捐款3.8万元。参与县第九次党代会精神宣讲团，选派2名党员干警，深入基层一线，宣传县第九次党代会精神和一系列党的富农惠民政策，把党的温暖送到了人民群众的心坎上。

【保廉洁促公正】 革吉县人民法院积极推进量刑规范化改革，将量刑纳入庭审程序，严格规范法官的自由裁量权，有效解决同案不同判问题，促进了量刑公开公平公正；完善审判公开制度，实行立案、庭审、执行、审务和裁判文书“五公开”，民事、刑事一审案件依法公开开庭率达100%；积极推进审委会制度改革，成立审判委员会，完善审委会工作机制；健全了案件流程管理、重点环节管理、案件质量管理等20余项规章制度，实现了廉洁执法、转变作风与提高司法效能的有机融合。广泛接受社会监督，深化司法公开。2016年，邀请人大、政协视察法院听取工作汇报和旁听案件审理18人次。随案发放廉政监督卡37张，案件廉政监督卡发放覆盖率100%，检查了干警在从事审判活动中所实施的行为是否严格依法，秉公执法，回收廉政监督卡37张，干警无一违纪。

【重教育强素质】 革吉县人民法院坚定理想信念教育。把党对法院工作的领导和中国特色社会主义司法制度贯穿法院队伍建设的全过程，坚定理想信念，强化干警的社会主义核心价值观教育，增强中国特色社会主义道路自信、理论自信、制度自信，确保全体干警在思想和行动上与习近平总书记的党中央保持高度一致；强化反分裂斗争教育，使干警深刻认识反分裂斗争的长期性、复杂性、尖锐性，在大是大非面前始终保持政治本色，确保法院工作正确的政治方向；开展“两学一做”教育，抓好教育实践活动的建章立制、整改落实工作，做到改进作风常态化；聚焦“四风”“两问题”“一薄弱”和不严不实问题，集中整治“六难三案”问题；积极发挥领导干部协管作用，由院长同本院6个部门签订目标责任书；抓住司法能力建设这个重心，充分发挥国家法官学院西藏分院的平台作用，积极选派干警走出去，参与各种业务培训，共派出10人参加培训，促进了法官队伍的正规化、专业化、职业化建设；积极开展“岗位练兵、强素质”活动，针对干警在工作中表现出的薄弱点，组织专门的业务培训6次，提升了干警的业务水平。

【党风廉政建设】 革吉县人民法院认真学习贯彻中共十八大、十八届三中、四中、五中、六中全会、十八届中纪委六次全会、八届区纪委九次全体会议及全国法院、全区法院、地区两级法院、全县2016年党风廉政建设和反腐败工作会议等精神，深入贯彻落实党风廉政监督责任制“两个责任”，严明政治纪律和政治规矩，落实中央八项规定、自治区“约法十章”“九项要求”等精神，自觉正确对待权力、地位和自身利益，按照党的廉洁从政的要求，加强党风廉政建设和反腐败工作，与上级法院、县委逐级签订2016年《党风廉政责任书》，与全院班子成员和干警逐级签订《党风廉政责任书》和《家庭助廉承诺书》。集中开展纪律作风集中教育整顿，批评教育并提醒谈话少数干警不遵守工作纪律2人次，队伍不良风气得以有效遏制，作风进一步转变。县法院被革吉县委评为“革吉县2016年度党风廉政建设工作先进单位”。

（李尕青）

【领导名录】

党组书记、院长

李尕青（藏族）

党组成员、副院长

格　曲（藏族）

党组成员、审判专职委员

王永亮

民事审判庭庭长

次　吉（女，藏族）

审判监督庭庭长

尼　珍（女，藏族）

革吉县司法局

【概况】 2016年，革吉县司法局认真传达学习习近平总书记关于“两学一做”学习教育的重要指示和推进“两学一做”学习教育常态化制度化工作座谈会精神，坚持队伍建设放在首要位置，常抓不懈，立党为公。进一步增强“四个意识”，在真学实做上深化拓展，注重融入日常、抓在经常，推进“两学一做”学习教育常态化制度化，把司法行政工作不断推向前进。推进“两学一做”学习教育常态化制度化的重大意义、目标任务和基本要求，为做好工作提供了重要遵循。司法行政系统只有认真学习、扎实掌握，结合司法行政工作实际抓好贯彻落实，才能真正做到依法依规全面从严治党，把中央的决策部署落到实处。要深入学习党章党规，深入学习习近平总书记系列重要讲话精神和“治国必治边、治边先稳藏”治藏理政新理念新思想新战略，在坚持学习中深化，每一名干警，把常态化要求贯穿于日常工作、学习和生活中，自觉做合格党员。要落实制度化要求，做到有督导、有检查，用制度保证取得扎扎实实的效果。每一名党员干部都要以身作则，认真落实“三会一课”制度，自觉作为一名普通党员，参加所在支部的活动。

【“六五”普法】 2016年，围绕“打造法治革吉、构建和谐革吉、平安革吉”，以增强群众的法制观念和法律素质为重任，以促进全县经济发展、社会稳定、依法行政为目标，强化措施，突出重点，全力抓好普法工作，为创建“法治、和谐、平安革吉”发挥积极作用，为推动革吉经济社会的稳定和谐发展营造良好的法治环境。革吉县“六五”普法工作有序推进随着革吉县广大群众法制意识不断增强，法律素质不断提高，普法教育工作不断深化，对普法工作提出更高的要求。做好“四个有机结合”全力推进普法工作；把普法与解决实际问题有机结合，确定普法工作重点。围绕“六五”普法工作，以法制宣传和依法行政为出发点。以构建和谐革吉为目标，充分发挥自身优势，有针对性地开展法制宣传教育。结合全县安全生产、计划生育、土地管理、社会治安，多层次、全方位的进行《中华人民共和国安全生产法》《中华人民共和国婚姻法》《中华人民共和国人口与计划生育法》《中华人民共和国土地管理法》《中华人民共和国社会治安管处罚法》等法律法规的宣传，有效地增强广大群众自我权益保障意识，为全县“七五”普法工作的深入开展奠定了良好基础；把普法与“法律七进”工作有机结合，多层次推进普法工作。不断深化开展普法教育进机关、进乡村、进寺庙、进社区、进学校、进企业、进单位活动。

革吉县领导干部结合“三严三实”“两学一做”等主题教育活动、率先在机关干部中开展学法、懂法、提素质的工作思路，以转变工作作风为重要抓手，认真开展法制讲座，“机关领导干部学法活动”，每名领导和干部订阅《公务员法律知识读本》《干部法律知识读本》等法律资料分发给机关的每一位领导和干部，采取各支部学习学相结合的方式，组织全体机关干部加强法律知识学习，撰写学法笔记和心得体会；2016年，革吉县公、检、法、司成立专项整治行动，邀请县法院、检察院、公安局领导及干部成立宣讲团，对全县四乡一镇19个行政村，各寺庙拉康，牧民群众进行巡回宣讲，《中华人民共和国刑法》《中华人民共和国土地管理法》《中华人民共和国人口与计划生育法》《中华人民共和国婚姻法》《中华人民共和国民族宗教政策法规》《中华人民共和国人民调解法》《中华人民共和国治安管理处罚法》《中华人民共和国青少年学法》《中华人民共和国民族区域自治法》《中华人民共和国宗教事务条例》等农村实用法律法规进行宣讲，结合新农村建设开展普法讲座，发放法制宣传资料，有效促进了农村普及普法知识。提高宗教教职人员的法律素质，加强宗教活动场所教职人员法律法规知识不断强化宗教教职人员法律意识，使他们爱国爱教，依法从事宗教活动。年内，革吉县全面设立各乡、镇，村（居）进行平安创建和法制宣传工作点，发放各种普法资料10000余份。

【社区矫正】 社区矫正工作是在开放的社会环境下对被判处非监禁刑罚的犯罪进行监督管理和教育帮扶，是维护社会大局稳定的重要组成部分，任务重、风险大、安全隐患多。自2013年社区矫正工作开展以来，县司法局坚持以提高社区矫正质量为主线，坚持管理与服务并重，规范和创新结合，加大工作力度，促进社区矫正工作更加规范，进一步提高了社区矫正质量。

完善帮教制度。年初，认真学习深入贯彻落实，中央、自治区、阿里地区召开司法行政工作会，为扎实做好社区服刑人员管理工作提供了组织保障。完善县、乡、村三级帮教工作网络，组建全方位帮教队伍，对社区矫正人员逐人建档造册，做到“登记有表格、谈话有笔录、宣告有文书”。严格落实《西藏自治区社区矫正实施办法》，建立“五对一”监管措施，即一名社区矫正人员，由司法行政机关，公安派出所、乡（镇）、村（居）、亲属（担保）人员，进行社区矫正人员实施重点管控、重点帮助、重点转化措施；落实帮教措施。完善县社区矫正管理教育服务中心建设，对社区矫正人员实行“五个统一”，即统一登记接收、统一指派管辖、统一档案管理、统一教育培训、统一技能培训。选择了社会福利性和非营利性的机构作为社区服务基地（点），定期组织社区服刑人员到劳动基地参加公益劳动。县社区矫正工作领导小组每年两次牵头组织法、检、公、司联合进行督导检查，查找监督管理教育工作中存在的漏洞和薄弱环节，并及时制定措施，进行认真整改。年内，全县累计接收社区矫正对象20人，在矫6人，因实施办法规定，居住变更1人，违反监督管理规定，被警告处分2人，重新违法犯罪率控制在100%。

【刑满释放人员安置帮教】 2016年，刑满释放人员安置帮教工作，突出抓好衔接、教育、以救助措施的落实，严格执行必接必送措施，做好刑满释放人员衔接、管理、教育、帮扶等各项工作，促使刑满释放人员顺利融入社会，维护社会和谐稳定。

【安置帮教工作组织领导和队伍建设】 要充分认识做好刑满释放人员安置帮教工作的重大意义，切实增强责任感和使命感，加强领导，完善机制，创新方法，把刑满释放人员安置帮教工作作为维护社会稳定、构建和谐社会的一项重要内容，作为落实社会治安综合治理领导责任制的重要事项之一抓紧抓好。年内，把政府“一把手”满释放人员安置帮教工作负总责，司法局分管领导是第一责任人。要围绕社会稳定大局，进一步健全各级安置帮教工作机构和组织，把社会帮扶与政府管理结合起来，形成工作合力，积极推进刑满释放人员安置帮教工作社会化，专业化。

【刑满释放人员衔接环节】 建立监所和区、地、县、乡共联共享的信息交流网络平台，实现刑满释放人员基本信息的及时对接，做到提前告知，提前对策，杜绝出现“三假”（假姓名、假身份、假地址）、“三无”（无家可亲、无亲可投、无业可就）等重点帮教对象严格实行必接必送措施，防止脱管漏管现象发生。进一步明确各部门的职责，做好与公安机关、监所的衔接，随时掌握重点帮教对象情况，落实帮教管控措施；做好跨地衔接，两头跟进、协同管理，随时掌握人员动向；重大节庆日、社会敏感日等期间，严格实行必接必送所措施，实现刑满释放人员衔接工作“无缝”对接。对于有明显重新违法犯罪倾向、危害国家安全和涉法涉诉、涉黑、涉毒、涉众、涉暴、涉恐、涉抢等服刑人员以及“三假”“三无”人员等出现，等重点帮教对象严格实行必接必送措施，防止脱管漏管现象发生。把管理工作向其他政法机关和成员单位横向延伸，形成各负其责、齐抓共管。

【刑满释放人员救助帮扶、教育管理】 年内，切实做好刑满释放人员救助帮扶工作，对“三无”等生活困难的刑满释放人员，及时向党委、政府报告。民政、住建、教育、人社、工商、金融、税务、财政、妇联、共青团、基层党组织，帮教成员单位各负其责要对刑满释放人员，从思想上、生产上和生活上帮助他们，帮助解决他们的实际困难。要加强舆论宣传，消除社会上对刑满释放人员的偏见和歧视，动员全社会参与到安置帮教工作中来，共同关心帮助刑满释放人员，为融入社会创造条件；建立思想教育长效机制。安置帮教领导小组牵头，对辖区内刑满释放人员开展多种形式的政策教育、思想教育、法制教育和爱国主义教育活动，增强其社会责任感，努力减少和消除其消极对抗情绪，激励引导其遵纪守法、自食其力，顺利适应社会，融入社会；全面实行“6+1”安置帮教工作模式，即一名刑满释放人员，由司法行政机关、公安机关、乡（镇）、村（居）、“双联户”、刑满释放人员家属共同实施帮教，确保安置帮教工作不留死角、不留盲区，切实把安置帮教措施落到实处、抓紧抓好。截至年底，全县累计接收刑满释放34人，安置帮教28人，在安置方面，重新落户10人，临时就业15人，公益性岗位工作3人，异地托管2人，就业培训2人。

【人民调解】 人民调解制度是一项具有中国特色的法律制度，是在诉讼程序之外化解矛盾，消除纠纷的重要手段，是我国解决矛盾纠纷机制的重要组成部分，在维护社会稳定，全面建设小康社会的伟大进程中，切实加强人民调解工作，对于正确处理新形势下的人民内部矛盾，加强社会主义民主法制建设，维护社会稳定，促进精神文明、物质文明、政治文明协调发展，着力构建和谐社会，全面建设小康社会具有重要的意义；同时，人民调解具有扎根基层、深入群众、便民、利民的特点，是化解各种民间矛盾纠纷，最大限度地把矛盾解决在基层，消除在萌芽状态，起到维护稳定的“第一道防线”的作用。

年内，革吉县人民调解工作深入贯彻科学发展观，紧紧围绕社会矛盾化解工作，积极探索，不断创新，通过构建调解大网络、开展矛盾纠纷大排查，实现调解大有作为，及时有效地化解了大量的社会矛盾和不稳定因素，促进了全县社会经济的持续、快速、健康发展，取得了较好成效。

【构筑矛盾纠纷排查调处大网络】 落实领导责任，完善保障机制。及时调整矛盾纠纷排查调处工作领导小组，做到责任落实到人，形成一级抓一级层层落实的工作格局。革吉县综治委指导人民调解工作协调领导小组、各成员单位高度重视人民调解工作，充分认识做好这项工作的特殊性和重要性，切实加强工作领导，落实工作责任，按照分级管理原则，层层抓落实；强化基础建设，构建大调解平台。革吉县以人民调解组织为基础，实行以层级管理为主干、属地管理为基础、行业管理为辅助的层级管理、属地落实、行业指导三结合的管理体系，建立四乡一镇、19个村（居）三级纵向调解网络，同时针对全县矛盾纠纷重点难点热点问题，拓宽行业调解组织，切实做到哪里需要调解，人民调解网络就延伸到那里。全县四乡一镇、19个行政村、企事业单位、各行业性专业性领域单位均建立人民调解委员会，建立调解室24个，配有基层人民调解员两百余名，实现了人民调解工作在全县各工作领域、各层级的全覆盖；规范调解行为，狠抓基层基础建设。为认真贯彻实施《中华人民共和国人民调解法》，狠抓人民调解工作的基础，重新规划乡、镇，村（居）调委会规范化建设，截至年底，规范了乡、镇，村（居）调委会的制度建设、内业卷宗管理，统一调解室，统一制度上墙，统一调解印章，统一内业资料和规范调解卷宗；健全保障激励机制。保障调解经费是开展人民调解工作的起码条件。要切实将调解纠纷补贴、调解员报酬、培训表彰奖励等调解工作经费足额列入财政预算，把软性规定作为硬性措施来落实，保障人民调解工作深入开展，激励广大调解人员积极做好调解工作，为平安和谐革吉建设多做贡献。

【矛盾纠纷调解】 2016年，司法厅下发的《关于加强自治区行业性专业性人民调解工作的实施意见》要求，结合革吉县人民调解工作实际，成立以县委常委、县委政法委书记为组长的行业性、专业性纠纷调解工作领导小组。在县司法局指导下，分设成立革吉县行业性、专业性人民调解委员会。主要类型有医患纠纷、征地拆迁纠纷、道路交通事故损害赔偿纠纷、劳动争议纠纷、旅游纠纷、消费纠纷人民调解委员会等，以实现大调解的格局，确保人民调解工作更好地开展。

2016年，全县各级调解组织共调处各类矛盾纠纷124起，调处率为99%，成功调解124起，调解成功率为100%；从矛盾纠纷类型来看，婚姻家庭纠纷55件；邻里纠纷30件；合同纠纷6件；生产经营纠纷7件；损害赔偿纠纷8件；劳动争议纠纷5件；草场纠纷纠纷6件；其他纠纷7件。

（李毛措）

【领导名录】

局　　长　旦增尼扎（藏族）

主任科员　李 毛 措（女，藏族）

经济管理

革吉县发展和改革委员会

【概况】 革吉县发展和改革委员会（简称县发改委）属政府系统正科级国家机关，下设工信局、粮食局、物价局、统计局，主要负责经济综合管理工作。粮食局负责粮食流通统计工作及粮油市场监督检查工作。物价局主要负责市场价格监督管理工作、主要商品价格监测工作及价格认定工作。工信局主要负责企业备案工作及相关数据收集、材料汇报工作。统计局负责国民经济统计工作，承担着为县委、县政府及有关部门制定促进经济发展和社会进步的决策提供准确、详实数据的重大任务等。2016年，实有人数12人，行政编制7人，事业编制3人，机关公益性2人。

【发挥参谋作用】 发展改革委作为经济综合管理、政府参谋部门，出战略、出思路是其职责所在，也是发挥经济综合管理作用的重要渠道。县级发展改革委参谋作用发挥得如何，直接关系到县委、县政府重大经济决策的水平和经济运行状况的好坏，也关系到发展改革委在县域经济发展中的作用和地位。要善于“抓大事、议大事、谋大事”，成为县委、县政府政策智囊。当前，县域经济发展中存在许多迫切需要解决的问题，县级发改委要发挥政府智囊作用。要把握全县宏观经济运行动态，做好监测工作，及时对经济运行进行调控；要围绕县委、县政府中心工作，敏锐抓住县域经济发展中出现的热点、难点问题，深入企业、乡村调研，掌握第一手资料，认真分析，寻找规律，及时拿出有价值、有份量、能解决实际问题的对策措施和建议。

【发挥协调作用】 发展改革部门是推进经济体制改革，促进经济社会协调发展的部门，具有协调各部门之间关系的职责，尤其是部门职责分工、任务分解、各项工作分别推进的条件下，发改委做好各部门间综合协调工作更是责无旁贷。县级发改委要适应职能转变的要求，创新协调方式，积极探索并建立统筹协调的工作机制，重视发改委协调作用的发挥。县级发改委应在全县宏观经济运行和经济体制改革的重点、难点问题的协调工作中，不断总结，不断创新，探索行之有效的协调方式，并积极争取当地党委、政府以及相关部门的支持，将发改委协调职责和协调范围以政府文件的形式明确下来，形成制度，建立长效协调机制。

【全县项目总体建设情况】 2016年，革吉县全社会计划开（复）工固定资产投资项目74个，其中续建项目8个，新建项目66个；全社会固定资产完成投资4.34亿元，对比年度计划目标任务完成率达到116%。

【对在建项目建设管理情况】 革吉县发展和改

革委员会严格按照基本建设程序和条例，从工程质量、资金控制、安全监督、资料汇总、预防“拖欠”和后期交接等方面加强了管理力度。不断完善和补充项目建设资金审批表制度，规范拨款程序，严格按照施工进度拨款；拨款时附民工工资兑现表和使用单位意见证明，杜绝了拖欠民工工资现象的出现；在各部门实施项目过程中，革吉县发展和改革委员会始终积极与各部门协调沟通，保证革吉县整体项目进展顺利；为保证县委、县政府主要领导及时掌握项目进展情况，提供有效的决策依据，革吉县发展和改革委员会每月开展一次项目进展情况统计。

【项目前期工作开展情况】 2016年，革吉县发展和改革委员会充分利用县政府年初安排的项目前期经费，重点开展市政基础设施项目、生态功能区项目、产业项目、原生态旅游项目的前期工作。

【项目储备情况】 革吉县发展和改革委员会全面负责全县项目的前期沟通、协调、推进和申报工作，督促开展项目前期工作，增加项目储备，搞好项目库建设，优化项目结构，广开渠道筹措项目资金。2016年，革吉县发展和改革委员会全面梳理了革吉县已完成前期工作，计划在“十三五”实施的项目以及正在开展前期工作的储备项目基础上，并积极向上级行业部门申报了前期工作完成及正在开展前期工作的储备项目。

【易地扶贫搬迁】 依据“一方水土养活不了一方人”的实际，以生活在缺乏基本生存条件和发展环境的农牧区贫困人口为对象，革吉县共识别出易地扶贫搬迁对象510户1761人。按照地委提出的“三年任务、两年完成”的时限要求，确定2016年搬迁138户514人的目标，2016年革吉县革吉镇布贡村安置区搬迁规模为70户238人，总投资2340万元，累计完成投资2340万元，建设住房6478平方米，已搬迁入住70户238人。革吉县2017年计划易地搬迁户数372户1247人。

【专项整治】 年内，成立以县委书记担任组长的工程项目领域专项整治行动工作领导小组，制定具有可操作性的工作方案、制定联席会议制度，及时研究和安排整治工作，做到整治工作有安排、有检查、有督促、有落实、有成效；大力推进革吉县项目工程领域突出问题专项整治行动，对全县建筑重点领域开展摸排整治37次，完成1家砂场砖场关停整顿，合理分配采挖河床段，全面完成搬迁工作，砂场旧址恢复工作积极推进。

【物价局工作】 为切实维护消费者的利益，针对食品是否过期，是否卫生，餐饮行业的餐具是否卫生，是否办理卫生许可证等情况。根据革吉县市场发展情况，多次深入对全县药品、食品、蔬菜等商品进行物价专项检查，专门打击囤积居奇、哄抬物价等不法商业行为，切实保护消费者的合法权益。尤其是节假日、敏感时期，发改委加强对市场商品价格监测，并及时上报市物价局，全力保障全县市场秩序的稳定。

【粮食局工作】 年内，进一步加强革吉县粮食流通监督检查工作，规范粮食流通秩序，维护生产者、经营者、消费者的权益，落实2016年度粮食安全县长责任制各项工作，加大“三包学生”、救灾粮等口粮供应力度，稳步推进粮食流通安全。

【工信局工作】 2016年，及时推进农村信息服务站运营管理及网络升级改造，电子政务网建设工作。开展年内脱贫户通信覆盖工作，民族手工业调查研究工作。

【经济综合管理】 革吉县统计局在县委、县政府中心工作的安排部署下，完成主要经济指标的流计分析工作，完成常规统计工作和专项工作，形成真实可靠的数据，为经济发展提供决策依据。进一步做好了国家投资项目和援藏项目的衔接工作，及时反馈经济发展方面的信息数据，反馈全县固定资产投资信息。

【国民经济统计工作】 统计工作是一项严肃而认真地工作，承担着为县委、县政府及有关部门制定促进经济发展和社会进步的决策提供准确、详实数据的重大任务。

完成2016年革吉县国民经济统计工作的各项指标；按照县组织部的要求，完成革吉县发改委以及下设机构的权责清单事项；结合革吉县实际，根据县委政府需要，开展统计调查工作，不折不扣、保质保量、按时完成生产总值核算统计工作任务，未出现一例漏报、瞒报、虚报问题；不断提高统计数据质量，坚持质量评估制度、检查制度、审核制度和报批制度；加强基层统计人员培训，增强统计人员业务能力，提高基层统计队伍素质；切实加强对经济运行情况的监测和分析，按季度形成经济运行报告，总结经验和不足，提出合理化意见和建议，为领导决策提供了依据。2016年，发改委组织统计人员，开展“2016年阿里地区1%人口抽样调查工作”，深入乡镇村庄，调查革吉县人口在数量、素质、结构、分布、居住等方面的变化情况。开展第三次全国农业普查摸底工作，为年底全面开展第三次农业普查工作奠定基础。

【党建工作】 年内，不断完善党支部建设。建立健全党员花名册、党费收缴台账、党建工作制度、生活制度、学习制度等，这些制度的完善，极大地提高了委党支部的战斗堡垒作用。党支部积极支持和参与党务公开，参加党组织的各项活动。深入开展“两学一做”学习教育、党风廉政建设、机关文明创建、“讲学习、讲忠诚、正风纪、转作风、提效能”学习教育等活动。发改委全年共组织干部职工学习48余次，学习内容达20多项，人均自学72小时左右，集体讨论5次、县级领导讲党课3次。2016年，发改委新制定5项新的规章制度，形成了以制度规范人、约束人、推动作风建设的长效机制；同时，设立了“党风廉政”教育专栏和“两学一做”学习教育专栏。

【党风廉政建设】 2016年，组织党员干部职工学习《中国共产党廉洁自律准则》《中国共产党纪律处分条例》《中华人民共产党章程》《中央八项规定》《自治区约法十章》等，不断加强勤政廉政教育，始终把反腐倡廉教育贯穿于干部职工的培养、选拔、管理、使用等各个方面。同时，发改委始终坚持把党风廉政建设与政治思想教育相结合，与项目建设工作相结合，把党风廉政建设贯穿到各项工作当中。单位经费开支经集体研究决定，然后报分管领导审批同意后实施，杜绝了腐败等现象的发生。

【启动全国第三次农业普查】 2016年底启动全国第三次农业普查；2016年底统计局权责清单工作全面完成；2016年底全国第三次农业普查前期工作内容：农业普查是革吉县在全面建成小康社会进入决胜阶段进行的一项重大调查，为确保革吉县第三次全国农业普查各项工作任务落到实处，1月10日，召集19个乡（镇）的专职普查人员开展动员部署大会。

革吉县统计局及时关注第三次农业普查相关动态，及时成立以县委常务副县长确巴为组长的革吉县农业普查领导小组，并利用一天的时间讲解此次普查的内容（农业普查表、农业经营单位普查表、规模户普查表、行政村普查表和乡镇普查表）同时认真学习上级文件精神，切实把握文件精神实质，做到心中有数，切实做好辖区内的农业普查组织实施工作，确保革吉县农业普查工作顺利开展。

革吉县统计局采取宣传标语、横幅、宣传栏、一封信等形式，向广大群众宣传农业普查的目的、意义、方法、内容、义务和责任等，促使农业普查家喻户晓，深入人心，切实为开展农业普查工作营造良好的社会氛围。

（卢　李）

【领导名录】

主　任　郝永福（12月免）
　　　　黄　超（12月任）

副主任、粮食局局长、工信局局长
　　　　边巴欧珠（藏族）

副主任　次仁德吉（女，藏族，12月任）

革吉县财政局

【概况】 革吉县财政局位于革吉县河北路18号。是主管全县财政收支、预算编制、资金分配、使用绩效等具有征收、管理、监督等职能的政府经济工作部门。财政局在岗国家公务员4名，公益性岗位1名。

【党建工作】 根据上级党委指示精神，结合本单位的实际，围绕全面贯彻党的路线方针政策，促进部门各项工作。财政局按年初的计划，狠抓党的思想建设、组织建设和党员的作风建设，加强对其他组织和各部门之间的协调联系，使各项工作迈上了新台阶。

2016年，财政局进一步推动党风廉政建设责任的落实，强化党风廉政建设工作，做到党风廉政建设工作与精神文明建设和行政业务工作同时抓，自觉把党风监督、法律监督、群众监督结合起来，在党员领导干部中开展“党员廉政教育学习教育活动”，保证党的路线方针政策和国家的法律法规在本系统内得到落实。

【“两学一做”学习教育活动】 2016年，财政局认真践行“两学一做”学习教育活动，将“学”与“做”充分结合，贯穿于县党委、县政府的决策和工作中，集体抄党章党规，集中学习习近平总书记系列讲话精神。将学习分为集中学习和自主学习两种，并通过总结经验、整改不足的方式，使党员对理论知识的认识更为形象具体。通过一系列活动的开展，党员的工作积极性有很大的提高，带动全局的整体工作向规范化发展。

【党风廉政建设】 按照县委和县纪委的统一部署，全面落实党风廉政建设责任制主体责任，结合工作实际，明确2016年党风廉政建设责任分解，对本系统的纪检监察和反腐倡廉工作进行专门部署和安排，明确完成时限和责任人。把党风廉政建设责任制的落实与财政业务工作紧密结合起来，一起部署、一起落实、一起检查，形成“一岗双责”的工作格局。认真开展党务政务公开工作，认真落实党务政务公开制度。严格执行“三公”经费预算控制及公车配备使用管理规定。按照县委、县政府要求执行公务接待管理制度和公务用车管理制度，认真落实中央“八项规定”，严控“三公”经费支出。严格按照县委、县政府有关规定控制各项费用，杜绝奢侈浪费现象发生。

【编制预算】 2016年，是“十三五”开局之年，也是全面深化预算管理体制改革的关键一年，县财政局以“依法理财，打造阳光财政”作为财政工作总基调，紧紧围绕县委、县政府中心工作，高举中国特色社会主义伟大旗帜，以邓小平理论、“三个代表”重要思想、科学发展观为指导，认真贯彻落实党的十八大、十八届三中、四中、五中、六中全会精神，贯彻落实中央第六次西藏工作座谈会精神，根据《中华人民共和国新预算法》，结合革吉县实际，编制完成2016年革吉县财政收支预算草案。严格按照新预算法和区、市两级经济工作要求，以本县的实际财力为准，坚持统筹兼顾、量入为出的原则，在“保工资、保运转、保民生、保稳定”的前提下，注重改善民生和社会和谐稳定，确保精准扶贫、维护稳定等重点工作资金需求。进一步加强预算对政府支出的约束力，遵循中央“八项规定”和“约法十章”要求，严格控制“三公”经费，降低行政运行成本。

【收支完成情况】 2016年，全县一般公共预算收入完成1382万元，为年初预算的90%，比2015年同期减少140万元，同比下降9%。其中：税收收入完成943万元，占一般公共预算收入的68%，同期减少37万元，同比下降4%，主要是受“营改增”政策影响；非税收入完成438万元，占一般公共预算收入的32%，同期减少103万元，同比下降19%。

2016年全县一般公共预算支出完成53560万元，占全年支出指标的100%，同期增支8666万元，增幅19%。其中：一般公共服务支出16185万元；公共安全支出3145万元；教育支出6584万元；科学技术支出6万元；文化体育与传媒支出906万元；社会保障和就业支出1806万元；医疗卫生与计划生育支出2334万元；节能环保支出898万元；农林水支出18683万元；交通运输支出89万元；资源勘探信息等支出120万元；商业服务业等支出200万元；国土海洋气象等支出130万元；住房保障支出1477万元；其他支出997万元。

【完成固定资产清查】 2016年，为进一步规范和加强固定资产管理，维护固定资产使用和管理的安全，按照《财政部关于开展2016年全国行政事业单位国有资产清查工作的通知》（财资〔2016〕2号）文件精神要求，根据西藏自治区财政厅和阿里地区财政局的具体安排部署，县财政局成立固定资产清查专项领导小组，指派专人开展2016年全县的固定资产清查情况。截至2015年12月31日的资产清查结果情况：行政事业单位固定资产总值49802万元，其中交通工具价值1525万元，房屋及建筑物价值30875万元，其他固定资产价值17402万元。

【住房公积金管理】 2016年，住房公积金共缴存2870万元，其中个人缴存1435万元，单位缴存1435万元。

（涂玲君）

【领导名录】

副县长、财政局局长

普布卓玛（女，藏族）

副局长、主任科员、国资委主任

陈 绍 学（10月免）

副局长、审计局局长

洛松扎西（女，藏族）

副局长、国资委主任

涂 玲 君（女，10月任）

革吉县国土资源局

【概况】 2016年，革吉县国土资源局有工作人员7人，其中正科级1人；副科级2人；科员2人，驾驶员1人，工人1人。国土局主要负责革吉县土地管理，矿产资源管理和地质灾害防治等工作。

【完成上级交办任务】 年内，革吉县国土资源局按照科级目标管理责任书要求，对上级各项文件精神和工作任务都能予以完成按时完成半年和全年计划、总结的上报工作；对决定、决议、通知等能够很好地加以落实，并及时以简报形式上报落实情况；加强与联系村的联系，积极协调矿山企业为羌麦村争取矿区补助。

【土地管理】 为规范土地审批程序，切实为革吉县经济建设提供必要的用地保障，为适应新形势下土地管理工作的要求，县国土资源局加大土地审批程序规范化、正规化建设，协调相关业务部门对土地预审、用地申请、供地等环节都制定统一审批流程，明确每一环节的工作要求。截至11月20日，共办理用地预审（初审）51宗、组织土地用地报件1宗；为依法处理和充分利用闲置土地，县国土资源局对全县范围内已出让的建设用地进行全面清理，共清理闲置土地1宗，并按照《闲置土地处置办法》相关规定进行了处理，这也是革吉县首例闲置土地处理案例；为规范土地出让程序、提高建设用地使用效率，县国土资源局联合住建、发改委、项目管理中心等几家单位对革吉县两宗国有建设用地以招拍挂的形式进行了出让。此项工作的开展为革吉县下一步大范围推行土地招拍挂工作积累了丰富的经验；全力监督项目建设单位做好征地补偿和临时用地补偿工作。

【矿产资源管理】 县国土资源局加大革吉县范围内的探矿权检查清理，积极配合“青藏专项”工作。县国土资源局认真梳理相关规章制度，规范探矿权备案程序。从登记备案严格审核勘探资格到勘探工作进行过程中的监督和巡查工作再到工作结束后的检查验收，做到勘探工作的事先、事中、事后全过程的监督管理，全年共为21家勘探单位办理了探矿权备案手续；为做好2016年打击非法开采砂金矿专项活动，县国土资源局加大政策宣传和矿区巡查力度，截至11月20日，共出动车辆34台次，出动国土执法检查人员89人次、行程一万零六百多公里、投入车辆及巡查经费8万余元，对全县境内的所有探矿点、矿权点以及砂金矿点进行全方位排查；加强与矿山企业沟通协调，加大盐湖矿区硼矿调运。截至年底，已超额完成全年调运任务，调运量已超过7万吨。加大宣传教育和矛盾纠纷排查化解力度，县国土资源局组织干部职工多次下乡实地了解勘探工作中出现的各种矛盾、困难。针对存在的矛盾纠纷积极与当事各方沟通、协调，对无法解决的矛盾，县国土资源局都做了详细了解，并以专题调研的形式及时上报给政府和上级业务部门，努力为勘探工作创造良好的工作环境。

【地质灾害防治】 2016年初，县国土资源局开始着手编制革吉县地质灾害应急预案、排查全县境内地质灾害隐患点，经排查确定的地质灾害隐患点7处，其中雄巴乡象鲁康、芝热寺两处列为重点监控点。对这两处发生的崩塌和泥石流地质灾害做到早发现、早报告；通过实地勘察、实地讲解规避地质灾害的方式方法、明确各隐患点的撤离路线、设立警示标志等方式向隐患点周边的群众进行地质灾害防治教育。针对2016年汛期强降雨较频繁的情况，县国土资源局通过电话、微信群等多种形式加强与四乡一镇及群测群防员、地质勘探队的实时沟通。及时通报异常气象情况，让各监测点做到早预防、早准备。

【不动产管理】 年内，按照上级业务部门的统一安排部署，革吉县已按相关要求成立了不动产登记局和不动产登记中心，资料移交、平台建设已按相关规定正有序开展。

【其他工作】 年内，县国土资源局与上级业务部门沟通协调，在文布当桑乡和盐湖乡新增砂石料厂，以增加农牧民收入。截至年底，已将相关申报资料上报地区国土资源局；与盐湖矿区的两家矿产企业沟通协调，将原有的补偿费由原来的每吨7元提高到每吨10元，可使羌麦村增加收入约20万元。

【党风廉政建设】 年内，领导重视、安排部署结合工作实际，及时制定党风廉政工作计划，把党风廉政建设工作纳入全年整体工作中，与业务工作一同部署、一同检查、一同落实，并明确局领导为第一责任人，确保党风廉政建设工作落实到实处；分解任务、明确责任；党风廉政建设和反腐败工作任务下达后，县国土资源局对照任务进行分工，及时成立党风廉政建设领导小组，制定领导小组工作职责，按照“一把手”负总责，局内部签订责任书，一级抓一级，一级对一级负责的工作格局，认真履行职责；开展思想教育，预防不廉洁行为，通过局领导亲自讲党课，组织学习相关制度和讲话精神等为主要载体开展思想教育，早认识、预防不廉洁行为。县国土资源局干部职工进一步增强法律意识和党纪条规意识，从而带头遵守和执行党纪国法，始终做到依法行政、依法办事，自觉搞好党风廉政建设；建立健全各项制度、做到“人、才、物”齐抓共管，结合县国土资源局工作实际，制定完善各项制度，以制度规范行为，以行为完善制度；找准防控点、制定相应措施，牢固树立“预警在先，防范在前”和“最大限度地减少腐败滋生的土壤条件”“最大限度地减少党员干部犯错误机会”的工作理念，在关键岗位、关键环节实施排查岗位廉政风险点、优化工作流程、采取防范措施。

【安全生产】 年内，加强组织领导，确保无安全事故；以“安全第一、预防为主、综合治理”的方针，围绕实现全年安全生产控制目标和目标管理责任书确定的各项工作任务。安全生产形势有较大改善，较好地完成了各项工作任务；抓好矿山安全监管工作，确保矿山企业安全生产；为加强和规范革吉县矿产资源勘查、开发管理和安全生产工作，保障矿山生产安全，防止矿山事故发生，保护矿山职工人身安全，依据“谁主管，谁负责”的原则，结合革吉县实际县国土资源局制定安全生产应急预案、安全生产责任书，与各企业、勘查单位备案时签订安全生产责任书。杜绝安全生产事故发生；坚持预防为主，狠抓事故隐患治理和专项整治工作；按照《革吉县2016年“安全生产月”和“安全生产革吉行”活动方案》的通知要求，县国土资源局把矿山企业安全生产与土地日宣传活动结合起来，组织人员对广大群众散发《安全生产法》《矿产资源法》《土地法》等宣传资料。严格落实“管行业就要管安全”的要求，加强革吉县非煤矿山领域的安全生产监督检查工作。抓好落实安全生产各项规章制度，确保全年本行业无任何安全事故。

【综治工作】 年内，县国土资源局按照县社会管理综合治理工作的目标和要求，紧紧围绕维护社会稳定，促进经济建设这个工作中心，联系行业工作实际，突出教育防范重点，扎实推进社会管理综合治理工作并取得了一定的成效。县国土资源局社会管理综合治理工作领导组，根据人事变动情况及时调整，为综合治理工作的顺利开展提供了有力的组织保证；签订单位内部“创安”目标责任书，制定考核办法，把任务层层分解到基层，增强全局干部职工的责任感；及时召开综合治理领导组会议，通报工作开展情况，分析矛盾纠纷隐患，研究排查措施；为使各项工作能够正常有序地开展，有章可循，建立社会管理综合治理工作汇报制度、调解制度等一系列的规章制度。

【信息上报工作措施】 年内，县国土资源局明确专人负责信息搜集、整理、上报工作。按照单位内部分工，要求各负责人对各自工作领域的工作开展情况及时向信息报送人员提供信息资料。做到突发情况信息实时报送、紧急信息不过夜。加强公文写作学习，努力提高信息质量。全年上报简报123条，综合信息8份，能够做到喜忧同报，及时报送。

（洛桑卓嘎）

【领导名录】

局　长　姜　　勇（12月免）
　　　　索朗多吉（藏族，12月任）
副局长　达瓦平措（藏族）
　　　　尼　　珍（女，藏族）

革吉县商务局

【概况】 革吉县商务局为县行政管理部门，行政编制3人，其中正科级1人，副科级2人；县商务局下设供销合作社和质检所，其中供销合作事业编制2人（副科级1人，科员1人），质检所行政编制2人（副科级1人，科员1人）。具体职能为推进商贸流通业、商贸服务业发展，拟订开拓市场、促进消费的政策措施；组织实施重要商品市场调控和流通管理；负责城乡商贸统筹发展工作，拟订商贸流通发展中长期规划、商品市场规划和城乡商业网点规划，承担城乡统筹商贸网络体系建设工作，推进城乡市场体系建设；牵头协调整顿和规范市场经济秩序；负责商贸流通业监督管理；承办县委政府交办的其他事项。

【成品油管理】 年内，革吉县商务局严格执行《革吉县零散成品油销售管理办法》，严格审批程序，杜绝无证加油，严禁违规携带汽油和使用塑料桶装零散成品油，杜绝非法改装油罐车加油，并对加油站提出具体要求，严禁超量违规加油。革吉县商务局工作人员按照县委的统一安排部署，从维护社会稳定的大局出发，派人到加油站带班。为保证周末、节假日、敏感时期加油站值班不空岗、不缺岗、不漏岗，县商务局组织人员到四乡一镇进行突击检查。2016年12月，革吉县商务局按照上级部门要求认真审核，积极与县平安加油站、县中石油公司联系，收集相关资料，上报地区商务局，完成了县两家加油站的年检工作。

【商贸流通领域安全监管】 2016年，县商务局认真履职，积极工作，加强商贸流通领域的监管工作，密切注视市场动态，维护市场物价稳定，保障群众生活必需品的供应。在工作中，始终把安全监管工作摆在重要的议事日程，抓好工作方案落实。实行不定期不打招呼直插现场的方式对加油站、农贸市场、超市等商贸领域进行安全检查，确保商贸领域安全。按照相关要求，着重对加油站《西藏自治区零散成品油管理办法》落实情况、相关证照手续、实名登记执行情况、驻站民警在岗情况等九项内容进行检查。2016年，共进行各类安全隐患检查8次，做到将安全隐患基本扼杀在萌芽状态，排查出的安全隐患也完成整改；在重大节假日期间，革吉县商务局积极与公安、工商、食药、消防、安监等部门联合组成检查组进入超市、批发部、农贸市场、加油站、加气站等场所检查市场商品供应和加油站、加气站安全生产情况。通过检查，革吉县在重大节日期间，市场存货充足，种类齐全，市场供应稳定，物价平稳。

【碘盐推广】 2016年，为实现“普及碘盐，消除碘缺乏病”的危害，保障人民群众的身体健康，县商务局积极与各乡（镇）沟通协调，统计上报人数，按照上级部门的要求，继续加大碘盐推广力度，按每人每年5.5公斤，每公斤0.5元的标准，共向全县四乡一镇19个行政村的农牧民群众配送碘盐88.061吨，碘盐的推广、食用和覆盖率达到100%。

【农贸市场逐步建设】 年内，革吉县商务局为完善城市基础设施建设，方便群众的生产生活，努力提升城乡居民消费水平，培育消费热点，引导大众消费。2016年，投资320万元的革吉县农贸市场升级改造完成，投资208万元盐湖乡农贸市场建设完成并投入使用。农贸市场的建设使革吉县的城市基础设施得到逐步完善，为城市蔬菜、肉类经营提供了统一场所，方便了群众购物和城市管理。

【家电家具补贴按时兑现】 年内，革吉县商务局开展家电家具补贴工作。2016年，革吉县家具销售145（台件），销售额为745256元，兑现补贴资金为257179.20元，家电销售324（台件）销售额为528924元、兑现补贴资金为147495.30元。

【结对帮扶】 革吉县亚热乡塞利普村村民平措、扎西仁青、阿第、白玛属于商务局的帮扶对象。6月24日和10月8日，商务局到精准扶贫结对帮扶对象家中进行调研和对村民进行帮扶慰问，掌握帮扶对象的贫困原因，向帮扶对象宣传精准脱贫相关知识，帮助帮扶对象理清脱贫措施和思路。在慰问过程中，为帮扶对象带去大米、面粉、糌粑、砖茶等生活必需品。通过与帮扶对象聊天和拉家常，了解到致贫的主要原因有家庭人口多劳动力比较少；文化低，市场经济意识淡薄，进入市场的能力弱；缺技术，无一技之长，找工作难；思想不解放，等、靠、要依然严重。针对存在的问题，商务局积极为帮扶对象脱贫致富出谋划策。

【电子商务进农村综合示范项目立项】 年内，革吉县商务局紧紧围绕自治区商务厅及地区商务局的决策部署，经过认真筹备，革吉县商务局于2016年6月参加自治区商务厅举行的电子商务进农村项目评审。由于其他原因，革吉县电子商务进农村项目未获得批准。

【供销社遗留问题清理】 2016年革吉县商务局为推进全区供销合作社改革，组织人员积极配合自治区联合调查组，对原供销合作社历史遗留问题进行清理，清理工作情况于2016年5月完成并上报地区商务局。

【党建工作】 2016年，革吉县商务局认真参加政财支部组织的学习实践活动，党建工作坚持以邓小平理论和“三个代表”重要思想为指导，深入落实科学发展观，在认真学习、宣传、贯彻党的十八大精神和习近平总书记系列讲话的基础上，认真践行党的群众路线教育实践活动，将党建工作，作为商务局的头等大事来抓，按照抓党建就是抓好工作，抓不好党建就是失职的要求，不断加强党员教育，使党员的先进性，先锋模范作用体现出来。促进党员自觉参加支部组织的各项活动，形成科学化、制度化和规范化，不断增强党员组织意识、大局意识、创新意识。

【党风廉政建设】 年内，商务局紧紧围绕革吉县党风廉政目标管理责任书的要求，健全“一把手负总责，党员干部各负其责，班子成员齐抓共管、纪委协调督查”的领导体制和工作机制，突出工作重点，加大工作力度，抓好革吉县商务局党风廉政工作的落实，要求单位人员遵守中央八项规定、区党委“约法十章”及“九项要求”，严格遵守党纪国法，约束自己及其身边的亲属，将单位各项工作进行阳光下操作，接受群众监督，从思想上筑牢不想腐、不敢腐的反腐防线，不断推进反腐倡廉工作的深入开展，不断加强县商务局党员干部的党风廉政学习，始终保持清醒的头脑，与时俱进，恪尽职守，廉政自律，确保党风廉政建设工作得到落实。

（陈永川）

【领导名录】

局　　长　扎西平措（藏族，12月免）
　　　　　陈 永 川（12月任）
副 局 长　康卓次吉（女，藏族）
主任科员　平措坚才（藏族，12月任）

革吉县安全生产监督管理局

【概况】 2016年，革吉县安全生产监督管理局认真贯彻落实安全生产法律法规，坚持“安全第一、预防为主、综合治理”的基本方针，认真履行工作职责，着力夯实工作基础，切实加强安全监管，依法严肃查处违法行为，革吉县安全生产形势总体平稳并趋向好转。2016年，革吉县危险化学品、道路交通、烟花爆竹、工矿商贸等行业未发生安全生产死亡事故，道路交通发生2起事故，死亡3人。

【安全生产】 提高认识，坚守红线意识，以安全促发展。年内，革吉县认真贯彻落实西藏自治区党委书记陈全国、主席洛桑江村一系列重要讲话、副主席何和文浩《在全区安全生产工作电视电话会议的讲话》精神，以及专员朱中奎在地区安全生产工作会议上的重要指示批示和副专员罗庆伍的重要讲话精神。为了提高认识，强化红线意识，根据区、地两级安全生产工作电视电话会议精神，1月26日，革吉县召开2016年“春节、藏历新年”及“两会”期间安全生产大检查专项整治工作部署会，县委副书记、县长、县安委会主任王明杰出席会议并做重要讲话，要求各乡（镇）、县安委会各成员单位，在任何情况下都要把保护人的生命安全放在第一位，要认清安全生产工作的长期性、复杂性、艰巨性，要坚守生命红线，加大力度抓好各项工作的落实，以安全促发展，实现安全生产的长治久安。4月8日，召开革吉县2016年二季度安全生产工作例会，县委副书记、政法委书记、公安局局长、县安委会副主任旺庆出席会议并做重要讲话，会议就做好二季度全县安全生产工作作了重要指示。

【落实党政同责，“一岗双责”】 年内，为进一步加强各级党委、政府对安全生产工作的组织领导，深入贯彻落实上级关于安全生产“党政同责、一岗双责、齐抓共管”的要求，明确各级党委、政府的安全生产责任，结合相关法律法规，制定《革吉县安全生产党政同责暂行规定》和《革吉县安全生产“一岗双责”暂行规定》，并下发到各乡（镇）、各部门。

【整治隐患，依法治理】 年内，元旦、春节以及“两会”，属高度敏感时段，确保辖区安全不仅关系到社会的安定稳定，更是重要的政治任务，根据县安委会的工作部署，确定以危险化学品安全、消防、道路交通、食品安全、烟花爆竹及春季校园安全检查为排查整治内容，把开展安全生产大检查工作和今冬明春“清剿火患”战役工作有机结合起来，按照“全覆盖，零容忍，严执行，重实效”的要求，制订具体专项工作方案，1月26日，召开专题会议并进行安排部署。会议明确各乡（镇）加大力度全面排查治理，整改消除各类隐患，县安监、公安、消防、工商、交通、食药等部门按照“管行业必须管安全、管业务必须管安全、管生产经营必须管安全”的工作要求，形成联合执法检查组深入各乡（镇）、各企业指导督促安全生产工作，认真开展各项排查整治工作。截至年底，全县成立检查组共6个，参加检查30人次，县安委办组织安监、公安、教育、消防、食药、工商、商务、乡（镇）联合执法检查6次。检查单位和场所30个，检查出一般隐患22项，整改一般隐患20项，整改率为90%。

【签订责任书】 革吉县按地区要求制定《中共革吉县委员会、革吉县人民政府关于进一步加强安全生产工作的意见》《2016年革吉县安全生产工作要点》《革吉县安全生产大检查大排查工作长效机制》《关于进一步推进“三级五覆盖”和“五落实五到位”工作的通知》和《安全生产目标责任书》，按照“谁主管、谁负责”和“属地管理”的原则，并于4月2日分别与各单位、各乡镇签订责任书，进一步将任务分解到各乡镇、各单位签订责任书。县安全生产委员会坚持“谁主管、谁负责”的原则，分别与各矿开发企业、建筑施工企业、危险化学品经营销售单位直接负责人签订安全责任书，通过签订责任书，进一步落实安全责任，明确责任人；县委、县政府认真研究部署安全生产工作，及时解决安全生产实际问题。

【安全生产专项资金投入】 2016年，革吉县委、县政府领导高度重视安全生产工作。在每月的工作安排会上对上月安全生产工作进行总结回顾，对下月工作进行安排部署；对安监局、发改委、交通局、公安局等部门提出的问题，县委、县政府、安委会及时进行研究，解决，确保革吉县安全生产健康有序进行；为保障革吉县安全生产各项工作顺利开展，及时调整充实安全生产工作领导小组，并加大安全生产专项资金投入，2016年革吉县财政已预算安全生产专项资金35万元。

【开展安全生产大检查】 年内，由县委常委、常务副县长确巴带队开展安全生产大检查、大排查工作3次，按季度召开安全生产会议3次，定期不定期开展安全生产专项检查11次。革吉县将安委会办公室、安全生产月、大检查、专项整治、事故调查和预防道路交通事故、驻站安全员生活补助等专项经费列入安监部门年度经费预算中，确保工作需要和专款专用。

【安全生产监管机构“五到位”】 2016年，革吉县按照地区安监局的要求，结合实际，深化安全生产监管体制，完善安全生产委员会工作机制。根据县委、县政府人员变动，革吉县及时对安全生产成员进行相应调整，由县委副书记、政法委书记和政府常务副县长分管安全生产工作，各乡镇也按要求成立安全生产领导小组，确定安全生产联络员。革吉县将严格考核所有乡镇、县直各单位安全生产责任书。年初县委、县政府主要领导要求，从2016年起，革吉县安全生产目标责任实行专项考评，专项验收，专项奖惩。县安委办草拟相关考核表，成立考核领导小组和考核组，政府主要领导同意了县安委办意见，并提出考核要求。

建立健全各级行政领导安全生产“党政同责、一岗双责，齐抓共管”制度、责任联系点制度及考核奖惩制度；革吉县严格落实安全生产依法行政的主线，牢固树立安全生产红线意识，不折不扣按照“党政同责、一岗双责、齐抓共管”的要求，进一步建立健全安全责任体系，全面落实“管行业必须管安全、管业务必须管安全、管生产必须管安全”工作要求，强化安全生产目标考核，实行安全生产责任追究和“一票否决”，实现安全责任体系全覆盖。

【“三查三改”行动方案】 年内，根据阿里地区安委会办公室关于印发《阿里地区危险化学品易燃易爆企业安全隐患“三查三改”行动方案》的通知出台《革吉县危险化学品易燃易爆企业安全隐患“三查三改”行动方案》。并提出四点要求：成立由县委常委、常务副县长确巴为组长、各成员单位主要负责人为成员的危险化学品、易燃易爆企业安全隐患“三查三改”行动工作领导小组，各全面领导、组织、协调相关工作；安委会办公室成立危险化学品、易燃易爆企业安全隐患“三查三改”行动工作专班、指定县安监局副局长洛桑仁青负责日常工作，每月5日前报送工作开展情况和发现的问题和困难；按照各自职责分工和行业领域分工，依照有关法律法规的规定，切实加强对各企业的监督指导工作；各部门要建立工作交流反馈机制，各级行业主管部门要及时将行动中涉及其他管理部门职责的事项通报给同级安全监管和行业主管部门，确保工作有效衔接。

【开展安全生产宣传教育】 为使2016年“安全生产月”活动更富有成效，精心组织部署，围绕“加强安全法治、保障安全生产”这一主题，开展形式多样、内容丰富的宣传教育活动。6月16日，革吉县开展“安全生产宣传咨询日”活动。县安监局牵头，组织县交通局、教育局、农牧局、消防大队、水利局、交警大队等县安委会成员单位在县城主街道开展咨询日宣传活动。一上午时间，各单位共出动宣传工作人员20多人，悬挂安全生产宣传条幅5幅，发放各类宣传资料3200余份，接受群众咨询300余人次。

6月2日，县委常委、常务副县长确巴主持召开革吉县“安全生产月”工作部署会议。全县安委会成员单位的负责同志参加会议。会议分析当前全县安全生产领域存在的问题，针对存在的问题提出了具体的整改措施，研判“打非治违”专项行动和安全生产工作中存在的主要问题，安排部署六月“安全生产月”活动。县委常委、副县长确巴就“打非治违”专项行动、六月“安全生产月”活动、当前安全生产工作进行详细、周密的安排部署。广泛发动，全面开展好六月“安全生产月”活动。各活动牵头组织部门，要认真研究，精心策划，结合各自行业领域安全生产工作责任，熟悉安全生产工作职责，制定切实可行的活动具体实施方案，并组织、指导、协调、督导各乡镇、各有关部门、有关行业和企业认真落实活动方案，在“安全生产月”活动期间务求使其活动收到实实在在的良好效果；要深化“打非治违”专项行动，着力整治重点行业领域的突出问题。要重点抓好道路交通安全、非煤矿山安全、建筑施工安全、公众聚集场所和消防安全、食品药品安全、危 产知识竞赛活动。通过下发活动通知、组织开展学习，组建12支参赛队。6月30日，在革吉县礼堂会议室举行革吉县2016年“两学一做”学习教育和安全生产知识竞赛活动。

【非煤矿山】 从春节后开始，县安监局、国土、公安等部门，深入企业安排部署了全县非煤矿山企业复工检查行动，对全县所有非煤矿山企业进行了系统的排查，检查中发现安全隐患68处，下达整改通知达5份。并对存在的隐患现场要求整改到位，勒令关停沙场1家，要求具备安全生产条件后投入生产。

【道路交通】 年内，以整治道路交通安全隐患和“三超一疲劳”为重点，县安办组织牵头4次、定期与不定期开展道路安全隐患联合大检查，加大道路违法行为的查处力度。

【消防及公共安全】 年内，县安办、公安、消防、工商、文广局等部门集中力量，对一批人员密集场所、易燃易爆单位、耐火等级低的密集建筑区以及“五小场所”（小型宾馆、饭店、招待所、商店、小型生产经营场所）开展了专项检查；加大了对旅游场所的安全管理，下达整改通知4份，有效杜绝了火灾事故的发生。

【教育安全】 年内，县教育局、安监、公安、食品药品等部门深入开展开学前安全检查，检查中发现各学校都及时开展安全隐患自查活动，排除了安全隐患，确保了安全。

【确保信息畅通】 年内，各乡镇、县安委会成员单位建立安全隐患台账，对检查的次数和内容进行详细登记，分重大隐患和一般隐患，及时上报安办汇总报县政府。对一季度安全生产工作开展情况和排查出的安全隐患，县安委会及时通报了全县，规范了信息报送制度，确保了信息畅通。

【建筑施工】 年内，县住建局、质监站、项目管理中心等单位，对全县辖区范围内在建工程项目进行节前严格细致的检查。发出现场检查记录11份，整改通知11份，发现安全生产隐患28条，能整改的立即整改，对不能及时整改的下发整改通知书限期整改，并明确专人负责。

【食品药品检查】 年内，由食药局牵头，组织协调县公安、工商、农牧、商务、文化、旅游、安监等有关部门在全县范围内进行食品安全检查，各乡镇主要负责人协助联合工作组，做好相关检查工作。共检查学校食堂7家餐饮服务单位、食品流通单位、食品生产加工小作坊共计1339家次，检查出过期食品86种，总价值85288.6元，并全部没收销毁，有效地预防了食品药品安全事故的发生。下达责令整改通知书8份，发放食品安全宣传资料920余份。

【危险化学品检查】 县安委办对加油站、加气站等单位，从业人员劳动保护、应急器材、人员值班、操作规范等方面情况进行安全检查，检查过程中发现43处安全隐患，下达整改指令书7份。要求相关单位和个人建立相关的安全管理制度及从业人员教育培训，做到防患于未然。革吉县对城区内的危险化学品经营单位派驻了安全监管员，由县委组织部统一调派各单位干部职工对革吉县内各加油（气）站派驻，安全监管员负责对加油（气）站成品油管理进行严格监管，对进出加油站的加油车辆实行三证（即驾驶证、行驶证、身份证）齐全，散装油实行“三章”（即镇人民政府公章、镇派出所公章、公安局公章）齐全，严格把关。革吉县安监、治安、维稳成立成品油气巡查小组，采取明查和暗查相结合定期不定期严格检查安全监管员在岗情况，从审批到加油到使用全过程进行监管，坚决确保监管工作没有漏洞、没有缝隙、没有空白点。县安监、治安、维稳和分管县级领导按照定期检查和随机抽查的形势多次对加油站明察暗访。县消防大队加大对危化品领域消防安全重点单位等检查力度，组织开展消防灭火演练13次，建立及落实了消防安全责任制、日常防火检查巡查、消防安全制度，消防安全操作规程、消防安全教育培训和应急疏散预案。

要求辖区所有从事危险化学品生产、经营、储存和运输单位，包括加油站、加气站等单位。要加强值班人员到位情况，并坚持24小时夜间不间断巡查制度。 通过以上具体措施，增加了辖区安全防范能力，确保了辖区的安全生产 、政治稳定和社会秩序稳定。

（洛桑仁青）

【领导名录】

局　长　洛桑仁青（藏族，12月任）

副局长　洛桑仁青（藏族，12月免）

革吉县国家税务局

【概况】 2016年，革吉县国家税务局坚持以邓小平理论、“三个代表”重要思想、科学发展观以及党的十八届五中、六中全会精神为指导，按照全区税务工作会议的总体部署和要求扎实开展各项税收工作。

【开展“两学一做”学习教育】 通过个人自学

和集中学习的方式，学习《中国共产党问责条例》、习近平总书记系列讲话精神，认真撰写心得体会，积极开展学习研讨；召开党支部委员会和支部党员大会，并按照“两学一做”学习教育要求召开专题学习教育党课。

【学习领会系列讲话精神】 组织干部职工深入学习全区税务系统工作会议精神，要求把干部职工的思想和行动统一到会议精神上来，并抓好抓紧落实，推动税收工作；深入学习贯彻习近平总书记在庆祝中国共产党成立90周年大会上的讲话精神，并结合自身学习情况，谈认识、谈体会，激发干部职工干事创业的热情和干劲；组织全体干部职工观看纪念红军长征胜利80周年大会盛况；深入学习党的十八届六中全会精神，按照总局和区局的工作部署，国税局将全面从严治党工作落到实处。

【维护社会稳定】 年内，按照自治区国税局、地区国税局、革吉县委的统一部署和要求，抓好维护稳定各项工作，确保了税收工作顺利地开展，实现维稳工作“三不出”的目标。

【依法组织税收收入】 年内，认真落实新预算法和征管法，一如既往地坚持“依法征税、应收尽收、坚决不收过头税和越权减免税”的组织收入原则，认真落实小微企业和促进创业就业等方面税收优惠政策，加强税收收入分析，进一步加强税收征管力度，尽力完成收入目标；准确查找和分析税收收入进度与预期之间差异的原因，不断提高预测数据的准确性，坚决防止“过头税”等虚增收入的行为，确保税收收入的增长质量；准确预测和分析税收收入，掌握组织收入主动权。加强与县工商局、国土局、财政局等部门建立协税护税机制，形成税收征管合力，通过“三证合一”信息共享平台，实现了企业登记信息共享，管理互助，信用互认。2016年共入库各项税收收入1873万元，完成年度计划任务的112.6%。

【推进税制改革】 2016年5月1日，根据全国税务系统统一部署和要求，全面推行四大行业“营改增”税制转换工作，此项工作已顺利完成；从2016年7月1日起，资源税从价计征全面改革以来，按照上级税务部门的工作部署和要求，迅速行动、充分准备、扎实工作，确保了资源税改革的顺利实施。8月1日上午10:18，国税局为西藏阿里华峰山水矿业有限责任公司成功申报开出资源税改革后第一张税收缴款书（银行经收专用）。计税销售量为3608.28吨，计税销售额为2607258.12元，缴纳资源税额为130362.91元。

【依法行政】 年内，落实“一窗通办”全程办税服务模式，继续落实“三证合一、一照一码”登记制度改革，优化办税服务，简化表证单书，推行免填单服务，实行统一归档；坚决做到法无授权不可为、法定职责必须为的义务，严格依法征税，应收尽收，无明文规定的坚决不施行；落实和推行税收执法权力清单和责任清单，并在办税服务厅公告栏进行公告；进一步落实税收执法过错责任追究制，强化“两权”运行方面的监督检查力度，发现“两权”运行过程中不规范和疏漏错误现象的，及时督促整改，确保监督制约工作落实到位；进一步落实纳税信用等级A、B级纳税人取消增值税发票认证规定。

【优化纳税服务】 年内，开展“便民办税春风行动”，积极推行“免填单”服务项目、网上申报、网上认证、网上抄税、银税实时扣款等各项涉税事项；全面落实行政审批取消项目，加大后续管理力度；落实同城通办，进一步完善首问责任、限时办结、预约服务、延时服务、提醒服务、“二维码”一次性告知等内容；为深入了解纳税人真正需求，不断提高纳税服务工作水平，为纳税人提供更加优质、高效、便捷的纳税服务，开展“问需求、优服务、促改革”问卷调查。

【税收征管】 年内，进一步加强重点税源管理和税收预测分析工作，全面提高税收收入的质量；贯彻落实各项税收优惠政策；开展国税、地税征管体制改革工作，积极落实“服务一个标准、征管一个流程、执法一把尺子”的工作要求；全面推行增值税发票管理升级版，已推行户数达20户；落实税收征管规范1.1版具体征管事项和操作标准、处理流程、办理时限等，进一步规范各项税收征管工作，积极落实《税收行政处罚自由裁量权实施办法》，降低税收执法风险，保护纳税人的合法权益；加强税收风险管理，对不同风险等级的纳税人制订具体的管理措施，同时加强行业税收风险分析和对纳税人的宣传教育工作，不断降低税收风险，落实大企业税收服务与管理改革，不断提升大企业税收风险分析水平。

【干部队伍管理】 年内，广泛开展以理想信念为重点的政治思想教育，通过开展警示教育、爱国主义教育、民族团结教育，使职工旗帜鲜明地反对民族分裂主义和非法宗教活动；落实税收征管规范1.1版和纳税服务规范2.3版，进一步完善税务稽查职责，规范执法程序；积极打造“学习型”机关。不断加强干部职工的综合业务水平和能力，并鼓励职工自学参加注册税务师、注册会计师等考试，在单位内形成“学、赶、比、帮、超”的良好氛围；加强地区联系革吉县分管局领导的协调和落实工作汇报制度。

【从严治党】 落实主体责任。将从严治党与税收工作同部署、同重视，及时传达学习上级税务部门对全面从严治党的各项工作要求和部署；强化“一把手”责任。“一把手”带头履行主体责任，做到重要工作亲自部署，重大问题亲自过问，重点环节亲自协调，树老党建责任观念，把抓好党建作为自己的主责，带动其他班子成员抓好副业；落实监督责任。发挥好专职纪检员监督责任作用，督促干部职工特别是领导干部严格遵守党的政治纪律和政治规矩，落实自治区维护稳定工作的一系列措施。积极组织反腐败工作，加强执法监察、效能监察和廉政监察。组织全体干部职工收看中央纪委宣传部和中央电视台联合制作的反腐倡廉专题片《永远在路上》，以反面典型为鉴，干部职工做到心中有纪，心中有戒，筑牢防腐拒变的思想防线。为不断深化党风廉政建设和作风效能建设，国税局召开“聘请政风行风监督员”座谈会。县人大、县政协、县纪委、县检察院以及诚信纳税户应邀出席。

【绩效管理】 年内，学习绩效文化建设的相关文件精神，通过学习进一步了解绩效文化建设的作用；探索绩效文化建设同税务文化建设结合在一起，在推进绩效管理和文化建设的进程中，通过共融互补，培育绩效文化；加强与上级各部门的保持沟通，及时汇报工作情况，增进交流，全面监控各项工作落实，保证考评质量；按季召开绩效讲评分析会议，针对存在的问题及时制定具体的管理措施，更进一步做好国税局绩效管理各项工作。

【落实巡视自查自纠工作】 年内，对巡视自查发现的问题，按照人员岗位职责，逐条进行整改落实，对整改过程中存在的问题及时与上级部门沟通协调，此项工作基本上已完成。

【内部行政管理】 年内，完善内部行政管理，减少简化会议数量，统筹运用视频会议系统；认真贯彻落实《全区税务系统公务接待管理办法》和公务用车管理的各项规定，落实节假日车辆封存管理制度；严格落实中央八项规定和区党委“约法十章”“九项要求”，认真开展巡视整改和自查自纠工作，落实预算执行绩效考核指标和政府采购相关规定，进一步改进工作作风；加强保密工作，认真落实信访工作责任制，不断加强信访工作，做好涉税舆情引导工作，妥善解决征纳关系的矛盾；抓好党建工作，不断增强党建水平。

【精准扶贫】 年内，按照革吉县委、县政府精准扶贫总体规划和要求，认真做好帮扶脱贫工作，做到真扶贫、党支部积极组织实施扶贫工程，多次深入扶贫联系点森布村调查了解帮扶对象基本情况，认真分析致贫原因，及时安置就业工作，每月家庭收入达4200元，助力帮扶户早日脱贫致富。

（多 拉）

【领导名录】

局长 多 拉（藏族）

革吉县工商行政管理局

【概况】 2016年，革吉县工商行政管理局紧紧围绕全区工商工作会议和地区工商工作会议部署要求，以商事登记制度改革为主线，深入开展各类市场专项整治工作，按时完成了各阶段市场监管目标管理任务。通过工商行政管理局全体干部职工努力刻苦、坚持不懈的工作，2016年工作成效显著。被阿里地区工商局授予“目标管理考核先进集体”；被革吉县委、县政府授予“2016年度民族团结进步模范集体”“科级目标管理责任制贡献奖”“2016年度综治工作先进单位”。

【推进工商登记制度改革】 截至年底，全县共登记注册个体工商户560户，从业人员1028人，注册资金4234.15万元；内资企业40家、从业人员369人，其中有限公司3家，从业人员14人，注册资金1863万元；国有企业11户，从业人员21人；私营企业7家，从业人员98人，注册资金872万元；农牧民合作社18家，成员人数3520人，出资总额869.8万元。2015年度应年报的个体工商户有372户，企业56户，年报率为100%；截至年底，共颁发“三证合一，一照一码”营业执照58张。颁发“五证合一”营业执照1张。同时对县城内个体工商户逐户讲解“两证整合”登记制度工作流程及登记制度改革精神，通过此项改革，大大缩短了办事流程，得到了革吉县广大个体户的一致好评。2016年，革吉县各类市场主体开业登记75户、注册资金5032.18万元，比2015年同期增长38%（其中个体工商户65户、有限责任公司2户、国有企业5户、私营企业1户、农专2户）。

【党风廉政建设】 年内，严格按照《中央八项规定》《自治区工商局十二条禁令》《工商登记制度十七条规定》等要求，年初召开了党风廉政建设工作部署会议，制定了廉政工作方案及计划，确保做到年初有计划，年底有总结，把廉洁从政各项要求落实到实际工作的各个方面，内化到每名干部的思想中，切实增强工商廉政文化的感召力。

【消费执法维权取得新成效】 年内，在专项检查中出动执法人员168人次，出动执法车辆53台次，查获销售假冒军用鞋34双，价值1.19万元，有力地震慑了非法销售军服军品的行为；县局执法人员多次深入音像制品销售出租、网吧等场所，收缴非法音像制品1585张，非法卫星接收设备13台，共计价值约2.37万元。2016年，共销毁的假冒伪劣产品及过期变质食品共20余种，重达7.5吨，价值约为8.2万余元；狠抓无照经营清理整治工作。2016年，革吉县局共出动执法人员20人次，执法车辆10台次，检查个体户340余户次，督促办照24家无照经营户，立案1起，按简易程序处理8起，罚款1550元。

【商标工作】 突出特色产业支撑，继续加强法律宣传，政策引导，重点培养，鼓励农牧民走上特色之路，提升民族产品市场占有率，促进县域经济发展。革吉县局经过多次宣传和引导后，2016年成功注册本地生产的“那布藏香”“巴达卡藏药”2件商标。

【打击传销】 年初联合县综治办召开打击传销工作联席会议，并制定打击传销工作相关实施方案及应急预案，成立打击传销领导小组，并已综治办红头文件下发到各成员单位，形成打击传销、防范传销齐抓共管的工作格局。2016年，创建无传销乡镇（村）2个，悬挂横幅2条，制作打击传销工作宣传栏2个，发放打击传销“联系卡”、藏汉宣传资料200余份及价值1000元的生活用品，并与两个村（居）签订“无传销乡镇（村）目标责任书”，并正式挂牌。同时积极与县上协调沟通，将打击传销经费纳入地方财政预算，经县长办公会研究，同意每年拨付1万元的打传工作经费。

【消费法律法规知识宣传】为深入宣传消费维权知识，打造工商12315品牌，革吉县局在县城内和四乡一镇共建立联络站8个，并在“3·15”“综治宣传周、日、月”创建无传销村庄等活动期间，悬挂横幅3条，发放消费维权宣传单500余份。并根据县委、县政府的工作要求和安排，联合相关单位，对革吉县四乡一镇的寺庙、学校、乡村、企业、社区、机关、单位内进行了“法律七进”等普法宣讲活动。

【党建工作】截至年底，支部共有正式党员11名（其中个体户党员8名），2016年发展3名党员，培养2名预备党员及1名入党积极分子；以高度的责任感，积极地工作态度，组织广大党员召开党建工作安排部署会议、“两学一做”动员大会，并制定计划和方案。按照方案要求学习了《中国共产党章程》《中国共产党廉洁自律准则》《中国共产党纪律处分条例》《习近平总书记系列讲话精神》4次，召开民主生活会4次，每名党员撰写了心得体会及摘抄笔记3000字以上，同时参加县里组织的植树造林等活动5次，并自筹资金及物品开展“真情慰问 情暖五保老人”活动，向老人们发放慰问金2000元及价值3000元的物品，使老人们充分感受到广大非公党员的亲切关怀和温暖，同时号召更多的人关注孤寡老人。

【创建微信公众平台】年内，利用互联网宣传商事制度改革重要内容，及时将信息简报、最新政策、年报信息发布到微信公众平台，保证信息的公开、透明、及时、准确，使社会各界了解到工商部门的工作职责宣传法律法规，有力地提高了工商政策宣传力度和增大了信息共享范围。

（巴桑欧珠）

【领导名录】

副局长　巴桑欧珠（藏族）

革吉县旅游局

【概况】革吉县旅游局为县行政管理部门，于2007年10月成立。2016年，行政编制2人，事业编制1人。具体职能为负责革吉县辖区的旅游规划、管理和监督工作。2016年，革吉县共接待游客15527人次，旅游收入2116730元。

【“两学一做”学习活动】2016年，旅游局坚持以习近平总书记重要讲话精神为指导，贯彻落实中央第六次西藏工作会议精神，学习中共十八大、十八大六中全会精神和各项文件、会议精神，利用集体学习和个人自学相结合的方式，开展党务、政务公开、廉政建设“两学一做”和“党章党规”主题知识学习活动。加强党员领导干部的执政能力，严格执行中央“八项规定”和自治区出台的“约法十章”，切实贯彻落实党风廉政责任制，做到党务工作和业务工作的有机结合。根据县委对政治学习的总体部署，结合实际确定学习内容和方法，制订学习计划，规定周五为学习日，领导班子成员坚持每月学习一次廉政建设理论和党的方针，每月组织一次全局人员进行思想政治教育，严格遵守学习制度；班子成员都建立读书笔记，定期组织交流和检查，从根本上提高学习的自觉性和积极性。通过狠抓学习，对党的路线、方针、政策有了更深刻的理解，在政治思想上有了更进一步的认识；坚持每月每季度做好旅游的信息和数据统计工作。

【旅游项目建设】革吉县旅游发展刚刚起步，旅游产品以观光旅游为主，同时休闲体验旅游产品有所发展。以手工艺品的乡村休闲体验旅游产品、以及寺庙文化体验产品均受到周边居民的欢迎，极具发展潜力。但是还未形成比较完善的旅游产品体系。在县委、县政府的大力支持和旅游局积极配合下，旅游局深入景点资源收集，了解景点文化底蕴、历史背景，并申报乡村旅游建设、革吉镇亚龙雪山围绕的野生动物观光走廊、革吉镇牦牛养殖基地的特色食品等项目。旅游基础设施建设正在强力进行，为给游客提供方便的衣食住行条件在上级旅游部门的大力支持下革吉县建设了旅游综合服务楼一栋，家庭旅馆、宾馆、餐饮事业发展趋势良好，各项服务条件正在逐步完善。

【整体营销】 2016年，革吉县兴起旅游产品行业2家，截至年底，革吉县旅游接待人数已达到1.4万人次，旅游总收入达到3.2万元。

【行业管理】 2016年，组织各行业部门进行联合执法检查，规范旅游市场经营秩序，强化行业凝聚力，旅游服务技能和水平明显提升，旅游服务质量和安全管理逐步规范。

【争资争项培育主题】 2016年，为壮大革吉县旅游产业主题，推进长远发展，加强与上级旅游部门及发改部门的联系，了解产业发展新政策和新动态，争取项目进笼子。2016年，已建旅游综合服务楼一栋。

【党建工作】 年内，中共革吉县文教、旅游支部委员会，始终把党员队伍建设和单位党建工作作为重要工作常抓不懈。

（阿　南）

【领导名录】

局　长　勾鹏程（12月免）
　　　　陈绍学（12月任）
副局长　尼　琼（女，藏族）
　　　　达娃卓嘎（女，藏族）

革吉县邮政分公司

【概况】 2016年，革吉县邮政分公司始终坚持基础管理工作第一任务，狠抓服务质量水平，加强提高生产作业质量，坚持提高服务水准目的，加强服务质量为核心，革吉县邮政分公司基础管理工作得到了较好的成绩，但是始终不松懈继续加强基础管理工作，继续提高服务质量和提升用户信誉度和满意度。

【经营发展】 年内，各职能部门积极配合相关领导，2016年革吉县邮政分公司顺利完成各项经营指标任务，尤其函件业务、集邮业务、快包业务上取得了很好的收入业绩。

【生产作业】 年内，革吉县邮政分公司各项业务开展比较顺利，但从营业前台到内部处理、分拣分发、投递环节都有明显的调整和变动。

【人员变动】 地区分公司党组和人力资源部的要求，革吉县邮政分公司分拣岗位上内部处理人员次仁顿珠调到地区网运中心，原营业部副主任李亮调到地区市场部，原地区营业员贡桑央金调到分公司从事营业岗位。

【业务模式调整】 为降本增效，提高投递质量，提升投递时限，从6月起，内部处理环节实行承包模式。确实提高了分拣分发处理时限，提速了城市投递时限，提高了乡邮外包人员的待遇，同时提高了县城用户的信誉度和满意度。

【基础设施建设整改】 2016年3月，地区分公司党组书记、总经理尼玛贡觉考察革吉县邮政分公司时确定给分公司建设生态园，并对整改基础设施要求。在地区分公司党委的安排部署和计划财务部主任格平的精心安排下，分公司7月正式开始建设舒适实用的综合生态园，并改造和维修了部分基础实施。

（扎西顿珠）

【领导名录】

经　理　扎西顿珠（藏族）

社会事业

革吉县民政局

【概况】 革吉县民政局属于正科级单位，核定行政编制8人，现有领导职数4人，干部职工3人，其中正科级干部1人，副科级3人，科员1人，专业技术人员3人，公益性岗位9人（五保集中供养中心公益性岗位7人）。县民政局负责全县城乡低保、城乡医疗救助、“五保户”、老龄和孤儿管理工作，双拥优抚安置、残疾人事业、救灾救济、婚姻登记管理、基层政权建设、勘界、区域地名管理等工作。

【党风廉政建设】 年内，民政局党风廉政建设工作深入贯彻落实中共十八大、十八届三中、四中、五中、六中全会以及习近平总书记系列讲话精神，坚持标本兼治、综合治理、惩防并举、注重预防的方针，坚持围绕中心、服务大局，强化纪律建设和作风建设，认真履行党章赋予的职责，切实维护党的纪律，充分发挥职能作用，推进惩治和预防腐败体系建设，规范民政权力运行，推进革吉县民政事业科学发展，党风廉政建设和反腐败工作取得明显成效。

【城乡低保】 年内，全县共有城镇低保55户121人；农村低保913户2535人。为进一步规范革吉县城乡低保工作，县民政局做到坚持动态管理，分类复核，从2016年5月中旬起结合全县精准扶贫工作和自治区关于践行“两学一做”规范最低生活规范最低生活保障落实工作，针对群众反映强烈的“人情保”“错保”“漏保”“轮流坐庄”“保人不保户”“关系保”等进行清退，做到“应保尽保、应退尽退”，同时，还专门派人对四乡一镇的城乡低保人员进行30%的抽查，均未发现有上述现象的发生，较好地保障了弱势群体的基本权益，完善救助机制；在完成各类救助对象的复核后，进一步完善归类档案资料，根据复核工作新确定的纳保人数，及时更新保障对象基本情况，细化保障类别，推进分类施保；加强公开力度，将各类保障政策、保障程序、保障对象、保障资金及保障标准进行公开，并将发放资金表上墙公示，增强了城乡社会救助的透明度。2016年，城镇低保共发放82.8万元，农村低保资金发放283.59万元。

【城乡医疗救助】 年内，革吉县民政局进一步加大医疗救助补助配套资金的力度，由县财政将根据预算的资金需求和上级财政补助资金情况，足额安排本级财政医疗救助资金；扩大医疗救助对象范围，从重点救助对象（低保对象、残疾人、退伍军人）扩大至所有建档立卡贫困人口；经民政局与扶贫办协商，针对精准扶贫建档立卡贫困户（包括社保兜底）的住院医疗费用，经新农合的基本医疗费用报销、大病统筹保险报销后的自付部分，拟按100%全额予以救助。

【临时救助】 年内，革吉县民政局确保不发生因突发性困难致贫返贫现象，通过及时了解、掌握、核实革吉县辖区内群众遭遇突发事件、意外事故、重病等特殊情况，做到早发现、早救助、早干预。畅通社会兜底“最后一公里”，让困难群众“求助有门，受助及时”。

【残疾人福利事业】 2016年，革吉县共有残疾人员404人（其中视力残疾49人、听力残疾20人、言语残疾31人、肢体残疾197人、智力残疾15人、精神残疾24人、多重残疾68人）。2016年，共发放残疾人两项补贴资金（困难残疾人生活补助、重度残疾人护理补）39.006万元，有效改善残疾人家庭的生活质量。

【高龄老人服务】 年内，革吉县民政局建立健全老龄工作，全县80岁及以上寿星老人共有121人，分别每人每年落实以300元、500元为标准的寿星老人健康补贴。

【村务监督组织建设】 年内，革吉县民政局为全面落实中央关于加强和创新社会管理的要求和区、市关于建立村务监督委员会工作部署会议精神，深入贯彻《中华人民共和国村民委员会组织法》，进一步加强村级民主监督工作，从而在全县19个行政村推选出村务监督委员主任19名，委员44名。各村建立健全了村务监督委员会工作程序、工作制度、工作内容、工作职责等相关制度，同时，为村务监督委员完善了办公条件，做到有人员、有工作制度、有履职记录。2016年，共发放村务监督委员会待遇33.87万元。

【双拥优抚安置】 拥军优属、拥政爱民是我党我军的传统美德，为争创“双拥模范县城”，2016年，在县双拥工作领导小组的指导下做好“三大节日”老兵退伍返乡走访慰问、“八一”慰问等活动。其中落实“八一”慰问资金10000元。2016年，共支付优抚资金60000元。

【防灾救灾体系】 年内，革吉县民政局建立健全救灾应急预案，结合近几年各种灾害经验教训，全面推进县、乡、村三级救灾应急预案的修订和完善，加强救灾部门联动工作机制和抗灾救灾协调工作，落实应急响应规程，确保灾害发生后24小时转移安置和救助措施基本到位；认真开展受灾困难群众冬春生活救助工作。县民政局把冬春困难群众生活安排作为最现实最紧迫的民生工作抓紧抓好，群众生活得到切实保障；按照“突出重点、分类指导、统筹安排、分步实施”的原则，进一步强化措施，严格救灾款物发放程序。坚持公开、公平、公正的原则，接受群众和社会舆论监督，确保灾民的基本生活得到保障，2016年，冬春救助资金共155万元；认真做好防灾减灾宣传工作，结合“防灾减灾日”，紧扣“城镇化与减灾”主题，召集宣传部、交通局、卫生局、消防支队等相关部门，精心安排和部署“防灾减灾日”各项工作，在县城主要路段发放《防灾减灾知识手册》《道路交通安全法》《食品安全知识》等宣传册共计200余册，同时，邀请消防大队在县五保集中供养服务中心进行应急疏散演练，深受群众欢迎；及时上报灾情数据。

【婚姻登记】 严格按照《婚姻法》和《婚姻登记办理变通规定》办理，设立专人专岗办理婚姻登记。截至年底，共计办理结婚登记80对，离婚登记10对，补办婚姻登记124对，未办理过一例违反《婚姻法》的婚姻登记。

（洛益加措）

【领导名录】

局　长　顿珠班久（藏族，2月免）
　　　　班　典（藏族，12月任）
副局长　洛益加措
　　　　阿　珍（女，藏族，12月任）
五保集中供养服务中心院长
　　　　德庆卓玛（女，藏族，12月任）

革吉县人力资源和社会保障局

【概况】 革吉县人力资源和社会保障局成立于2010年，由革吉县人事局和革吉县劳动保障局整合而成。为革吉县人民政府的职能部门。革吉县人力资源和社会保障局有行政编制4名，事业编制13名，2016年全局干部职工共12人，其中正科级1人，副科级4人，科员5人，专技人员2人，驾驶员1人，公益性岗位1人，共产党员8人。

【基本数据库动态管理】 2016年，全县范围内共计劳动力人数11821人，外出务工800人，剩余劳动力11021人，女性剩余劳动力8237人。全县精准扶贫150户，共计525人，在剩余劳动力中属于精准扶贫的有295人，其中精准扶贫劳动力剩余女性251人。

【业务知识学习】 为更好地开展各项工作，革吉县人力资源和社会保障局进一步加强业务知识的学习，并积极参加区、地区组织的各种业务知识培训，深入开展社会保障业务知识相关法律、法规及规章制度学习，加强对就业再就业政策措施、专业技术人员管理、机关事业单位社会养老保险等业务知识的学习，加强对兄弟单位先进经验的学习，不断提高全局干部职工的业务素质；组织革吉县5个乡镇基层社保经办人员及人社专干进行业务全面培训一次，确保全年社保工作有序开展。

【劳务输出】 年内，通过各部门、各乡镇、各驻村工作队走村入户形式，全方位地宣传就业及再就业相关政策措施，做到家喻户晓，人尽皆知。2016年有效组织劳务输出3200人/次，同比增长8%。实现总收入800余万元，同比增长25%。

【精准扶贫实用技能培训】 2016年，精准扶贫转移就业培训工作作为革吉县人力资源和社会保障局重点工作之一，紧紧围绕县委、县政府工作要求，紧抓精准扶贫转移就业培训工作。全县精准扶贫150户、525人中纳入革吉县人力资源和社会保障局，精准扶贫转移就业90人。革吉县人力资源和社会保障局已分类安排开展精准扶贫技能培训班11期，共安排精准扶贫人员125人先后进行厨师、挖掘机、驾驶员、手工业、藏餐等实用技能培训，投入资金83.61万元，圆满且超额完成2016年初所制定的目标任务；为真正实现脱贫摘帽，革吉县人力资源和社会保障局积极与县直相关单位、县乡行政管辖内的各施工队、各大企业及各合作社沟通，取得就业岗位，将培训完毕学员及精准扶贫富余劳动力安置就业。

【社会保险】 年内，严格贯彻落实国家社保惠民政策，全方位组织宣传，加强革吉县城乡居民社会养老保险基金管理，促进社保事业的健康发展，革吉县人力资源和社会保障局干部职工深入19个行政村，养老保险领取人员信息进行一对一认证。

2016年，全县城乡居民养老保险待遇金领取人1155人，发放60岁以上城乡居民养老保险待遇金233万元，参保率达到98%；全县企业职工养老保险：全年参保人数315人，征缴金额447.78万元；城乡居民养老保险：全年参保人数9740人，征缴金额700400万元；全县职工医疗保险，在职参保人数为1186人；工伤保险：全年工伤保险参保人数达1080人；生育保险：全年生育保险参保人数达1079人；失业保险：全年失业保险参保人数达562人。

【劳动保障监察】 2016年，主动检查各类用人单位8家，涉及劳动者26人，开展劳动用工执法宣传活动2次，涉及劳动者百余人。2016年共发生民工工资拖欠上访7起，涉及金额约定8.9万元，所有拖欠问题均在一周内得到了妥善解决，保证了农民工利益不受侵犯。

【基金管理】 年内，为确保革吉县人力资源和社会保障局各项资金使用安全，并严格执行社保基金监督管理的法律法规，加强内部控制制度，使社保基金核定、征缴、支付、管理和存储等各环节有法可依、有章可循；坚持每季度社保经办机构、银行、财政部门三方对账机制，及时掌握社保基金运行状况，妥善处置基金运营过程中存在的问题。管理账目需要有会计、出纳，收款收据、现金缴款单、转账支票、现金支票、入账单等相关凭证必须一致，并在单位一把手审阅同意后方能进行账目往来，不能私自一人直接接触大额资金，以达到账与账相平，各账目之间相平。

【人事人才工作】 年内，进一步做好干部职工工资理顺工作，确保每个干部职工的基本权益。2016年，公务员科员以下5年浮动、级别变动、正常晋升等工资变动总人数15人。20年固定正科级3人、事业初级职称10人。公务员副科级5年浮动变动人数25人。学历固定公务员正科级3人、副科20人，事业副科1人、中级职称8人、初级9人、员级2人。做好政府系统公务员信息更新及维护工作，做到与个人档案一致；从而强化革吉县事业专技干部队伍；做好全县干部职工工资调标工作，维护好干部职工的基本权益。

【完善基层社保平台建设】 年内，为能够更好地服务基层群众，及时掌握各乡镇劳动就业情况，革吉县人力资源和社会保障局在各乡镇成立乡镇劳动就业社会保障所并挂牌，同时为各乡镇劳动就业社会保障公共服务平台建设采购了相关办公设备，各乡镇指派专人负责相关工作。

【党风廉政建设】 年内，在党风廉政建设工作上做到整个领导班子团结，共同制定学习计划，每周五为集中学习，传达近期区、市、县委和上级业务部门的指示精神，引导职工积极向上，并做到人人有学习记录。其次在“两学一做”活动上，组织全局党员干部，进行集体学习，做好手抄党章、观看优秀党员电影、传达习近平总书记在红军长征胜利80周年大会上的重要讲话等活动，组织干部职工认真学习各项党风廉政纲领性文件和反腐工作决策部署，让每个干部职工都熟记廉政警句格言，不断严肃政治、组织纪律和经济工作纪律，做到按制度管权，按制度办事，靠制度管人，从源头上抵制腐败。年内，革吉县人力资源和社会保障局干部职工在思想上有了进一步提高，作风上有了进一步转变，纪律规矩上有了进一步加强。

【查摆问题】 年内，始终坚持以“民生为本、人才优先”的工作主线，作为服务窗口单位，承载着全县创业就业、社会保险保障、和谐劳动关系、人事人才、工资分配等方方面面，涉及群众的切身利益。自活动开展以来，通过召开座谈会、设立征求意见等方式广泛征求意见，加强2016年社保扩面、基金征收、养老金发放、医疗报销、政策宣传等工作，提高服务质量及办事效率，进一步简化劳动者维权投诉手续，及时化解劳动纠纷，切实地将便民承诺落到了实处。

（白　珍）

【领导名录】

局　　长　扎西次仁（藏族）
副 局 长　白玛央金（女，藏族）
　　　　　巴桑欧珠（藏族，10月免）
社会保障局局长
　　　　　次仁琼拉（藏族）
副 局 长　白　珍（女，藏族，10月任）
就业局局长　罗　桑（藏族，10月任）

革吉县民族宗教事务局

【概况】 革吉县位于西藏自治区西部，是阿里地区三大纯牧业县之一，全县共有四乡一镇，19个行政村。2016年，全县总人口18170人，干部职工1013人，其中少数民族干部869人，少数民族群众担任政协委员有33人，担任县级人大代表的有57人 。辖区内有3座寺庙2座拉康，3个寺庙管理委员会，1个专职特派员机构，在编僧人36名。革吉县民族宗教事务局人员编制7人，其中领导指数3名，1名副局长（正科级），2名副局长（副科级），4名一般干部。

2016年，革吉县民族宗教事务局深入学习中共十八大以来历次全会和中央第六次西藏工作座谈会精神，中央民族工作会议和全国宗教工作会议精神，习近平总书记系列讲话精神，开展“两学一做”学习教育活动。牢牢把握“民族团结和宗教稳定”两大主题，围绕中心、服务大局、锐意进取、真抓实干、团结奋进，始终牢记“三个离不开”（离不开党的政策的动力支持。离不开民生的保障和改善。离不开西藏的社会稳定基础。）思想，大力发展少数民族经济，依法管理宗教事务，狠抓涉宗领域维稳工作，创新寺庙管理体制机制建设，严格落实上级的各项指示要求和政策，全力推进寺庙“六建”（指建管理机构、建党组织、建领导班子、建干部队伍、建管理职能、建管理机制）“九有”（有领袖像、有国旗、有道路、有水、有电、有广播电视、有电影、有书屋、有报纸）“六个一”（指交一个朋友、开展一次家访、办一件实事、建一套档案、畅通一条渠道、形成一套机制）活动，取得了可喜的成绩。同时，通过民族系统领导干部的不懈努力和全县所有干部群众的共同支持下，革吉县在2016年度荣获自治区级“民族团结示范县”模范集体荣誉称号。

【涉宗领域维稳工作】 年内，革吉县民族宗教事务局严格按照“全面贯彻党的宗教信仰自由政策，依法管理宗教事务，积极引导宗教与社会主义社会相适应，坚持独立自主自办原则”的宗教工作方针，认真做好涉宗领域维稳工作。革吉县对宗教活动场所严格落实“属地管理原则”，明确主管领导责任，实行“一对一”联系制度，严格落实值班带班制度，积极对宗教活动场所周边进行巡逻，对可疑人员进行询问排查，认真做好朝佛人员登记工作，在重大节庆点、敏感节点，严格审批宗教传统佛事活动，积极配合县政法委、公安局对非法宗教活动进行有力打击，制订《革吉县关于驻寺干部陪护期间履职情况责任书》。

【党风廉政建设】 2016年，革吉县民族宗教事务局领导班子带头，结合民族宗教工作实际，规范单位内部学习制度和方法，参加支部学习教育活动，不断提高自身的政治理论水平和处理民族宗教方面突发事件的能力和管理民族宗教事务的水平，深入学习相关民族政策和法规。在日常工作中紧紧围绕保持党的纯洁性，牢固树立“四个意识”思想，严格落实县委4月份下发的关于“两学一做”的系列文件精神，在单位内部形成良好的学习氛围，同时积极的争当表率。坚决反对“四风”、认真解决形式主义、官僚主义、享乐主义和奢靡之风方面存在的薄弱环节。结合单位实际，细化责任制，进一步完善党风廉政建设的各项规章制度，严格规范领导班子成员和局党员干部的廉洁从政；遵守财经纪律，不乱开支，严格执行厉行节约的八项要求，不铺张浪费；严格遵守民主集中制原则，充分发扬民主，倾听不同意见，不搞“一言堂”，与班子成员做到和谐相处，精诚团结，重大问题、重要事项，班子成员集体讨论决定；生活上，时刻牢记县委廉洁自律规定，严以律己，做到不公款大吃大喝；不用公款请客送礼；狠抓局班子成员和党员干部的廉政自律。认真学习、宣传、贯彻中央关于党风廉政建设有关文件、规定等，修订完善单位党风廉政各项规章制度，进一步加大从源头预防和治理腐败的力度，确保了全局无腐败现象发生。

【少数民族发展资金项目】 2016年，革吉县民族宗教事务局开始少数民族发展资金项目与精准扶贫整合以后，及时编制“十三五”期间少数民族发展资金产业扶贫规划，并上报地区民宗局、报送县扶贫办和县发改委，为全县实施好项目带动扶贫工作，起到很好的借鉴作用。年内，革吉县民族宗教事务局严格贯彻落实习近平总书记“既要金山银山、又要绿水青山”的重要指示精神，积极配合地区环保局、地区民宗局对革吉县“十二五”期间“少数民族发展资金项目”中的19个项目分别进行环境评估工作，对14个项目补全了环评登记表，对5个项目补全了环评报告表。

【开展民族团结宣传活动】 年内，根据中央第六次西藏工作座谈会精神，中央民族工作会议、全国宗教工作会议精神和习近平总书记系列讲话精神，特别是习近平总书记在西藏自治区成立五十周年大庆活动提出的“加强民族团结、建设美丽西藏”题词精神，以“3·17”法制宣传日“3·28”西藏百万农奴解放纪念日等节点为契机，推动民族团结宣传教育进乡村、进社区、进寺庙，在全社会唱响民族团结的主旋律，使各族干部群众牢固树立“三个离不开”思想。开展九月份的“民族团结宣传月”宣传教育活动，在全县领域利用多种宣传渠道，利用新闻媒体、电子专栏、张贴横幅、张贴标语等形势，进行全面的宣传与报道，在全县范围内形成一种良好的氛围。以“铭记历史、珍惜现在、开创未来”为主题，积极收集新旧西藏对比的宣传材料的收集工作。截至年底，共印发藏汉双语宣传单2000余份，民族团结知识问答宣传手册100余份，在县城主要路口长期树立宣传民族团结口号，营造良好的宣传气氛。

【开展民族团结创建活动】 年内，革吉县民族宗教事务局围绕“共同团结奋斗 共同繁荣发展”的民族工作奋斗目标，创新工作方式方法、丰富内容，创新载体，严格按照地区民宗局下发的评选办法文件精神，采取自上而下、逐级推荐、好中选优、综合平衡的办法评选模范集体和个人。2016年，县委、县政府表彰的模范集体10个和模范个人15名，共发放表彰奖金8万元，并推荐地区级模范集体2个、模范个人5名，自治区级模范集体1个，模范个人1名。

【法律“七进”活动】 年内，革吉县民族宗教事务局深入开展“法律进机关”“法律进寺庙”“法律进乡镇”活动，为提升全县人民的民族意识、公民意识、法制意识，祖国意识，推进社会主义法制社会步伐。结合革吉县法律“七进”（一是广泛开展“法律进机关”活动，不断提高依法管理和服务社会水平。使广大公务员牢固树立和自觉践行执法为民、公平正义的理念，带头学习、遵守、执行、维护法律，建立完善县、科级领导干部学法档案，完成了《干部学法习题集》下册50%答题工作；加强机关公职人员学法制度。继续实施领导干部法律知识任职资格制度，对2007年以来新提任的干部进行法律任职资格考试，建立健全机关各项法律知识学习制度。二是广泛开展“法律进乡村”活动，努力促进社会主义新农村建设。举办村干部、村民代表法律知识培训班。针对近年来我区因农村换届选举、村务财务公开、征地拆迁等问题引发的各类矛盾纠纷和上访事件，对全区20个村村干部、村民代表，进行《村民委员会组织法》《农村土地承包法》等相关法律知识培训。围绕农村换届选举等工作，加强《村民委员会选举法》《村民委员会组织法》等法律法规的宣传，组织法律工作者深入农村开展“送法下乡”活动，为广大农民群众解答有关土地承包、农民外出务工、婚姻家庭、经济纠纷等方面的法律咨询。加大向农村赠送普法教材的力度。目前，辖区3个法律服务窗口单位与3个村和6个社区签订了法律服务协议书。三是广泛开展“法律进社区”活动，促进和谐社区建设。各普法依法治区成员单位在全区31个社区开展了内容丰富、形式多样的宣传活动。充分发挥法制讲师团的作用，举办法制讲座和培训活动。组织普法宣传队为社区干部群众举办法制讲座。四是广泛开展“法律进学校”活动，进一步推进青少年学生的法律素质教育。坚持发挥学校第一课堂的作用，继续推进学校法制教育计划、教材、课时、师资“四落实”。加大家庭、学校、社会三位一体的青少年法制教育建设，定期研究解决青少年法制教育工作中的突出问题。依托法院、检察院、监狱、劳教所等机构，积极开辟第二课堂，巩固和发展“青少年法制教育示范基地”。加强对学校法制教育师资的培训，进一步规范法制副校长、法制辅导员工作，实现了全区100%的小学配备兼职法制副校长或辅导员，共举办法制公开教育课累计46次。五是广泛开展“法律进企业”活动，大力推进企业依法经营、诚信经营。通过宣传日、宣传周、宣传月等形式大力宣传社会保障、安全生产等与职工切身利益相关的法律宣传法规知识。加强了企业职工学法阵地建设。开通了“职工维权热线”，治区办加强了与“城东区困难帮扶中心”的联系，积极为企业职工提供法律咨询和法律救助，共接待法律咨询84次，提供法律援助2件，维护了职工合法权益。六是广泛开展“法律进单位”活动，逐步提高法制化管理水平。积极开展“五五”法制宣传教育工作，做到“四有”，即有组织、有教材、有阵地、有考核。建立健全了领导干部学法制度，开展法制讲座。各单位通过公示牌、宣传册等形式，积极向社会宣传与本单位业务相关的专业法律法规知识。七是广泛开展“法律进寺院”活动，提高宗教教职人员的法律素质。加强宗教活动场所教职人员法律法规知识培训，区民族宗教局和各镇、街道办事处每月组织一次学习班，宣讲《民族区域自治法》《宗教事务条例》，不断强化宗教教职人员法律意识，使他们爱国爱教，依法从事宗教活动。开展了法律进寺院赠书活动，给31个寺院赠送1800册法律和文明礼仪、检务公开等方面的书籍，使宗教教职人员深受教育。）和“七五普法”活动实施方案，在县城主要街道，特别是在3座寺庙和2座拉康中开展多次法律进万家活动，重点学习宣传党的民族政策和宗教政策、民族自治政策，党的利寺惠僧政策，关于加强和创新寺庙管理及利寺惠僧政策措施等，2016年，革吉县民族宗教事务局协同县公检法在县城内、各乡镇、各寺庙拉康共计开展13次法制宣传教育活动，发放宣传单、手册共计700余份。

【社会流动从事宗教活动人员管理】 2016年，革吉县民族宗教事务局严格贯彻落实上级对社会流动从事宗教活动人员管理的要求，深入各乡镇、村、户对此类人员进行排查登记；截至年底，全县社会流动从事宗教活动人员20名，均为本地户籍人员，同时明确监管责任，层层签订明确相关责任及从事活动范围责任书。

【区外学经人员和回流人员管理】 2016年，革吉县民族宗教事务局严格落实自治区、地区关于区外学经人员和回流人员的系列指示文件精神，积极联系沟通劝返，层层签订责任书，建立健全信息档案，并对回流的3人进行慰问，发放慰问金3000元。2016年，全县区外学经人员总共29人，对前期回流的3人护送到地区统一办理的教育转化专班进行学习教育。民宗局严格落实自治区“回来一个教育一个、教育一个转化一个、转化一个安置一个”的要求，按照地委、行署的统一部署安排，12月底民宗局配合县委统战部、政法委对回流的11人，在县武装部民兵训练基地进行统一办班教育转化工作。

【落实“九有”“六建”政策】 年内，革吉县民族宗教事务局协同县委统战部和相关部门，深入开展寺庙“九有”“六建”“六个一”等工作，及时调整充实驻寺干部，建立健全工作制度，“九有”“六建”“六个一”等工作持续深入推进。革吉县3座寺庙2座拉康，“九有”“六建”覆盖率基本上达到100%。9月，对所有在编僧尼进行免费健康体检，建立健康档案，配合组织县卫生局对广大僧人开展送医送药活动。截至年底，广大僧人参加养老保险率达100%，95%已列入城镇低保。

（程　标）

【领导名录】

副县长、局长
　　达　郭（藏族）
副局长　卓玛拥宗（女，藏族，10月免）
统战部副部长、民族宗教事务局副局长
　　普　琼（藏族，10月任）
副局长　达　娃（女，藏族，10月任）
　　米　玛（藏族，10月任）

革吉县卫生局

【概况】 2016年，革吉县共有1所县医院，1所县疾控中心，5所乡镇卫生院，6个村卫生室。全县拟定医疗机构编人数102人，其中县卫生服务中心编制52人（包括藏医院和疾控中心，在编人数），四乡一镇编制50人（每乡镇10人），截至年底，缺编56人。中级职称4名，初级职称8名。现有村医38名，实现1个村2名村医的医改目标。县卫生服务中心现有床位45张，乡镇卫生院50张。县卫生局现有工作人员6名，1名局长，2名副局长，3名科员，负责协调全县的卫生综合工作。

【农牧区合作医疗】 自农牧区合作医疗制度实施以来，革吉县农牧民群众参合人数逐年提高，2016年参合人数达到16011人，参合率达到99.8%。农牧区医疗补助标准提高到435元，个人筹资每人20元，基金划分比例为大病统筹60%、门诊统筹2%、家庭账户38%。缴纳个人筹资患者在乡、县和地区以上医疗机构住院报销比例分别为90%、80%和70%，未缴纳个人筹资部分的报销比例在上述报销基础上下降20%。革吉县在地区卫生医疗机构、县卫生服务中心、乡镇卫生院实施了即时结算制度，实施大病补充医疗保险赔付，有效解决老百姓看病报销难的问题。革吉县外出务工人员可凭收据和相关证明材料在合作医疗基金中报销。

为进一步提高农牧区医疗保障水平，防止“因病致贫、因病返贫”的现象发生，杜绝医疗资金透支，结合革吉县自身财力，革吉县第十三届人民政府第四次常务会议决定农牧民医疗县级配套资金由原来2元/人/年提高到5元/人/年，从2017年开始列入财政预算，并实施。

【提高医疗服务水平】 年内，各卫生院负责对村医进行业务指导和考核，年初与村医签订目标责任书，落实好《乡村服务一体化管理办法》，强化乡镇卫生院对村卫生室的管理，加大对村医的考核力度，加强业务指导，不断提升村医的服务水平。村医报酬提高到每月1000元。2016年，对全县38名村医在各乡镇卫生院进行轮训，进一步提高革吉县村医的素质、操作技能、管理技能和计划免疫工作水平，村卫生室的服务能力得到进一步加强。

【巩固县级医院建设成果】 为继续巩固现有建设成果，完善科室布局，强化服务能管理，优质服务，文明行医。注重规章制度的建立健全，加强对医院职工的管理、规范职工文明行医，进一步提高员工的自身素质和整体形象。在医疗质量方面，抓好医师查房、典型疑难病例讨论、术前术后病例讨论等基本制度的落实，确保安全行医。革吉县卫生服务中心全面实施国家基本药物制度，取消基本药物和非基本药物的加成，全部实行“零差率”销售，减轻了群众看病负担。县医院实施新技术准入制度，医务人员从满足患者需求出发，深钻业务知识。

【人才队伍建设】 革吉县卫生局为全面开展公立医院改革和创甲医院工作落实到位，通过援藏医院的沟通协调，革吉县卫生服务中心的3名医护人员在西藏自治区第二人民医院培训，一名培训护理管理、一名培训儿科医生、一名培训B超、彩超，明年5月全部返岗，开展相关业务工作，为公立医院改革和创甲医院奠定基础。

【建立疫苗接种日】 2016年，革吉县卫生局组织开展“预防接种”宣传工作4次，设立宣传点向现场群众发放预防接种知识宣传折页2000余份、其他各类宣传资料1000余张、悬挂横幅2条，展示宣传板3块，出动工作人员4人次，动用车辆2台次；现场咨询100多人次，取得了很好的宣传效果。截至年底，全县卡介苗应种114人，实种82人，卡介苗接种率为71.9%，麻风应种143人，实种114人，麻风接种率为79.7%，麻腮风应种165人、实种128人、麻腮风接种率为77.5%，脊灰疫苗应服111人，实服97人，脊灰服苗率为87.4%，百白破三联应种154人，实种123人，百白破接种率为79.8%，乙肝疫苗应种129人、实种102人、乙肝疫苗接种率为79%，甲肝疫苗应种168人，实种135人，接种率80.3%，A群流脑疫苗应种135人、实种105人、A群流脑疫苗接种率为77.8%，A+C

群流脑疫苗实种125人、应种87人、A+C群流脑疫苗接种率为69.6%。同时深入各乡镇各村组督导免疫规划接种情况，利用走村入户形式了解免疫规划接种情况，共为14名儿童投服糖丸、为5名婴儿接种卡介苗，6名儿童接种麻风疫苗、14名儿童接种麻腮风、11名儿童接种甲肝疫苗，同时为广大群众大力宣传接种疫苗的好处及优惠政策。利用“3·24”“4·25”“12·1”等传染病防治宣传日，在全县开展防治宣传活动，重点加强青少年学生及高危人群宣传教育，让广大农牧民群众认识传染病的发病起因、传播途径，并进行有效的防范，2016年组织开展“艾滋病”宣传活动4次，发放宣传单2000余张，宣传册500册，避孕套1000余个，营造了传染病防治的良好局面。

【鼠疫防控和监测】 年内，卫生局进一步做好鼠疫防控工作，召开革吉县鼠疫防控专题会议，结合全县的实际，制订出台《革吉县鼠疫防控工作实施方案》《革吉县鼠疫防控领导小组》并下发至各乡镇人民政府。同时与乡镇人民政府、工地等主要负责人签订责任书。县疾控中心工作人员还利用下乡工作间隙，组织广大农牧民群众进行了健康教育，重点宣讲了鼠疫临床表现、鼠疫防治基本知识，并要求广大群众严格执行鼠疫“三报”“三不”制度，共计接受宣传教育800余人次，发放宣传资料1300余份，让群众获得了防病知识，提高了自我防护意识。

【包虫病筛查】 2016年8月，开展革吉县包虫病筛查工作，在吉林省援藏医疗队的帮助下，组织县疾控中心专业人员深入两个乡各抽两个行政村筛查工作基本情况如下：调查户数803人、防治知识问卷调查230人、犬粪采集80份、B超检查人数803人、其中发现疑似包虫病患病人数14人，宣传人数共达1500多人。

【卫生监督检查】 年内，多次深入中小学校进行卫生监督检查，讲解卫生、饮用水安全管理方面的法律知识和案例，要求做好传染病防控工作、校内环境卫生等工作。对全县宾馆经营单位进行严格的卫生审查，统一对从业人员健康体检。公共场所办理卫生许可证9家，新发卫生许可证2家，从业人员健康体检35人，发放健康证35本，无不合格。

【开展农村公共卫生服务筛查】 年内，革吉县疾控中心在全县范围内走村入户和在人员集中地开展讲座等形式对广大老百姓进行健康教育宣传4次，发放《健康素养》等宣传资料5000余份，通过宣传等增强了群众的自我保护意识，引导和动员全社会形成健康的生活方式，养成良好的卫生食惯，强身健体，减少疾病；加强对65岁以上老年人、孕产妇、高血压患者、糖尿病患者及精神病患者等重点人群的规范化管理。全年完成65所以上老人健康档案656份，确诊高血压患者登记造册75人，糖尿病患者登记造册6人。制订出台《革吉县严重精神病患者救治救助工作方案》《革吉县严重精神病患者救治救助工作计划》并完成登记造册40人，发放精神病患者救治药品价值共计4000余元。

【医疗救助脱贫】 年内，全面对建档立卡贫困患者在县域内住院不需要交押金，待诊疗结束后由卫生局从新农合资金中报销80%，民政救助20%，实现贫困人口诊疗费用报销达到100%，其中全年医疗救助贫困户中卫生局374人报销1649593元，民政救助报销548205.7元，共计报销217798.7元，其中医疗救助卫生局报销16人共计60306元，民政救助16人共计15076元；按照县脱贫指挥部要求，以扶智为出发点和落脚点，全面落实帮扶工作，全年帮扶23对，58人。

【妇幼卫生】 年内，建立产前筛查网络体系和产前诊断机构，全年安排6人次参加自治区、地区组织的关于孕前检查和出生缺陷干预培训，降低婴儿出生缺陷发生；对高龄孕产妇女开展孕前筛查、孕期保健、产前诊断、住院分娩、产后防视等服务，截至年底，孕产妇健康管理65名，产前筛查153名孕产妇。2016年全县孕产妇住院分娩201人次，补偿资金609800元，住院分娩率达99.5%，“降消项目”补偿资金201000元，奖励和陪护人员补偿资金20100元。全年全县5岁以下儿童死亡2例，孕产妇死亡1例。

【卫生惠民政策落实】 2016年，新型农村合作医疗基金住院补偿1023人次，补偿资金3197204.6元。其中孕产妇住院补偿201人，补偿资金609800元；“降消项目”补偿资金201000元，奖励和陪护人员补偿资金20100元；发放2015年“独生子女伤残补助”26520元，发放人数13人；发放2015年“一孩双女”发放人数146人，发放金额140160元；按照阿里地区行署、地区卫生局要求，自2016年6月24日正式开展革吉县城乡居民暨在编僧尼免费健康体检工作，体检工作开展以来，西藏武警边防总队医院按照《革吉县城乡居民暨在编僧尼免费健康体检工作实施方案》要求深入全县四乡一镇18个行政村和1个居委会开展了体检工作。革吉县应体检16011人（包括在编僧尼37人，贫困人口6022人），此次实际体检12826人，完成体检任务的80.1%。其中：在编僧尼体检27人，另10人因闭关（3年3月零3天）无法参与体检，完成体检任务的73%；贫困人口体检5292人，完成体检任务的88%，完善牧民体检档案（含电子版）12826份，对贫困人口专门建立档案5292份；针对家庭经济贫困的患者，县卫生局始终坚持以群众得实惠，解决群众“看病难、看病贵”等问题，与地区人民医院、藏医院签订“先治疗、后付费”协议，从三月份至今以来，革吉县农牧民“先诊疗、后付费”报销金额共计42497.32元。

【“十三五”卫生项目】 年内，卫生局在县发改委、项目办协调，“十三五”期间县疾控中心建设项目、妇幼保健医院项目的前期工作完成。

【党风廉政建设】 革吉县卫生局认真落实党风廉政建设责任制，把党风廉政建设工作纳入卫生系统领导班子、领导干部目标管理；主要领导与班子成员签订廉政承诺书。同时，县卫生局还与3个医疗卫生单位签订《2016年卫生系统党风廉政建设目标责任书》，形成了一级抓一级、级级有职责、人人抓党风廉政建设的工作局面，有力地促进了卫生系统的党风廉政建设和反腐败工作；以开展“两学一做”学习教育事件活动为契机，组织党员领导干部学习《中国人民共产党章程》《党员廉洁自律准则》进一步提高党员干部廉洁从政意识；开展警示教育，以加大对本系统广大党员廉洁自律、克己奉公的教育力度，提高拒腐防变能力；支持纪工委工作，按要求及时上报相关工作情况，认真接受纪委部门的监督。

【开展“三好一满意活动”】 革吉县卫生事业正处于一个十分重要的发展机遇期，从全县卫生事业发展的形势来看，都为卫生事业发展带来了大好机遇，同时也提出新的更高的要求；深化卫生体制改革，强化医疗服务管理，积极完成革吉县卫生服务中心创甲，落实医院核心管理制度，狠抓绩效考核等重点环节管理，持续开展“三好一满意活动”，提升医院管理水平和医疗服务能力。

（次仁拉姆）

【领导名录】

局　长　牛代刚（10月免）
　　　　次巴珠（藏族，10月任）
副局长　仁藏多杰（藏族，12免）
　　　　芦珍卓嘎（女，藏族，12月免）
卫生服务中心主任
　　　　桑旦扎西（藏族，10月免）
　　　　米玛次仁（藏族，11月任）
卫生服务中心副主任
　　　　次　旦（藏族）
　　　　周　燕（女）
　　　　索朗达杰（藏族）
疾控中心主任
　　　　达瓦卓玛（女，藏族，12月免）
　　　　罗松平德（藏族，12月任）

革吉县文化广播电影电视局

【概况】 2016年，革吉县文化广播电影电视局共有干部职工44人，其中行政编制4人；专业技术人员11人；工勤人员2人；调频合同工5人；公益性8人；艺术团合同工15人。2016年按照上级部门指示精神，全县4乡1镇完成3979户直播卫星录入工作，截至年底，广播电视基本全覆盖；完成1015场电影放映任务，观众人数达34590万人。

【基层文化建设】 2016年，革吉县已建成1个县城综合文化活动中心、5个乡（镇）综合文化站、19个农家书屋、5个寺庙书屋。县城综合文化活动中心建有多媒体室、电子阅览室、健身室、书刊阅览室、棋牌室等文化功能房，专人管护，每周开放42余小时，让县城干部群众享受到图书、报刊、网络、文化娱乐、文化信息资源共享等全方位、多层次的文化服务。农家书屋及寺庙书屋配有兼职的书屋管理员，同时负责基层文化信息资源共享点的日常管理。

【开展非遗保护工作】 2016年，革吉县继续提升非遗保护工作水平，增强非遗保护工作成效。按照自治区级非物质文化遗产代表性项目申报要求，县文化广播电影电视局重新搜集《民族服饰》《格萨尔王坐骑像传说》《盐矿交易习俗》的文字、视频资料，并上报地区文化局。2016年，对《革吉谚语》的三名传承人发放1.5万元发展资金（每人5000元），用于培养新一代传承人及保护工作。县文化广播电影电视局举办"让文化遗产融入现代生活，加强文化遗产保护，振兴传统工艺"为主题的非遗文化宣传活动，发放宣传册共170余册，再次对已收集的谚语资料进行整理。

【文化市场管理】 2016年，县文化广播电影电视局以"扫黄打非"工作净化文化环境为目的，坚决封堵查缴政治性非法出版物，扫除淫秽色情等文化垃圾，着力建设和巩固社会主义核心价值体系，维护国家安全、社会稳定、民族团结，积极营造良好的社会文化环境和市场秩序。调整充实革吉县"扫黄打非"工作领导小组成员名单及职责分工，积极参与综治宣传月活动，集中宣传《娱乐场所管理条例》《音像制品管理条例》等法律法规；围绕全县"扫黄打非"工作、喜迎春节、藏历新年、建党95周年等主题活动组织开展专项整治行动，保持对违法违规经营活动的高压态势，2016年，县文化广播电影电视局联合县执法大队，对全县境内的文化市场进行38次检查，出动人次213人次，收缴非法音像制品531余张。同时与有关单位一道开展10余次文化市场街道宣传活动，共发放600余份宣传册。为革吉县"十三五"规划的建设和精准扶贫工作的推进营造良好的社会氛围；提升行政服务水平，精简审批流程，从细节入手，针对不同服务对象提供便捷、高效、个性化服务，服务质量和办事效率不断提高。

【发挥广电宣传阵地作用】 2016年，革吉县电视台紧紧围绕革吉县委、县政府中心工作和重大决策部署，创新报道形式，做优重点报道，先后对革吉县"两会"、创先争优、革吉县乡党委换届、"两学一做"、扶贫攻坚、争先进位等工作进行系列报道，同时注重从编辑、审片、宣传纪律等关键环节入手，正确把握舆论导向，使新闻宣传更加贴近实际、贴近生活、贴近群众。县文化广播电影电视局认真贯彻"三贴近、三深入"的原则，切实改变宣传方法和工作方法，变被动服务为主动服务，增强了宣传的针对性、实效性和吸引力。凡县上召开的重大会议、驻村、驻寺干部以及学校等工作开展情况、党的群众路线教育实践活动开展情况等一系列重大事件都及时地进行了跟踪拍摄报道，确保了新闻播放的时效性。2016年，革吉县向地区上传新闻226条，播出195条，播出率达到90%，革吉台播出新闻227条，使革吉县的重大新闻，人文习俗，生产生活状况得到全面宣传推广。革吉县电视台工作人员始终坚持下到各乡（村）开展广播设备巡查检修工作，使“户户通”这一民生工程落到实处，做到天天通、长期通，让党和国家的声音传入千家万户。县文广局技术人员以走村入户的形式，到各村组检查锅盖清流机更、维护、维修。截至年底，共检查了845户，维护设备221套，更换清流机设备379套，维修设备369套。2016年新增有线数字电视用户370户，县城及周边乡镇无线数字电视覆盖率达到96%；严格落实广播电视各项安全播出制度，研究部署应急预案，做好重大节日、敏感时节及日常的广播电视值班监控及网络巡查，防止不法分子对电视广播信号、线路的干扰和破坏，保障广播电视信号的正常播出。

【新华书店】 革吉县新华书店建于2013年9月，总投资60万元，2016年，革吉县财政投入16.79余万元用于购买书籍和配套设施，其中10.676万元用于购买书架、办公桌、电脑、保险柜、档案柜等；6.1145万元用于购买书籍和文具用品且4802册图书已全部上架。县文化广播电影电视局从办公室抽出一名工作人员，每周一、三、五到新华书店进行营业。2016年，共售出图书127册，价值2838.99元，在2016年年底上交到财政。

【民间艺术团】 年内，革吉县民间艺术团紧紧围绕创先争优、“两学一做”、扶贫攻坚等主题活动，开展文艺创作和编排工作，新创作品有民间舞蹈《谐庆》、歌曲《圣洁的祝福》、以及扶贫专题文艺作品扶贫主题歌曲《爱在乡村》、扶贫小品《扶贫攻坚战》，全面反映革吉县干部群众同心协力打赢扶贫攻坚战的决心和意志。为开展革吉县群众文化活动，提高革吉县群众文化的艺术享受，2016年，革吉县艺术团精心编排了各种具有西藏特色、革吉特点的节目在春节、藏历新年、五四、廉政文化月等重大节日进行演出；革吉县民间艺术团开展“五下乡”活动，先后组织文艺下乡活动50余场，参与各类专题文艺晚会6场，观众人数达1万余人。县文化广播电影电视局还组织那布艺术团演职人员前往拉萨、山南、林芝等地参加演出，受到了当地领导和群众的一致好评。

【文物挖掘与保护】 革吉县相对封闭的地理位置和人口结构形成了独特的民风民俗，积淀了较为厚重的文化氛围。年内，对革吉县境内的14个野外文物点配备了28名看管人员（每个文物点两名看管人员），每人工资为每月1200元，截至年底，已全部兑现；县文化广播电影电视局同地区文物局一起对现有的“三寺两康”文物做了进一步的清点检查，重新登记可移动文物8件；革吉县野外文物点共53处，已上报53处；制定安全巡查工作机制，组织专人定期不定期对革吉县14处重点野外文物保护单位及三寺两康进行安全巡查，对存在的问题及时梳理，落实消除安全隐患的有效措施。革吉县扎西曲林寺，扎加寺是县级文物保护单位，佛像、唐卡等文物较多，但因扎西曲林寺佛殿窗户无护栏，扎加寺甘珠拉康墙体出现裂缝，各类文物面临着被盗被毁的危险，县文广局在上级领导的指导和帮助下，从地区文物局申请到17万元的维修经费，截至年底，两座寺庙均以修缮完成。通过整年的摸底调查及时掌握革吉县石刻文物的基本现状，对各乡（镇）、寺庙文物所面临的危机进行宣传，并加强抢救和保护工作力度，继续落实各类安全防范措施，加大文物安全检查力度。文物安全是文物工作的重中之重，也是文物工作的生命线。为确保革吉县文物安全，革吉县文物局定期或不定期检查各文物点的安全防范工作，与革吉县各乡镇、各文保单位各岗位明确责任，签订文物安全责任书，将文物安全保护落到实处，切实保障文物安全。

（次仁玉珍）

【领导名录】

局　　长　阿旺次仁（藏族，12月免）
　　　　　旺　姆（女，藏族，12月任）

文广局副局长、新闻出版局局长
　　　　　洛桑央金（女，藏族）

电视台台长　旦　巴（藏族）

电影队队长　次仁多吉（藏族）

那布民间艺术团团长
　　　　　次仁央金（女，藏族）

革吉县农牧局

【概况】 2016年，革吉县农牧局共有干部职工28名，其中行政干部5名（局长1名、副局长1名、科员3名），事业管理人员5名，专业技术人员15名（初级职称6名、技术人员9名），工人3名。2016年，农牧局全面贯彻落实中共十八届三中、四中、五中、六中全会和自治区党委九次党代会精神，紧紧围绕全县“五大产业”发展思路，以“两学一做”学习教育活动为指导，按照全县牧业“三大牧业改革”的发展目标，多措并举、狠抓落实，充分发挥部门职能作用，全力推动各项工作，较好地完成全年各项工作任务，全县农牧业保持平稳增长态势。

【抓党建、促发展】 以完善巩固党组织建设；开展干部职工廉政警示教育工作，签订履行“一岗双责”和履行工作职责承诺书；落实“三会一课”制度，全年召开支部大会3次，开展党支部活动2次；新发展党员2名，撰写心得体会15余篇。落实党课制度；推进党务、政务公开。努力建立行为规范、运转协调、公正透明、廉洁高效的管理体制，重新设立“三公开”公示栏，并建立党务政务公开制度。

【党风廉政建设】 年内，贯彻落实党风廉政建设责任制，把党风廉政建设和反腐败工作列入重要议事日程，经常研究分析党风廉政工作，结合实际制定工作计划并认真组织实施；层层签订责任书，分解责任，监督检查，年终进行量化考核，推进政务公开，增强工作的透明度，自觉接受人民群众的监督。

【“两学一做”学习活动】 年内，严格按照中央、自治区党委、地委和县委的部署，在党员干部中认真开展深入学习“三严三实”活动及“两学一做”学习。通过学习，使全体干部职工的思想进一步提高，极大的推动干部职工的责任感和使命感，有效地推动各项工作的开展。

【结对帮扶】 年内，深入一线了解帮扶对象情况，掌握第一手资料，认真落实结对帮扶工作，切实解决生产生活中的难点。同时，加强与联系点的沟通、指导，干部职工到结对帮扶家中结对认亲了解家庭经济情况开展慰问活动1次，为帮扶贫困户找出致富门路，切实解决了群众生产生活的燃眉之急。

【动物疫病防控】 2016年，革吉县按照区、地两级的同意安排部署，落实好国家动物疫病强制免疫计划。4月1日，县动物疫病防控中心与各乡镇兽防所签订合同书。全年开展牲畜免疫2次（春秋两季）、其中春季疫苗共注射431088（头只）、其中牦牛12392头，羊418696只，秋季疫苗共注射446905（头只），其中牦牛12919头、羊434350只、免疫密度达到100%，加大对外来牲畜的防控力度。

【防抗灾方面】 防抗灾工作准备充分，进一步修订完善今冬明春防抗灾应急预案、实施方案，成立工作领导小组着力抓好畜牧业防抗灾基础设施建设，2016年县财政局投入190万元用于放抗灾物资购买，具体物资如下：汽油48.55吨、柴油36.87吨、精饲料354.5吨。

【强农、惠农政策落到实处】 草原生态保护补助奖励机制工作自开展以来，在上级部门关心和指导及各部门的鼎力相助下，于2016年9月顺利通过2015年草原生态保护补助奖励机制工作区级终验。享受2015年草原生态保护补助奖励资金农牧户3539户，享受草原监督员资金补贴708人。截至年底，革吉县2015年限高后的资金为83827243.69元、草原监督员资金补贴3823200元、农牧民生产资料综合补贴1769500元、牧草良种补贴140000元、总资金为89559943.69元。

【项目建设】 2016年，建设高寒棚圈1322套，总投资1586.4万元，建设地点为革吉镇、雄巴乡、盐湖乡、文布当桑乡，该项目正在建设中；牧道桥涵60套，总投资435万元，人工种草2000亩，每亩投资1500元，总投资300万元。2016年农技推广服务体系建设项目，建设地点四乡一镇总投资为400万元。

（多 吉）

【领导名录】

局 长 次仁旺杰（藏族）

副局长 次仁顿珠（藏族）

动物疫病防控中心副主任

桑 米（藏族）

白绒山羊良种扩繁厂副厂长

党 确（藏族）

索南曲吉（女，藏族）

农业技术推广中心服务站副站长

巴桑贵杰（藏族）

罗布丹增（藏族）

革吉县扶贫（农发）办

【概况】 2016年，革吉县扶贫（农发）办实有干部7人（在编7人），脱贫攻坚指挥部办公室实有干部13人（抽调6人）。年内，及时调整县脱贫攻坚指挥部领导小组，配齐指挥部各专班组，各乡镇配备扶贫专干；修订县脱贫攻坚规划、扶贫产业项目总体规划及实施方案等；层层压实县、乡、村“一把手”责任，形成党委领导、政府主导、上下联动、齐抓共管的良好格局。

【宣传引导】 年内，革吉县扶贫（农发）办充分利用宣传栏、横幅、采取会议、入户、印发《宣传手册》等形式，大力宣传扶贫政策和先进事迹，全年制作各类宣传图、册、横幅等，营造出全社会支持和参与脱贫攻坚工作的浓厚社会氛围。

【精准识别】 2016年，革吉县扶贫（农发）办开展扶贫开发建档立卡及“回头看”工作，逐户、逐人进行再识别、再分析，全面核清贫困户基本情况及致贫原因，确保基础数据真实准确，及时更新动态管理系统，确保数据上下一致。最终确定全县贫困人口1902户6022人。其中建档立卡贫困人口1318户4067人，边缘贫困人口584户1955人。

【农发、扶贫项目】 年内，革吉县扶贫（农发）办农业综合开发项目计划资金882万元。截至年底，已完成投资396.15万元，44%占比。2015年度整乡推进扶贫开发项目资金164万元已全部兑现，涉及受益贫困群众42户167人。

【精准脱贫】 2016年，革吉县实现169户584人达标脱贫，超额完成19户59人任务，实现首战告捷。产业扶贫：共规划项目30个，总投资8.6亿元，已开工1个，投资300万元，带动贫困群众180人增收。生态补偿扶贫：争取到生态补偿岗位3807个，已按“一人一岗”原则全部落实，惠及建档立卡贫困户1795人，人均年增收3000元。易地搬迁扶贫：2016年，革吉县共实施易地扶贫搬迁138户514人，其中搬迁至地区68户276人，搬迁至县城70户238人。医疗扶贫：对所有建档立卡医疗救助贫困户进行免费检查治疗，并因人施策救助，全年兑现医疗救助资金55.02057万元；社会保障：全年共发放各类保障金3569人次，439.32067万元，其中低保283.5901万元、“五保”49.296万元、临时救助13.2万元、医疗救助55.02057万元；残疾两项补贴38.214万元。金融扶贫：累计完成扶贫小额贷款149笔（户）、435.6万元。县本级扶贫配套152.1万元。

【结对帮扶】 革吉县扶贫（农发）办高度重视“四清楚”“七必有”，明确各定点扶贫干部的基本工作内容，要围绕“四清楚”“七必有”开展扶贫帮扶工作，切实把工作做深、做细、做扎实；各定点扶贫干部要做到每一“清”、每一“有”都有完备的工作顺序，都有可行的工作计划，保证工作有台账，推进有计划，事事都清楚，工作有效果。

【转移就业】 年内，革吉县扶贫（农发）办已完成装载机、机动驾驶、蔬菜种植、藏餐培训、建筑施工技能等培训269人，其中90人已顺利走上工作岗位，平均月收入达3000元~6000元。

【党风廉政建设】 年内，革吉县扶贫（农发）办加强对重大项目和事项的监督管理。结合扶贫职能，严格扶贫资金监督管理，按照《财政专项扶贫资金管理办法》，加大扶贫项目质量和专项资金监管力度，开展经常性的监督检查，严把资金投向关、审批关、使用关。全面推行扶贫资金项目公告公示制度，切实加强对乡村扶贫项目实施的监督管理，确保扶贫资金使用效益最大化。同时，扎实抓好政务公开工作，认真落实领导干部个人重大事项报告、年终述职述廉和重大事项的报告制度等制度。进一步深化扶贫职能，切实解决好群众反映强烈的突出问题；加强反腐倡廉宣传教育，促进党员干部廉政勤政；加强学习，用正确的理论武装头脑，严格按照学习制度和学习规划，组织全体党员干部深入学习反腐倡廉的有关文件精神和《中国共产党纪律处分条例》《中国共产党廉洁自律准则》及县纪委有关会议文件精神等，坚定正确的政治方向、政治立场、政治观点，严守政治纪律，提高政治鉴别力和政治敏锐性，自觉地在思想上、行动上与党中央保持高度一致，自觉地服从党组织的决定和安排。同时，经常性开展党风廉政建设和反腐倡廉教育活动，真正从思想上吸取深刻教训。通过学习教育，用新的思想、新的作风、新的形象、新的举措、新的成效、实现好、维护好、发展好革吉县贫困群众的根本利益，开创扶贫事业新局面；转变作风，切实为贫困群众办实事。坚持深入基层，体察民情，倾听群众的呼声，真正把精力和时间用在为贫困群众谋发展、办实事上。按照县委、县纪委的有关文件精神，进一步加强干部职工思想、作风、廉政和效能建设，建设一支高素质、作风实、比业绩、讲奉献的扶贫队伍，形成风清气正的好环境。

【健全组织】 年内，革吉县扶贫（农发）办把党风廉政建设和反腐败工作放在重要位置来抓，坚持“一把手”负总责和谁主管谁负责的原则，对各自分管的科室和干部做到“看好自己的门，管好自己的人”。严格执行责任追究制，逐级负责，确保党风廉政建设和反腐败工作的有效开展，为全县精准扶贫工作不断创新提供强有力的政治保障。在机关积极倡导落实讲第一人称，执行讲第一时间，业绩争第一位理念，引导机关干部在工作中不带私心杂念，保持昂扬的激情、强烈的责任心和敏锐的判断力。开展保持党的纯洁性专项教育活动，用党的全心全意为人民服务宗旨教育干部，帮助干部树立正确的世界观、人生观、价值观和权力观，引导党员干部把心思用在谋扶贫开发工作的创新和服务全县经济社会发展上。

【发挥党员领导干部模范作用】 年内，革吉县扶贫（农发）办党员干部以党章为准则，严格执行中央关于领导干部廉洁自律有关规定要求，坚持高标准，严要求，努力强化自律意识，着力提高自律能力，虚心接受群众监督，严格党规党纪，积极践行党的宗旨，争做让党组织放心、人民满意的廉洁公仆、优秀党员、模范干部。加强对领导干部执行“八个坚持、八个反对”的监督检查工作，进一步增强领导干部的拒腐防变能力。领导干部要想在先、干在前，团结带领干部职工不断开创扶贫开发工作新业绩。

【制度落实】 年内，革吉县扶贫（农发）办坚持惩防并举、注重预防，突出重点、突破难点，点面结合、量化任务、细化责任、强化措施，确保相关制度落实到位。加大制度落实监督的力度，开展多种形式的监督，确保各项制度的落实，不走“形式”，不留“死角”。认真落实《2016年革吉县党风廉政建设责任书》，严格落实党风廉政建设的主要工作、目标要求、承担责任，将党风廉政建设的总体目标与每个党员干部的具体责任相结合。

（扎西平措）

【领导名录】

主　任　罗　布（藏族，12月免）

扎　　南（藏族，12月任）
副主任 次仁扎西（藏族）

革吉县林业局

【概况】2016年，革吉县林业局贯彻落实区、市、县林业有关会议精神，围绕2016年林业工作目标任务，开展植树造林工作，生态安全屏障防沙治沙工程项目、林地资源及野生动物保护情况等各项林业工作，加强革吉县植树造林工作、严格要求羌塘国家级自然保护区管理、做好生态公益林建设、进行野生动物保护工作以及队伍建设，林业资源、生态保护，认真开展“两学一做”学习教育活动和党的群众路线教育活动，切实抓好思想组织、作风、制度、业务和机关建设，解放思想，与时俱进，各项工作都按既定的目标取得了较好的成绩。通过全县各级党委、政府和林业局的共同努力下，林业各项工作取得了显著成效，为建设“美丽革吉”打下了坚实的基础。

【县城周边造林植树及人工种草项目】2016年，完成周边植树造林面积300亩；树种4种，树立警示牌5块、宣传牌5块。截至年底，长势较好，成活率达70%以上。以及在县城西边进行开展人工种草工作，并得到了很好的效果。

【防沙治沙】2016年，采取砾石压沙、降低沙丘高度、降低了沙尖暴的发生频率的方式治沙，完成16000亩的防沙治沙任务。

【县城内补植补造】为巩固造林成果，投资1.5万元，2016年重点区域生态公益林建设工程补植补造300亩，种植班公柳、红柳、变色荆芥儿等1000多株；补植成效较好，成活率达80%以上。

【羌塘国家级自然保护区管理】2015年，自治区林业厅批复在革吉县建设羌塘国家级保护区3个标准管理站，即龙热站、夏夏站和圆谷点站；该项目自2015年6月底开工建设，3个管护站建设主体已基本完工，并于10月6日通过林业厅初步验收。革吉县为每个管理站配备12名管理人员，三个管理站站长、副站长6名已在拉萨、地区、县里分别完成军事化培训和相关业务知识学习，30名管护员也在地区和县里完成相关培训和学习，即将上岗履职。自治区统一采购配置的管理站交通工具（三辆尼桑皮卡车、15辆摩托车、对讲机、卫星电话等）和其他设备已全部到位。11月中旬人员上岗后可投入使用。管理人员工资已由自治区财政厅纳入预算，将按站长每月2000元，副站长每月1900元，其他专业管护员每月1800元，每月每人生活补贴300元的标准统一上岗之日起进行发放。

【重点生态公益林建设】年内，林业局在县城树木上发现了可疑的一些情况，经过调查研究、同时跟上级林业部门沟通了解后发现革吉县境内的树木上出现的症状是一个腐烂病毒的空气性转播的一个严重病情。林业局用最快的时间跟地区林业局协调沟通，县城15亩多有病毒的树木全部处理烧毁，现革吉县境内的树木全部全面性防病虫害工作完成。重点宣传通过革吉县新闻、农牧民集体生活区和活动区向过往的行人发放宣传单，并深入到各植树区域进行宣传，共散发各种宣传资料200多余份。这些工作有效地提高了广大干部职工和农牧民进入林区的外来人员的植物检疫意思，为检疫工作顺利开展打下了坚实的基础。

【精准扶贫】2016年，按照全县林业现状及各乡镇林业生态脱贫岗位需求已完成2096个林业生态补偿脱贫岗位的分配，已全部确定到户、到人。明确每名林业生态脱贫人员的年管护时间、管护范围、月管护次数。分别与5个乡（镇）、2096名林业生态管护人员签订协议，于2016年底兑现生态脱贫管护人员工资6288000元，管护员每人工资3000元。2016年5月，林业局全体干部职工到雄巴乡巴措村进行帮扶工作，主要了解贫困家庭的生活情况，并在牧民的思想、生活、工作上给予指导和教育，帮扶对象有3户、9人。帮扶对象3户3个人解决待遇，每月每人600元，2016年每3户3个人创收收入7200元。

【惠民资金发放情况】 年内，为提高群众保护野生动物的意识，县林业局工作人员到全县四乡一镇发放野生动物肇事损失补偿资金455040元。

【开展“两学一做”学习教育】 年内，在党员干部中宣传开展“两学一做”学习教育的重要意义，充分利用农水党支部会议等形式，认真学习传达上级要求，不断营造氛围，提高认识；积极对本单位开展调研，找出党员干部中存在的问题，结合党员组织关系集中排查工作，对全体党员进行摸底分析，为加强分类指导、提高学习教育的针对性奠定基础。同时，完善学习教育措施，为确保党员学有目标、做有榜样奠定了基础。

【党建工作】 年内，林业局把党建工作摆在十分突出的位置，列入重要议事日程，并将党建工作与业务工作紧密结合，促使党建工作和其他工作均收到明显成效；加强班子自身建设，认真贯彻执行民主集中制原则，对重大事项等各项工作的贯彻实施坚持集体讨论决定；加强学习，在单位内认真开展“两学一做”学习教育工作，始终把理论武装工作作为加强党的思想政治建设的首要任务，将党建工作纳入林业局工作重要日程，采取集中领学、开展讨论、个人自学、座谈交流、党课辅导等方式，坚持不懈地强化学习。

【党风廉政建设】 年内，坚持预防为主、教育先行，在单位党员干部中深入开展廉政教育，切实加强对党员领导干部的监督，确保权力正确运行，并系统安排学习党的最新理论政策和重要会议、领导讲话精神。通过学习不断提升党员干部的廉政意识、责任意识和规矩意识；以廉政风险防控为抓手，推进预防腐败工作，进一步加强自律和他律，形成“用制度管权、按制度办事、靠制度管理人”的工作格局；强化责任落实，深化领导机制和工作机制，认真落实“一岗双责”明确规定责任目标和工作要求；以廉政林业建设为载体，深化反腐倡廉教育，完善廉政教育制度，不断提高教育的科学性、规范性、有效性；加强对中央八项规定、区党委“约法十章”“九项要求”的学习贯彻执行力度，严格按照相关规定约束干部职工的日常工作行为。把党风廉政建设作为日常工作中的主要目标，党和政府的各项规定和政策学习好。年内，未出现腐败现象。

【维护安全生产】 年内，结合林业系统工作实际，全力落实安全生产目标管理责任制，开展安全生产承诺活动，对安全生产工作做到强化领导、明确责任、严格措施、消除隐患，成立安全生产领导小组，制定“安全生产月”和“安全生产革吉行”活动方案，开展“安全生产月”活动，活动时间为6月16日—26日，按照活动具体要求林业局认真做好动员、发动工作、把安全生产月活动的主要精神及时传达到每一个参与人员，林业局在安全生产工作中做到有计划、有布置、有检查、有总结、有评比，每季度开展安全生产专题会议，做到谁主抓、谁负责，全年林业局未发生一起安全生产事故。

【社会综合治理】 年内，林业局紧紧以各项维稳措施为基础，加强对流动人口的服务管理工作，制定流动人口的服务管理台账。通过成立领导小组、完善各项制度、学习综治维稳相关内容等方式，使林业局创建平安单位工作扎实有效，把各项社会综合治理以及维护社会稳定相关文件和上级部门的精神，林业局在实践工作开展过程中，学习好、一切落实到位。林业局林业执法队不定时对野生动物、湿地保护进行巡查，严厉打击违法犯罪行为，2016年，全县未发生过林业以及野生动物保护区内违法案件。

（恰　多）

【领导名录】

局　长　普布扎西（藏族）

革吉县水利局

【概况】 2016年，水利局编制4人，现有领导2名（1名正局长，1名副局长）事业编制1名，科员4名，行政工人1名。

下辖事业单位编制4名，现有5名，其中核定领导编制1名（副科），初级1名，员级3名。合同工1名，公益性1名。

其中：藏族干部职工11名，汉族2名，全局共有正式党员6名，入党积极分子2名。

【河长制】 革吉县骨干河流、湖泊既是革吉县经济社会可持续发展的基础资源，也是全县人民安全饮用水的重要保障，更是世界生态安全屏障建设的重要组成部分。2016年，水利局严格按照中共中央办公厅、国务院办公厅《关于全面推行河长制的意见》（厅字〔2016〕42号）文件的要求，深入推进实施“环境立县”战略，确实加强革吉县骨干河流、湖泊水资源保护、水域岸线管理、水污染防治、水环境治理，全面推行河长制，落实责任，健全工作机制，为革吉县开展最严格水资源工作奠定基础。

以“水清流畅、岸绿最美、功能健全”为目标。把“水质优化、河岸绿化、沿线美化”为重点。明确保护水资源、防治水污染、改善水环境及恢复水生态为主要任务。为做到准确无误，不留死角，由水利局分管领导带领工作人员对全县进行实地统计河流湖泊数量、计算面积、测量长度。并着力宣传实行最严格水资源的相关法律法规、节约用水和开展生态环境保护的相关制度。让农牧民群众对水资源的保护意识、水资源的重要性有了进一步提高，为下一步全面开展河长制，实现全面保护水资源奠定了坚实基础。

【小型牧区水利重点县项目】 实施好2015年小型牧区水利重点县项目。该项目共分为三个工程点分别是革吉镇布贡村、盐湖乡夏夏和盐湖乡抢麦村，总投资为1000万元，该项目于2016年8月开工。由于革吉县水利重点县项目开工较晚，加之该工程建设点海拔较高，气候恶劣，有效施工期短，为保障水利工程的建设质量，施工方于10月初上报停工计划。截至年底，已完成总工程量的80%。计划在2017年5月中旬开工续建，9月20日前竣工，并投入使用。

【嘎尔嘎灌溉工程监管】 该项目法人单位为阿里地区水利局，主要建设内容及规模：新建干渠一条，总长9.25公里，干渠控灌面积12180亩，新建11条支渠，总长7.7公里，各类渠系建筑物351座，总投资为2448.04万元，建设地点为革吉镇加布村，该工程已停工，由于该项目资金到位较晚，完成总工程量的75%。计划在2017年5月中旬开工续建，9月15日前竣工，并投入使用。

【雄巴乡贡果饲草基地灌溉工程】 该项目主要建设及规模：改建溢流堰一座，宽40米；新建干渠一条，长1300米；新建支渠4条，总长1800米；新建渠系建筑物9座，其中支渠进水闸4座，退水闸4座，干渠节制闸2座。总投资为298.02万元。2016年现该项目已完成前期工作，水利局积极协调上级部门做好相关开工准备工作，待下达资金后计划2017年开工建设。

【狮泉河流域河道治理】 由于狮泉河河道治理整体工程涉及两个县（革吉县、噶尔县），根据地区水利局的整体安排，该项目的全部前期工作交于自治区水规院全权负责，在两县的共同努力和督促下，以全部完成前期各相关工作。

【开展农村饮用水水质普查】 年内，水利局研究制定和认真组织实施农村安全饮用水水质普查监测方案，积极协调地区卫生局、水利局和环保局，在人员技术等方面给予支持。按照地区水利局的整体安排，“十三五”期间的农村饮水安全巩固提高工程以整县推进的方式进行，2016年，革吉县未开展此项工作，但委托自治区水规院正在做该项目的前期设计、地勘及全县各水源点的水质监测，于2016年11月21日做完前期各项工作，革吉县进行初步审查。该项目实施以后，能为饮水安全提供可靠的依据，为下步解决饮水安全问题创造条件。

【配合自治区水利厅完成非工程山洪灾害治理】 年内，水利局积极配合自治区水利厅完成山洪灾害非工程措施的安装、调试、检修及技术人员的培训工作。此项目于2013年开始实施，自治区水利厅和阿里地区水利局正在组织终验，革吉县水利局自接到终验通知后，迅速组织单位技术人员对全县范围内各站点进行检查，提出下一步的整改意见。

【整改县城乱拉乱接线缆】 光电水电管理中心在年初至7月，制订县城线缆整改方案，并严格按照整改方案进行整改，基本治理完毕。

【水利服务信息处理中心建设项目】 该工程新建230.14平方米的办公楼，工程总投资为110万元，项目法人单位为革吉县水利局，该项目已完成总工程量的85%。由于冬季气温较低，直接影响工程质量，为保证在建项目的质量，同意施工方提交的停工申请，计划在2017年5月开工续建，于7月初竣工并投入使用。

【扶贫工作】 年内，水利局在县委、县政府及县脱贫攻坚指挥部的指导下，积极开展扶贫工作，认真组织开展结对认亲工作。水利局在结对帮扶过程中，局机关帮扶干部通过“零距离”接触困难群众，贴近困难家庭实际，认真帮扶其查找致贫原因，通过摸底调查，找准切入点，以水利项目扶持，技能扶持，就业扶持等各种措施。

自结对认亲活动开展以来，水利局多次深入帮扶村组进行摸底调查，确定困难群众的贫困原因，为帮扶对象建立包村帮户工作台账，局副科以上领导干部采取“一对一”的形式，一般干部采取“二对一”结对认亲，结对帮扶。水利局通过调研摸底，对所有帮扶对象进行了解，将部分有劳动能力的贫困人员安排到适合自身工作实际的岗位。部分有基本劳动力的贫困人员安排在就地水利工程上就业。

2016年是实施“十三五”规划的开局之年，也是全面推进脱贫攻坚至关重要的一年，对于打赢脱贫攻坚战具有重要意义，水利局紧紧围绕全县脱贫攻坚大局，精心谋划思路，谋实举措、谋亮特色，用心、用情、用力做好水利扶贫开发工作，确保各项脱贫攻坚措施落地见效。

组建扶贫领导小组，把全单位干部职工的思想和行动统一到位精准扶贫、脱贫攻坚的决策部署上来，继续采取“结对帮扶，一对一、二对一”的方式，切实加强扶贫开发工作的领导，强化扶贫机构、扶贫队伍建设，依照帮扶规划，全力推进帮扶工作的落实，坚决打赢扶贫攻坚战；协调水利项目的施工方，在工程开工后，必须结合实际就地安排当地贫困户进行劳动，水利局加强对贫困人员的思想教育引导，鼓励他们在工地上干活，赚取报酬，赚取用自己的双手摘掉贫困的帽子；严格按照上级文件精神，在全县范围内所有水利工程设施、山洪灾害点、水土保持区等水生态保护项目上安排贫困人员全年看护，2016年共安排395人到水生态保护岗位中工作。

【安全生产】 年内，水利局高度重视安全生产工作，坚持行政首长负总责、分管领导具体抓、班子成员共同抓的“一岗双责”领导工作体系，与局属各单位、各项目施工单位签订安全生产责任书，进一步落实部门安全监管主体责任。同时结合防汛、安全生产月等活动，加强对工程重点部位、敏感部位和薄弱部位的安全检查；加强资金管理，严格按照项目资金管理制度进行管理，确保资金安全，实现水利局2016年安全生产无事故。

【防汛工作】 2016年，水利局认真做好防汛抗旱各项工作，抓紧完成水毁工程修复和度汛应急工程建设；进一步检查各项度汛措施落实情况，认真落实防汛抗旱物资储备计划；修订、完善防汛预案；高度重视水库安全度汛工作。尽管2016年出现10年一遇的洪水，由于防汛抗旱各项工作准备充分，革吉县全年无特重大洪水灾害事故。

但小型的防汛突发事故有革吉县受连续强降雨的影响，狮泉河水位不断上涨，导致河道狭窄处水位暴涨，致使森布村农业开发点渠首溢流坝挡墙右岸处最大的两个支流溢出河道，水利局得知情况后，第一时间报告革吉县防汛抗旱指挥部并及时组织抗灾救援队。革吉县防汛抗旱指挥部指示：由县委副书记、政府县长防汛抗旱指挥部总指挥王明杰亲自挂帅，到一线指挥。第一梯队出动武警官兵10人，消防官兵6人，水利局干部职工10人，交通2人、群众4人，装载机一台、挖机一台、运输车辆6台及准备充分的抗洪救灾物资，在总指挥的统一指导下，军民联合，共同奋战11个小时，成功将险情排除，抢险任务顺利完成，确保了附近人民群众的生命财产安全；革吉县雄巴乡象鲁康寺庙区域遭受长达20分钟的冰雹雨，形成山洪。由于象鲁康寺庙地处山沟，寺庙建筑物、道路、佛塔等不同程度受灾，水利局主要领导接到寺庙驻寺干部反映情况后，及时请示上级领导，并前往实地勘察，组织人员发放防汛物资到象鲁康寺，立即组织当地人员组成抢险队，参加抢险的人数共128人，其中多仁村形隆组50人，加吾组60人，寺庙僧人18人，通过大家的共同努力，终于排除泥石流危害，没有较大的安全隐患，确保了人民群众的生命财产安全；革吉县四乡一（镇）均有不同程度的洪涝灾害，水利局在接到情况后都前往组织当地群众进行救灾工作。在革吉县委、县政府和防汛抗旱指挥部的坚强领导下，2016年防汛抗旱工作取得了非常优秀的成绩，确保了全县人民群众生命财产安全，也体现了革吉县水利干线工作人员不怕死、不怕累、精益求精和无私奉献的水利精神。

【水政执法】 年内，加大水政执法力度，定期开展河道整治。为保障革吉县河道的行洪安全，切实有效地规范河道采砂管理工作，合理有序地利用河道砂石资源，县水利局联合县有关部门，按照县委建筑领域专项整治工作要求，结合《阿里地区河道采砂管理办法》，及时对革吉县境内河道违规采砂现象进行多次整顿，并采取一系列措施强化对河道采砂活动的监督检查，并责令违规采砂企业限时整改搬迁。

【维稳工作】 年内，协助相关部门做好维稳工作，在重大节日和重要会议召开期间，加大行业矛盾、纠纷、隐患等排查工作，尤其针对行业内拖欠农民工工资等问题，进行多次专项排查；完善《水利局群众信访制度》，对来访群众热情接待、耐心询问，力争第一时间解决来访者问题，对于接到信件，第一时间呈送主要领导，及时解决。

【组织建设】 抓领导力度，实施“一把手”工程。领导重视与否是检验一个单位整体工作是否到位的关键所在。为此，局领导班子把党建工作和民族宗教工作放在同等重要的地位来抓，真正纳入议事日程，层层落实党建工作责任制。实行并形成“一把手”负总责、副局长负责“一条线”、设专人负责党建工作，真正形成，一级抓一级，层层抓落实的工作机制；组织机构健全，班子成员严于律己。县水利局支部坚持民主集中制原则，把集体领导和分工负责有机结合起来，广开言路，多方听取群众意见，大家出主意，想办法，发挥每个成员的聪明才智，较好地完成各自分管的工作。做到带头参加学习，带头遵守各项规章制度，为县水利局团队战斗力、凝聚力的发挥起到较好的表率作用；督促党员自觉参加组织生活，完成党组织交给的任务，按期按规定交纳党费，自觉接受党组织的教育和培训。并利用“七一”等节日广泛开展各种活动，党员领导干部无论职务高低，都能以普通党员的身份参加组织生活，自觉接受党组织和党员的监督。

【开展“两学一做”】 年内，认真学习党章、习近平总书记系列讲话，大力开展支部委员讲党课活动，加强党的基层组织建设，使全局广大共产党员成为顾全大局、爱岗敬业、服务群众、公道正派的先锋，充分发挥党支部和广大共产党员在全县水利建设中的战斗堡垒及先锋模范作用。累计召开专题会议十余次，制定“两学一做”学习教育实施方案、学习计划、党员志愿者活动计划等，并扎实贯彻落实，每位党员形成学习笔记3000字以上，通过开展“两学一做”学习教育，支部学风不浓、信念动摇、纪律涣散等问题明显改善，支部凝聚力进一步增强。

【党风廉政建设】 年内，水利局以科学发展观为统领，坚持标本兼治、综合治理、惩防并举、注重预防方针，以落实党风廉政建设责任制为龙头，把反腐倡廉工作融入全县水利建设各项工作之中，开展党风廉政建设和反腐败工作。在上年度党风廉政建设的经验做法上，进一步在消源头、稳成效、营氛围等方面探索新路、谋求实效，长效推进全局党风廉政建设。深化源头堵控。集中梳理重点对象实时监督、重点岗位定期交流、作风建设渗透延伸等方式预防干部职工违法违纪，相关做法及时形成简报上报上级部门，同时，通过系统归纳、整合，深入研究科学化、规范化、系统化的源头监督防控机制，定期开展各层面的危险源点排查工作，全力降低违法违纪发生几率；深化常态提醒。在完善、优化定期廉政谈话、违纪问题通报、集中警示教育等传统廉政预防模式，促使干部职工在潜移默化中受到教育、启发、警示，自觉防微杜渐，切实远离腐败，做到警钟长鸣，时刻绷紧干部职工廉政弦。

（沈　函）

【领导名录】

局　长　次仁顿珠（藏族，11月免）
　　　　巴桑欧珠（藏族，12月任）
副局长　沈　函

革吉县教育（体育）局

【概况】 2016年，革吉县教育（体育）局始终高举中国特色社会主义伟大旗帜，以邓小平理论、“三个代表”重要思想、科学发展观为指导，全面贯彻中共十八大和十八届三中、四中、五中、六中全会精神，始终坚持深入学习贯彻习近平总书记系列重要讲话精神、区地两级教育工作会议精神以及中央第六次西藏工作座谈会精神，坚持稳中求进工作总基调，主动适应经济发展新常态，全面深化综合改革，全面推进依法治教，着力促进教育公平、着力调整教育结构、着力提高教育质量，坚定不移沿着中国特色社会主义教育道路前进，坚持改革与创新，立足实际，在深入了解教学、教师实际的前提下，强化教学过程的精细化管理，追求课堂教学实效和质量，推动教育教学工作科学、和谐、高效发展。

【“两基”指标完成情况】 2016年，全县共有学校6所，其中初级中学1所，小学5所（完小3所，初小2所）。2016—2017学年，小学在校生1838人，小学入学率达到99.57%；初中在校生722人，初中毛入学率达到102.28%；幼儿园在园幼儿276人。全县现有专任教师189人，其中小学专任教师140人（本科学历10人、大专学历127人、中专学历3人），中学专任教师45人（研究生学历1人、本科学历39人、大专学历5人），幼儿教师4人（本科学历1人、大专学历3人）。

【提高认识，加强组织领导】 年内，高度重视“两基”攻坚工作，认真贯彻落实区、地两级教育工作会议精神，将教育工作纳入到党委、政府的重要议事日程，坚持教育优先发展战略地位，把推进义务教育发展作为政府“一把手”工程，把“两基”成果的巩固纳入全县经济和社会发展总体规划中。同时，全面贯彻“以县为主、乡镇负责、学校实施”的义务教育管理体制，县委、县政府与教育局、教育局与学校逐级签订校园安全稳定和党建责任书，教育局与各乡镇签订教育事业责任书，全面加强对教育工作的领导和督查，推进了教育事业稳步发展。

【广泛宣传发动，创造舆论氛围】 中共十八大报告将教育放在改善民生和加强社会建设之首，做出均衡发展九年义务教育的部署，明确新时期义务教育改革发展方向。中央第六次西藏工作座谈会提出“要把社会主义核心价值观教育融入各级各类学校课程，推广国家通用语言文字，努力培养爱党爱国的社会主义事业建设者和接班人”和“要加快补上教育这个‘短板’”的总要求。这为革吉县加快教育事业发展指明了方向、提供了遵循。教育局坚持“宣传先行、引导为主”的工作思路，充分用好村级三支队伍（驻村工作队、“村官”、村第一书记）与农牧民群众联系密切的特殊优势，由教育局牵头深入乡镇、学校召开教职工会议、家长会议、村民大会，广泛深入宣传《西藏自治区实施〈中华人民共和国义务教育法〉办法》《中华人民共和国教师法》《中华人民共和国未成年人保护法》《革吉县内地初中班和大学生奖学金实施办法》《革吉县困难学生救助办法》等法律法规和学生三包、营养改善等政策以及中央第六次西藏工作座谈会和各级教育工作会议精神，充分发挥舆论导向作用，努力营造良好的教育氛围，进一步深化了广大干部群众特别是农牧民群众对教育重要性的认识，群众送子入学积极性大幅提高，革吉县升学率也逐年提升。

【落实各类经费，规范经费管理】 年内，认真落实《中华人民共和国义务教育法》中关于“国家用于义务教育的财政拨款的增长比例，应当高于财政经常性收入的增长比例”的要求和《西藏自治区人民政府关于加快农牧区教育改革发展的意见》（藏政发〔2004〕67号）关于“地（市）县财政地方性收入投入教育的比例不低于20%”的规定。2015年革吉县财政收入为1521万元，县财政对教育事业投入425.88万元，占财政收入的28%。同时，革吉县认真落实国家和自治区对教育实施的优惠政策2016年已落实教育惠民政策资金1296.065万元，其中“三包”经费862.02万元、公用经费199.88万元、营养改善经费222.08万元、思政经费12.085万元。教育局于2015年初建立独立财务机构，“校财局管、预算到校、分类设账”的经费管理模式日渐成熟。2016年底在县政府的大力支持下，革吉县教育系统基本形成革吉县各学校“三包”及营养改善计划大宗物资集中采购和配送工作局面。2016年，教育局财务人员先后四次深入各学校，对各学校进行财务检查，对“三包”及公用等各类经费使用情况进行了仔细核对和摸底，规范了各学校经费收支账目，强化了经费管理。

【改善办学条件】 年内，县委、县政府多方筹措资金，努力改善中小学办学条件。积极争取国家投资，不断改善中小学办学条件，2016年主要争取校安工程、乡镇幼儿园建设工程、学校附属工程等12个项目工程，投资5203万元；积极做好高寒海拔中小学“四有”工程建设工作，革吉县各学校均有安全饮用水井；四乡小学师生住宿基本覆盖暖廊；县完小、县中学和盐湖乡小学均已建成澡堂；盐湖乡小学实施了菜窖工程。对于未落实的暖廊、澡堂、菜窖工程正积极向上级教育部门申报，计划在“十三五”发展计划中全部解决；坚决解决学校供电问题，革吉县除亚热乡小学外，其他各学校供电基本正常。考虑到亚热乡小学师生学习、生活的迫切需要，县人民政府从紧张的县级财政中挤出50余万元，为亚热乡小学安装了10千瓦光伏电站，基本解决了该学校用电问题。同时，在其余学校均配备了应急发电机，以备不时之需；积极试点高海拔牧区学校供氧工作，已在亚热乡小学进行试点，并将逐步在全县各级各类学校中推广。

【学前教育】 年内，根据现有师资条件和校舍条件，在抓好县幼儿园建设的基础上，在四个乡镇小学新建了附设幼儿园，均已开设附设幼儿班。截至年底，革吉县幼儿园在园儿童共276人，其中县幼儿园在园儿童165人，盐湖乡小学附设幼儿园有在园儿童36人，亚热乡小学附设幼儿园有在园儿童34人，雄巴乡小学附设幼儿园有在园儿童21人，文布乡小学附设幼儿园有在园儿童20人。

【做好“控辍保学”工作】 自2011年基本实现“两基”“国检”目标以来，革吉县积极总结经验，进一步加强“控辍保学”工作。实行“一把手责任制”，由县教育局局长牵头负责“控辍”工作，积极组织人员深入学校、村组监督检查和解决“控辍保学”工作中存在的问题。各乡（镇）认真落实县委、县政府的安排部署，切实把“控辍保学”工作纳入重要议事日程，深入基层宣传动员，严格执行相关规章制度，积极开展劝学返校工作成效明显；严格按照上级“两基”督导要求，坚持“免试、就近、划片”的原则招收学生，方便学生学习、生活。为激励学生好好学习，县政府制定《革吉县内地初中班学生和大学生奖学金实施办法》和《革吉县贫困学生教育救助政策》。2016年，对31名考上大学、1名考上重点高中、10名考上内地西藏班品学兼优的学生发放奖学金27.9万元；另外，地区教育行政部门对革吉县14名贫困大学生资助3.89万元；根据救助政策县民政局已对多名符合条件的贫困学生进行救助，有效增强农牧民送子女入学的积极性，减轻学生家庭的负担。

【成立教育督导室】 年内，为进一步推进义务教育均衡发展，扎实推进“教育强县”工作，建立督导新机制，强化教育督导功能，充分发挥教育督导的监督、指导作用，切实规范各学校的办学行为，全面提高了教育教学质量。同时，根据地区教育督导委员会要求，县委、县政府成立由分管副县长任组长的革吉县教育督导工作管理领导小组，在教育局设立督导办公室。教育督导室积极开展督导检查，对发现学校教育发展中存在的困难和问题，进行有效的沟通、监督、评估和督促整改，规范了学校办学行为，保障了素质教育的全面实施，促进了革吉县教育质量稳步提高。

【教师队伍建设】 年内，积极鼓励教师进行函授学习，不断丰富和提高自身业务水平。鼓励教师参加各级各类培训，不断增强专业技术水平，2016年，安排43名教师参加区培、国培等培训。同时，积极开展县级培训，对近两年参加工作的20余名教师开展了针对现代化教学手段的培训。积极解决教职工的后顾之忧。2016年兑现教师超课时补贴按每节20元的标准，共88.071万元，其中50万元由县财政承担；为各学校建立职工之家并全部投入使用；分别按每人每月1500元、300元的标准，及时兑现自治区级和地县级乡村教师生活补贴，2016年共兑现114.9万元，其中地县级乡村教师生活补贴的60%由县财政承担。2014年底革吉县为各学校增加47名后勤工作人员，县财政每年承担他们的工资和燃料费共70余万元，使广大教师摆脱繁杂的后勤工作，能够集中精力抓好教育教学工作。进一步完善管理制度，加强了教师队伍的管理，严格教职工请销假制度，严明组织纪律，确保了教育教学秩序正常化、规范化。

【学校安全稳定工作】 年内，调整充实校园安全工作领导机构，成立以分管副县长为组长，教育、政法、公安、工商、食药、安监、消防七家单位为成员的安全领导小组。各学校也成立相应组织机构，各校安全领导小组充分发挥学校护校队、学生会和驻校民警作用，确保了校园安全工作件件有人管、事事有人抓，形成了校园安全工作定期研究、分析的长效机制；加强制度建设。从建章立制入手，建立学校安全定期检查和日常防范相结合的安全管理制度，健全安全值班、防火防灾等安全生产规章制度。年初教育局与各学校签订校园安全责任书，层层明确安全工作责任。各学校安全工作基本实现有章可循、违章必究、不留盲点、不出漏洞；加强学校安全教育。各学校充分发挥学校法制副校长的作用，利用节假日在师生中广泛开展形式多样的安全教育活动，加强法制教育和安全防范教育，提高了广大师生防范意识和法制观念；实现安全隐患排查工作常态化。由分管领导带队，教育督导室牵头组织政法、公安、工商、食药、安监、消防等部门制订安全排查方案，每学期开学初深入各学校及校园周边开展安全隐患排查，特别是对教育教学设备检修、交通安全、消防安全、饮食安全等方面深入排查，及时进行整改。年内，各学校保持安全稳定，没有发生大的安全事故。

【完善制度，强化学校管理】 年内，根据上级相关要求，结合革吉县实际，出台并完善《革吉县中小学幼儿园教职工管理办法》《中小学安全管理条例》《革吉县中小学网络安全管理制度》《革吉县内地初中班和大学生奖学金实施方案》《革吉县学校内设机构及超课时补贴标准》《革吉县学校教职员工职责》《革吉县教育局教研室小学教学质量抽测的实施方案》和《革吉县教育局改进和加强教育教学质量提升管理办法的措施》等有效的管理制度，规范了中小学校的管理工作，强化了教师队伍管理，规范了各学校教研工作。教育局班子成员通过定期不定期和明察暗访等形式，检查各学校教学常规和日常管理工作，了解掌握教职员工的工作责任心和进取心，确保了各项制度落到实处；严格标准，开全课程，开足课时。各学校按照自治区实施九年义务教育的相关要求，严格执行新课程教育教学计划，开齐开足各门课程，综合实践活动课程、英语、信息技术、音乐、体育、美术、地理、生物、历史等各学科均按教学大纲要求进行开设及教育教学。

【教研队伍建设】 年内，深入推进目标管理制度，积极落实《革吉县教育局教研室小学教学质量抽测的实施方案》和《革吉县教育局加强和改进教育教学质量提升管理办法的措施》等教研制度，强化县教研室管理工作考核。进一步完善县教研室内部管理制度，县教研室抽调3名经验丰富的骨干教研员充实教研队伍，科学规范了教研工作管理。革吉县围绕发挥教研室的龙头作用，积极健全教研网络，在指导教学教研工作方面加大力度，丰富教学教研活动形式，确保了教研活动不流于表面，切实取得实效。

【落实各类教研制度】 根据《革吉县教育局加强和改进教育教学质量提升管理办法的措施》的具体要求，由革吉县教育局负责人带队，组织县教研室教研员和各学校教导处主任或教学副校长，于每学期不定期深入革吉县全部中小学校，针对教师备课、作业批改、学校教研、上课、教务工作计划及学生辅导六个方面进行教学常规工作检查，组织推门听课，并将检查情况进行分析和通报。由县教研室牵头，联合县教育督学人员对革吉县各学校进行教学常规管理检查和指导，并通报存在的问题，推广工作亮点。教育局教研员以每个乡镇学校蹲点教研一周的时间，与教师一起分析问题、解决问题，提升教学工作的质量与效益。与教师一起上常态课，广泛地听课、评课，敏锐地发现蹲点学校课堂教学中存在的问题，并及时进行有针对性的指导，突出了课堂教学方法的实践性与可操作性，促进了学校课堂教学计划的实施。通过以上措施，使得革吉县各学校教研工作更加规范化，细致化，对提升革吉县教学质量起到了积极的推动作用。

【做好中、小考考试工作】 每年的招生考试工作是全社会关注的热点，教育局于4月开始着手抓好报名工作，并于6月13日和6月22日顺利完成中小考考试的各项工作。在中小考的实施过程中，教育局积极协调有关部门，成立政府主要领导为组长的内地西藏班招生考试考务工作领导小组，同时县政府出台《关于做好革吉县2016年招生考试考务工作及交通运输安全工作的实施方案》，确保了中小考的顺利进行和考生在考试期间及接送过程的安全，未出现任何意外情况。

【部署均衡教育工作】 本着早介入、早安排、早部署的原则，革吉县于2016年10月召开全县义务教育均衡发展动员大会，全面启动义务教育均衡发展各项工作。随后，由副县长桑杰巴珠带队，组织各学校校长、统计员，教育局相关人员，公安人员以及项目管理中心人员前往噶尔县学习义务教育均衡发展先进经验。截至年底，革吉县在县中学和县完小全部教学班试点安装交互式电子白板、盐湖乡小学安装1套多媒体教学设备。在现有县城中小学校普及交互式电子白板的基础上，积极推进县域内全部学校安装交互式电子白板。加快实现县城中小学校内重点区域有线和一般区域无线全覆盖，校际间高速互联互通。依托晒课网平台等“互联网+教师培训”模式，重点推进教育信息化在教育教学中的深度应用，促进教育模式和管理模式转变，为教育均衡发展打下基础。同时，革吉县已经着手安排各学校开展教师业务培训建档工作，完善教师基本资料和三年培训资料；安排学校开始着手图书电子信息录入和实验仪器登记造册工作，以迎接教育均衡验收。

【校园文化建设】 年内，革吉县各学校不仅在室外环境布置、班级环境布置、宿舍环境布置以及走廊文化中各有特色，各有成果，而且在校园精神文化建设上也是多姿多彩，各学校根据学生年龄、年纪、所学课程，充分利用各种有利契机，对学生进行爱国主义教育。坚持每周国旗下讲话制度，认真做好节庆活动，以良好的文化氛围熏陶学生的思想，丰富师生员工的课余活动，确保了学生“进得来、留得住、学得好”。各学校充分利用课余时间，组织班级、团少组织和全体学生开展各式各样文体活动和轻松快乐的学习竞赛活动，使音、体、美教师在学校开展校园文化建设活动中起到主力军的作用。同时，狠抓德育工作，坚持学校升国旗、唱国歌等活动，激发学生的爱国情怀。注重学生的行为习惯养成教育，做到中小学生每日洗脸、刷牙、洗脚、每周洗头，有条件的学校定期组织学生洗澡。高度重视校园整脏治乱工作，各学校积极组织师生员工狠抓校园美化、净化、亮化，做到校园无脏、乱、差死角。

（达娃卓玛）

【领导名录】

局　长　扎　　南（藏族，10月免）
　　　　加　　措（藏族，10月任）
副局长　达娃卓玛（女，藏族，10月任）
　　　　单增卓嘎（女，藏族，10月任）

革吉县藏语文工作委员会办公室（编译局）

【概况】 2014年，革吉县编译室更名为县藏语文工作委员会办公室（编译局），县政府办公室直属的正科级事业单位。核定事业编制4名，其中科级领导职数2名。2016年，现有2名办公室主任和3名工作人员，全体干部职工为党员。年内，革吉县藏语委办（编译局）认真贯彻落实中央、自治区、阿里地区新时期民族语言文字方针政策及加强社会用字规范管理工作的意见；制订全县编译事业发展的中长期规划和年度计划，并组织实施。围绕中心，服务大局，履职尽责，配合承担县委、县政府、人大、政协及相关部门的重要文件、各种会议的翻译工作，藏语文社会用字检查整改工作在县委、县政府的领导下，在区、地两级藏语委办的指导下开局良好，进展顺利，圆满完成既定工作任务，2016年取得较好的成绩。

【翻译工作】 2016年，革吉县始终高度重视藏语文工作委员会办公室干部职工的政治思想认识，认真学习贯彻党的十八大、十八届三中、四中、五中、六中全会精神、中央第六次西藏工作座谈会精神，学习区、地、县三级一系列重要会议精神，更好地提高工作人员理论水平和政治素养。革吉县藏语委办（编译局）干部职工紧紧围绕县委、县政府的中心工作，积极发挥藏语文文字工作和方便部门的桥梁作用，克服业务人员少、工作量较大等困难，加班加点保质保量地完成县委、县政府、人大、政协交办的各项翻译任务及各部门的文件材料的翻译工作。主要负责县“四大班子”各种文字材料、领导讲话及转发涉农惠农、强农富农、涉僧惠寺、宣传册子、信访材料、及有关单位藏文翻译工作。截至年底，翻译字数已达130多万字。指导县辖区内学习、使用和发展藏语文工作，规范使用藏语文社会用字管理。编译局主要负责人在注重所有翻译材料都保证其实效、数量的同时，始终坚持高标准、高质量、严要求的工作作风、对每一个翻译件进行审查、严格把关，确保翻译工作精益求精。

【开展藏语文社会用字整改】 为贯彻落实国家民族语言文字相关法律法规，规范社会用字，增强藏语文社会用字规范意识，营造规范的藏语文管理和社会语言环境，革吉县藏语委办（编译局）积极开展藏语文社会用字整改工作，不断提高藏语文社会用字规范化和标准化水平，努力实现藏语文社会用字整改工作稳步推进。随着新词术语和藏语文信息化水平的不断更新、交替，专业编译队伍需要不断提高对业务知识的水平，以满足编译工作的实际需要，一如既往地认真完成好上级交办的翻译任务。

（扎西旺久）

【领导名录】

局　长　洛　　生（藏族）

副局长　扎西顿珠（藏族）

革吉县中学

【概况】 2016年，革吉县中学推荐工作努力、负责的年轻教师去内地学习；听课交流，要求普通教师每学期至少15节课，各教研组组长至少听20节课，文理组长、教务处至少听20节课，工作不到一年的年轻教师至少听25节课，校长至少30节；定期开会讨论，每周一下午第三节课开会讨论，上周存在的问题及解决措施；学校制定校长职责、政教副校长职责、教务副校长职责、教导主任职责、德教主任职责、班主任职责、教师岗位职责、党、团支部书记职责等，各自负责自己的职责，并签订了责任书。

【教学工作】 校历表、课程表、时间表、教师任课表的编排和教科书发放，确保正常开展教学工作；任课教师制订合理的教学计划；教务处定期、定时检查教师的备课及作业情况，大部分老师按教务处要求进行认真的备课，备课质量明显提升。作业规定每三节课一次作业；做好教学考勤登记，以值日老师巡课、学生干部考勤登记相结合的办法，对老师上课出勤、上课行为进行监督管理。在上课5到15分钟内视为迟到，处罚款500元且扣1分，若上课迟到三次按旷课一节处理。在上课过15分钟记为旷课，处罚款1000元且扣5分，若上课旷课达3次以上报教育局处理；实行坐班考勤制度，学校除校长外的全部教师规定上午一、二、三节课，下午一、二节课必须坐班。公假、请假例外；抓文化教育保发展，学校严格依法办学，依照有关规定进行招生，保障县内适龄少年接受义务教育，认真做好“控辍保学”工作，严格转入学手续；每周开展一次升国旗、国旗下演讲活动；每天开展阳光体育运动；每周开展一次法制活动课、一次教学活动、一次校园文化活动及一次例会。同时不定时的邀请校外专家来学校开展专业讲座。

【学生思想品德、安全教育】 年内，定期开展消防演练，邀请县有关单位同志来校演讲宣传安全法律知识。号召学生向救灾中涌现出的学生先进典型学习，学习他们敢于面对危险和挫折的勇气、在逆境中镇静沉着、自救互救的智慧和团结互助关爱他人的集体主义精神。定期开展食品安全讲座。利用每周六的下午的第一节课，进行系列的爱国主义、法制教育。周一到周五晚自习（7:30分）观看西藏新闻联播，培养学生关心国家大事，了解西藏新闻的好习惯。同时提高学生的语言表达能力。

【开展心理健康教育】 年内，面向全体学生，开展预防性和发展性为主的心理健康教育，增强心理健康意识，提高自我发展的能力。教育学生面对困难如何自我调节、自我减压，如何面对重大突发事件，增强学生心理承受能力，做到有计划、有内容、有活动。设立心理健康档案，努力形成心理健康教育体系。尊重学生主体地位和个性人格，全面落实心育“面向全体学生”原则和“预防与发展相结合”原则，做好家校联系工作，保持家长与学校老师及时沟通。

【组织实践活动】 年内，组织学生参加劳动实践活动，培养学生吃苦耐劳的精神，组织学生开展丰富多彩的德育实践活动，在活动中育德，在生活中育人。组织一次学生在校内外植树活动。每周组织一次校内大扫除及校园周边垃圾清理活动。由党员教师带领学生团员向敬老院献爱心活动，帮助养老院打扫卫生、带去文艺表演及向老人们带去了慰问品；学校本着“立足班级，重在渗透，多管齐下，形成声势”的原则，把诚信教育作为学校德育工作的重头戏，齐抓共管，形成合力，取得了地区教委颁发的“诚信学校”荣誉称号。

【党建工作】 年内，学校党支部在本年度积极完成上级党组织部署的工作安排。每周由党支部书记带头集中学习党建活动中及上级下发的各种文件精神。并做好党员笔记。每位党员教师每学期给普通教师上一节党员示范课。每位党员教师结对帮扶两位学生，2016年认真完成了帮扶工作。党支部带头积极参加各种学校组织的活动，起到了先锋模范作用。

【团支部工作】 强化组织建设，校团支部书记由教师旦增项杰担任，副书记、宣传委员、组织委员等由学生担任。做好初三老团员离校工作，同时开展两次新团员入团仪式，由班主任及学生在班级里推荐德、智、体、美、劳等优秀的学生加入团组织，为团组织注射新鲜的血液。截至年底，学校共有团员203人；强化活动管理，9月，成立“环境维护志愿者”“校舞蹈社团”两个社团。主要是在各种节日参加文艺演出及组织团员参加劳动活动，在学生中起到劳动模范作用。

【电教工作】 年内，完成网络国培研修前期培训。2016年，学校学员及格率达到100%；完成机房、电教、办公室三相电线路的改造。完善了校内监控的调试工作。

【“三包经费”落实情况】 年内，为进一步加强“三包经费”管理。学校专门设立兼职。会计、出纳、物资保管人员（三类人员不得相互兼任），后勤主管、食堂管理员、物质采购员，并制定相应的岗位责任制度；强化服务意识，做好后勤人员坐班考核和服务评价，提高后勤服务效率；完善财产管理制度的建设，特别在物品采购、财产保管，财产维修；财务报销审核等制度方面进一步规范；各项活动后勤保障工作指定专人负责，责任到人，提高服务效率与质量。

【安全生产】 年内，实行24小时值班，值班教师负责值班当天的学校工作，对突发事件必须及时处理。处理不了的及时上报；学校定期请校外专业人员来校进行消防等方面的讲座；学校内部定期对学校进行安全检查，及时对存在危险的地方进行维护；班主任“三到位”早、中、晚班主任必须到宿舍检查，接近学生。

【维稳工作】 年内，学校成立以校长石确拉姆为组长、政教副校长洛桑、政教主任普索朗为副组长、17名教师成员的维稳护校队，在维稳期间，负责学校的安全，对外来人员进行检查，每天分组24小时值班。中午和晚上进行校内、校周围巡逻，对学校设施进行检查。其次在学生干部中也成立了护校队，主要工作范围是对学校周边地区进行巡逻，防止学生翻越围墙，发生打群架事件，发现问题能及时向学校领导及值班教师汇报。

【安全生产会议】 年内，每周一定期召开会议，学习上级下发文件，及解决学校存在的问题，本周工作安排，工作中应注意的自己的工作重点等。

（石确拉姆）

【领导名录】

校　长　石确拉姆（女，藏族）
副校长　洛　　桑（藏族）
　　　　袁 红 梅（女，汉族）

革吉县完全小学

【概况】 2016年，革吉县完小坚持“教书育人，管理育人，服务育人，环境育人”的办学思想，以教学常规管理为切入点，依法治校，认真抓好学校各项管理工作，着力构建和谐校园，顺利地完成本年度的各项工作任务，先后被评为自治区级法制宣传教育“先进集体”“先进党组织”教育系统“先进基层党组织”，2016年，被评为“全区先进基层党组织”“阿里地区五一劳动奖状”。校长强巴曲珍因管理学校突出，被自治区评为全区中小学“优秀校长”，同时被西藏自治区聘请为第四届教育督学。

2016年，班级平均分大部分超过了教育局规定的平均分数线，和往年考试相比有所进步。2016年，学校六年级毕业生中共有7人考上西藏内地初中班，相比往年升学成绩有所提高。

【开展师德培训】 年内，学校要求全体教师爱护关心学生，走近学生的心灵，和学生做知心朋友，和学生的家长交朋友，不准冷嘲热讽伤害家长，更不准教师训斥家长；严禁教师体罚和变相体罚学生；禁止教师私自为学生乱订刊等。

【开展教师校本培训】 提高教师的业务能力和现代教育技术应用能力，并举行教师多媒体课件教学竞赛、教师基本功大赛、教师说课大赛，开展各学科教学研讨、班主任经验交流会，各类教学活动均取得了较好的效果，进一步促进学校的教师成长，切实提高学校的教学质量；学校将师德师风建设与年度考核、教育教学管理等师资队伍建设的其他内容有机结合起来，以促进师德师风建设的各项措施落到实处；通过开展师德师风自查活动，学校领导、教师进一步转变了工作作风，提高了办事效率，文明执教，优质服务于学生。学生、学生家长对教师工作的满意度大幅度提高。

【提高教学质量】 年内，教学工作坚持以教学质量为核心，以教学常规管理为切入点，强化本学期的教学工作。规范教学秩序、强化教学常规管理。学校严格执行教学“六认真”，教师做到认真备课、认真上课、认真布置批改作业，认真辅导学生，学校做到认真检查、认真考核评价，强化教学过程每个环节的实效。除坚持每月进行一次教学常规检查并及时通报检查结果外，平时每天都有专人对教师授课进行不定期的抽查。

作业检查，每月底进行一次抽查学生作业，对未完成作业批改的教师进行通报批评并扣教师个人考核分；严抓教学计划的制定和落实，开学初对教师的进度计划的收集严格把关，对教师的教学进度随时检查，对进度缓慢的教师进行一对一谈话；学校规定每单元进行一次测试，每月进行一次月考，并把底卷及考试分数报各教研组组长，然后统计上交教务处存档；学校组织了期中、期末统一测试，期末未统考科目严格要求科任教师自测；要求各位教师重视基础训练，作业分层管理，抓好错题过关，作业布置有针对性、讲究实效，做到了精而少，辅导及时、针对性强。特别重视个别后进生的辅导，充分体现了面向全体学生，为了每一个学生的宗旨；教案检查，学校安排中层干部进行每日不定期的巡堂检查，主要检查是否提前5分钟到班候课、是否带教案上课等；各教研组长每月底进行一次教案检查，做好了记录，并上交教务处进行个人分核算，经教务处核算后通报。

【安全卫生】 学校安全工作一直是由德教处负责，负责人事情繁杂，仍坚持常规工作不放松，确保了教育教学工作的正常进行。各班主任、各宿管员维修了各教室、各宿舍的照明设施，还维修了学生损坏窗户玻璃等；对各功能室、各班级的财产和物品进行核查并登记入册，落实固定资产的管理工作。本学年分两次对学生使用的课桌凳进行了清理统计，在用的、闲置的、损坏的都做了详细的统计并存放；平时不定期对学校电器进行安全检查，并将检查记录进行汇总，发现问题及时维修。同时，对学生损坏的课桌椅、门、锁、窗、水电进行维修；做了地震逃生演练、防暴演练等活动。

强化安全意识，紧抓安全工作不放松。开学初，签订各类安全目标责任书（班主任安全责任书、走读生安全责任书、车辆安全责任书）；对学校教学设施、电路等，不定期进行了检查，发现问题，及时整改；制定学校安全工作计划和应急预案；重视学生食品安全、交通安全、消防安全教育，采取形式多样的活动、演练等，加强学生的安全意识，确保学校安全稳定和谐；学校高度重视安全稳定工作，始终把安全稳定工作放在首位，截至年底，学校未发生任何安全事故。

【党建工作】 学校每周利用周会时间，召开党支部会议进行集体学习并做好笔记、安排本周自学内容，总结上周党建工作及安排本周的党建各项工作；周一至周五除正常上课以外，下午第三节课安排开展组织生活会及党课学习；利用周六、周日组织全体师生开展党支部的各项活动，如红歌比赛、舞蹈比赛、朗诵比赛等。学校开展“三联三进一交友”以及各类帮扶活动，并取得了较好的成效，得到了上级领导高度评价。

（强巴曲珍）

【领导名录】

校　长　强巴曲珍（女，藏族）

副校长　索朗央金（女，藏族）

革吉县供电有限公司

【概况】 革吉县隶属西藏阿里地区，位于西藏自治区西部，东距拉萨1676公里。全县土地面积5.5万平方公里，平均海拔4700米以上，素有“世界屋脊的屋脊”之称。革吉县是阿里地区典型的牧业县之一，下辖4乡1镇，19个行政村，全县总人口17569人，其中城镇户720户，乡镇牧业户4337户。

革吉县供电有限公司成立于2015年9月，属于革吉县国有独资企业，业务由国网阿里供电公司代管，现有干部职工20人，其中：国网援藏4人，政府事业编制人员4人，政府特聘技术工1人，政府公益性岗位6人，水利局临时合同工5人。除欧果水电站6人长期值班外，其他14人负责全县电力抢修及供电任务。办公基础设施现借用水利局3间门面房办公，无生产车辆，人员工资除5名政府事业编制和特聘岗位享受政府事业待遇，其他一线人员平均工资1400元左右，全部由政府财政负担。

【革吉县电网基本情况】 革吉县境内现有110千伏变电站1座（革吉站），主变1台，总容量8兆伏安；35千伏变电站1座（雄巴站，已建成未投运），主变1台，总容量1.25兆伏安；110千伏线路1条，总长度45公里；35千伏线路2条，总长度127公里；10千伏线路1条，总长度29.3公里；0.4千伏线路总长度12公里，配电变压器19台，总容量3870千伏安。

革吉县全县通电率仅为12%，电网供电覆盖范围为革吉县城、革吉镇、加布村、森布村，用户总数903户。用电负荷最大700千瓦，最小420千瓦。境内现有小水电站2座。其中，欧果水电站装机容量2×400千瓦，通过35千伏线路并网110千伏革吉变电站；文布当桑乡水电站孤网运行，装机容量1×55千瓦，直供用户104户，由乡政府负责管理，革吉公司未介入。

【统一思想，把握帮扶重点】 由县政府主导理顺管理体制，明确革吉县供电有限公司独立经营；请示革吉县政府和阿里供电公司重新确定供电公司领导班子成员，明确班子成员的工作职责；理顺供电公司经营模式，允许革吉县供电公司开设银行对公账户，进行独立财务核算，实现自主经营；对全县计量表计和接户线进行更换，并将表计安装位置前移，统一表计使用和安装技术标准，增强防窃电能力，实现表计安装率100%和电费回收率100%；实现经营自主和盈利后，按照阿里供电公司下达的工资、成本等计划，自行承担人员工资、成本费用开支，并根据利润积攒情况，及早招聘人员，扩展队伍，并努力规范劳动用工，逐步提高人员工资和福利待遇水平，增强员工的自豪感和忠诚度；结合援藏人员的帮扶，开展安全生产、营销稽查等各项业务培训和企业文化、党建等教育活动，不断提高队伍整体素质，增强员工的向心力和凝聚力。

【团结一致，勇于攻坚克难】 7月22日，革吉县2016年第七次县长办公会审议通过《革吉县供电有限公司关于经营改革若干事项的请示》《革吉县供电有限公司经营改革方案》。7月25日，革吉县人民政府印发《关于成立革吉县供电公司改革领导小组的通知》（革政办〔2016〕59号），正式启动供电公司经营改革工作。8月2日，革吉县供电公司改革领导小组召开专题会议，研究通过了相关改革事项。8月28日，革吉县人民政府印发《关于〈关于供电公司经营改革的请示〉的批复》（革政复〔2016〕43号），正式批准供电公司独立运营。

【组织机构】 明确革吉供电有限公司为革吉县正科级国有独资单位，施行独立经营，政府正式编制人员全部撤回原单位。由公司选派的带队县公司副经理、综合管理部主任及当地一名公益性岗位人员分别担任总经理、副总经理，组成新一届领导班子。9月完成公司营业执照、组织机构代码证件的法人代表更换工作，设立财务对公独立账户，完善了组织软件。将现有的11名公益性岗位和临时工分派到营销部和运检部，初步形成上下贯通的组织机构。

【提高经营效益】 从10月开始，组织公司运检工开展县城用户换表工作，安装更换表计516块，县城所有单位、商业用户等用电大户全部更换到位，并建立营销用户档案，规范后的用户月电费回收率达到99%。同时，开展陈欠电费追缴和用电稽查工作，用电市场规范度大幅提升，截至年底，陈欠、当月、违约电费共计收回70余万元。建立了财务账目，规范了报销流程，完成月度凭证的汇总装订，财务体系的建立，为公司下一步经营奠定了基础。

【队伍建设】 为了改变人员工资低、身份不规范造成的积极性不高、凝聚力不足的现状，经常性地开展职工思想教育，从抓劳动纪律入手，每天坚持召开工作例会，和藏族职工讲政策、拉家常，使大家把思想统一到公司的建设上来。12月完成新工资体系的制定，职工全部与革吉县公司签订劳动合同，规范了劳动用工。为职工办理了五险，将月平均工资提高到3800元，切实做到为职工办实事、办好事，使藏族职工切身感受到公司的发展。同时利用开展台区整治、换表及用户工程的机会，现场进行技术培训，强化单兵训练，一对一进行指导，使队伍整体素质有了质的飞跃。

【基础建设】 年内，为了改变原公司一穷二白，没有任何工作条件的状况，在公司经营初步稳定后，开展基础设备设施的建设。重新租赁办公场所，并进行简单装修，建立相对标准的营业厅，悬挂“国家电网”统一标识。为欧果水电站安装了手机信号放大器，解决了困扰多年的手机无信号问题。积极与城建部门协调，争取18套公租房，解决了职工住宿问题。购置了部分打印机及办公耗材，以及安全工器具、运维材料等，确保了基本的办公、生产需求得到满足。

【工程项目】 年内，为了增加收入，锤炼队伍，积极寻求工程项目，并通过工程项目攻坚，达到锤炼队伍的目的。先后完成政府公租房小区、移民搬迁小区、政务大厅等重点项目的高低压通电工程，以及欧果水电站35千伏送出线路整治、水电站1号机组大修、部分台区调负荷等工程项目，从计划、组织、施工等各个环节狠抓配合，增强了对工程项目的整体攻坚能力。

【民族团结】 在公司内部，除了4名援藏的同志外，其他11名同志都是藏族同胞。援藏同志与藏族职工同劳动、同吃住，工作现场再冷，也要和职工一起坚守，肚子再饿，工作完了一起吃饭，指导工作不打官腔，过年也要一起值班。陈伟龙和赵天龙两名同志仍然坚守在西藏革吉，做好春节值班工作。通过点点滴滴的积累，得到了当地藏族职工以及群众的认可，县政府、阿里公司的领导多次给予了高度评价。

（陈卫龙）

【领导名录】

经　理　牛春亭（山西援藏，5月任）

副经理　陈卫龙（山西援藏，5月任）

城市建设·环保

革吉县住房和城乡建设局

【概况】 革吉县住房和城乡建设局成立于2011年10月，主要任务是综合管理全县住房体系、完善廉租房、周转房、公租房等保障性住房制度，着力解决低收入家庭住房困难；推进建筑节能，改善人居生态环境；指导县城、乡（镇）基础设施建设。住建局行政编制3名，其中科级领导职数3名，2016年，县住房与城乡建设局以建筑市场管理和安全质量监督为重点，统筹兼顾，多措并举，积极开展城乡规划和建设工作，推进保障性住房建设和基层政权建设项目等各项工作，保障各建设项目顺利完成。

【党风廉政建设】 革吉县住建局因特殊的工作岗位和工作性质，自2015年起被列为全县11个党风廉政和反腐败工作重点单位之一，全局上下思想上高度重视，绝不越红线、不碰高压线，多次以单位集中学习的机会传达学习中纪委及上级业务部门关于党风廉政和反腐败的一系列文件精神，每一名干部职工做到自警、自省、自励。行动上严格执行中央“八项规定”、自治区“约法十章”和“九项要求”，局主要领导做到率先垂范，严格执行工程建设管理相关法律法规，绝不吃拿卡要，并时刻改进工作作风，转变自身职能，接受广大干部群众的监督，有效确保了政治生态良性发展。

【党建工作】 抓好组织建设，打好“两学一做”专题教育的思想和组织基础。及时传达学习县委、县政府关于活动部署的精神要求，制定“两学一做”学习教育实施方案，成立领导小组，召开动员大会，搞好思想发动，全面部署安排学习教育活动开展。充分利用各种宣传方式，深入宣传“两学一做”活动的意义、目的、内容和要求，营造良好的舆论氛围，同时，办公室做好有关学习教育资料的准备工作，统一发放《中国共产党章程》等学习资料，并通过专题教育活动研讨会等形式，制订专题学习方案和学习计划，助推“两学一做”学习教育有序开展；持之以恒深化作风纪律建设。对各种作风建设问题进行排查纠治，较好地维护了部门的良好形象，切实促进了机关作风的转变；干部职工的晋级晋职、推先评优、考核以及财务收支情况、大宗物资采购事项等，坚持进行党务公开，促进党建工作不断提升；严格执行上下班考勤专人负责制度，做到上班有签到、请假有手续、公差明去向，有效地控制了干部职工的迟到、早退、缺勤现象；着力加强机关行风建设。并使全局干部职工形象公开、姓名公开、服务公开、职工联系电话公开，切实解决百姓的实际需求，不断提高对外服务水平。

【续建项目】 年内，续建项目共有2处革吉县2015年周转房住房建设项目，共220套，建筑面积11000平方米，总投资约4200万元，于5月1日正式复工。第一标段（其中革吉镇44套、亚热乡40套）已顺利通过自治区督导组抽验，革吉镇点正着手接通电力，12月初入住。第二标段（其中文布当桑乡40套、盐湖乡48套、雄巴乡48套）因开工较晚，加之气候及其他不可抗力因素，工程总体形象进度完成70%左右，针对施工方合同违约行为，已着手采取相关措施进行整治处理。现完成主体。2015年公租房续建方面。2015年建设公租房60套，总建筑面积2388.72平方米，总投资703万元，附属工程投资240万元，房屋主体于5月1日开工建设，附属工程于9月初开工建设，已全部竣工通过验收，待电力接通后，12月入住。

【棚户区（危旧房）改造】 5月12日，第5次县长办公会议研究，同意将2015年与2016年棚户区资金进行整合使用。按照6.5万元/户的安置标准，2016年共到位650万元，2015年实施棚户区改造实际超资132.045万元，从2016年棚户区资金中整合，实际用于2016年棚户区改造的资金517.955万元。2016年共实施货币安置40户，涉及资金132.5602万元，实施房屋安置42户，建筑面积2220平方米，涉及资金188.7万元，建筑垃圾清运产生费用约16万元，2016年棚户区改造资金剩余180.6948万元。因群众安置需求与政策有冲突，经初步踏勘及征求安置区群众意见后，拟对消防至完小该线路涉及群众进行安置，待安置妥当后，再实施该条线路的道路硬化。

【建筑施工安全监督管理】 年内，为切实加强建筑施工安全生产工作，降低建筑工程安全事故的发生概率、实现全年建设领域安全事故零发生的目标，上半年组织开展“建设领域开复工前安全生产大检查”“工程质量治理两年行动专项排查”“建筑领域严打行动”“安全生产大检查、大排查、大整治行动”等一系列活动。自全县建设项目开工起，每月至少组织两次以上建设工程安全检查，加强项目建设监督，减少建筑安全隐患，有效地预防了安全事故的发生。2016年，革吉县建筑安全生产未发生任何安全事故、做到年初制定的建设领域“零”事故目标。

【确保工程质量】 年内，实行建设项目法人终身制，严格执行招投标制，实行监理旁站制。根据施工合同，对施工队伍严格要求、严格管理、严把质量关，在确保工程质量的前提下，抢工期、抢进度。建筑材料使用方面，严格按照国家建筑行业的有关标准要求进料，严把质量关。所有材料都必须有出厂“三证”，并由监理验收签字后方可使用。在施工过程中，完成一道工序，必须有甲方代表和监理签字后才能进行下一道工序，并要求监理和施工单位认真记录每一天的进况。验收按照建筑法工程质量评定标准进行，所有隐蔽工程甲方代表和监理人员的签字后照相作为终验和财政评审的依据。建筑安全方面，强化建筑业安全生产监管工作。县政府多次组织相关单位深入工地，不定期对工程实物质量、安全生产状况进行巡查，发现问题及时下达整改通知书并督促整改，将隐患消除在萌芽状态，2016年革吉县未发生建筑安全生产事故。

【廉租住房租赁补贴发放】 年内，革吉县住建局严格按照廉租住房租赁住房补贴“先租后补”的原则，对享受廉租房补贴对象城镇（含低保）住房困难家庭进行认真调查核实，已享受廉租住房实物配租的家庭不再享受租赁住房补贴。按照城镇低保廉租住房租赁补贴资金255元/人/月的发放标准（其中自治区财政负担当年租赁住房补贴所需资金的80%，地区财政负担所需资金的15%，县财政负担所需资金的5%），2016年计划发放租赁住房补贴37户54人，发放金额为165240元（自治区承担132192元、地区承担24786元、县级财政承担8262元），已公示，将全部兑现。

【保障性住房分配管理情况】 年内，为确保保障性住房合理分配、有效使用，住建局在多方征求意见的基础上，量身制定《保障性住房分配管理办法》，办法中明确规定房源、分配条件和程序审核等，确保房屋分配有据可依。特别是在廉租房分配上，县住建和民政部门密切配合，对符合居住廉租房的城镇低收入人群的家庭成员、经济收入、居住情况等进行一一甄别，防止出现该享受的享受不了、不该享受的乱享受的现象。为加强保障性住房管理，县住建部门对全县所有保障性住房进行了彻底清理，逐一登记造册，既确保房屋入住率，又确保已建房屋不闲置浪费。不论是干部职工，还是社会租户，在房屋入住前，必须与县住建部门签订房屋入住或租赁合同，缴纳风险抵押金，坚决避免干部群众随意损坏房屋或不上缴房屋租赁费用的现象。截至年底，干部职工周转房入住率达100%（除未建成的外，2015年乡镇干部职工周转房分配方案已制定），乡镇公租房入住率达90%，县城公租房入住率达100%，廉租房入住率达100%。

【县城四乡小城镇建设规划和控制性详规情况】 县城总体规划修改及控制性详规于2016年年初正式启动，委托自治区建筑规划设计院进行规划编制，于2016年3月签订合同，合同造价50万元。该设计院前后两次到县城实地踏勘，并与政府相关领导、相关职能部门负责人进行座谈，征求意见或建议，总体规划修改工作基本完成，正着手编制控制性详规；盐湖乡修建性详规于2015年7月委托上海同砚建筑规划设计有限公司进行编制，合同造价35万元，初步成果已经出来，待经政府主要领导、盐湖乡党委、政府主要负责人及相关规划部门审阅同意后，可报请地区住建局、自治区住建厅审批。

（曲　宗）

【领导名录】

局　长　王子金

副局长　旺　姆（女，藏族，12月免）

　　　　旦　增（藏族，8月任）

革吉县环境保护局

【概况】 革吉县环境保护局成立于2010年，为正科级编制，局机关编制3名（行政编制2名，事业编制1名），科级领导职数3名；现实有人员2人。革吉县环境保护局办公室在县政府办公楼三楼，设有局长办公室和综合办公室。环保局牵头开展生态文明建设和全县环境保护工作，日常开展环境监察和全县污染防治以及负责一年四季度全县大气、土壤、地表水、地下水、集中式饮用水水源地的环境监测工作。

【环境监测】 按照国家重点生态功能区县域生态环境考核的要求，2016年，革吉县投入54万元对革吉县的大气、土壤、地表水、地下水进行监测。全年开展空气质量监测4次（每季度一次），地下水、地表水监测8次；对农村开展2次空气、地下水、地表水检测，1次土壤试点监测；对拟申报的5个自治区级生态村开展空气、饮用水监测。2016年，革吉县空气、饮用水监测工作已按要求完成，通过监测报告显示，革吉县的地表水达到国家II类标准；地下水达到国家III类标准；空气质量达到国家二级标准。

【医疗废物处置逐步规范】 产生医疗废物的单位主要有县人民医院、三多诊所和四乡一镇卫生院。革吉县人民医院制订实施《革吉县人民医院医疗废物处理方案》，对具体处置工作进行细化，并制订《革吉县人民医院医疗废物处理登记本》《各科室的医疗废物收集交接登记表》和《医疗垃圾转运联单》，将处理种类、数量、收集人、处理方法进行详细登记、说明，并建有危险废物贮存设施。对医疗垃圾的收集处置等流程均进行严格操作，严格执行医疗废物收集交接登记，与阿里地区国策环保建设医疗废物转运联单制度，并提供转移联单登记。由地区国策环保对医疗垃圾进行妥善处置。全县四乡一镇卫生所医疗废物由地区国策环保统一收集处理。2016年8月，县环保局开展了全县核技术利用单位及辐射安全专项监督检查工作，形成《革吉县关于开展核技术利用单位辐射安全监督检查工作情况》；环境安全隐患排查治理。2016年共开展5次除患排查工作。4月，结合革吉县实际情况，制订《革吉县环境保护局2016年环境隐患排查工作方案》，对全年安全隐患排查工作进行安排部署，同时，不定期开展隐患排查；结合环保综合督查，进一步深化污染防控工作。革吉县结合实际，及时动员部署，按照规定要求认真开展县城内的城镇垃圾填埋点、县城主备用水源地、采砂场、矿区、加气站、加油站等重要保护区及危化从事单位环境保护自查工作。

【饮用水水源保护】 年内，加强集中饮用水源地的巡查频率。对县水源地进行不定期检查，防止不法行为发生，保证水源地区域内无污染源。县环保局按照月检查一次的标准，截至年底，对两个水源地巡查12次，同时要求水源点的管理单位强化巡查和管理及对设施的保护措施；采取有力措施开展污防工作。

【环境执法】 严格环境执法，保障县域环境安全。按照环保目标责任制要求开展工作，严格《中华人民共和国环境影响评价法》和《建设项目环保管理条例》《中华人民共和国环境保护法》等要求，对全县的所有建设项目进行监督管理。认真落实“三同时”制度，全面提高“三同时”执行率。2016年，对革吉县的工程建设领域进行现场环境监察6次、出动监察车辆6台次，出动监察人员18次。在检查过程中主要以现场检查（勘察）笔录的方式进行了记录，对发现的问题按规定和法规规定的程序来处理。

【环境综合整治】 年内，革吉县及时成立环境综合整治工作领导小组。做到事事有人抓，有人负责，成立以主管环保工作的政府副县长为组长，相关单位领导为成员的革吉县城乡环境整治领导小组；划分整治区域。按属地管理原则，以小城镇网格化管理区域为划分基础，县城和四乡明确责任，加强领导，按科学划分进行整治；加强专用资金的投入，垃圾处理更优化。2016年，县人民政府为提高干部群整治环境的积极性，巩固整治成果，县人民政府投入整治资金40万元，用于县城和四乡垃圾箱添置，基本做到垃圾规范化处理；明确责任，细化方案，保障综合整治取得实效。进一步促进和改善革吉县城乡环境卫生面貌。

【建设项目环境管理】 年内，严把环境准入关，及时办结环评审批手续。在办理建设工程领域的环境影响评价手续审批时，按照审批权限及时为73个建设项目办理了环评审批手续。同时，按照事前预防、事中监督、事后验收的原则，督促建设施工单位履行环境影响评价的要求，落实环境保护责主体任和环境“三同时”制度，确保革吉县生态环境不被污染。

【生态村创建】 2014年，革吉县文布当桑乡夏玛村被评为自治区级生态村；2015年，革吉县革吉镇那布居委会被评为自治区级生态村。2016年，革吉县亚热乡却藏村、文布当桑乡罗玛村被评为自治区级生态村。从2014年到2016年革吉县共有4个村被评为自治区级生态村。

【排污费征收】 2016年，环保局严格按照《革吉县排污费征收标准及使用管理办法》开展排污费征收工作。在排污费征收、使用和管理中，严格执行“收支两条线”规定，杜绝协商收费、人情收费等不合理、不合法现象。截至年底，革吉县共有缴费单位99户，征收金额为21710元，根据财政管理规定，已按要求将21710元上缴到县财政排污费专用账户上。

【网格化管理】 年内，根据工作安排部署，为进一步发挥一线群众在环境保护中的监督管理作用，提高群众参与环境保护的自觉性和积极性，革吉县在与上级部门沟通，与乡镇、村积极协调的情况下，结合县精准扶贫工作要求，组建“革吉县环境保护网格化管理”网络，确定19名村级环境保护监督员，明确职责，使革吉县的环境保护工作深入到最基层，做到县与乡、乡与村、村与组的无缝对接，全年网格化补助资金49400元于2016年12月份全部兑现完毕。

【环境保护宣传】 年内，环保局利用“6·5”世界环境日，“安全生产月”和下乡的机会，采用树宣传牌、发宣传单、悬挂宣传横幅等方式向群众宣传《中华人民共和国环境保护法》《中华人民共和国环境影响评价法》《中华人民共和国大气污染防治法》以及水污染防治法等环境保护相关法律法规，参与群众大约300多人次；同时将环境保护生活常识翻译成藏文利用下乡的机会向群众进行面对面宣传，发放宣传单400张。为提高过往群众和当地群众的环境保护意识，增强环境保护的自觉性和积极性，选择在公路边、村庄、水源、湿地等旁边树立广告宣传牌的方式进行生态环境保护宣传，全年投入广告宣传资金16万元，树立新广告宣传牌8个，制订宣传册1000本，原广告宣传牌维护5个。通过一系列行之有效措施和宣传工作，革吉县城市居民和个体工商户对开展城乡环境整治，打造美丽生态革吉有了深刻认识和理解，自觉参与到环境综合整治工作中来。人们对建设高原生态安全屏障，建设美丽西藏的意识得到提高，干部群保护环境的意识得到提高，草原生态环境和生物多样性进一步恢复，人与自然实现和谐相处，城乡面貌脏、乱、差的形象得到改善，提升了人居环境质量，树立了生态文明理念，使建设施工单位自觉履行环保义务，落实环保责任，促进人与社会，人与自然的和谐，为建设美丽、文明、生态革吉奠定了基础。

【党风廉政建设】 为推动环境保护工作，紧密结合中央反腐工作部署，环保局把党风廉政建设纳入中心和大局，全面部署，统筹推进，大力创新工作体制机制，积极推动党风廉政建设与环动中心工作的相互结合与渗透，不断发挥纪检监察对环保工作的保障和推动作用。将学习教育放在党风廉政建设的重要位置。抓住重点对象、重点内容、重点时节，通过集体学习、自学党课、提醒谈话、案例警示等多种形式，木鱼常敲，警钟长鸣。近几年来，环保系统职能在不断拓展、延伸，在政府工作中的分量也在提升；与之相对应，环保的责任也更为重大，既要为发展腾出更多的环境容量，又要为群众创造更好的环境质量。环保局在各种教育场合积极向干部职工灌输牢记使命、担负时代重任的理念，引导干部职工恪尽职守，公心用权。

环保局全员积极参加县统一安排的干部职工行政法律知识学习，引导干部职工算好政治账、经济账、亲情账，知晓违法行为的政治代价、经济风险会给自己和亲人带来的伤害，充分认识权力的风险性，时刻保持清醒的头脑，以谨慎之心对待权力，持续绷紧廉政这根弦，主动加强党性修养，自觉遵守廉政纪律，坚决抵制腐败行为。教育环保干部职工树立“功不抵过”的思想，明确用好人民赋予的权力为人民利益服务是国家公务人员应尽的责任。警醒党员干部、执法人员正确认识权力与功过的关系，正确处理个人利益与公共利益的关系问题，用好权力、防范风险，无愧于党和人民的期望、嘱托和信任。

（片　多）

【领导名录】

局　长　陈永川（12月免）
　　　　姜　勇（12月任）

革吉县重点建设项目管理中心

【概况】 革吉县重点建设项目管理中心（简称县项目中心），成立于2014年4月，属政府系统正科级国家事业单位，主要负责严格贯彻落实县委、县政府的各项工作部署，立足革吉县实际，完成县委、县政府安排的各项工作及国家重点建设项目实施管理工作。协助各相关单位办理项目前期手续及现场管理工作。2016年，实有人数7人，事业编制7人。

【发挥参谋作用】 强调标准化、流程化管理，紧跟着县委、县政府的指示，县项目中心建立了项目实施流程。县项目中心做项目不仅仅是为完成某一个项目，而是要总结出一定的标准和流程，这样县项目中心将来才能更容易的完成更多的项目。这样的标准为以后的项目管理提供了依据；县项目中心围绕县委、县政府中心工作，抓住县域建设项目发展中出现的热点、难点问题，深入企业、乡村的工程调研，掌握第一手项目情况，认真分析，寻找规律，及时拿出有价值、有份量、能解决实际问题的对策措施和建议。

【发挥协调作用】 年内，县项目中心在县委、县政府的领导下，在县综治委的帮助下，把综治工作作为本单位的一项总要工作，全单位职工积极配合，全年内无相关问题发生，并协调各施工单位对建设区域进行管控，为革吉县全面建成小康社会，营造良好的社会治安环境。

【项目总体建设情况】 2016年，开（复）工建设项目共28个，总投资15062.17万元。其中国家投资项目14个，总投资10699万元，截至年底，已完工项目14个，未完工项目2个；县财政投资项目14个，总投资4363.17万元，未完工项目1个。

【在建项目建设管理情况】 年内，革吉县重点建设项目管理中心严格按照基本建设程序和条例，从工程质量、资金控制、安全监督、资料汇总、预防“拖欠”和后力度。不断完善和补充项目建设资金审批表期交接等方面加强了管理制度，规范拨款程序，严格按照施工进度拨款；拨款时附民工工资兑现表和使用单位意见证明，杜绝了拖欠民工工资现象的出现；在项目实施过程中，针对革吉县各乡镇工程建设项目监管薄弱的现状，县项目中心安排米玛次仁在文布当桑乡和盐湖乡现场驻点督建，安排巴桑平措在雄巴乡和亚热乡现场驻点督建。县城内的工程建设项目由工程师何聪明督建，并对每个建设项目写督查日志。保证革吉县整体项目进展顺利；为保证县委、县政府主要领导及时掌握项目进展情况，提供有效的决策依据，革吉县项目管理中心每月开展一次项目进展情况统计。

【项目前期工作开展情况】 2016年，革吉县重点建设项目管理中心会充分利用县政府投资及国家投资的项目，重点开展资金已经到位的项目前期工作。年内，重点完成革吉县易地搬迁福康小区建设，革吉县公共租赁房，革吉县便民服务中心，革吉县生态人工湖建设项目，革吉县全民健身活动中心，旅游综合服务中心等重点项目前期工作，并已全部开工建设。

【工程项目招投（仪）标工作】 年内，按照革吉县工程建设项目招标（议标）管理办法，0～50万元的工程建设项目由建设单位以谈判会的形式直接发包；51万～200万元的工程建设项目由革吉县重点建设工程项目管理中心进行综合评分；200万元以上的工程建设项目由建设单位委托招投标代理公司进行公开招标。县项目中心2016年以会议形式直接发包的项目有1个，县项目中心单位组织专家进行综合评分发包的建设项目有17个，委托招投标公司进行公开招标的工程项目有6个。

【易地扶贫搬迁】 革吉县易地扶贫搬迁，该项目总投资2340万元，总建筑面积为6478平方米及附属设施建设，福康小区总占地面积82亩，项目拟建房屋14栋，70套。针对该项目工期短、难度大、资金紧的情况，县项目中心协调有实力的施工企业进行谈判，选择优秀的施工企业承建，并安排专人办理该项目前置手续，此外，还在现场成立了现场指挥部，并制定详细的工期倒排计划。2016年12月验收合格并交付扶贫办使用。

【财政投资评审工作】 革吉县2016年通过阿里地区审计局进行了革吉县县级政权机关综合业务用房项目和革吉县五保供养中心建设项目的财政投资评审工作。结合革吉县需财政投资评审的项目较多，但又无法及时评审的问题，县项目中心与其他县项目中心沟通协调，在拉萨寻找财政投资评审企业进行合作，进而高效地完成未评审项目的财政投资评审工作。

【安全生产】 县项目中心结合县安委会针对关于

安全生产的各项目标任务，本着“安全第一、预防为主、综合治理”的原则，对县项目中心管理的各个工程建设项目现场进行严格管控，要求施工现场的安全员加强学习，规避隐患，做到大事不出、小事也不出。县项目中心圆满完成2016年项目管理任务，施工现场无安全生产事故发生。

【党风廉政建设】 县项目中心党风廉政建设工作在县委和县纪检委的正确领导下，全面贯彻落实党的十八大会议精神，紧紧围绕中央、自治区、阿里地区纪检委反腐倡廉工作的总体部署，紧密结合单位工作实际，把握总体要求，突出工作重点，坚持统筹推进，为县项目中心保持健康协调可持续发展提供坚强保障。同时，重点建设项目管理中心始终坚持把党风廉政建设与政治思想教育相结合，与项目建设工作相结合，把党风廉政建设贯穿到各项工作当中。单位经费开支经集体研究决定，然后报分管领导审批同意后实施，杜绝腐败等现象的发生。

（米玛次仁）

【领导名录】

主　任　郭海林（12月任）

副主任　刘　明

革吉县建设工程质量监督站

【概况】 革吉县建设工程质量监督站于2014年4月成立。事业编制5人（科级领导职数2人）。县质监站在县委、县政府的领导和上级业务部门的指导下，围绕年度工作目标，坚持以科学发展观为指导，践行创先争优，充分解放思想，密切联系群众，务实奋进，攻坚克难，较好地完成了工程质量监督等各项工作任务。

【党建工作】 县质监站抓好组织建设，打好“两学一做”专题教育的思想和组织基础。及时传达学习县委、县政府关于活动部署的精神要求，制订“两学一做”学习教育实施方案，成立领导小组，召开动员大会，搞好思想发动，全面部署安排学习教育活动开展。利用各种宣传方式，宣传“两学一做”活动的意义、目的、内容和要求，营造良好的舆论氛围，同时，办公室做好有关学习教育资料的准备工作，统一发放党章等学习资料，并通过专题教育活动研讨会等形式，制订专题学习方案和学习计划，助推“两学一做”学习教育有序开展；持之以恒深化作风纪律建设。对各种作风建设问题进行排查纠治，较好地维护了部门的良好形象，切实促进了机关作风的转变；干部职工的晋级晋职、推先评优、考核以及财务收支情况、大宗物资采购事项等，坚持进行党务公开，促进党建工作不断提升；严格执行上下班考勤专人负责制度，做到上班有签到、请假有手续、公差明去向，有效地控制了干部职工的迟到、早退、缺勤现象；严格落实公务用车制度，加强车辆及驾驶员规范化管理，对公务用车使用严格管控，落实车辆出入登记、车钥匙管理、用车申请审批、公务用车定点维修、公务用车使用情况公示等制度，严防公务用车失管失控；着力加强机关行风建设。并使全站干部职工形象公开、姓名公开、服务公开、职工联系电话公开，切实解决百姓的实际需求，不断提高对外服务水平。

【党风廉政建设】 年内，革吉县建设工程质量监督站高度重视党风廉政建设责任制落实工作，始终作为一项经常性、长期性的重要工作来抓。及时召开党风廉政建设会议，传达学习中央、区委、地委、县纪委全会精神，研究部署部门党风廉政建设工作。调整充实了由负责人为组长的部门党风廉政建设责任制暨惩防体系建设工作领导组，研究制订《革吉县质监站党风廉政建设工作计划》，并对反腐倡廉建设主要工作进行任务分解，落实责任领导，履行“一岗双责”职责。分别与单位干部职工签订《党风廉政建设责任书》，明确责任目标、考核办法和奖惩措施。部门主体责任人能够认真履行“第一责任人”职责，做到“重要工作亲自部署、重大问题亲自过问、重点环节亲自协调、重要案件亲自督办”。

【业务工作】 革吉县质监站把好工程监督申报关，依法办理好建设工程质量安全监督注册手续，以服务群众为宗旨，以专业、快捷、便利为工作要求，以办事群众满意为工作目标，充分发挥单位职能，严把施工前准备工作，确保革吉县工程依法、安全、文明施工，保证建设工程质量。2016年，完成办理建设工程质量监督报监手续共19个项目，完善项目档案，建立项目档案库，为县建立完整的项目资料奠定了良好基础；对工程建设项目参建各方的责任主体行为实行有效的监督管理。确保五方责任主体，履行职责，创建共同抓工程质量、安全。组织相关监督部门、建设单位、施工单位、监理单位等负责人员开展工程质量、安全会议2次，通报工程质量、安全问题4次，使五方责任主体单位更加注重工程质量、安全，履行各自职责；加强定期、不定期检查力度，确保工程质量、安全。根据年初制定的计划，重点项目制定监督计划，并实施专人负责，明确监督人员职责，确保责任层层落实、层层工作有人抓，最大限度避免监督不到位、监督工作存在死角。2016年，组织工程质量安全大型（综合）检查4次，组织召开施工现场会议2次，下发整改通知书35份，做到检查有计划、计划有落实，发现问题、提出整改、跟踪督查，形成完整的工作机制，积极推动工作的连续化、专业化，最大限度发挥监督部门职能。

【工程质量】 县质监站根据相关法律法规，结合县实际情况，要求市政、房建项目实行分部、分项验收，主体检测工作。加大对隐蔽工程监督，严格按照施工图纸要求，完成工程量，避免出现偷工减料、次品产品进入工程领域，最大限度确保工程主体质量、安全。2016年，实施工程分部分项验收290余次，存在问题进行局部停工整改，整改完成后再次组织验收，努力创建质量优质工程。

【严把材料质量】 县质监站根据工作计划，不定期抽查检查县域砂石料厂、砖厂、石材厂等材料生产情况，重点检查查实含泥量、粗细骨料分类及颗粒大小，砖厂配合比控制、规格、保养等情况，石材厂成品材料强度检测、规格等情况，严禁不合格产品出售，把个别生产企业纳入监督对象，建立诚信档案。加大对水泥、钢筋、门窗、装修材料检查力度，严格要求进场材料型号、规格、品牌等必须符合施工图纸要求、要有合格证、检测情况等，坚决杜绝不合格产品进入建设领域。

【提高人员专业技能】 县质监站根据单位人员专业技能不足，针对存在的问题，积极联系地区水利局质监站和交通局质监站，协调人员跟班学习方面工作，在主管县长和组织部门大力支持下，2名技术人员到地区水利局质监站和交通局质监站开展为期一个月的跟班学习，人员专业技术得到了很大的提高，弥补了日常业务方面存在的缺陷，提高服务水平。

【工程竣工验收】 县质监站根据相关法律法规，结合部门职能，做好竣工验收组织情况监督工作，严格验收工程各项验收内容，确保工程竣工验收工作顺利实施。严格要求验收标准和纪律，发现问题、提出问题，存在质量问题的项目，建议建设单位不给予验收，整改完成后再次组织验收，防止出现走过场，为建设单位提供技术上的保障。

【严格审核工程资料、确保竣工备案】 县质监站严格按照相关法律法规，结合县实际情况，制定竣工备案清单，明确工作要求，细化工作内容，做到项目资料中出现任何分项资料漏洞，建立一个项目一个档案，备案一个完整的项目资料，便于相关监督部门和社会的监督。2016年，完成办理13个项目竣工备案手续。

【安全生产监督】 县质监站加强安全生产意识，加大安全生产监督力度，规范施工现场安全生产措施，树立安全生产没有局外思想，加强对施工现场作业的教育力度，做到人人参与安全生产。把安全生产工作纳入单位重点工作，严格审核安全生产审查书，根据单位业务重点审查企业安全生产许可证，安全生产教育落实情况，购物工伤保险情况，特种作业人员是否持证上岗，相关安全生产措施及安全生产制度落实情况，做到最大限度消除安全隐患。落实年初工作计划，结合实际情况，重点对脚手架、安全通道、人员配载安全帽、警示标语设置、施工现场安全保护措施、临时用电等情况，进行定期、不定期检查工程安全生产。2016年开展安全生产专项检查12余次，抽查检查40余次，下发整改通知书35份余，对于安全隐患多、整改不及时施工，开展施工现场会议，并在全县工程质量、安全会议上进行通报，同时列入重点检查对象，增加检查次数，跟踪式督查，坚决把安全隐患遏制在萌芽状态，确保建设工程安全、文明施工。

【安全生产】 县质监站始终坚持“安全第一、预防为主、综合治理”的方针，加强对建筑施工地点工程安全管理薄弱环节的监管工作，强化施工企业对施工现场危险源的控制能力，建立健全建筑施工重大事故应急救援预案，定期进行安全生产形势分析，及时发现安全隐患，找出薄弱环节，加大对事故多发区和薄弱环节的监督检查力度，狠抓事故超前防范。扩大宣传，增强意识。加大辖区内建筑施工从业人员的法规技能、业务知识的指导力度，加大施工、监理安全技术交底及安全培训台账的检查力度，保证从业人员具备安全生产知识。设立宣传牌、发放宣传材料等多种方式加大宣传力度，极大程度地提升了广大从业人员的安全意识；强化监督，杜绝隐患。深入施工场地、液化气站进行巡查监督，重点就用电、用气、施工建筑内宿舍、脚手架搭设、安全网、安全带设置使用、五大员配备到场等情况进行督查，强化参建各方责任主体的履职情况，对排查出的问题及时督促相关责任单位制定可行的处理方案，限时进行整改，对拒不整改或整改不达标的，采取果断措施予以处理，确保不留下任何安全隐患。

（陈雪挥）

【领导名录】

负责人 旦 增（藏族）

革吉县城市管理监察大队

【概况】 2016年，革吉县城市管理监察大队坚持以邓小平理论、“三个代表”重要思想、科学发展观为指导，认真学习、贯彻党的十八大精神，充分发挥党支部的战斗堡垒作用和共产党员的先锋模范作用，以“城管会战”活动为契机，围绕“严格文明执法”的工作思路，全队上下团结一心，不断创新工作思路，巩固、完善工作机制，切实改进工作作风，努力提高工作绩效，为创造优美的市容环境和良好的市场秩序、交通秩序做出了积极贡献，取得了较好的成绩。

【加强学习、提高素质】 革吉县城市管理监察大队始终坚持每月学习制度，全面规范学习笔记，健全各类学习记录，提高队员素质。着力打造一支“政治合格、作风过硬、业务熟练、纪律严明、保障有力、人民满意”的行政执法队伍。按照“党员干部受教育、科学发展上水平、人民群众得实惠”的总体要求，大队在班子建设、行政执法、队伍管理等方面做了大量的工作，为推动创建“生态功能区”发挥了重大的作用，收到了良好的效果。

【完善制度、落实责任 】 2016年，革吉县城市管理监察大队完善内部管理制度、岗位责任制度、车辆管理制度、着装管理制度、考勤制度、请销假制度。以领导班子带动整个队伍，团结一心、弘扬正气、各司其职、大胆工作。每月进行集中整治市容、市貌大行动，切实落实城区网格化管理，进而形成层层包干、责任到人的良好局面。

【加强宣传、营造氛围】 加强法规宣传，努力提高市民意识。革吉县城市管理监察大队开展了形式多样的法律法规宣传活动，努力提高市民意识。结合工作实际，调配执法车，安排得力人员，向全县主要街道进行发放宣传资料，广泛宣传城管法律、法规知识，印制、发放城管法律法规宣传材料20余份，进一步增强广大市民学法、守法的自觉性。通过新闻媒体宣传，并在人民会场设立城管法规知识宣传版面、在灯光球场悬挂了宣传条幅，引导广大市民从自身作起，不断增强文明意识、城市意识、环境意识，逐渐营造支持城市管理工作的和谐氛围。

【加强管理、改善环境】 革吉县城市管理监察大队继续按照“主干道严管、次干道严控、小街巷逐步规范”的工作方针，采取“堵疏结合、温馨提示、严格文明执法”的管理办法，针对市容环境中存在的突出问题，加大整治力度，实现城市容貌大改观。

【规范县容县貌秩序】 执法大队全体干部职工发扬特别能吃苦、特别能战斗的精神，对影响县容县貌的各种违规行为进行治理，对店外店送达限期整改通知书10份，年内，共清理流动商贩50余人次，违章占道经营30余处，共计清理乱搭，查处乱吐、乱扔、乱倾、乱倒、乱挂60余人次。

【及时处理群众投诉】 年内，对群众的投诉，及时安排人员赶赴现场处理，一时不能处理的耐心解释，及时给予回复，征求意见，做到了事事有落实，件件有回音。

【规范交通秩序，治理“乱停乱放”】 年内，革吉县城市管理监察大队每月组织人员对主街道摩托车乱停乱放进行专项整治，累计整治行动达40余次，有效遏制了城区主街道乱停乱放摩托车辆的现象。

【整顿洗车站点】 年内，为改善各洗车点污水漫流、环境脏乱差的现状，要求在城区范围内从事洗车经营活动的站点，必须经城市管理主管部门批准，达到相关标准，并确保站点周围清洁卫生，设置排水设施，无乱挂乱扯违规行为。

【夜间巡逻】 年内，专门整治夜间在大街小巷乱大小便的行为，以文明的态度耐心讲解，经过多年的巡逻执法，有效遏制了这种不文明行为。

【户外广告整治】 年内，依照有关规定，对户外广告牌进行管理。查处擅自在主干道散发印刷品广告案件50余起，同时对城区内的落地广告牌、灯箱进行了专项治理，采取先告知、后检查、最后再扣押的方法进行治理。年内，共治理此类案件60余例，扣押广告牌10余个。

【监督执行“门前三包”规定】 从6月起，全体执法人员集中逐街、逐巷、逐户对“门前三包”责任制的落实情况进行检查督办。对未按规定落实“门前三包”三次以上的业主进行处罚。年内，已对60余家“门前三包”责任制落实较差的经营户、单位进行督导和劝导，对40余家拒不改正的经营户进行了处罚。

（南加桑布）

【领导名录】

队　长　洛桑旦增（藏族）

交通·通信

革吉县交通运输局

【概况】 2016年，革吉县交通运输局坚持以科学发展观为统领，认真贯彻落实县委、县政府的重大决策、工作思路，紧扣交通部门“建、管、养、运”四项基本职能，紧抓交通基础设施建设这个重点，高度重视各项业务的动态，通过全局上下的共同努力，各项工作进展顺利。

【农村公路养护】 年内，要继续抓好农村公路养护工作，确保做好养护管理工作，以定期或不定期的形式对养护质量、养护进度进行检查，做到养护工作中可能出现的养护质量差、养护进度慢等一系列问题要及时解决和促使农村公路养护的顺利进行，确保高效、高质量的养护工作，为革吉县广大农牧民群众提供一个良好的道路交通环境。

【“十三五”期间项目建设和申报】 按照“十三五”期间通村油覆盖率达到95%的计划，在“十三五”期间，共申报6个通村油路项目已列入阿里地区“十三五期间”公路建设项目计划内，另外有5个农村公路项目和2个易地扶贫搬迁项目也已列入2016年阿里地区第三批农村公路建设项目计划内，2015年8月完成S518（普兰巴嘎至亚热至改则麻米旅游公路改扩建项目）项目设计，共计14个项目已确定在“十三五”期间进行建设，截至年底，以上14个项目的前期准备工作已全部做完，待项目正式开工建设。

【农村公路日常养护】 2016年，列入农村公路养护任务分解表里的路线共有68条，里程总计为（2575）公里，其中县道（6）条，养护里程为（1060）公里；乡道（7）条，养护里程为（495）公里；村道（55）条，养护里程为（1020）公里。按照地区交通运输局及县委、县政府关于交通工作上的指示要求，尤其在农村公路养护工作上的相关要求，根据革吉县交通运输局年初制定的养护工作计划要求，认真贯彻执行农村公路养护方针，提升队伍素质，以“全面养护、保障畅通”为目标，通过精诚团结积极向上、顺利完成了2016年各项农村公路养护工作任务。

【道路抢险保通】 2016年2月，革吉县区域内持续强降雪致使全县范围内的多条公路造成极大损毁和破坏，革吉县交通运输局按照《革吉县交通运输局道路抢险保通实施方案》对受灾路线：芒拉村、康巴列、却藏村雄巴至亚热、革吉至文布、亚措公路、革吉至文布、公前村、羌堆村等线路进行了及时抢险保通.截至11月中旬抢通里程共计425公里，出动人次180人次，出动机械—装载机：6台、东风车3台、小车3台，清雪方量450000立方米，救助人员580人员，救助车辆64台。

【项目建设情况】 自2016年工程开工以来，G317改则至革吉段改扩建及雄巴至亚热公路两个续建项目建设顺利，两个续建项目都已建设完工；革吉县交通运输局2016年两个新建项目（雄巴乡加吾村加吾拉康至朗热公路新建工程、亚热乡波多桥梁新建工程）中，雄巴乡加吾村加吾拉康至朗热公路新建工程于6月开工建设，已完成建设；亚热乡波多桥梁新建工程已完成项目招标，该项目施工前期手续及相关准备工作已全部办结，待开工建设。

【道路安全隐患排查整治】 年内，革吉县交通运输局认真贯彻落实道路交通安全“一把手”负责和领导班子成员“一岗双责”制度，认真抓好政府及其有关部门道路交通安全监管责任的落实并与相关部门签订《道路交通安全责任书》，明确工作职责，落实工作责任；结合道路交通各项工作部署，革吉县交通运输局认真开展道路交通安全隐患各项排查整治行动。认真开展道路交通安全检查，减少各类安全隐患。在春节、清明、五一、全国“两会”等重大节假日及重要时段，交通运输局多次联合县安监局、县交警大队组织进行专题检查，杜绝各类安全隐患。截至11月中旬，共开展道路交通安全检查3次，其中季度检查1次、重大节日检查2次；对国省干线公路桥梁及路面水毁设施隐患排查，以交通局牵头联合县安监局、县交警大队对G317线共计2次隐患排查，对G317线革吉至文布当桑乡段存在雍冰、路基沉降、涵洞破损、路标标志不完善等隐患现象，对雍冰路段及部分破损涵洞、路标标志不完善进行了整治，在项目施工过程中加强对道路运输管理和项目施工安全生产管理；县、乡、村公路桥梁及道路水隐患排查，重点排查事故多发路段及临水、临崖、冰雪路面等情况复杂路段，截至8月底通过排查存在安全隐患的主要有：13处水毁路段、2座中大桥梁基础破损、4座涵洞基础涵面破损、3公里水毁重灾区。交通运输局已对13处水毁重灾区进行恢复保通、水毁路段已完成全面整治，对桥涵存在的隐患已报县安委会和地区交通局，并落实下一步进行整治；建设和完善道路交通安全防护措施情况：更换废旧路牌3个、增设5个警示路牌，增设2个防护栏。

【交通道路管理】 为了革吉县提供良好的道路交通环境，交通运输局紧紧围绕“降事故，安全，保畅通”的总目标，狠抓各项工作措施的落实，不断提升道路交通管理工作整体水平，道路交通环境得到了明显的改善。交通运输局做出以下几点工作措施：依法控制公路两侧禁止违章建筑、违章堆积物、违章占用及车辆抛、撒、滴、漏等污染路面现象的发生，制止在公路边坡非法种植；做好道路标志标线设置和管理工作，制定和落实险桥险段及施工路段的路政管理措施，做好突发性自然灾害预防等工作，确保道路安全畅通；坚持依法管理，文明执法，杜绝公路“三乱”现象，树立良好行业形象。

【党风廉政建设】 以采取召开经验交流会、学习会、研讨会等形式，积极组织本单位职工深入学习《党章》、党的十八大和十八届纪委二次、三次全会、八届区纪委四次全会等会议精神及习近平总书记关于“治国必治边、治边先稳藏”战略思想和反腐倡廉一系列重要讲话精神；扎实推进惩治和预防腐败体系建设，切实把广大党员干部的思想和行动统一到党和国家的要求上来；教育活动、学习相结合的形式，深刻学习和领会习近平总书记关于“治国必治边、治边先稳藏”的战略思想和反腐倡廉一系列重要讲话精神、中央关于党委在党风廉政建设和反腐败工作负责监督责任的精神实质，组织收看《拒腐防变每月一课》等反腐倡廉形式教育和警示教育的音像资料。切实提高全局党员干部的反腐、廉洁自律意识；努力营造“以廉为荣、以贪为耻”的社会风尚。

【维稳工作】 年内，交通运输局开展维护社会稳定工作应坚持“反对分裂、维护稳定、促进发展”的工作要求：应遵循“统一领导、集中指挥、把握全局、突出重点、快速反应、高效处置”的原则，最大限度地减少不稳定因素，推动全县维稳工作顺利开展，加强值班、畅通信息，严格落实值班考勤制度，及时发现和处置苗头性、倾向性问题、及时向总值班室、维稳指挥部报告有关情况、切实做好信息畅通、信息共享。

（支成家）

【领导名录】

局　长　黄　　超（12月免）

　　　　次仁顿珠（藏族，12月任）

副局长　索朗次仁（藏族，11月免）

革吉县电信局

【概况】 2016年，革吉县电信局现有正式员工5名，行销人员4名，四乡营业所所长4名共计13人。固网收入任务108.5万，截至年底，完成全年任务的105%；股份收入任务402.6万元，截至年底，完成全年任务的104%；合计收入任务530.74万元，截至年底，完成全年任务的104%。

【宽带业务发展计划】 年内，有线宽带用户发展数250户，有线宽带用户净增任务数120户。截至年底，分别完成了全年任务的130.5%和109.3%。

【用户发展】 2016年，移动合格用户发展计划数2893户；移动出账合格用户净增计划数350户，截至年底，分别完成全年任务的101.4%和110.2%。移动市场份额计划达到40%，截至年底，达到40.92%。

【网络建设】 接应37工程，新建雄巴、亚热、盐湖、文布当桑四乡光纤宽带资源，实现乡乡通宽带目标；跟踪386项目工程，工程建设完成，验收通过，争继续取亚热乡强玛村、夏玛村乡通卫星基站新建项目；加大渠道拓展和深度发展工作，建设并投入使用了雄巴乡便民营业代理、代办点。

【安全生产】 年内，开展维护稳定和通信保障工作，服从县委、县政府、分公司领导，落实各重要时段值班带班和通信安全检查检修工作；加强车辆管理、道路交通安全管理、施工安全管理、锅炉安全管理和员工生命财产安全管理；加强营业资金安全管理、手机终端安全管理、营业厅店安全管理、卡类资金稽核管理、佣金资金兑现管理；增加了安全监控系统，提升安全管控能力，本局大院、营业室纳入安防系统工程，三个营业点实现手机看店功能。

【签订目标责任书】 年内，按照上级要求签订并落实《安全生产责任书》《党风廉政责任书》《综合治理责任书》《综合目标管理责任书》的各项工作内容和要求。

【党建工作】 建立党支部，加强分公司党委办、县党建办的沟通联系工作，做到学习不落伍、思想跟得上；重新确定了员工岗位，梳理岗位职责，明确工作分工，制定年度业绩目标；持续开展“四小建设”和创建“六好县局”工作，强化企业忠诚文化建设，提升团队合作氛围，落实关爱、关心工作；加强业务学习、强化内部培训，坚持周例会制度，使工作按周推进、按周总结。

【信息安全工作】 2016年，西藏电信将全面开展“黑卡”治理专项行动和持续落实电话用户实名制登记工作。革吉电信局作为此项工作的接应和落地的实体部门，把“黑卡”治理和实名制登记贯穿全年的工作，认真执行和落地，确保了信息安全零事故。

【划小承包工作】 2016年，革吉县电信局全面实施和推广划小承包工作，完成革吉县委县府经济工作会议上交办的任务：进一步解决偏远地通信盲区信号覆盖问题，2016年乡乡通宽带目标已经实现。

（桑　珠）

【领导名录】

局　长　桑　珠（藏族）

革吉县移动公司

【概况】 2016年，革吉县移动公司现有正式员工5名、直销人员3名、四乡服务站人员4名共12人，平均年龄为26岁。围绕县移动公司整体的工作思路，不断加强自身建设，将积极开创文明新风，提升理念，完善机制。

【经营业绩】 2016年，革吉县移动分公司下账收入815万元，活动客户份额为56%，全年新入网用户2576户。

【业务拓展】 为牧民能够及时了解现代化信息及外界的发展情况，为四乡全面覆盖家庭宽带资源，为老百姓建设一个信息化时代的家园，全面完成提速降费，提升四乡服务站工作人员业务能力为百姓提供方便，移动公司做出了应尽的贡献及服务。

【打造优质服务平台】 年内，转换思路改掉坐等客户的习惯，主动为客户提供方便将为客户打造一个优质的服务平台，提升客户感知度。

【奖惩计划】 年内，进行分组把每项指标落实到人头，实现奖惩计划，将把每项指标出色地完成奠定基础。

【廉政建设】 年内，廉政建设方面不断根据具有中国移动特点的教育、防控、惩治、问责“四位一体”的反腐倡廉工作体系，打造干净健康的企业生态并开展廉政教育的实践活动，扎实开展廉政教育工作，始终把预防腐败教育摆在廉政工作的首位，鼓励每一位员工向党靠拢。

（益　西）

【领导名录】

经　理　益　西（藏族）

金　　融

中国农业银行股份有限公司革吉县支行

【概况】 中国农业银行股份有限公司革吉县支行于1995年7月1日从人民银行阿里中心支行分设成立，并在同年将亚热、雄巴及盐湖三乡农村信用社正式改为农业银行营业所。于2004年9月农行革吉县支行同西藏分行电子化网点正式联网上线。

2016年，农行革吉县支行拥有4个物理网点，分布在革吉县城、雄巴乡、盐湖乡、亚热乡，网点覆盖全县80%乡镇；全行在职员工31名；在革吉县城分布了自助网点1个，ATM等金融自助机具4台，同时在农牧区设立25个三农金融服务点（银行卡助农取款点），覆盖全县100%的空白金融机构乡镇及行政村。占全行70%以上的员工常年坚守在革吉县自然环境恶劣、基础设施落后、经济基础最薄弱、生产生活条件最艰苦的乡镇和牧区，通过组建“马背银行、摩托车银行、汽车银行”等不同形式，提供流动金融服务。通过20多年的努力，农行革吉县支行已形成“物理网点+自助设备+金融服务点+流动金融服务”的完备金融服务体系。

【党风廉政建设】 2016年，革吉县支行始终坚持党风廉建设工作和经营任务齐抓共进，积极配合县委、县政府各项工作，在当前同业竞争压力加剧的经济金融环境中，有条不紊的开展各项工作，致力于用好、用活“三农”金融优惠政策和惠农利农的各项工作放在全行业务发展和完成阿里分行下达的各项工作目标为首要职责，把积极的工作态度放在服务“三农”和发展县域地方经济建设上，始终把“抓住业务上水平、加强安保零案件、内控严谨促发展”为口号，顺利完成全年各项工作任务。2016年农行革吉县支行在维持社会稳定工作中，坚持以“创建平安社会、构建和谐企业”为主题，从组织领导、工作开展、建立各项值班制度等方面进行积极有效的落实，确保农行革吉县支行的稳定和各项工作有序进行。

【“两学一做”教育活动】 年内，贯彻落实两级分行2016年工作会议精神以，坚定不移地按照自治区分行既定的“稳中求进”总基调，结合自身实际情况，坚持以“市场为导向、客户为中心、效益为目标”的经营理念，在全行员工共同努力下，克服种种困难，深入践行“两学一做”教育活动，在经营环境异常艰难的条件下，圆满、优质地完成2016年各项工作任务。按照分行党委的工作部署，革吉县支行坚持“早谋划，早部署，早落实”的思路，在充分调研市场，综合评估各营业所前三年业务指标完成情况的前提下，分解下发2016年全年各项经营指标计划，明确战略目标和指导思想，做出全行工作重点及具体要求，为确保革吉县支行各项工作顺利开展，奠定良好的基础。

【业务开展】 2016年，人民币各项存款余额82247万元，其中对公存款余额67816万元，个人存款余额为14431万元。

人民币各项贷款余额为12046万元，其中涉农贷款余额8717万元，个人贷款余额3329万元。革吉县支行还积极拓宽中间业务收入渠道，加大零售业务营销力度，提高县域综合竞争能力。年初以来，革吉县支行始终把发展零售业务作为提高竞争能力、提升品牌形象、进一步优化客户结构的长期性重要战略来抓，切实加大零售业务产品营销力度，有效提升零售业务价值创造力，实现了零售业务健康稳步发展。

【业务发展主要举措】 革吉县地处高寒地区，金融资源匮乏，加之农牧民居住分散、交通不便，业务开拓环境异常艰苦，如果不认清内、外部形势，不认清“行”情，就没有明确的市场导向和正确的市场定位，就会导致一盘散沙，乱打仗。因此革吉县支行领导高度重视，调查研究，认清工作环境，打有把握仗。2016年第一项工作就是全行总动员，充分调动广大员工干事创业的积极性和创造性。

2016年，革吉县支行以存款、贷款和中间业务收入为核心指标，并突出重点业务发展指标及计价体系建设指标，为确保经营取得实效，革吉县支行按照阿里分行工作部署，加大对储蓄存款工作力度，采取行之有效的措施，制定具体的营销方案，在持续抓好网点规范化服务的基础上，统一时间、统一主题在全辖开展形式多样的储蓄吸存工作，在维护存量个人高端客户的前提下，努力拓展新的个人高端客户，实现储蓄存款增加目标。按照阿里分行要求革吉县支行积极吸收对公存款，重点营销财政、扶贫办、卫生局等单位。并在季末开展经营分析会，鼓励优秀，鞭策后进，并认真总结业务发展情况，分析当前存在的短板业务，制定解决方案，为开展2017年业务工作打开良好的局面。

【提升服务水平】 作为窗口服务行业，要想赢得客户除了产品自身优势外，主要是靠自优质文明的服务。以服务提升之年为契机，革吉县支行把网点规范化管理列为全年工作重要目标。在走访客户活动中，征求客户意见，针对客户反映的革吉县支行前台员工服务质量差、工作效率低等问题，及时召开全员大会，反馈客户意见。树立客户至上的服务理念。合理安排人员岗位，配备大堂经理，采取大堂经理监督前台业务服务，业务人员监督大堂经理服务，主管全面监督并及时回复客户回音壁的措施。利用晨会总结前一天整体服务情况，互提意见，共同进步，规范管理。2016年，革吉县支行无投诉事件。以上举措不仅提升了革吉县支行服务质量，更维护了农行形象，为各项业务全面营销奠定良好基础。

【服务“三农”】 2016年，革吉县支行深入贯彻落实两级分行年初、年中工作会议精神，以总分行“一号文件”为指引，持续支持地方经济发展，不断提高服务频次和服务质量，积极开展金融流动服务工作，加大宣传金融优惠政策，全力做好服务“三农”工作，出色地完成服务“三农”各项任务目标。积极投放涉农贷款，截至年底，革吉县支行涉农贷款余额达8717万元，累计发放涉农贷款3933万元，较年初新增1435万元。其中金、银、铜、钻“四卡”累计发卡3202张，四卡贷款余额达7345万元，年末“四卡”发证面、使用率分别达93.3%、99.8%以上；革吉县支行坚持开展金融流动服务，全面普及金融知识教育。秉承和发扬“老西藏精神”和“背包下乡、走村入户”的优良传统。2016年，出动人力204余人次，车辆行程19179公里，为全县19个行政村提供优质的金融服务，并充分利用流动金融服务工作为契机，加大宣传新的金融优惠政策和担保基金贷款相关政策；建设三级信用体系，截至年底，评定信贷“信用村”19个，占革吉行政村总数的100%；信贷“信用乡（镇）”总量达5个，占革吉乡（镇）总数的100%，首次实现了革吉5个乡（镇）和19个行政村全部评为“信用村、乡

（镇）”；建设金融服务渠道，截至年底，惠农卡总量达2346张，2016年发卡增量1068张，完成年计划1209张的88.34%；三农金融服务点25个，覆盖5个乡（镇）和19个行政村，实现革吉乡村全覆盖；依托三农金融点，设立三农综合金融服务站18个。

【风险管控】 年内，革吉县支行以“三优三达标”“三化三铁”“三化三无”等工作要求为引领，无论是信贷、还是临柜业务，严格按总行、分行的有关业务章程来规范和完善操作程序。加大信贷管理力度，防范和化解信用风险。严格信贷“三查”制度，加强贷款到期管理，提高正常贷款到期收回率。扎实开展贷后管理工作，加强用信管理、贷后监管、风险预警处理等工作，切实提高贷后管理精细化水平；加强临柜业务事后监督工作，年度错误率零；做好维护稳定和安全保卫工作，按照上级行相关安防维稳要求以及县委、县政府维稳工作属地管理相关安排部署，年初制定安全保卫工作计划，签订安全保卫责任书，在三大节假日以及敏感时期严格执行24小时值班、带班制度，报平安制度随时掌握各网点的夜间值班、守库、带班、库存、报警系统、车辆管理等情况，并做好记录备查，同时加强职工安全防范教育、增强员工防范意识，利用业余时间组织全辖员工开展消防演练和防抢劫等演练活动，加强自律监管、确保安防设施正常运行，组织开展尽职监督检查、案件防范、金库及常规业务操作检查，并严格按照年初制定的《安全保卫责任书》相关规定要求，对全辖网点要害部位每半年检查一次，对各网点每月进行一次安全检查，对自助设备每日进行两次监控回放及巡检工作，各项检查面达到100%，全力做到了安全保卫工作不留死角，安全保卫零案件。

【队伍素质建设】 员工队伍是银行工作的“本钱”，没有一支思想上进、作风过硬、素质优良、同心同德的员工队伍，银行工作很难开展。因此，县支行领导首先从员工思想教育入手，搞好行风行貌建设，同时做员工的贴心人，为员工排忧解难，切实解决员工的困难，极大地鼓舞员工士气和斗志。

【党建工作】 年内，革吉县支行开展“两学一做”学习教育活动，制订方案，落实措施，严格执行中央八项规定和农总行出台的制度28条措施，区党委“约法十章”，西藏分行提出的21条要求，推进各环节工作，促进作风转变，加强班子思想和作风建设；强化党支部学习制度，不断提高政治思想素质，增强领导和驾驭全局的能力；推进党风廉政建设和反腐败斗争，严格落实“一岗双责”，严明党的政治纪律、组织纪律和相关财经纪律，做到警钟长鸣；强化基层党务工作人才队伍建设，按照“三亮、五有、十上墙”标准建设基层党支部活动阵地，并充分利用“党员活动室”组织各种“三亮、三比、三评”党员活动，进一步提升党员归属感及荣誉感。

【“职工之家”建设】 2016年，革吉县支行新建“职工之家生态园”，努力提升人文关怀力度，继续落实人文关怀的政策，增强全行员工的凝聚力，激发革吉县支行员工正能量。县支行领导始终以“员工第一、没有员工就没有客户”为工作理念，切实解决员工的困难。关怀住院员工，及时慰问，使他们感到组织的温暖，增强员工的归属感和凝聚力；开展“开拓视野、放松心情、强身健体”体育、娱乐活动，缓解员工工作压力，倡导员工用健康的体魄，阳光心态投入工作，以丰富多彩的活动增强团结协作精神，促进员工间的交流，为县支行和谐发展奠定了基础；牢记“职工之家”建设的指导思想，把“建家”和“兴行”结合起来，发挥“职工之家”的能动作用。

（扎西旦培）

【领导名录】

党支部书记、行长
朗　加（藏族）
副行长　欧珠多吉（藏族）

乡（镇）概况

革吉镇

【概况】 革吉镇位于革吉县西部，地处北纬32.3°，东经81.1°，是革吉县政府驻地，也是革吉县政治、经济、文化中心。革吉镇东邻雄巴乡、亚热乡、盐湖乡，西接噶尔县左左乡，南依普兰县巴嘎乡，北靠日土县热邦乡和东汝乡。土地面积1.79万平方公里，全镇平均海拔4700米，乡政府驻地海拔4514米。

2016年，全镇共1042户、3595人，扶贫户479户、1406人。有基层党支部8个，其中农村党支部6个，机关党支部1个，寺庙党支部1个，共有党员289人。在岗在职乡干部58人（其中行政30人，事业28人），镇党委、政府班子成员13人，平均年龄为31.5岁，工人3人，公益性岗位9人。村“两委”干部33人。全乡辖6个行政村（那普、布贡、森布、芒拉、公前、康巴列）。

全镇为纯牧业乡镇，主要饲养绵羊、山羊、牦牛等牲畜，2016年，全镇牲畜存栏数为69577头（只、匹），其中绵羊30298只，山羊36000只，牦牛3055头，马224匹。自然灾害主要有干旱、洪涝、风、霜、冰雹、雪灾等。

【革吉镇牦牛产业】 牦牛产业是革吉县畜牧业的重要组成部分，是畜牧业中的优势产业，是革吉县倾力打造的五大基地之一。基地先后于2014年投资37万元购置牦牛116头（其中母牛87头、种牛8头、牛犊21头）；2015年投资210万元修建贮草库200平方米、奶产品储存室四间120平方米、牛圈1100平方米、厕所1座、基地围墙及水井。基地有牦牛126头，现阶段主要以鲜奶、酸奶、鲜奶渣、酥油等为主要销售产品。从2015年开始居委会改革经营模式，动员群众参与入股。2016年，参与入股群众达134户、425人，创收10.75万元。为确保牦牛养殖基地的正常发展和入股群众利益，居委会根据实际制定了资金管理办法，每年将纯利润15%作为管理人员工资，35%作为群众分红，50%作为流动资金。革吉县委、县政府高度重视基地建设在政策资金等方面给予了大力支持，特别是2016年把牦牛养殖基地作为全县支柱产业之一投入资金将基地进行扩建。基地正在实施第三阶段改扩建工程，新租赁草场16.7万亩，计划将牦牛养殖规模扩大至231只。该项目计划总投资为101.55万元，其中申请县级帮扶资金76.5万元，自筹资金25.05万元。

【干部队伍建设】 革吉镇高度重视干部队伍建设，加大民主议事决策、村（居）民监督、“三务”公开等制度的执行力度，在认真总结历年经验的基础上，结合革吉镇实际制定《议事决策程序》《岗位目标管理制度》《三会一课制度》《民主生活的制度》《党风廉政制度》等16项管理制度，进一步明确工作任务和目标要求，有效保障了镇、村两级组织规范化建设。革吉镇坚持“控制总量、优化结构、提高质量、发挥作用”的总体要求，在发展党员的同时，有针对性地发展党员，年内，革吉镇转正的党员9名，发展预备党员7名，发展积极分子21名。

【党建工作】 革吉镇政府提出“围绕中心抓党建·凝心聚力谋发展”的工作思路，充分发挥基层党组织战斗堡垒作用和党员先锋模范作用，突出基层党组织的政治优势、组织功能，通过丰富文化生活、推进重点项目、建强配齐班子、着力发展经济、着力改善民生等措施，全力推动基层党组织建设与脱贫攻坚工作的深度融合。

【脱贫攻坚】 革吉镇通过深入调研、走村入户，公开公示，最终从走访的1042户中确定革吉镇扶贫户计479户，共1406人。其中扶贫户239户790人，扶贫“低保户”240户、616人。2016年，县城搬迁62户，210人，地区搬迁14户59人；根据排查摸底数据，镇脱贫攻坚指挥部建立了规范的档案，做到户有卡、村有簿、镇有档、进退明。按照县扶贫办分配的任务，经村筛选、镇把关，确定2016年要扶贫摘帽的贫困人口名单、帮扶责任人、帮扶措施以及帮扶具体目标等，结合全年开展精准扶贫工作的情况排查出2016年全镇有41户131人实现脱贫摘帽。

【“两学一做”学习教育活动】 革吉镇以“两学一做”活动为契机，全面提升干部职工理论素养，同时助推和检查各项日常工作。截至年底，全镇党员均完成《中国共产党章程》《习近平总书记系列重要讲话》的学习，撰写 心得体会，尤其是机关支部每个党员的读书笔记均在5000字以上，心得体会4篇以上，开展组织生活会2次。

【三建工作】 革吉镇结合落实各级党组织党员先进性教育活动整改意见，工、青、妇组织积极采取各种形式，广泛征求方方面面的意见和建议，从抓自身存在的突出问题的整改入手，为群众诚心诚意办实事，尽心竭力解难事，坚持不懈做好事。同时，通过依法维权活动，使工青妇组织真正成为深受群众拥护和信赖的“职工之家”“青年之家”和“妇女之家”。另外，各级党组织高度重视和支持工青妇组织维权所联系群众合法权益，建立完善以养老、医疗和失业保险为重点的社会保障制度。指导发展法律援助事业，为弱势群体提供法律援助。

【党风廉政建设】 革吉镇多次召开党委会专题学习中纪委六次全会精神和《廉政准则》，准确掌握八个方面“禁止”、五十二个“不准”的具体规定，要求班子成员对照《廉政准则》经常性地认真检查自己的言行和思想。经常组织镇村（居）两级干部收看反腐倡廉纪录片，以正反两方面的典型警示广大党员干部，筑牢思想道德和党纪国法防线。与此同时，结合工作实际、大胆创新，努力使党风廉政教育做到入情、入理、入耳、入目、入心。组织一系列形式多样的“健康心理”与“行为规范”相统一的党风廉政教育活动，把“理想信念不能动摇，思想道德不能滑坡，人生价值不能扭曲，制度底线不能超越，廉政文化不能变味，权力运行不能失控”的理性教育和要求贯穿于整个党风廉政教育的全过程，以“六个不能”来筑牢和守住广大党员干部廉洁自律的“心理防线”，克服“消极心理”，树立“在位一天、赶考一天”的意识，努力做到“从政要廉明、用权要透明、做人要光明、治家要严明”的要求，切实保持共产党员的政治本色，努力为党和人民建功立业。

【维稳工作】 革吉镇密切注视，严密防范和打击境内外分裂势力的渗透破坏活动，非法宗教活动得到及时处理，明确看守责任人，包村干部、派出所人员及村支部书记组成监控小组，使革吉镇无非法宗教人员在本地或外地非法聚集事件，无一人一车到外地参加非法闹事朝圣。革吉镇还成立矛盾纠纷排查领导小组，由信访、司法、综治等部门组成，每月一汇报，对各村已经发生带有苗头性的问题进行摸底排查，然后落实到分管领导和具体责任人，限期解决，做到底数清、情况明、行动快。全年共排查出不稳定因素77件，都得到了妥善解决，有效地控制越级上访，重大治安灾害事故、因处置不当引起的影响全镇稳定等事件的发生 。

【换届工作】 革吉镇根据自治区、阿里地区、革吉县委关于乡镇党委领导班子换届工作的总体安排部署，革吉镇党委换届工作从4月起全面启动，在县委的领导下，在县委组织部等相关部门指导下，革吉镇党委通过周密部署、规范程序、扎实推进，革吉镇第三次党代会于2016年6月2—3日胜利召开，成功选出中共革吉镇第三届委员会委员、纪律检查委员会委员和出席中共革吉县第九次代表大会代表，圆满完成了党委换届各项工作任务。

【安全生产】 年内，革吉镇总结以往安全生产工作中好的经验、做法和存在的问题，进一步狠抓安全生产工作。加大宣传教育力度，营造安全生产的浓厚氛围，使全民关心安全生产、关注安全生产、注重安全生产的思想意识扎根扎底，严格监督检查，防止农牧民群众无证驾驶、酒后驾驶、客货混装等违规行为；加大安全生产监管力度，解决安全生产突出问题，从源头上消除安全隐患。与各村（居）签订《安全生产目标管理责任书》，严格落实一把手责任人机制，督促加强自身安全生产管理；强化组织领导，定期分析安全生产形势，认真研究解决安全生产中存在的难点和重点问题，密切配合，齐抓共管，层层落实责任，逐步建立安全生产长效管理机制，并按照属地管理原则，镇政府克服人员紧缺情况，每日安排两名正式干部驻守加油站监督和审核购油人员加油手续，确保一方平安；革吉镇高度重视安全生产工作，成立“革吉镇安全生产工作领导小组”，全年对革吉镇辖区内加油站、加气站、学校、医院、建筑工地、砂石料厂等重点区域开展安全生产检查35次。严格落实安全生产各项指标，对存在隐患的勒令其限时整改。截至年底，全镇安全事故发生率保持为零。

【基础设施建设】 革吉镇紧紧扭住“围绕中心抓党建·凝心聚力谋发展”这一主题，不断拓宽思路，优化发展环境，提供优质服务，狠抓项目各阶段工作任务的落实，使各类重点项目建设工作呈现良好发展态势。噶尔噶灌区、人工种草基地、蔬菜种植基地、富康小区异地扶贫搬迁、国家电网、安居工程、草场保护等一个个项目逐渐“落地生根”，随着项目的强力推进，助推着革吉镇经济社会的不断发展，奏响了一曲“富民生”的乐章。

【民生保障】 按时兑现“低保户”“五保户”资金，革吉镇已兑现农村低保对象资金：648032元，兑现29名“五保户”供养资金：137460元，兑现23名寿星老人健康补助：7900元，及时把国家的惠民政策落到实处，解决保障对象的生产生活困难。

【教育工作】 革吉镇开展巩固 “两基”工作成果。紧紧围绕县政府教育工作目标要求，全面对学生家长加强思想教育工作，深入各村（居）、小组积极宣传教育工作的重要性，确保适龄儿童的入学。学生总数达到872名。其中小学438名，小学招生入学率为99.54%，中学243名，中学招生入学率为98.6%。6岁儿童入园92人，高等中学及以上在读99人。

【新农合、新农保收缴工作】 革吉镇不断加大新型农村合作医疗的宣传和收缴力度，截至年底，革吉镇新型农合已全面完成收缴任务，参合率达到95.3%，有效地解决农民就医难、看病贵的问题。

【环境整治】 革吉镇为实现“努力做保护环境，生态良好的模范县”这一既定目标，2016年，革吉镇依托“双联户”服务管理平台在全镇形成每周五上午开展集中打扫环境卫生的制度，镇环境卫生工作领导小组每周坚持对附近三个村卫生区卫生情况进行检查；革吉镇还将落实好乡村和公路沿线环境卫生综合治理工作与脱贫攻坚工作相结合，在全镇范围内成立起农牧民环境卫生整治队伍，定期对G317沿线进行清理。全年累计开展环境卫生整治215次（其中依托“双联户”开展整治173次，村（居）“两委”组织开展整治42次），动用拖拉机21台次，装载机4台次，并多次动用皮卡车清理环境卫生，收到较好的效果。并且革吉镇联合县环保局进村开展环境专项整治15次。

【精神文明建设】 革吉镇综合文化站在镇党委、政府的领导和县文广局的指导下，革吉镇文化宣传工作本着服务全镇发展大局，提升整体形象地位的思路，按照年初确定的目标，找准结合点，力求新突破，充分发挥文化信息平台的作用，安排专人对综合文化站进行管理，坚持每周一、三、五免费开放，在丰富基层人民群众精神文化生活的同时也保障了群众共享文化改革知识的基本权益；革吉镇辖区内现已确定的文物保护点有布擦遗址、尤日德布石构遗址、纳给多让石构遗址等12处（其中自治区级保护遗址有5处，另有7处也已向自治区申报）。在上级部门的大力支持下，革吉镇还进一步加大了对遗址的保护力度，对每个遗址安排保护人员2人，每人每月工资1200元。

（石宪兵）

【领导名录】

党委书记 牛　群

党委副书记、乡长

边巴扎西（藏族）

党委副书记、人大主席

达瓦仓巴（藏族，5月免）

阿旺平措（藏族，6月任）

党委副书记、纪委书记

邓奠佳

宣传委员 仓　决（女，藏族）

组织委员 巴　次（藏族，5月免）

格旦次仁（藏族，6月任）

政法委员 阿旺平措（藏族，5月免）

郑永忠（6月任）

人武部部部长、副镇长

阿旺土旦（藏族）

派出所副所长

尼玛顿珠（藏族）

副乡长 巴　琼（藏族，5月免）

李兴宏（6月任）

拉巴欧珠（藏族）

多吉欧珠（藏族）

农牧综合服务中心主任

仁青拉姆（女，藏族）

雄巴乡

【概况】 雄巴乡位于革吉县东南部，1961年建雄巴乡，1970年改公社，1982年复改乡，距县政府驻地100公里，全乡面积1202.4万亩（0.8016万平方公里），其中可利用面积1021.1万亩（0.7万平方公里）。全乡干部共77人（行政编制32人、事业编制45人），初小学校一所，教职工14人，学生158人。全乡辖4个行政村（多仁村、加吾村、巴措村、结克村）、10个作业组，共905户，3460人，其中男1789人，女1671人。

雄巴乡属羌塘高原湖盆地貌，平均海拔4600米以上，有“世界屋脊之称”。以高原亚寒干旱气候带为主，气候干燥寒冷，年平均气温零下2摄氏度，最低气温零下40摄氏度。自然灾害主要有旱、风、雪、雹等，属自然灾害频发乡。

雄巴乡有芝热寺、象鲁康寺、加吾拉康寺三座寺庙，是革吉县寺庙最多的一个乡，在编僧尼18人，每逢藏历十月，各寺院均举行玛尼法会。雄巴乡属纯牧业乡，牧养牦牛、山羊、绵羊、马等。全乡牲畜存栏数牦牛2072头、马145匹、山羊1126只、绵羊41573只。

雄巴乡资源丰富，尤其盛产卤虫。矿藏资源有硼砂、硫等。拥有大量的野生动物资源，其中国家一级保护动物野牦牛、黑颈鹤、野驴、藏羚羊，国家二级保护动物盘羊、猞猁、天鹅、斑头雁。还有岩羊、黄羊、狐狸、野鸽、野兔等。结克一带是野牦牛的主要栖息地，有大量野生牦牛。

【干部队伍建设】 2016年，雄巴乡党委高度重视干部队伍建设，认真落实县委发展党员工作规划，制定《雄巴乡2016年度发展党员工作计划》，按照发展党员“十六字”方针严把党员入口关，把党员发展工作重点放在那些支持、拥护党的方针政策等先进分子身上。2016年，发展正式党员9名、预备党员13名、培养积极分子33名。截至年底，全乡正式党员250名。

【党建工作】 年内，在县委的统一安排部署下，结合本乡实际制定基层组织建设长远规划和年度计划，明确目标任务，确保措施到位。切实加强对党建工作的组织领导，全面落实党建工作责任制。在乡党委指导下，各村党支部结合实际制定村基层组织建设长远规划和年度计划。同时，确立村第一书记协助村党支部书记负责党建工作，落实责任，建立党支部书记工作半年总结、年终总结、半年汇报、年终汇报制度；抓思想作风建设，树立良好干部形象。把思想作风建设作为头等大事来抓，开展“干部作风建设年”活动，通过干部下基层调查研究，为群众解决生产生活中遇到的热点难点问题，干部的宗旨意识进一步增强，融洽了党群干群关系，树立了良好的干部形象；抓制度建设，坚持和完善民主集中制原则。先后制定和完善《干部请销假制度》《党委中心组学习制度》《党委民主生活会制度》等规章制度，做到用制度管事管人。建立健全《乡党委议事规则》，对重大问题坚持领导班子集体研究。班子成员讲党性、讲大局、讲原则，能认真执行党委的决议，正确处理好责任与权力的关系，自觉维护班子的团结。通过严格执行民主集中制原则，加强了班子成员的沟通，增进了团结，营造了干事创业的良好氛围；加强思想建设。建立健全农牧区党员群众学习教育制度，乡党委帮助下辖各村党支部制定党员群众学习计划，明确学习内容。各村党支部认真组织党员群众经常性深入学习党的路线、方针、政策理论。同时，乡党委定期组织党员群众学习农牧区适用技能、农牧业生产等知识，并开展相关培训；抓住村（居）“两委”换届后的有利时机，组织开展村（居）“两委”班子文化素质提升工程，开展各类业务培训，提高了班子整体素质。截至年底，村党支部班子已实现全部脱盲，其中妇女干部4人，比例达16%，两委班子队伍逐渐年轻化，平均年龄由原来的59岁上调到41岁；加强基层发展党员宣传指导工作。按照《中国共产党章程》规定，严格贯彻落实“坚持标准、保证质量、改善结构、慎重发展”的方针，坚持“成熟一个、发展一个”的原则，重点发展党员向农牧区一线、向妇女群众，向优秀青年、致富带头人倾斜。严把“准入”关卡，按照“首先从思想上入党”的要求，加强预备党员政治考察和思想考核工作，把培养政治觉悟高、思想先进作为培养党员的首要前提。在积极探索实践下，雄巴乡党员发展工作逐步走向正常轨道，同时保证了新党员发展质量，确保了党的建设工作严肃性；加强制度建设，指导和帮助各村党支部制定“三会一课”制度，使党员经常受教育、群众长期得实惠；为加强新形势下农牧区党员队伍的教育和管理，提高牧区党员素质，增加牧区基层党组织战斗力、凝聚力，加快社会主义新型农牧区建设步伐，解决农牧区党员居住分散、党员活动难以集中的问题，推陈出新创造性地开展“党员中心户”基层牧区党建创建活动，扩大了农牧区党员活动阵地，切实解决新形势下农牧区基层党组织和农牧区党员队伍建设中存在的日常活动难集中、教育效果难保证、先锋作用难发挥等问题，巩固了党在农牧区的执政基础，促进社会主义新型农牧区建设。

【“两学一做”学习教育活动】 深入推进“两学一做”教育，成立由乡党委书记周桢垒任组长的学习教育工作领导小组，及时召开全乡“两学一做”学习教育动员大会，统一思想，精心部署。制订“两学一做”学习教育实施方案，根据县委下发的“两学一做”学习教育实施方案和工作计划，雄巴乡制订并下发《雄巴乡“学党章党规、学系列讲话，做合格党员”学习教育实施方案》。抓好示范带动作用，带头讲好党课、带头学习研讨、带头整改落实，撰写学习心得体会，通过交流研讨等形式，把精神吃透悟准，以实际行动为全乡党员干部作出表率，为“两学一做”学习教育开展提前造势，带领广大党员形成“深学实做”的生动局面。加大宣传力度，在乡机关、村委会、乡小学、寺庙党支部制作“两学一做”宣传专栏、横幅、标语等，宣传乡机关党支部及各支部学习教育的进展成效、经验做法和先进典型，为“两学一做”学习教育营造良好社会氛围，确保“两学一做”学习教育深入人心，取得实效。利用每周五组织全乡干部职工、村两委班子、驻村工作队反复学习党规，党章及习近平总书记系列讲话精神；召开“两学一做”专题座谈会10次，制订各阶段实施方案3份，制定各阶段学习计划5份，制订督导方案1份，发放学习教材300余本，召开理论中心组学习研讨会2次，召开党支部集中学习会24场次，乡科级干部讲党课5场，基层党支部书记讲党课4场，驻村工作队队长讲党课4场。

【党风廉政建设】 年内，按照县委、县纪检委的工作要求，坚持“标本兼治、综合治理、惩防并举、注重预防”的方针，从服务群众工作的大局出发，实行层层分解的办法，全面落实党风廉政建设和反腐败工作。年初召开专门会议研究安排2016年党风廉政建设工作，制订下发《党风廉政和反腐败工作实施方案》，书记与乡领导班子成员及各办公室、村组主要负责人层层签订目标管理责任书，将党风廉政建设工作目标任务进行分解，落实到各单位、各支部，形成全乡党风廉政建设和反腐败工作齐抓共管的局面。

【脱贫攻坚】 2016年，雄巴乡精准脱贫工作深入贯彻落实党的十八大、十八届系列全会及习近平总书记系列重要讲话精神、中央扶贫开发工作会议精神，坚持“精准扶贫、精准脱贫”的基本方略，按照“五个一批”“六个精准”要求，全力落实推进九项措施，对行政村逐村逐户开展工作，历时30天，在“五步一公示”（户申请、组评议、村审查、乡审核、县审定，公开公示）工作程序的基础上，采取“六会评议、四级公示”的方式对贫困户信息进行全面了解，识别出贫困户424户、1403人，逐一进行建档立卡，并与各村签订2016年脱贫攻坚工作责任书。

【维稳工作】 雄巴乡党委、乡政府始终站在保稳定、促发展、讲政治、顾大局的高度，进一步强化了责任意识、风险意识，切实加强了对全乡稳定工作的领导。自年初以来，雄巴乡党政一把手对综治稳定工作亲自研究、亲自安排、亲自部署，把精力放到了维护稳定上来，列入重要议事日程来抓，并严格执行“一岗双责”责任制，逐步、逐层、逐人落实责任。同时还制定了相应的考核细则，订立责任状，强化责任，明确奖惩，同评先选优挂钩，同个人的政治荣誉挂钩，将责任状列入年终考核范围，并认真执行“一票否决权制”，对全乡的综治、维稳工作起到了加压和激励的作用。全年，共计发放各种宣传资料458余份，书写大小幅标语30余幅，受教育人数达900余人次，邪教组织案件的发案均为零。共计排查出各类矛盾纠纷19起，调解成功达成协议19起，调处率达100%。

【换届工作】 按照县委统一安排和部署，雄巴乡党委换届工作从4月17日起正式启动。为保证党委换届工作顺利开展，乡党委高度重视，精心组织，认真筹划，严格按照换届工作的指导思想，基本原则以及实施方案规定的程序开展工作，坚持围绕中心、服务大局、党管干部、发扬民主、推进改革、严肃纪律、营造风清气正的选举环境，严格按照“九个严禁、九个一律”的纪律要求，做好干部的选拔任用工作，确保换届选举工作的公开、公平、公正，积极配合组织部门对干部的考察工作，组织干部职工在全镇范围内进行推荐和民意测评，确保将有能力、能实干、群众口碑好的干部推荐到领导岗位上来，为下一步开展好乡镇工作奠定人才基础。截至6月16日，历时

2个月的党委换届工作终于画上一个圆满的句号。此次选举共产生党委委员9名，出席县第九次党代会代表9名。选举中，党代表到会率高达90%，新一届“两委”委员的赞成票率高达100%，出席县第九次党代会的党代表赞成票率为100%，新当选的党委成员平均年龄为33岁，全部达到大专以上文化程度。通过换届进一步激发了全乡党员干部干事创业的活力，为全县“十三五”规划的顺利实施，推动经济社会各项事业跨越式发展和长治久安提供坚强组织保证。

【安全生产】 2016年，严格落实安全生产目标，强化安全生产责任，与各村签订2016年安全生产目标责任书，严格落实安全生产目标管理责任制和各项防范措施，在重大节假日、敏感日期间，组织乡干部职工开展安全生产的宣传教育活动，并发放交通法规宣传册，多次对雄巴乡小学、饭馆、个体户商店食品安全排查，给人民群众创造一个安全、放心、健康的生活环境；同时，全面排查雄巴乡乡各施工单位安全存在的隐患，与乡驻地所有施工队之间签订安全生产合同协议，定期不定期到每个村，对每条公路、每项工程项目进行排查，尤其对容易引发事故的隐患点，因地制宜制定整改措施，向村民讲解宣传危险路段的安全注意事项，较好地做到排查、整治隐患、杜绝新隐患的目的。

【经济发展】 雄巴乡党委、乡政府坚持“抓培训、促就业、保就业、促增收”的工作思想，千方百计扩宽群众增收渠道，积极采取多项综合措施，为群众提供更多的就业岗位，促进全乡经济社会平衡较快发展。2016年，全乡劳务创收362.4万元、牧业收入2310.39万元、民族手工业收入18.10万元、建筑业收入114.68万元、交通运输收入44.31万元、餐饮收入51.8万元、服务业收入36.64万元、其他收入47万元。截至年底，全乡人均可支配收入实现10281元。

【民生保障】 2016年，雄巴乡党委、乡政府高度重视全乡民生工作，按时完成低保户、“五保户”资金兑现工作。截至年底，民生资金兑现低保户数178户502人（A类30人、2170元；B类24人、1630元；C类448人、1023元），低保生活补助兑现56.25万元；寿星老人12人，共有补贴4000元，其中（10名老人有补贴300元补贴、2名老人有500元补贴）；“五保户”11人，生活补助兑现5.2万元，每人补贴有4740元；退伍军人4人。困难残疾人有73人，政策补助有4.8万元；重度残疾28人，护理补贴共有3.7万元；孤儿4人。为5名因负伤退伍军人发放补助2500元，98名残疾人申报办理残疾证，为38户贫困户申报农牧民安居工程。

【教育工作】 雄巴乡党委、乡政府高度重视教育工作，始终将教育工作放在优先发展的战略位置，不断巩固提高“两基”成果。确保适龄儿童的入学率，保障在校学生的巩固率，减少走读生比列，使最大限度让学生充分享受“三包”政策，精心部署，狠抓学生安全接送工作，切实保障雄巴乡学生开学、暑假期间安全接送工作。通过认真核实7周岁适龄儿童统计工作的基础上，提高家长对每年招生工作支持和自觉性，开辟了招生工作良好势态。小学适龄儿童在校生331人，初中在校生129人，小学儿率达到99.8%，中学儿率达到95%。

【新农合和新农保收缴工作】 2016年，雄巴乡牧业人口上缴人数3403人，其中适龄养老保险应缴人数1972人（多仁村482人、加吾村671人、巴措村901人、结克村527人）；未满16岁有1254人（多仁村296人、加吾村445人、巴措村484人、结克村335人）；60岁以上（60岁）234人（多仁村52人、加吾村86人、巴措村64人、结克村32人）；学生122人、寺庙僧尼人数14人；应缴费人数1570人（多仁村366人、加吾村540人、巴措村403人、结克村261人）；实际缴费人员1548人，未缴费人员22人（多仁村2人、加吾村3人、巴措村14人、结克村3人），收缴金额155600元，全乡征缴率达到98.5%。安排卫生院工作人员协助县卫生局和西藏军区边防医院医生开展全民体检和在职干部职工年度体检工作，新型农村合作医疗保险逐步扩大，参加农村新型合作医疗人数3403人，合作医疗覆盖率达到100%，群众“看病难、看病贵”的问题得到缓解，就医负担大大减轻。

【环境整治】 2016年，雄巴乡每季度开展一次“环境卫生大整治，创建美好新家园”专题活动。动员全乡党员干部在全乡范围内开展村级环境卫生整治，引导广大农牧民破除陈规陋习，树立“讲卫生、美环境、树新风、促发展”的良好意识，人人都参与到建设“和谐、文明”雄巴中。全乡共设23个卫生片区，管理人员23名，建有垃圾集中收集池1个，各村、寺庙、拉康建设简易垃圾填埋场共13个。

【雄巴乡民族手工业基地】 革吉县雄巴乡加吾村民族手工艺加工厂位于乡政府驻地，始建于2012年，占地面积1150平方米，固定资产148万元。发展之初，由革吉县扶贫办投资45万元，建设厂房及购置设备20套。2013年至2015年县扶贫办又相继两次分别投资35万元和51万元用于新建厂房和购置设备。截至年底，厂房建筑面积达到680平方米，加工厂有管理人员6名（含1名厂长和1名副厂长）、会计1人、出纳1人、工人14人，主要制作藏袍、靴子、帐篷、帽子、马鞍、羊皮垫子、羊皮被子、民族特色产品等商品；雄巴乡巴措村民族手工艺加工厂位于雄巴乡政府西侧，成立于2013年4月。由革吉县扶贫办首次投资42万建设80平方米厂房及购置设备。2013年自治区档案局第二批驻村工作队申请“短平快”项目，争取资金40万，用于购置设备及新建厂房120平方米。2014年自治区档案局第三批驻村工作队申请“短平快”项目，争取资金25万元，用于厂房改扩建（围墙、暖廊、公厕）。2015年革吉县民宗局申请国家投资70万元对民族手工艺加工厂房进行添置设备及改扩建200平方米。2016年工厂规模达到320平方米，民族手工艺加工厂固定资产达到164万元。巴措村民族手工艺加工厂现有管理人员4名、工人7名，主要制作藏袍、靴子、藏式毛毯、日用品、帐篷、及民族手工艺品等商品。

【精神文明建设】 2016年，雄巴乡共设综合文化站1处、农家书屋4处、寺庙书屋3处，共开展群众性活动6次，参与群众达1890人次。雄巴乡充分利用活动场所，以节假日为契机，开展丰富多彩的文化活动，加强群众思想教育引导，转变观念，营造文明和谐的节日氛围，在全乡广泛开展群众性节日民俗、文化娱乐、体育健身、爱国卫生和科普宣传活动。

（其美央吉）

【领导名录】

党委书记 周桢垒

党委副书记、乡长
多吉洛珠（藏族）

党委委员、统战委员、人大主席
普 琼（藏族）

党委副书记、纪委书记
康 宁

党委副书记、组织委员
白玛仓决（女，藏族，5月任）

党委委员、政法委员
肖金林（5月任）

党委委员、派出所所长
尼 玛（藏族）

党委委员、宣传委员
其美央吉（女，藏族，5月任）

副乡长 罗布次仁（藏族，5月任）

党委委员、人武部部长、副乡长
扎西罗布（藏族，5月任）

副乡长 索朗欧珠（藏族，5月任）

象鲁康寺管会主任
巴桑罗布（藏族）

象鲁康寺管会副主任
边巴琼达（藏族）
吾金罗布（藏族）
次仁欧珠（藏族）

卫生院院长 边巴次仁（藏族）

完小校长 仁青罗布（藏族）

完小副校长　巴桑顿珠（藏族）
农牧综合服务中心主任
拉巴次仁（藏族）

亚热乡

【概况】 亚热乡位于西藏阿里地区革吉县东南部，冈仁波齐峰东侧，东与改则县的玛米乡交界，西与噶尔县毗邻，南与普兰县的塔尔青和霍尔两乡交界，北与革吉县雄巴乡相连。乡政府驻地夏玛，距离革吉县城187公里，下辖5个行政村和15个自然组，总人口3727人，2016年全乡农牧业生产总值3372万元，人均年收入10187.6元。全乡总面积近1万平方公里，草场总面积894.52万亩，平均海拔5000米以上，平均气温在－0.2～0.4℃之间，是阿里地区海拔最高的乡之一。全乡共有牧民1035户3727人。脱贫人数：2017年低保、“五保户”系统内37户120人、系统外22户80人，一般贫困户系统内52户189人、一般贫困户系统外49户183人，共产党员282人、预备党员10人，妇女党员49人，全乡残疾人共65人，寿星老人25人，集中供养共26人，孤儿共2人。亚热乡因其特殊的地理环境，成为野生动物的天然乐园，在这里繁衍生息着多种高原野生动物，数量最多的是野牦牛和藏羚羊。

【亚热乡绵羊育肥基地】 革吉县绵羊育肥基地建设地址拟定建设在亚热乡预留草场，占地面积约12000亩，按照草畜平衡标准进行租赁，每五年签订一次合同，费用为18000元/年（租赁草场所得的收入全额用于乡扶贫开发）。该项目于2016年开工建设。

【干部队伍建设】 亚热乡高度重视干部队伍建设，认真落实县委发展党员工作规划，制订《亚热乡2016年度发展党员工作计划》，按照发展党员“十六字”方针严把党员入口关，把党员发展工作重点放在那些支持、拥护党的方针政策等先进份子身上。2016年，亚热乡现有行政编制干部30人，其中领导班子成员10人，直属事业单位编制人员50人；其中藏族有67人，汉族有12人，其他少数民族1人，基层党组织7个，共有党员283名，其中女党员49人。

【党建工作】 亚热乡政府提出“创新工作方式方法，转变群众思想观念，确保群众增产增收，构建亚热和谐文明”的工作思路，并经过乡村两级干部、人大代表反复论证而确定，各项工作细节也逐步形成，得到完善，已经有序实施；定期召开领导班子民主生活会。乡党委班子每半年最少召开一次民主生活会，按照上级有关规定切实提高民主生活会质量，强化民主监督机制，促进党风廉政建设；进一步建立健全党风廉政建设制度和工作制度。规范和完善《党务政务公开制度》《村务公开制度》，从源头上扼制违法违纪案件的发生。

【脱贫攻坚】 亚热乡通过“阳光办事操作平台”，深入调研、走村入户，公开公示，最终从走访的近户中确定亚热乡共1035户，共3727人，建档立卡贫困户548户1649人，脱贫户为53户，共计183人，其中产业脱贫人数有21户79人，异地变迁人数为18户61人，转移就业人数有14户43人，各村脱贫户数及人数分别为：江玛村8户25人；赛利普村17户75人；夏玛村10户27人；罗玛村8户22人；却藏村10户34人。各村脱贫户数通过每周工作例会和每月推进会，组织乡干部、村“两委”班子、监督委、联户长集中学习上级下发有关精准扶贫工作文件汇编，讲解和宣传精准扶贫政策、措施、步骤、流程等，逐级分解任务，力求达到家喻户晓，鼓励群众充分参与和监督。6月，乡党委针对干部职工、人民群众在脱贫攻坚中的职责与任务，在乡主要干道上制作8座户外宣传栏、30条宏观的宣传标语。截至年底，由县政府或扶贫办反馈下来的3次，乡级1次，已妥善处理完，群众满意率100%。乡村公路养护岗位71人，生态岗位有‘七大员’共1018人。生态岗位资金共305.4万元，每人每年3000元，已全部发放给牧民。已有8户24人在地区异地搬迁，3户9人在县富康小区。经过亚热乡上下一心共同努力下，2016年已有7户主动递交脱贫申请，计划任务50户。

【“两学一做”学习教育活动】 亚热乡以“两学一做”活动为契机，全面提升干部职工理论素养，同时助推和检查各项日常工作。截至年底，全乡党员均完成《党章》学习100，撰写10篇心得体会，尤其是机关支部每个党员的读书笔记均在2000字以上，心得体会4篇以上，交流讨论3次、组织生活会3次。

【团建工作】 亚热乡着重从团员队伍建设方面，重视发展团员工作，配合县团委开展团员教育培训，组织开展“五四”入团仪式、学雷锋志愿服务等活动，组织青年志愿者开展卫生大扫除、法制宣传等系列活动，将团建工作制度化、经常化、规范化，2016年通过培养和引导，共有团员52名。

【党风廉政建设】 召开亚热乡党风廉政建设和反腐败工作会议，安排部署2016年党风廉政建设工作，制定《2016年党风廉政建设工作计划》，层层签订《2016党风廉政建设责任书》，在全乡范围内开展了廉政谈话活动，强化对中央八项规定、《准则》《条例》和典型案例的学习。

【维稳工作】 2016年，全乡“双联户”共138名户长，1119户，3673人，其中建档立卡贫困户户长25名，边缘贫困户210户，747人，建档立卡贫困户128户，462人。2016年，亚热乡共发放安全生产及其他维稳宣传手册100册和宣传单500余份，悬挂横幅8条；同时在5月组织“双联户长”在乡政府大院集中学习“双联户”考核办法和信访法律知识，7月份组织村“两委”和“双联户长”在乡文化站集体学习乡规民约和观看学习安全生产警示教育片，全面提高全民安全防范意识和营造全乡社会“和谐、稳定、发展”的良好社会氛围。乡综治办各类应急预案和方案共有35件，主要对全年安全生产和维稳安保工作、三月敏感时期、每年“两会”、每年宗教活动等工作专门修订针对性强、责任明确、处置措施有效的应急预案，其中专项应急方案8件和应急预案9件。各村上报的纠纷案件第一时间组织人员介入调查，以合法、和谐调解，把矛盾纠纷影响面最大控制，把矛盾纠纷案件化解在基层中，全年25起矛盾纠纷都在乡调解委员会调解处置下，成功调解。乡综治办和村委支部书记、联户单元“双联户长”深入管控对象进行三对一的管控，采取两项措施。对管控人员严格进行离开县城请假报告制度和敏感时期每天4点之前报平安制度；对管控人员帮教工作开展到位。乡综治办、村委会、“双联户长”及派出所工作人员坚持不定期与家人、邻居进行见面谈话，详细了解当前生活、工作中存在的问题和困难，如实记录，认真研究，以情以理做好思想疏导工作和解决眼下困难，也切实取得“真心换真心”的良好效果，无人重犯错误。

【换届工作】 亚热乡为确保换届工作依法、有序地开展，成立工作领导机构、制订工作实施方案。同时建立健全乡领导干部联系指导选区工作制度。为畅通监督渠道，严肃换届纪律。乡党委、纪委组织全乡干部、各村“两委”成员集中学习换届纪律要求。

【安全生产】 年内，严格落实安全生产目标，强化安全生产责任，与各村签订2016年安全生产目标责任书，严格落实安全生产目标管理责任制和各项防范措施，在重大节假日、敏感日期间，组织乡干部职工开展安全生产的宣传教育活动，并发放交通法规宣传册，多次对亚热乡完小、饭馆、个体户商店食品安全排查，给人民群众创造一个安全、放心、健康的生活环境；同时，全面排查亚热乡各施工单位安全存在的隐患，与乡驻地所有施工队之间签订安全生产合同协议，亚热乡干部职工定期不定期到每个村，对每条公路、每项工程项目、每座桥梁进行排查，尤其对容易引发事故的隐患点，因地制宜制定整改措施，向村民讲解宣传危险路段、桥梁的安全注意事项，较好地做到排查、整治隐患、杜绝新隐患的目的。

【经济发展】 截至年底，牲畜存栏57602.8（头、只、匹）保持草畜平衡，全年劳务输出130人次，劳务收入达20万元以上。

【教育工作】 年内，“六一”儿童节、教师节为乡完小送去教育支持资金，对考入内地班的学生发放奖金。并定期登记全乡范围内在校贫困大学生，多方申请教育资助金、结对帮扶、寻找社会爱心人士。加大控辍保学工作，宣传义务教育法，保证青少年按时进入学习接受教育，“双基”入学率达99%。

【新农合和新农保收缴】 亚热乡不断加大新型牧民合作医疗的宣传和收缴力度，截至年底，亚热乡新型农合已全面完成收缴任务，参合率达到95.3%，有效地解决牧民就医难、看病贵的问题。2016年，全乡适龄参保人数为4000人左右。

【环境整治】 亚热乡每季度开展一次“环境卫生大整治，创建美好新家园”专题活动。动员全乡党员干部在全乡范围内开展村级环境卫生整治，引导广大农牧民破除陈规陋习，树立“讲卫生、美环境、树新风、促发展”的良好意识，人人都参与到建设“和谐、文明”亚热中。

【精神文明建设】 亚热乡创建文明示范点，制定文明评选条件，加强公民思想道德建设；开展丰富多彩的文化活动，加强群众思想教育引导，转变观念，营造文明和谐的节日氛围，在全乡广泛开展群众性节日民俗、文化娱乐、体育健身、爱国卫生和科普宣传活动。2016年，共开展群众性活动10次，参与群众达10000人次。尤其是文化娱乐、法制宣传、文明创建、参观学习、红歌比赛、红色之旅、新旧对比系列活动，反响强烈。

（扎西德吉）

【领导名录】

党委书记　国吉次仁

党委副书记、乡长

邓　明

党委副书记、纪委书记

刚　祖（藏族，5月任）

宣传委员　阿　林（5月任）

党委副书记、组织委员

旦　增（藏族）

政法委员　仁　青（藏族，5月任）

人武部部长、副乡长

涂桂祥（5月任）

派出所所长　索朗才让（藏族）

副乡长　索朗巴珠（藏族，5月任）

卫生院院长　罗松平德（藏族）

完小校长　格桑桑布（藏族）

旺　杰（藏族）

盐湖乡

【概况】 盐湖乡前身为搽卡区，于1999年撤区设乡，改名为盐湖乡，坐落于羌麦村二组。北纬32° 31′ 39″、东经82° 27′ 29″，地处羌塘高原大湖盆区，属于高原亚寒带干旱气候，日照充足，昼夜温差大，风大寒冷。盐湖乡地处革吉县城东北部，毗邻317国道，距离县城200公里，东与改则县物玛乡相连，北与日土县热邦乡接壤，南与本县的雄巴乡相连。全乡平均海拔4500米，面积约1.07万平方公里。

全乡辖有2个行政村，7个作业组，2016年全乡农牧民群众共872户，3636人。有1所完小、1所幼儿园，共有教师职工36人，学生501人，其中学前36人，后勤人员20人。全乡农村低保户157户494人，民政认可“五保户”11户11人，贫困户199户691人，寿星老人26名，孤儿4名；持证残疾人35名；入住敬老院2人。

全乡以畜牧业为主，现有牲畜存栏数94900头（只匹），其中牦牛1948头，绵羊27258只，山羊65177只，马117匹。草场面积1499.61万亩，草场禁牧面积180万亩。

【干部队伍建设】 盐湖乡重视干部队伍建设，

认真落实县委发展党员工作规划，制订《盐湖乡2016年度发展党员工作计划》，按照发展党员“十六字”方针严把党员入口关，把党员发展工作重点放在那些支持、拥护党的方针政策等先进份子身上。2016年，预备党员转正式党员12名、积极分子转预备党员11名，培养3名积极分子。截至年底，全乡正式党员213名。

【党建工作】 盐湖乡党委提出“加强基层党组织建设，转变农牧民群众思想观念，团结带领各族人民群众共增收致富，创建文明、和谐、小康盐湖”的工作思路，并经过乡村两级干部、人大代表反复论证而确定，各项工作细节也逐步形成，得到完善，已经有序实施；定期召开领导班子民主生活会。乡党委班子每半年最少召开一次民主生活会，按照上级有关规定切实提高民主生活会质量，强化民主监督机制，促进党风廉政建设；进一步建立健全党风廉政建设制度和工作制度。规范和完善《党务政务公开制度》《村务公开制度》，从源头上扼制违法违纪案件的发生。乡党委班子每半年召开一次民主生活会，按照上级有关规定切实提高民主生活会质量，强化民主监督机制，促进党风廉政建设。

【盐厂】 盐湖乡羌麦村在2005年至2012年期间共扶贫投资114.2万元，村委会自筹13.8万元，创办盐湖乡羌麦村扶贫盐场首个经济实体，规模约4000平方米。羌麦村群众每年共开采食盐800吨，售价360元/吨，群众参与劳动输出达70人（次），劳务创收达14多万元。在从事经营管理过程中，盐湖乡羌麦村扶贫盐场以市场为导向，以产业为主体，积极吸纳当地懂经营、会管理、有技能的群众作为经营管理人，采取“统一开采、统一管理、统一经营、统一销售”的运营模式，在利润分配上，实施按劳分配原则。

【扶贫招待所】 盐湖乡羌麦村扶贫招待所始建于2006年，扶贫招待所面积约2600平方米，资金来源于村委会自筹33万元。2008年国家投资44万进行改扩建，在原房屋的基础上再加盖一层楼，为招待所购买家具等日常用品9万元，扶贫招待所前后共投资86万元。现招待所共有23间房，其中石木结构11间、土木结构12间。招待所年均纯收入约5万多元。

【那玛垄加油站】 那玛垄加油站于2002年建成，占地面积约为2900平方米，项目由扶贫投资42万元修建，主要经营汽油、柴油，年均纯收入可达10万元左右。

【石材加工厂】 盐湖乡羌麦村石材加工厂始建于2012年，注册地址为革吉县城，规模约7800平方米，项目资金来源于扶贫办投资125万元，自治区政府投资27万元，村委会自筹70万元（资金来源：矿区补助），共计投资222万元。石材加工厂现有员工8人。年均纯收入达65000万元，劳务输出30多万元。

【利民商店】 盐湖乡羌麦村利民商店于2010年成立，2016年，羌麦村有2家利民商店，商店内销售产品种类多达230余种，规模约12000平方米。其中包括19间房屋、7间库房、9间出租房、3间办公室，资金来源于地区扶贫办投资33万元，自治区纪检委投资50万元。

【盐羊古道宾馆】 盐湖乡羌麦村于2012年在革吉县城主要街道投资319万元，（资金来源于县委、县政府借款100万元，扶贫办奖励100万元，扶贫项目扶持27万元，村委会自筹92万元）修建盐样古道宾馆。建筑规模为两成楼约1800平方米，一楼为商品用房，二楼为宾馆。一层的14间门面房全部出租给外来商人，二层共10间客房17张床位，院内有停车场，盐羊古道宾馆共解决3个就业岗位，年均纯收入达13.6万元。

【民族手工业】 盐湖乡羌麦村民族手工业加工厂始建于2013年，建筑面积约120平方米，资金来源于县民宗局投资25万元，村委会自筹3万元，共计投资28万元，修建6间商品房。加工厂现有工人4名，年均纯收入可达3万元左右。

【脱贫攻坚】 年内，在地、县两级扶贫指挥部指导下，坚持公正、公开、公平的原则，严格工作流程，反复核查贫困户信息、贫困人员身份，按照相应的时间点，完成对199户691人的识别建档立卡工作，其中羌麦村118户377人，羌堆村81户314人。为进一步的推进盐湖乡经济社会又好又快发展，依托各类建设项目招商引资，现羌麦村中型农贸市场建设项目已建设完毕，占地672平方米，可供12商户营业，在2016年6月15日已正式开业投入使用；民族特色手工业加工厂由传统式转型多元化，由单一的制作藏袍和铁皮加工转为多样的藏袍、藏靴、马鞍、铁器加工等，解决5人就业岗位；对自然盐巴商标进行申报，同时不断引进各类先进设备，由45公斤的大袋简易包装转为0.5公斤、2公斤、5公斤等小袋精包装，大大提高了工作效率与产品质量，为更好地打造“章仓三湖”自然盐品牌、创造更多的经济效益、提高参保农牧民群众直接收入提供了有利的条件和保障；羌麦村行前小型沙场，占地面积5000平方米，解决4人就业问题；在上级的关心与帮助下，羌麦村附近修建了一处铁皮加工厂，还未正式投入运营。此外，盐湖乡通过开展“教育培训到村到户”活动，共培训出50余人次，其中13户13人参加装载机驾驶技术培训；6户6人参加餐饮培训；2户2人参加保安培训；2户2人参加噶尔县蔬菜种植基地种植技能培训；农机维修3户3人；机动车驾驶4户4人；云昭职业技能培训5户5人；34人参加旅游培训；施工技能培训15户15人。

【“两学一做”学习教育活动】 盐湖乡以“两学一做”学习教育活动为契机，全面提升干部职工理论素养，同时助推和检查各项日常工作。截至年底，全乡党员均完成党章的学习，撰写心得体会，尤其是机关党支部每名党员的读书笔记均在20000字以上，心得体会12篇，交流讨论4次，组织生活会2次。

【团建工作】 2016年，盐湖乡着重从团员队伍建设方面，重视发展团员工作，积极配合县团委开展团员教育培训，组织开展“五四”入团仪式、学雷锋志愿服务等活动，组织青年志愿者开展卫生大扫除、法制宣传等系列活动，将团建工作制度化、经常化、规范化，2016年通过培养和引导，吸收团员4名，现共有团员69名。

【维稳工作】 年内，共组织人员10余人参加全年敏感月期间及重大节日期间武装巡逻；同时安排乡政府人员到盐湖乡东郊检查站、查比吾检查、维稳值班室、加油站等进行维稳值班。维稳办并制定各类应急预案和方案，主要针对全年维稳安保工作、三月重要时期、全国“两会”期间等，并组织全乡人员对以上制定的方案预案进行演练并及时上报给县维稳办。

【换届工作】 年内，为确保换届工作依法、有序地开展，成立工作领导机构、制定工作实施方案。同时建立健全乡领导干部联系指导选区工作制度。为畅通监督渠道，严肃换届纪律。乡党委、纪委组织全乡干部、各村“两委”成员集中学习换届纪律要求。

【安全生产】 严格落实安全生产目标，强化安全生产责任，与各村签订2016年安全生产目标责任书，严格落实安全生产目标管理责任制和各项防范措施，在重大节假日，敏感日期间，组织乡干部职工开展安全生产的宣传教育活动，并发放交通法规宣传册，多次对盐湖乡完小、饭馆、个体户商店食品安全排查，给人民群众创造一个安全、放心、健康的生活环境；同时，全面排查盐湖乡各施工单位安全存在的隐患，与乡驻地所有施工队之间签订安全生产合同协议，盐湖乡干部职工定期不定期到每个村，对每条公路、每项工程项目、进行排查，尤其对容易引发事故的隐患点，因地制宜制定整改措施，向村民讲解宣传危险路段、桥梁的安全注意事项，较好地做到排查、政治隐患、杜绝新隐患的目的。

【经济发展】 由乡党委、乡政府牵头，乡脱贫指挥部办公室人员积极协调在建各工程项目，优先考虑解决2016年计划脱贫人员中剩余劳动力务工问题，经努力，各施工单位采用盐湖乡本地贫困劳动力2000余人次，各类施工车辆660余台次，共计创收520余万元。其中夏夏河流域灌溉项目劳务输出21人，创收119700元，机动车6辆，创收136860元；自建牧道桥涵劳务输出26人，共创收67200元；羌麦村砖厂劳务输出28人，共创收354740元。2016年，全乡国民生产总值25380556元，农牧民人均可支配纯收入11133元。

【基础设施建设】 为切实改善人居生产生活环境，乡党委高度重视，认真组织实施水、路、房和环境改善工程，为农牧民群众新修羊圈155套；牧道桥涵9处，其中8处为本地农牧民群众自建；灌溉水渠2处，1处为齐纳河流域，1处为夏夏河流域；1处粮食仓库；1处夏夏水井；小城镇风貌改造16户。有力解决了出行难、运送难、饮水难、灌溉难等问题，有效改善了基本生产生活条件，提高了贫困群众的生活质量。

【民生保障】 年内，结合相关政策及农牧民群众自愿原则，吸收水生态保护和村级水员岗位数48人，每年每人享受3000元补贴；建立草原生态保护补助奖励机制村级天然草场监督员（建档立卡）152人，每年每人享受3000元补贴；农村公路养护岗位100人，每年每人享受3000元补贴；林业系统生态保护岗位164人，每年每人享受3000元补贴；农村保洁员和村级环保监督员5人，每年每人享受3000元补贴；地质灾害群防群测员2人，每年每人享受3000元补贴；有效解决了剩余劳动力转移。

【教育工作】 年内，“六一”儿童节、教师节为乡完小送去教育支持资金，对考入内地班的学生发放奖金。并定期登记全乡范围内在校贫困大学生，多方申请教育资助金、结对帮扶、寻找社会爱心人士。加大控辍保学工作，宣传义务教育法，保证青少年按时进入学习接受教育，入学率达88%。

【新农合和新农保收缴工作】 年内，不断加大惠民参保宣传和收缴力度，截至年底，盐湖乡惠民参保已全面完成收缴任务，参保率达到33.3%，较好地解决了牧民群众就医难、看病贵的问题。2016年全乡适龄参保人数为1200余人，总缴费金额为12万多元。

【环境整治】 盐湖乡每季度开展一次“环境卫生整治，创建美好家园”专题活动。动员全乡党员干部在全乡范围内开展村级环境卫生整治，引导广大农牧民破除陈规陋习，树立“讲卫生、美环境、树新风、促发展”的良好意识，人人都参与到建设“和谐、文明”新盐湖。

【精神文明建设】 年内，盐湖乡创建文明示范点，制定文明评选条件，加强公民思想道德建设；开展丰富多彩的文化活动，加强群众思想道德建设；开展丰富多彩的文化活动，加强群众思想教育引导，转变观念，营造文明和谐的节日气氛，在全乡广泛开展群众性节日民俗、文化娱乐、体育健身、爱国卫士和科普宣传活动。2016年，共开展群众性活动12次，参与群众达700余人次。尤其是文化娱乐、法制宣传、文明创建、参观学习、红歌比赛、红色之旅、新旧对比系列活动，反响强烈。

（刘　威）

【领导名录】

党委书记　刘原华

党委副书记、乡长

班　典（藏族，7月免）

贡觉次仁（藏族，7月任）

党委副书记、纪检书记

唐文兵（7月免）

胡　宇（7月任）

党委委员、组织委员

卓　嘎（女，藏族，7月任）

党委委员、宣传委员

卓　　嘎（女，藏族，7月免）
扎　　西（藏族，7月任）

统战委员、人大主席
加　　雷（女，藏族）

党委委员、政法委员
加央扎西（藏族，7月免）
顿　　珠（藏族，7月任）

人武部部长、副乡长
顿　　珠（藏族，7月免）
雷 成 林（7月任）

党委委员、派出所所长
洛松云邓（藏族，7月任）

卫生院院长　土旦旺久（藏族）

完小校长　加央洛卓（藏族）

文布当桑乡

【概况】 文布，藏语意为红柳；当桑，意为清澈。西藏民主改革前，境内分属革吉部落和雄巴部落的一部。1961年将境内夏玛划归盐湖区，罗玛划归雄巴区，并分别设立夏玛乡和罗玛乡。1999年在撤区并乡中，将夏玛乡和罗玛乡合并新成立文布当桑乡，2015辖2个村民委员会，乡政府驻地文布当桑夏玛村。文布当桑乡位于革吉县东南部，东邻改则县物玛乡，西接雄巴乡和盐湖乡，南依普兰县巴嘎乡和霍尔乡，北靠雄巴乡。土地面积5917平方公里，草场面积5986230.388亩。境内地势相对平缓，平均海拔4580米。境内海拔6000米（罗玛村冈布鲁6196米）以上高峰一座。文布当桑乡属高原内陆亚寒带干旱季风气候区。空气稀薄、气温低、水汽含量小、太阳辐射强、日照充足、降水稀少且集中、大风频繁、冰雹多、霜期长、昼夜温差大、雨暖同季，是该乡气候的主要特点。平均气温0.1～2.0℃，年较差23.8～25.9℃，最暖月7月均温10.0～13.5℃，最高气温20.0℃；最冷月1月均温-12.2～12.4℃，最低气温-35.0℃。大于0℃积温1379.6～1566.7℃。年日照时数3176.0～3416.5小时，太阳总辐射值65.57×108～78.08×108焦耳/平方米。年降水量70.0～100.0毫米，蒸发量2274.0～2420.2毫米，远远大于降水量，空气十分干燥。平均风速4.4米/秒，最大风速30.0米/秒。文布当桑乡境内主要湖泊有捌千措、次登措、毒曲措、别若则措、纳热春白措、徐旭等。矿产资源丰富，有硼砂、硼镁石、盐、水晶、铁、锂、铜、芒硝等。野生动物资源有藏野驴、藏羚羊、旱獭、黑颈鹤、天鹅、斑头雁、岩羊、黄羊、狼、狐狸、雪猪、野兔、鼠兔、黄鸭、水鸭、棕头欧、沙鸡、雪鸡、秃鹫、鹰雕、鹞鹰、草原鹞、野鸽、乌鸦、麻雀等。自然灾害主要有雪灾、雹灾、风灾、旱灾和地质灾害等。

2016年，全乡共有575户、2202人。其中罗玛村280户，1104，夏玛村295户，1098人。有基层党支部支部3个（机关支部、夏玛村支部、罗玛村支部），含党员171名。在岗在职乡干部88人，（男职工57人、女职工31人），其中乡班子成员11人，平均年龄为30岁，其他公务员33人、事业干部55人，大学生“村官”2人，医生4人、兽医5人、公安4人、“村官”2人。公益性岗位6人，全乡辖2个行政村（罗玛、夏玛）、7个自然工作组。有1所小学，共有教职工12人、学生112人。

【干部队伍建设】 文布当桑乡高度重视干部队伍建设，认真落实县委发展党员工作计划，制定《文布当桑乡2016年度发展党员工作计划》，抓学习培训，提高业务素质，文布当桑乡以乡党校、县党校培训阵地，强化干部集中学习，每周星期五下午安排每一位干部轮流登台组织全乡干部职工进行学习，学习内容由组织人员自定，可涉及国家各项法律法规，地县各级部门的相关文件，惠农措施等。2016年，预备党员转正式党员6名、积极分子转预备党员9名，培养7名积极分子。截至年底，全乡正式党员171名。

【党建工作】 文布当桑乡党委始终坚持“党建引领发展，发展造福百姓”的工作思路，实现党建与经济发展互动共赢。2016年乡党委牵头，积极与施工方协调，组织各村剩余劳动力外出务工，共组织880名劳动力、86辆车子（包括装载机、水车、翻斗车、后八轮、拖拉机），分别在养护公路、荣热土地综合开发区、317国道、住房建设等，在多个施工地安排务工，共创收3750261元整。乡党委班子每半年最少召开一次民主生活会，按照上级有关规定切实提高民主生活会质量，强化民主监督机制，促进党风廉政建设；进一步建立健全党风廉政建设制度和工作制度。

【脱贫攻坚】 全乡贫困户进行精准识别，深入调研、走村入户，公示公开，最终建档立卡147户，516人，一般贫困户83户，307人。6月，乡党委针对干部职工、人民群众在脱贫攻坚中的职责与任务，在乡主要干道上制作7座户外宣传栏、18条宏观的宣传标语。全年文布当桑乡安排草原生态保护管理机制岗位98人、林业系统生态保护岗位210人、农村公路养护岗位100人、城镇保洁员和村级环境监督员岗位5人、水生态保护和村级水员岗位48人、地质灾害群防测员岗位2人。已有9户42人同意集中搬迁，其中地区6户31人，县上3户11人。经过文布当桑乡上下一心共同努力下，2016年户15户，63人，（夏玛村6户、20人，罗玛村9户、36人），主动递交脱贫申请，完成了脱贫任务。

【“两学一做”学习教育活动】 文布当桑乡以“两学一做”活动为契机，以优质高效、树立形象、热情周到、温暖群众为服务理念，树立群众利益无小事的公仆意识，截至年底，巩固 “学孔繁森精神，做孔繁森式好干部”主题教育实践活动等乡党员成员共集中学习58次，专题开展学习讨论34次，座谈会3次，讲党课3次，每人学习笔记约4.1万字，撰写心得体会4篇（农牧民党员组织集中学习10次，每人学习笔记篇约5000字，撰写心得体会2篇，专题讨论1次）。

【团建工作】 文布当桑乡着重从团员队伍建设方面，重视发展团员工作，积极配合县团委开展团员教育培训，组织开展“五四”入团仪式、学学孔繁森志愿服务等活动，组织青年志愿者开展卫生大扫除、法制宣传等系列活动，将团建工作制度化、经常化、规范化。2016年通过培养和引导，吸收团7员名，现共有团员62名。

【党风廉政建设】 召开文布当桑乡党风廉政建设和反腐败工作会议，安排部署2016年党风廉政建设工作，制订《2016年党风廉政建设工作计划》，层层签订《2016党风廉政建设责任书》，加强领导落实责任，把廉政文化进乡活动作为推进反腐倡廉建设的重要载体和抓手，列入重要议事日程制定切实有效措施，及时研究解决廉政文化活动中遇到的人力、物力和财力等问题。按照工作目标的要求，结合工作内容安排为全乡廉政文化宣传教育细化工作方案，制定工作台账有计划、分步骤抓好活动总结。

【维稳工作】 文布当桑乡结合实际认真制订重大节日维护社会稳定的方案、预案，各驻村工作队积极配合协助村委扎实做好各村值班带班、民兵巡逻、社会矛盾纠纷排查、安全隐患排查、登记进出人员登记等工作。截至年底，组织全乡共开展民兵巡逻400余次，开展社会纠纷排查10次并成功处理7件，查出并处理安全隐患8处，登记进出人员500余人次，有力确保了全乡和谐稳定。同时在5月份组织“双联户长”在乡政府大院集中学习“双联户”考核办法和信访法律知识，7月组织村“两委”和“双联户长”在乡文化站集体学习乡规民约和观看学习安全生产警示教育片，全面提高全民安全防范意识和营造全乡社会“和谐、稳定、发展”的良好社会氛围。乡综治办、村委会、“双联户长”及派出所工作人员坚持不定期性与管控对象的家人、邻居进行见面谈话，详细了解生活、工作中存在的问题和困难，如实记录，认真研究，以情以理做好思想疏导工作和解决眼下困难，也切实取得“真心换真心”的良好效果，无人重犯错误。

【换届工作】 根据文布当桑乡统一部署，依据《罗玛、夏玛村党支部和村民委员会换届选举工作实施方案》，对换届工作做了认真、周密、细致的安排部署，对换届程序进行严格把关，换届工作都符合基本程序，按期、按要求圆满完成换届，为下次换届积累宝贵的经验。

【安全生产】 严格落实安全生产目标，强化安全生产责任，与各村签订2016年安全生产目标责任书，坚持安全第一、预防为主、综合治理的原则，完善安全生产监管机制，建立健全突发事件应急体系，努力提高基层应急管理能力和水平。为了最大限度地保障人民群众的身体健康和生命安全，文布当桑乡与年初成立食品安全工作领导小组，并于乡周边的8家茶馆、合作社2个、8家商店等食品经营单位签订食品安全责任书，并每月开展至少1次食品安全检查工作，全年共没收销毁过期及三无食品122公斤，价值3600元。

【经济发展】 截至年底，全乡经济总收入24283193.5元，年末牲畜存栏53845头、只、匹，（其中夏玛村32847头、罗玛20998），保持草畜平衡，牲畜出栏率36.8%，死亡率3.2%，成活率83%。全年劳务输出1013人次，劳务收入达206万元；其中夏玛二组荣热农业综合开发地土地平整70人，创收63.92万；301省道及各施工方40人，创收20万元；以工代赈项目及短平项目75人，共创收70.3万；新建羊圈务工38人，创收为21.3万元。2016年车辆运输共有39辆，共创收297万元：其中后八轮12辆，创收204万元；水车5辆，创收3.2万元；装载机2个，创收15万元；翻斗车17辆，创收10万元；拖拉机3个，创收1.35万元。按照生态脱贫要求，农牧民人均纯收入10162.5元。

【推广新品种】 2016年，推广新品种借母畜还子畜，添置白绒山羊1117只。

【基础设施建设】 年内，以项目建设为突破口，重点加大现代牧业等方面项目的争取和实施。近年来，在县政府及环保局的支持下，文布当桑乡罗玛村成功申报自治区级生态村，着力改造该村的基础设施，乡里面建设便民服务站，配备办公设备。

【草补、草划工作】 根据《中华人民共和国草原法》《西藏自治区实施〈中华人民共和国草原法〉办法》的要求，2016年全乡绵羊成畜为16886只，文布当桑乡共有禁牧草地105万亩、31块。文布当桑乡经常组成强有力的工作队深入各村开展禁牧工作，并有87名草场监督员保持对禁牧草地的时刻监督，年内，文布当桑乡依然保持草畜平衡未有超载户，完成了上级草定畜的使命要求。2016年，文布当桑乡向牧民发放2015年度草原生态奖补资金1171.39万元，发放率为100%。其中禁牧补贴资金630万元，涉及牧户433户，草畜平衡补贴资金585.18万元，限高后的草畜平衡补贴资金1099.76万元，牧草良种补贴3万元，草场监督员补助46.98万元。

【民生保障】 年内，全面落实孤儿生活补贴等各待遇，“五保户”17人，发放80580元；低保户350人，发放380000元；残疾50人，发放56400元；孤儿生活补贴2人，每人9720元，共发放19440元，“寿星老人”22人、发放6800元，加强对符合“一孩双女户”标准人员的核对和申报工作，并及时兑现发放“一孩双女”与伤残子女资金补助共计3万元。切实抓好村务公开，党务公开。政务公开，增强工作最大限度保障群众知情权参与权。

【教育工作】 2016年，全乡小学适龄儿童入学率99.5%；巩固率100%，初中入学率达到99%。小学秋季招生32人，乡小学在校生112人，其中幼儿园20人，一年级28人、二年级34人、三年级30人。小学专职教师9个人，支教2个人，其中本科学历的1人，其余的都是大专学历、后勤9人。进一步提高学生的法制意识，6月15日，乡党委专派公安民警对乡小学进行“法制进校园”教育活动，开展“法律展板进校园”活动。7月23日，乡政府专派放映员组织学生观看各种各样的法制教育宣传片，让学生们懂得用法律来维护自己的权利，行使自己的义务。

【新农合和新农保收缴工作】 年内，不断加大新型农村合作医疗的宣传和收缴力度，截至年底，文布当桑乡新型农合已全面完成收缴任务，参合率达到96.3%，有效地解决农民就医难、看病贵的问题。2016年全乡适龄参保人数为1340人，总缴费金额为134000元。

【人工种草】 2016年，文布当桑乡基地建设面积为1000亩，共分4块条田，原则上每块条田面积为250亩（总体上以实地实际情况确定），鉴于阿里地区草原站引种试验和人工种草经验以及当地实际推广，草种以禾本科牧草为主，重点推广种植产量高、品种优、适应性强的披碱草、燕麦草牧草，并开始试种紫花苜蓿、油菜。2016年，种植997亩，总产量为242100斤。

【环境整治】 在乡政府和各村的共同努力下，创建各村为生态村，并开展一系列的工作；环境洁化。每周乡党政组织牧民群众及干部职工积极行动、出车、出力参加环境整治工作下，做到及时清扫街道，切实抓好乡村环境卫生综合治理，时刻保持街道清洁平整和路边沟排水畅通，彻底改变了农牧民脏、乱、差的局面；成立保护野生动物资源保护和打击非法偷到采砂金矿巡逻队，每周巡逻一次，巡逻过程中，班子带头，全民参与保护生态、爱护生态、创建生态的每项活动。防止和杜绝发生污染事故和破坏生态事件，严格控制捕杀、贩卖国家保护野生动物现象。

【精神文明建设】 年内，文布当桑乡创建文明示范点，制定文明评选条件，加强公民思想道德建设；开展丰富多彩的文化活动，加强群众思想教育引导，转变观念，营造文明和谐的节日氛围，在全乡广泛开展群众性节日民俗、文化娱乐、体育健身、爱国卫生和科普宣传活动。2016年，共开展群众性活动10次，参与群众达1300人次。尤其是文化娱乐、法制宣传、文明创建、红歌比赛、新旧对比系列活动，反响强烈。

（白玛多吉）

【领导名录】

党委书记　白玛旺久（藏族）
党委副书记、乡长
　　陈先志（5月免）
　　左　川（5月任）
人大主席、统战委员
　　普　琼（藏族，5月任）
党委副书记、纪委书记
　　尼　旺（藏族，5月任）
人大副主席　桑　珠（藏族，5月免）
党委副书记、组织委员
　　阿　旺（女，藏族，5月任）
党委委员、宣传委员
　　央　珍（女，藏族，5月任）
副乡长、组织委员
　　尼　旺（藏族，5月免）
副乡长、宣传委员
　　阿　旺（女，藏族，5月免）
政法委员　次仁多吉（藏族）
党委委员、派出所副所长
　　公觉公布（藏族）
武装部部长、副乡长
　　扎　西（藏族，5月任）
派出所所长　欧　珠（藏族，10月任）
副乡长　白玛多吉（藏族，5月免）
　　普　琼（藏族，5月免）
　　黄青亮（5月任）
　　黄　刚（5月任）
　　谭　重（5月任）
卫生院院长　索朗旺姆（女，藏族）
完小校长　次仁加错（藏族）

受区（县）级以上表彰的先进集体名录

表1

获奖单位	获奖名称	表彰时间	授予单位
雄巴乡先进“双联户”办公室	西藏自治区先进乡镇（街道）	2016年	自治区委、区政府
革吉县公安局政工监督室	全区公安机关“四项建设”基础信息化示范单位	2016年	自治区公安厅
革吉县总工会	模范职工之家	2017年	自治区总工会
革吉县总工会	全区县（区）工会规范化建设“六有”达标单位	2017年	自治区总工会
革吉县国土资源局	2016年度全区国土资源管理	2017年	自治区国土资源厅
革吉县卫生服务中心	2016年阿里地区民族团结进步模范集体	2016年	阿里地委、行署
盐湖乡政府办	2016年度创先争优强基础惠民生活动优秀组织单位	2016年	阿里地委、行署
革吉镇党委	阿里地区“先进双联户”创建活动先进乡镇	2016年	阿里地委、行署
雄巴乡先进“双联户”办公室	阿里地区先进乡（镇）	2016年	阿里地委、行署
雄巴乡脱贫攻坚指挥办公室	阿里地区2016年度脱贫攻坚工作、先进（镇）	2017年	阿里地委、行署
革吉县统战部	民族团结	2016年	阿里地委、行署
县委组织部	阿里地区“党的十八届六中全会和自治区第九次党代会精神”知识竞赛二等奖	2017年	阿里地委、行署
革吉县政法委	2016年度阿里地区社会治安综合治理工作先进县	2016年	阿里地委、行署
革吉县委	2016年度先进基层党组织	2017年	阿里地委
革中县公安局机关党支部	五四红旗团支部	2017年	阿里地委
革吉镇党委	全地区先进基层党组织	2016年	阿里地委
文布当桑乡罗玛村	驻村先进集体	2016年	阿里地区行署

续表1

获奖单位	获奖名称	表彰时间	授予单位
革吉县人大常委会办公室	革吉县在创建推广“人大代表之家”评选表彰活动中荣获第三名	2016年	人大阿里地区工作委员会
革吉县统战部	信息工作第三名	2016年	阿里地委统战部
县委组织部	2016年度全地区党内统计全优报表	2017年	阿里地委组织部
革吉县公安局	2016年信息报送第一名	2017年	阿里地区公安处
革吉县法院	基层法院2016年度目标管理年责任书第一名	2017年	阿里地区法院
革吉县人社局	平安建设先进单位	2016年	阿里地区社会治安综治办
革吉县公安局	2016年基层党建工作责任制度先进基层党组织	2017年	革吉县委、县政府
革吉县公安局	2016年社会治安综合治理工作先进单位	2017年	革吉县委、县政府
革吉县公安局	2016年科技目标管理责任制先进单位	2017年	革吉县委、县政府
革吉县检察院	2016年度基层党建信息报送先进单位	2017年	革吉县委、县政府
革吉县检察院	2016年度科技目标责任制先进集体	2017年	革吉县委、县政府
革吉县纪委、监察局	革吉县2016年度科技目标管理责任制先进集体	2017年	革吉县委、县政府
革吉县纪委、监察局	革吉县2016年度社会治安综合治理工作先进单位	2017年	革吉县委、县政府
革吉县统战部	民族团结	2016年	革吉县委、县政府
革吉县委宣传部	革吉县2016年度社会治安综合治理工作“先进单位”	2017年	革吉县委、县政府
革吉县委宣传部	革吉县2016年度科级目标管理责任制“先进集体”	2017年	革吉县委、县政府
县委组织部	革吉县2016年度科级目标管理责任制先进集体	2017年	革吉县委、县政府
活动办	2015—2016年度革吉县创先争优强基础惠民活动优秀组织单位	2016年	革吉县委、县政府
革吉县党建办	革吉县2016年度社会治安综合治理工作先进单位	2017年	革吉县委、县政府
革吉县文广局	2016年度社会治安综合治理工作先进单位	2017年	革吉县委、县政府
革吉县文广局	2016年度综治（平安建设）创建活动平安单位	2017年	革吉县委、县政府
革吉县脱贫攻坚指挥部办	2016年度先进单位	2017年	革吉县委、县政府
盐湖乡党委	2016年度落实基层党建工作责任制第二名	2017年	革吉县委、县政府
革吉镇党委	2016年落实基层党建工作责任制第一名	2017年	革吉县委、县政府
革吉镇党委	2016年度脱贫攻坚工作先进乡镇	2016年	革吉县委、县政府

续表1

获奖单位	获奖名称	表彰时间	授予单位
革吉镇党委	2015—2016年度创先争优强基础惠民生活动优秀组织单位	2016年	革吉县委、县政府
文布当桑乡党委	2016年度落实基层党建工作责任制第三名	2017年	革吉县委、县政府
雄巴乡党委	基层党建信息报送先进单位	2017年	革吉县委、县政府
盐湖乡政府	革吉县2016年度乡级目标管理责任制	2017年	革吉县委、县政府
革吉镇政府	2015—2016年度教育先进集体	2016年	革吉县委、县政府
文布当桑乡政府	革吉县2016年度乡级目标管理责任制一等奖	2017年	革吉县委、县政府
文布当桑乡	社会治安综合治理工作先进乡镇第三名	2017年	革吉县委、县政府
盐湖乡综治办	2016年度落实基层综治工作责任制第一名	2017年	革吉县委、县政府
文布当桑乡夏玛村党支部	先进基层党组织	2016年	革吉县委、县政府
文布当桑乡夏玛村	2016年度脱贫攻坚工作先进村（居）	2017年	革吉县委、县政府
文布当桑乡罗玛村	革吉县2016年度综治平安建设创建活动平安村（居）	2017年	革吉县委、县政府
文布当桑乡夏玛村驻村工作队	2015—2016年度革吉县创先争优强基础惠民生活动先进驻村（居）工作队	2016年	革吉县委、县政府
雄巴乡结克村驻村工作队	先进驻村（居）工作队	2016年	革吉县委、县政府
革吉县人民法院	革吉县2016年度度党风廉洁建设工作先进集体	2017年	革吉县委
革吉县人民法院	革吉县综治2016年度社会治安综合治理工作先进单位	2017年	革吉县委
革吉县人民法院	革吉县2016年度科技目标管理责任书先进单位	2017年	革吉县委
革吉县人民检察院	2016年度党风廉政建设先进单位	2017年	革吉县委
雄巴乡党风廉政建设办公室	2016年度党风廉政建设先进单位	2017年	革吉县委
革吉县政协办公室	革吉县2016年度党风廉政建设先进单位	2017年	革吉县委
革吉县商务局	2016年社会治安综合治理先进单位	2017年	革吉县政府
革吉县卫生服务中心	被评为革吉县2016年度民族团结进步模范集体	2016年	革吉县政府
革吉县国土资源局	革吉县2016年度科级目标管理责任制	2017年	革吉县政府

说明：由于各单位资料提供不全，可能有遗漏。

受区（县）级以上表彰的先进个人名录

表 2

姓名	性别	民族	工作单位	获奖名称	表彰时间	授予单位
党　确	男	藏	革吉县白绒山羊良种扩繁场	全国农业先进个人	2016年	农业部
尼　珍	女	藏	革吉县国土资源局	荣获“全国国土资源执法监察工作先进个人”荣誉称号	2017年	国土资源部
格　曲	男	藏	宗教办	涉宗干部先进工作者	2016年	自治区党委、自治区政府
顿　珠	男	藏	盐湖乡政府	自治区创先争优强基础惠民生活动先进驻村（居）工作队员称号	2016年	自治区党委、自治区政府
吾金罗布	男	藏	雄巴乡政府	西藏自治区优秀驻寺干部	2016年	自治区党委、自治区政府
阿旺平措	男	藏	革吉镇政府	自治区创先争优强基础惠民生活动先进驻村（居）工作队员	2016年	自治区党委、自治区强基办
顿　珠	男	藏	盐湖乡政府	全区第一批优秀村（社区）党支部第一书记称号	2016年	自治区党委
贡觉次仁	男	藏	盐湖乡政府	优秀共产党员	2016年	自治区党委
旦增顿珠	男	藏	革吉县法院	2016年全区法院办案标兵	2017年	自治区法院
占　堆	男	藏	革吉镇那普居委会	西藏自治区2016年“最美家庭”	2016年	自治区妇联
班　旦	男	藏	革吉镇森布村二组	西藏自治区2016年“最美家庭”	2016年	自治区妇联
次仁扎西	男	藏	革吉县扶贫（农发）办	2016年度先进工作者	2017年	阿里地委、行署
程　标	男	汉	民宗局	民族团结先进个人	2016年	阿里地委、行署
普　琼	男	藏	文布当桑乡政府	荣获2016年阿里地区创先争优强基惠民生活动“优秀驻村（局）工作队长”	2016年	阿里地委、行署
扎　西	男	藏	文布当桑乡政府	荣获2016年阿里地区创先争优强基惠民生活动“优秀驻村（局）工作队长”	2017年	阿里地委、行署
贡角坚赞	男	藏	文布当桑乡政府	荣获2016年阿里地区创先争优强基惠民生活动“优秀驻村（局）工作队长”	2016年	阿里地委、行署
吴庆林	男	藏	文布当桑乡政府	荣获2016年阿里地区创先争优强基惠民生活动“优秀驻村（局）工作队员”	2016年	阿里地委、行署
普次仁	男	藏	雄巴乡政府	阿里地区优秀驻村工作队	2016年	阿里地委、行署
郑永忠	男	汉	革吉镇政府	“两学一做”知识竞赛第三名	2016年	阿里地委、组织部
尼玛普尺	女	藏	革吉镇政府	“两学一做”知识竞赛第三名	2016年	阿里地委、组织部

续表 2

姓名	性别	民族	工作单位	获奖名称	表彰时间	授予单位
多吉洛珠	男	藏	雄巴乡政府	阿里地区优秀共产党员	2016年	阿里地委
拉姆白玛	女	藏	亚热乡政府	阿里地区创先争优强基惠明生活动“优秀驻村（居）工作队员”称号	2016年	阿里地委
阿　林	男	藏	亚热乡政府	阿里地区创先争优强基惠明生活动“优秀驻村（居）工作队员”称号	2016年	阿里地委
白玛永措	女	藏	亚热乡政府	阿里地区创先争优强基惠明生活动“优秀驻村（居）工作队员”称号	2016年	阿里地委
洛桑达杰	男	藏	亚热乡政府	阿里地区创先争优强基惠明生活动“优秀驻村（居）工作队员”称号	2016年	阿里地委
刚　祖	男	藏	亚热乡政府	阿里地区创先争优强基惠明生活动“优秀驻村（居）工作队员”称号	2016年	阿里地委
格　曲	男	藏	宗教办	优秀信息员	2016年	阿里地委统战部
阮珍珍	女	藏	县委党校副校长	在2016年度全地区党内统计工作中业绩突出，表现优秀，被评为“先进个人”荣誉称号	2017年	阿里地委组织部
左　川	男	汉	文布当桑乡政府	在庆祝建党95周年暨“两学一做”学习教育知识竞赛中荣获三等奖	2016年	阿里地委组织部
巴桑琼达	男	藏	革吉县公安局刑侦大队	三等功	2016年	阿里地区公安处
扎西次仁	男	藏	革吉县公安局交警大队	三等功	2016年	阿里地区公安处
次　顿	男	藏	革吉县公安局法制大队	嘉奖	2016年	阿里地区公安处
扎西旺拉	男	藏	革吉县公安局督察大队	嘉奖	2016年	阿里地区公安处
论　珠	男	藏	革吉县公安局盐湖路便民警务站	嘉奖	2016年	阿里地区公安处
格桑顿珠	男	藏	革吉县公安局亚热乡派出所	嘉奖	2016年	阿里地区公安处
桑　布	男	藏	革吉县公安局文不当桑乡派出所	嘉奖	2016年	阿里地区公安处
蒋顺桥	男	藏	革吉县公安局盐湖乡派出所	嘉奖	2016年	阿里地区公安处
尼　玛	男	藏	革吉县公安局雄巴乡派出所	嘉奖	2016年	阿里地区公安处
桑　布	男	藏	文布当桑乡派出所	嘉奖	2017年	阿里地区公安处
格桑顿珠	男	藏	亚热乡政府	嘉奖	2016年	阿里地区行署公安处
多吉次仁	男	藏	革吉县公安局警务保障室	先进个人	2016年	阿里地区公安处
加　培	男	藏	革吉县公安局革吉镇派出所	先进个人	2016年	阿里地区公安处

续表 2

姓名	性别	民族	工作单位	获奖名称	表彰时间	授予单位
扎西多吉	男	藏	革狮一级公安检查站	先进个人	2016年	阿里地区公安处
旦增顿珠	男	藏	革吉县法院	2016年基层法院办案标兵	2017年	阿里地区法院
旦　巴	男	藏	革吉县检察院	2016年阿里检察机关先进个人	2017年	自治区人民检察院阿里分院党组
南木珍	女	藏	革吉县雄巴乡营业所	阿里地区先进妇女工作者	2016年	阿里地区妇联
尼　珍	女	藏	革吉县国土资源局	在2016年度打击非法开采砂金矿专项整治行动中，被评为先进个人	2017年	阿里地区国土资源局
贡　觉	男	藏	革吉县国土资源局	在2016年度打击非法开采砂金矿专项整治行动中，被评为先进个人	2017年	阿里地区国土资源局
白玛卓玛	女	藏	革吉县委宣传部	革吉县优秀公务员	2016年	革吉县委、县政府
吉　拉	女	藏	革吉县委宣传部（网信办）	被评为2016年度革吉县优秀事业人员及优秀党员	2016年	革吉县委、县政府
多吉玉珍	女	藏	县委老干局局长	民族团结进步模范先进个人	2016年	革吉县委、县政府
贡觉扎西	男	藏	组织部副部长	廉政建设先进个人	2016年	革吉县委、县政府
普　琼	男	藏	县委办公室	优秀党员	2016年	革吉县委、县政府
卓玛次仁	女	藏	县委办公室	优秀党员	2016年	革吉县委、县政府
德　吉	女	藏	县委组织部科员	优秀公务员	2016年	革吉县委、县政府
伍开树	男	汉	县委办公室	优秀公务员	2016年	革吉县委、县政府
格　曲	男	藏	宗教办	优秀公务员	2016年	革吉县委、县政府
尼琼卓拉	女	藏	统战部	优秀公务员	2016年	革吉县委、县政府
琼　吉	女	藏	统战部	优秀事业者	2016年	革吉县委、县政府
卓玛次仁	女	藏	县委办公室	优秀公务员	2016年	革吉县委、县政府
巴桑次仁	男	藏	革吉县扶贫（农发）办	2016年度先进工作者	2017年	革吉县委、县政府
扎西平措	男	藏	革吉县脱贫攻坚指挥部	2016年度先进工作者	2017年	革吉县委、县政府
普　琼	男	藏	民宗局	优秀党员	2016年	革吉县委、县政府
程　标	男	汉	民宗局	民族团结先进个人	2016年	革吉县委、县政府
达　娃	女	藏	民宗局	优秀党员	2016年	革吉县委、县政府
顿　珠	男	藏	盐湖乡政府	2016年度民族团结进步模范先进个人	2016年	革吉县委、县政府
扎　西	男	藏	盐湖乡政府	2016年度民族团结进步模范先进个人	2016年	革吉县委、县政府
格旦次仁	男	藏	革吉镇政府	脱贫攻坚工作“先进工作者”	2017年	革吉县委、县政府

续表2

姓名	性别	民族	工作单位	获奖名称	表彰时间	授予单位
格桑云旦	男	藏	革吉镇政府	革吉县创先争优强基础惠民生活动先进驻村（居）工作队员	2016年	革吉县委、县政府
格　　桑	男	藏	文布当桑乡政府	在纪念建党95周年评选表彰活动中被评为优秀共产党员	2016年	革吉县委、县政府
多吉洛珠	男	藏	雄巴乡政府	优秀共产党员	2016年	革吉县委、县政府
罗追次仁	男	藏	雄巴乡政府	先进工作者	2017年	革吉县委、县政府
刘 红 力	男	汉	雄巴乡政府	先进驻村工作队员	2016年	革吉县委、县政府
拉巴次仁	男	藏	雄巴乡政府	抓党建促脱贫攻坚工作优秀个人	2017年	革吉县委、县政府
吾金罗布	男	藏	雄巴乡政府	2016年上半年优秀驻寺干部	2016年	革吉县委、县政府
吾金罗布	男	藏	雄巴乡政府	2016年下半年优秀驻寺干部	2016年	革吉县委、县政府
巴桑罗布	男	藏	雄巴乡政府	优秀共产党员	2017年	革吉县委、县政府
桑旦欧珠	男	藏	亚热乡政府	纪念建党95周年评选表彰活动中被评为优秀共产党员	2016年	革吉县委、县政府
旦　　增	男	藏	亚热乡政府	2016年优秀公务员	2016年	革吉县委、县政府
洛桑卓玛	女	藏	亚热乡政府	2016年脱贫攻坚工作“先进工作者”	2016年	革吉县委、县政府
边巴卓玛	女	藏	亚热乡政府	2015—2016年度革吉县“支教先进个人”荣誉称号	2016年	革吉县委、县政府
刚　　祖	男	藏	亚热乡政府	2016年优秀公务员	2016年	革吉县委、县政府
格桑顿珠	男	藏	亚热乡政府	2016年优秀共产党员	2016年	革吉县委、县政府
尼玛旦增	男	藏	革吉县纪委	党风廉政先进个人	2016年	革吉县委
格　　曲	男	藏	革吉县法院	2016年度优秀公务员	2017年	革吉县委
次　　吉	女	藏	革吉县法院	2016年度优秀公务员	2017年	革吉县委
西热罗布	男	藏	革吉县法院	2016年度优秀公务员	2017年	革吉县委
西热罗布	男	藏	革吉县法院	在2016年度执行工作中业绩优异	2017年	革吉县委
牛　　群	男	汉	革吉镇政府	革吉县优秀党务工作者	2016年	革吉县委
仁青拉姆	女	藏	革吉镇政府	革吉县优秀党务工作者	2016年	革吉县委
石 宪 兵	男	汉	革吉镇政府	革吉县优秀共产党员	2016年	革吉县委
阿旺贡布	男	藏	革吉镇政府	革吉县优秀共产党员	2016年	革吉县委
拉巴卓玛	女	藏	革吉县检察院	优秀公务员	2017年	革吉县政府
刘　　轶	男	汉	革吉县检察院	优秀党员	2017年	革吉县政府

说明：由于各单位资料提供不全，可能有遗漏。

在革吉县统筹推进义务教育均衡发展动员大会上的讲话

行署副专员、县委书记 索朗次仁

（2016年10月9日）

今天，我们在这里召开革吉县教育教学工作总结表彰和工作部署会议，主要任务是：总结前两年教育教学工作，隆重表彰教育战线先进，认真分析教育工作形势，全面部署教育工作，动员全县上下统一思想，提高认识，凝聚力量，全面贯彻落实习近平总书记系列重要讲话精神，切实落实民生先动工程，突出把教育作为最优先的民生，着力推进义务教育均衡发展工作，加快革吉县教育事业全面发展步伐。刚刚，县委、县政府对在教育工作中做出突出贡献的先进集体和先进个人进行了表彰，在此，我代表四大班子向受到表彰的先进单位和个人表示热烈的祝贺！对你们辛勤付出致以崇高的敬意和衷心的感谢！下面，我讲四点意见：

一、教育事业蓬勃发展，教育教学成果丰硕

长期以来，县委、县政府高度重视教育工作，全面贯彻落实党的教育方针，突出教育优先发展战略地位，牢固树立“科教兴县”理念，坚持以“办好人民满意教育”为目标，抓住优质发展、均衡发展两条主线，深化教育体制改革，加快教育结构调整，优化教育资源配置，积极改善办学条件，全面普及基础教育，大力推进素质教育，稳步提升“双语”教育，使我县教育事业实现了快速发展。一是办学条件大幅改善。去年，我县全面实施县中学、县完小、雄巴小学、盐湖小学、亚热小学、文布小学改扩建工程及县幼儿园新建工程，以及各校园围墙、暖廊、硬化、绿化、厕所等附属工程项目，共计投入4580余万元，有效改善了全县各学校的办学条件。二是切实落实教育经费。截至目前我县，落实各类经费544.675万元，其中“三包”经费350.98万元、公用经费84.93万元、营养改善经费96.68万元、思政经费12.085万元。三是教师队伍焕发活力。近年来，大力实施教师队伍素质提升工程，加大教师队伍教育培训力度，全面提升教师队伍综合素质，不断注入新鲜血液，使师资结构进一步趋向合理、队伍活力进一步显现。四是教学质量稳步提升。我县始终坚持把教学质量作为教育事业的一项重要内容，把升学率作为检验教学质量的重要标准。今年，全县148名初中毕业生全部考入高中和中等职业学校；小学六年级毕业生有10人考上内地西藏班，全县小学适龄儿童入学率为99.54%、初中入学率97.68%。

这些成绩的取得，得益于地委、行署的坚强领导，得益于地区教体局的有力指导，得益于全县各级党政组织的高度重视和广大干部群众的关心支持，得益于奋斗在教育战线上的广大教职工的辛勤耕耘、无私奉献。借此机会，我代表县委、人大、政府、政协向奋斗在教育一线的广大教师和教育工作者致以崇高的敬意！向所有关心和支持我县教育工作的广大干部群众、社会各界人士表示衷心的感谢！

在充分肯定成绩的同时，更应清醒认识到我县教育工作存在的不足和差距。一是教育基础条件不平衡。县乡之间、区域之间、学校之间基础设施建设和教学条件差距较大，有的学校资金、项目投入大，办学条件好，有的学校资金投入少，必备的基础教育设施还比较落后。二是师资队伍结构性矛盾突出。有的学校教师缺编比较突出；有的学校教师结构性缺编严重，音乐、体育、美术、地理、历史、生物、信息技术、中学化学，特别是心理健康教育专业教师极度缺乏；有的学校教师职称不够平衡；有的学校教师年龄结构不合理，新老教师比例不协调。三是教育教学管理水平有待提高。部分学校管理不规范，校风教风学风欠佳，教师教书育人和学生刻苦学习氛围不浓，特别是部分年轻教师方法欠缺，教学能力水平不高，难以适应教育事业的发展需要。对此，全县各级各部门特别是教育部门一定要高度重视，进一步强化忧患意识、竞争意识和发展意识，增强责任感和使命感，把全面加强教育教学作为重中之重，切实抓好教育改革与教育教学质量提升工作，狠下功夫解决教育工作中存在的突出问题，迎难而上，奋勇争先，真正形成“党以重教为先，政以兴教为本，民以支教为荣，师以从教为乐”的浓厚氛围，切实推进革吉教育均衡发展各项工作。

二、认清形势，切实增强推进义务教育均衡发展的责任感和紧迫感

百年大计，教育为本。县域义务教育均衡发展是国家中长期教育改革和发展规划的基本要求，是社会公平在教育领域的延伸和体现，均衡教育在构建社会主义和谐社会中发挥着基础性、先导性和全局性作用，做好均衡教育是当前我县教育发展的重中之重，意义重大。一是上级有要求。党的十八大报告指出，大力促进教育公平，均衡发展义务教育，合理配置教育资源，让每个孩子都能成为有用之才。国务院提出，要率先在县域内实现义务教育均衡发展，县域内学校差距明显缩小。自治区规定，到2018年，县域义务教育在师资水平、生源分布、教育质量等方面实现基本均衡。这一项是硬指标、硬任务，我县非创不可，而且必须创成。二是发展有需要。从全地区来看，目前普兰县、札达县、噶尔县和措勤县已经通过了自治区级评估验收，实现了县域义务教育基本均衡。从县域经济长远发展来看，人才是第一资源，是智力支撑。县域经济的可持续发展，归根结底是人才的竞争、智力的竞争。因此加快县域义务教育均衡发展、在激烈的人才竞争中占据优势，势在必行。三是群众有期盼。人民群众对优质教育的期盼很高，推进县域义务教育均衡发展是大势所趋、民心所向。近几年，县委、县政府以办好人民满意教育为目标，大力实施人才强县战略，始终将教育摆在优先发展位置，教育事业得到长足发展。但是，在基础设施、师资配备、教育教学质量提升等方面与教育均衡发展和人民群众的要求相比还存在较大差距。所以，我们各级党委、政府和教育战线的同志们要切实增强加快推进义务教育均衡发展责任感和紧迫感，全力做好义务教育均衡发展各项工作。

三、明确要求，扎实推进义务教育均衡发展

均衡发展九年义务教育，是“两基”之后义务教育改革与发展的重中之重。按照全区推进县域义务教育均衡发展计划，2020年前必须实现县域内义务教育均衡发展目标。县域义务教育均衡共有两大评估体系，涉及政府办学和学校发展方方面面，抓好义务教育均衡发展，将是和两基国检一样，既是难得的发展机遇，又是一种挑战和考验，因此，县直相关单位、各乡（镇）、各学校，一定要以创建自治区级县域义务教育发展均衡县为契机，促进全县教育事业均衡发展迈上新台阶。

（一）明确目标，增强推进均衡教育的能动力。按照自治区、地区两级党委、政府关于推进义务教育均衡发展要求，县委、县政府立足县情，着眼长远，及时制定《革吉县推进义务教育均衡发展实施方案》。一是明确创建目标。到2018年7月前，将我县建成自治区级县域义务教育发展基本均衡县，实现基础设施标准化、师资配备均衡化、教育质量一体化。二是明确建设标准。县相关部门、各乡镇、各学校一定要通力协作，确保基本条件指标（包括学校规模、班额、生均用地面积、生均校舍建筑面积、绿化用地面积、运动场跑道、田径场、篮球场或排球场、理化生（科学）实验室设备、体音美器材设备、计算机教室、多媒体教室、生均图书册数等方面。）、约束性指标（包括生均辅助用房面积、生均体育运动场馆面积、生均教学仪器值、生均图书册数、每百名学生拥有计算机台数。）、刚性指标（包括“薄改”工程中的学生标准课桌椅配备率、标准食堂配备率和寄宿制学校一生一铺率、洗浴率、入厕率达到100%，C级危房的抗震加固，建立健全教师补充交流机制。）、综合性指标（包括义务教育均衡发展规划、安全制度、教育附加使用、土地出让收益按比例计提、寄宿制学校建设、学校标准化建设、教师校际交流、教师周转房、办学行为、“择校”问题、课程计划、义务教育质量均衡考核机制等。）、公众满意指标（包括公众满意度测评，由第三方机构通过随机电话访谈和实地访谈等方式进行，满意度达到85%以上）等五项指标全部达标。三是明确创建要求。创建评估验收将采取“一看二查三问”的方式进行，各级各部门务必严格按照要求做好迎接评估工作。创建工作要有亮点、有特色，各学校硬件建设、校园环境要做到净化、美化、绿化、标准化，做到“五个统一”（统一使用档案盒、统一制作档案标签、统一制作档案目录、统一分类、统一存放），资料齐全，数据准确；要通过广泛宣传，提高人大代表、政协委员、学生家长、教职员工等社会各个层面人群对创建工作的知晓度，提高公众满意度。四是明确时间节点。创建工作分为六个阶段，第一阶段为准备阶段，2016年9月至10月，重点做好摸底调查工作；第二阶段为动员部署阶段，2016年11月至12月，重点做好分解任务、落实责任工作；第三阶段为自查整改阶段，2017年1月至2018年3月，重点做好整改提高工作，包括新（扩）建校舍，教学用房、师生生活用房、运动场所的整修改造，设施设备添置等；第四阶段为初评阶段，2018年3月至5月，重点做好资料整理、数据上报、专题片制作，完成自评报告工作；第五阶段为地区复核阶段，2018年5月，重点做好查漏补缺，完善提高工作；第六阶段为正式评估阶段，2018年6月份，全面做好迎接国家级、自治区级督导评估团评估验收工作。县直相关部门、各乡镇、各学校要严格按照六个阶段工作部署要求，认真抓好落实，确保我县义务教育均衡工作顺利通过国家和自治区的验收。

（二）加大工作力度，抓好学前教育。义务教育均衡发展离不开扎实的学前教育，抓好义务教育阶段学前教育均衡发展，有利于初中、高中和中职教育健康发展。抓好均衡发展，必须重视义务教育两头延伸阶段的教育工作。县中小学在现有基础上，下一步要以加强管理、提高质量为核心，狠抓教育教学质量，着力解决适龄儿童“上好学”的问题。要切实推动学前教育，目前重点是加快实施县、乡幼儿园建设，突出抓好幼教队伍建设，加快形成覆盖城乡、布局合理的学期教育体系，提高学前幼儿入园率，让广大农牧民幼儿和城镇幼儿一样就近接受好的学前教育；同时，县政府和县直相关部门要积极主动、加强沟通，争取支持，落实项目，建好村级幼儿园，切实解决牧民幼儿学前上学难题。

（三）勇于创新，全面提高教育教学质量。质量是教育事业生命线，也是教育工作的永恒主题。当前，我县教育事业主要任务已从“没学上”向“上好学”转变，教育事业发展核心已转变为努力提高教育教学质量。群众评价一所学校，最根本的就是看教育质量。全县教育工作者一定要按照党的十八大提出的“努力办好人民满意的教育”目标要求，把稳步提高教育质量作为最主要任务，创新教育理念，改进教育方法，提升教育质量，促进全县的教育均衡发展。一是遵循教育规律。教育质量的形成是一个长期的过程，教育主管部门和各学校必须遵循教育事业发展规律，既要从基础年级、基础学科抓起，更是要从学生的素质教育入手，促进学生从“德、能、勤、绩”全面发展。同时，要抓好各级学校学生升学率，特别是毕业班级。要注重目标管理，有什么样的工作目标，就有什么样的工作水准。教育行政部门要认真研究制定适合中学、小学、幼儿园教育特点、符合素质教育要求的评价体系，针对每一所学校、每一个年级、每一项学科，制定切实可行的年度计划和学期目标，把教学成果、教育质量作为考核教师、考核学校的主要依据，充分调动各学校和广大教师抓质量的积极性和主动性。全县各学校要全面落实精细化管理措施，坚持向课堂要质量、向细节要质量、向管理要质量，把符合教育规律的教学管理贯穿于提高教育质量全过程。二是加强师资建设。“教育大计、教师为本”。“有好的教师才有好的教育”。这句话高度概括了教师在教育发展中的决定作用。要把立德树人作为对教师的基本要求和教师素质的第一要素，贯穿于培养、培训、从教工作的全过程。“火车跑得快全靠车头带”。一个好校长能带出一个好班子，带出一批好教师，带出一个好学校。校长职能发挥的好坏直接决定全校教育事业的发展。全县各学校校长要按照政治素质高、业务能力强、教学成绩优、群众口碑好的要求，深入开展“两学一做”学习教育，准确定位角色，严格履行职责，强化责任意识、服务意识，争做群众和师生满意的校长。教育行政部门要给校长们多压担子，条件成熟的，在加强监管的基础上，多赋予他们一些自主权，让校长们当好明白人，提高工作积极性。教育教学质量的提高，离不开高素质的教师队伍。要按照“师德高尚、业务精湛、结构合理、充满活力、甘于奉献”要求，教师干的良心活，必须凭良心去教学、凭良心去育人。实施好师德塑造工程，加强教师培训培养，支持鼓励教师长期从教、终身从教，引导广大教师不断提升学历层次、专业能力、创新水平和职业道德素养。县人社、财政、教育等部门要严格按照政策落实教职工工资、医疗保险、住房公积金等待遇。县教育局和学校要根据师资配备情况、课程开设情况，积极向上级部门申请教师名额，及时补充教师到师资力量薄弱的学校，合理配置教师资源。县教育局要创新教师交流方式方法，通过轮岗挂职、结对帮扶等措施，带动薄弱学校教学、管理水平整体提高。同时，要进一步提高教师地位，努力改善基层教师，尤其是偏远乡村教师的工作生活条件，关心教师身体健康，维护教师合法权益，真正营造全社会关爱教师、尊重教师的良好氛围。后勤工作是做好教育工作的前提和保障，因此，教育部门、各乡（镇）、各学校要切实加强后勤队伍建设，落实人岗相适应工作要求，加强“三包”经费管理，合理使用经费，确保师生吃好穿暖，在舒适的环境下开展教育教学工作。三是着力抓好教研工作。科学的教研成果是基础教育课程改革与提高教学质量的前提，教研员是促进教师专业发展的重要力量。实事求是地讲，目前我县教研作用发挥不明显，与教育事业发展的要求差距还比较大。这两年，大家越来越清醒认识到，解决学有所教转向学有优教，教研工作必须紧紧跟上。县教育部门一定要下定决心加强县级教研室建设。以制度创新为重点，抓基层、夯基础，进一步健全完善教研网络建设。进一步加大县级教研室建设力度，力争在硬件建设、人员配备、经费投入和工作开展等方面取得突破，再上新台阶。继续实施课题引领，加强课题的指导与管理，要求教研人员人人参与课题研究，充分发挥课题研究对教研员人成长和专业提升的促进作用，促进教研工作整体推进，努力建设学习型、研究型、服务型教研队伍，从而，推进全县教育教学质量大幅度提升。四是全面深化基础教育课程改革。严格执行国家课程标准，开全课程、开足课时，特别要开设好综合实践活动课程，保障英语、音乐、体育、美术、地理、生物、历史、信息技术等各门课程的课时。改变教师的教学方式和学生的学习方式，坚决废止“填鸭式”“题海式”等违反规律的教学，倡导启发式教学及学生主动参与、合作交流的学习方法，激发学生的学习兴趣，培养学生良好的思维品质、学习习惯、创新精神和实践能力。五是提高教育教学质量。教育教学质量是检验教育成果的重要途径，当前，不管是从社会发展的角度还是从教育自身发展的角度，都要求我们把提高教育教学质量放在工作的首要位置。质量是教育的生命线，教育质量的好坏直接关系到学生的前途和命运，涉及到广大牧民群众的根本利益，决定着教育事业的兴衰成败，因此，必须把提高质量作为教育改革发展的永恒主题。我们说办好人民满意教育，质量不好，人民肯定不会满意。要树立教育新形象，首先是在质量上树形象，一个没有质量的教育肯定不是好的教育，一个没有质量的学校肯定不是一所好学校。教育教学质量必须面向全体学生，对全体学生负责，教学质量的高低，要看到好、中、差各类学生都能得到全面提高和全面发展。同时，提高教学质量，不仅限于教学结果的质量，更重要的是提高教学全过程的各项工作和各个环节的质量，要扭转那种只以“升学率”和学生的考试成绩论成败的片面质量观，实现素质教育的真正回归，促进教学质量的整体提高和基础教育的健康发展。

（四）加快实施学校标准化建设工程，努力营造师生工作生活良好环境。根据我县发展状况，适度整合教育资源，优化教育资源配置。要综合考虑、超前规划，合理确定学校服务半径。对纳入规划的建设项目要迅速启动，严格履行招投标程序。县国土、住建等部门要通力配合，简化程序，抢赶工期，确保工程质量和进度。同时避免低水平重复建设，实现基础设施建设20年不落后。进一步建立和完善校园局域网，逐步实现宽带网络校校通、优质资源班班通、网络学习空间人人通，做到“班班通、人人会、堂堂用”。要做好特色学校创建工作，定位好学校特色，注重内涵发展，充分挖掘本校资源，从地域特色、历史文化、师资水平等方面认真审视自身各方面条件，科学规划，培育独特的优势项目，真正把学校办成让人民满意的优质特色学校。各学校应在完成国家和地方课程计划的前提下，努力打造有竞争力的、可持续的、能拉动学校整体发展的、让多数学生收益的特色学校。同时，学校要开放所有功能教室，精心设计活动方案，提供教师学生选择，营造良好学习环境。

（五）加强安全教育，确保教育系统稳定和师生安全。维护好广大师生人身安全，保持教育系统和谐稳定，不仅关系到全县和谐稳定大局，也是完成教育教学任务的根本前提。一是注意意识形态教育。学校一直是达赖集团与我们争夺青少年、争夺下一代的前沿阵地和主战场。当前部分老百姓认为并愤慨的是：他们的孩子上完九年学回到家反倒成了没有文化、不会放羊、喝酒抽烟、不务正业、专干坏事的无用之人，读书成了“得不偿失”的事，并将责任全部归结于学校的教育失败。这从一个侧面提醒学校必须在德育教学上狠下功夫。老百姓骂得越凶我们的教育越应该以德育为先。要在确保教学质量逐年提升的同时，扎实培养学生的良好道德品行。即使教学质量一时半会还提不高，也要让孩子们一进入学校就逐步学会养成文明、健康的生活、行为习惯，养成端正的品行，培养健全的人格，做文明进步的新公民。我们不能把德育教育当作务虚的事，也不能当作是“书记”“校长”的事，更不能当作可有可无的小事，而是要当作整个教育战线和全社会的大事，更要当作各级组织的大事。如果还不高度重视并抓好这项工作，心中还不牢固树立这种思想观念，那我们的后代将会成长为什么样的人？不从根本上解决这个问题，老百姓对教育的抵触情绪将会日渐深重。所以，我们要把德育工作摆在学校素质教育的首要位置，在推进义务教育均衡发展中全面抓好德育工作。在思想认识上，我们要紧紧抓住“为谁培养人、培养什么样的人、怎样培养人”这一关键问题，把社会主义核心价值体系融入日常教育全过程，把德育渗透于教育教学的各个环节，贯穿于学校教育、家庭教育和社会教育的各个方面。不断教育学生热爱祖国、热爱人民、热爱家乡、热爱父母、热爱学校、热爱老师，通过学校、教师和家长的教育引导，使其在学习和生活各方面养成良好的行为习惯。县乡各级领导和教育行政部门的领导干部、各学校校长，带头深入调查研究、现场办公，认真分析教育内外环境，及早发现、分析、预警和处置各种不利于安全稳定的苗头、事端，找准学校维稳工作的切入点和抓手，将安全稳定工作贯穿于学校日常业务工作安排中。要切实加强学校课堂教学、报告会、研讨会、讲座、学生和校园网络管理，及时掌握师生员工思想动态，建立健全形势预判和研判机制、督导检查机制，牢牢掌握学校维稳工作主动权。二是注重师生人身安全。安全工作只有起点，没有终点。在过去工作基础上，要继续深化平安校园建设，落实好学校“心防、人防、物防、技防”措施，从学生在校期间的吃、住、学、娱各个环节入手，切实加强管理。我县是地质灾害重点地区，也是雪灾、风灾等灾害频发区，要增强针对性，经常性开展专项安全教育和应急疏散演练，加强学生避险应急的行为养成，做到有备无患。随着年底的临近再有两个多月时间各学校将放寒假，师生返家途中的安全问题又是全县安全领域一项重要工作，希望县直相关单位、教育局、各乡（镇）政府和各学校一定要高度重视，精心安排，明确责任，加强与家长沟通，抓好关键环节，重预防、严落实，确保师生交通安全和人身安全。

四、强化措施，确保义务教育均衡发展工作取得实效

（一）加强组织领导。县政府成立了由王明杰同志担任组长，白玛加布同志、洛桑遵追同志、确巴同志担任常务副组长，主管教育副县长桑杰巴珠同志担任副组长，相关单位主要负责同志为成员的领导小组，各乡（镇）、各学校也要成立领导专班，制定实施方案，抓好这项工作。同时，各级各部门务必将此项工作列入重要议事日程，主要领导亲自挂帅，靠前指挥，其他领导、各相关部门、各乡镇和各学校要加强领导，高度重视，认真研究，狠抓落实，确保全县教育均衡发展工作有序推进，取得实效。

（二）强化责任要求。县教育局是创建工作的“总导演”，必须精心谋划、统筹安排，具体实施；各乡（镇）和相关部门要明确职责，通力合作，确保各项创建工作落到实处。各学校是创建主体，要切实负责，主动作为，不折不扣地完成各项创建任务。

（三）营造浓厚氛围。各相关部门要充分利用广播、电视、网络、简报、宣传栏等形式，加大对义务教育均衡发展宣传力度，营造创建氛围，提高全社会的知晓率、参与率和满意率。

（四）完善健全机制。一是健全投入机制。县政府对创建经费认真科学测算，明确经费来源，优先保障落实。县财政等部门严格按照县委、县政府部署要求抓好落实，确保将创建经费及时足额拨付到位，保障创建工作顺利推进。二是健全教师交流机制。推行校长交流制和学校间骨干教师交流制，严格执行“没有乡镇任教两年经历不得申报高一级教师职称、评先评优倾斜农村教师”的制度，促进县乡教师合理流动。三是健全关爱机制，实施教育精准脱贫工程，不断提高寄宿生生活补助标准，扩大困难学生受助面，做到公开、公平、公正，让贫困学能上得起学、上得好学。

同志们，事业兴衰系于教育，教育发展决胜未来，推进县域义务教育均衡发展，创建自治区级县域义务教育发展基本均衡县，既是政治任务，又是民生工程，意义重大，影响深远。我们各级组织和教育战线同志要全面贯彻落实习近平总书记系列重要讲话精神，在地委、行署的坚强领导下，以时不我待、只争朝夕的责任感和紧迫感，全面贯彻落实好国家、自治区、地区对教育工作决策部署和工作要求，继续把教育摆在优先发展的位置，深入推进义务教育均衡发展，为实现我县经济社会长促发展和长治久安提供充足人才保障和合格接班人。

最后，祝全县广大教师及教育工作者身体健康、工作顺利、事业有成、扎西德勒。

在革吉县2016年民族团结进步模范表彰大会上的讲话

阿里地区行署副专员、革吉县委书记　索朗次仁

（2016年9月26日）

同志们：

这次会议是经县委、县政府研究决定召开的一次非常重要的会议。会议的主要任务是，深入贯彻落实习近平总书记“治国必治边、治边先稳藏”重要战略思想和“加强民族团结、建设美丽西藏”重要指示精神和“依法治藏、富民兴藏、长期建藏、凝聚人心、夯实基础”的重要原则，全面贯彻落实党的民族政策和民族区域自治制度，全面贯彻落实自治区、地区对民族团结工作一系列决策部署和工作要求，表彰民族团结进步模范，深入分析当前我县民族工作面临的形势，进一步统一思想、提高认识，切实加强和改进新形势下的民族工作，努力推动全县民族团结进步事业再上新台阶。

刚才，王明杰同志宣读了县委、县政府《关于革吉县2016年民族团结进步模范集体和模范个人的表彰决定》，对民族团结进步模范集体和模范个人进行了隆重表彰。同时，受到表彰的四位同志作了很好交流发言，发言有特色亮点，也有值得学习借鉴的好经验好做法。在此我代表县委、县政府向受到表彰的模范集体和模范个人表示热烈的祝贺！向奋斗在民族工作战线上的同志们表示亲切的慰问！向为我县民族团结进步事业做出突出贡献的各族干部群众、社会各界人士表示衷心的感谢！希望受到表彰的模范集体和模范个人，珍惜荣誉、发扬成绩，戒骄戒躁、再接再厉，为发展民族团结进步事业再立新功。下面，我讲四点意见：

一、团结进取，努力拼搏，全县民族团结事业取得新的进展

近年来，在地委、行署的坚强领导下，县委、县政府团结带领全县各族干部群众，高举中国特色社会主义伟大旗帜，以邓小平理论、“三个代表”重要思想和科学发展观为指导，深入贯彻习近平总书记“治国必治边、治边先稳藏”的重要战略思想和“加强民族团结、建设美丽西藏”等重要指示精神，牢牢把握“各民族共同团结奋斗、共同繁荣发展”的主题，全面落实党的民族政策，深入推进民族团结进步事业，着力深化民族团结进步教育，扎实推进党的民族理论和民族政策、国家民族法律法规进机关、进学校、进部队、进社区、进牧区，各族群众对加强民族团结重要性的认识不断提高，维护祖国统一和民族团结，反对民族分裂的自觉性和坚定性进一步增强，“三个离不开”思想更加深入人心，同呼吸、共命运、心连心的氛围更加浓厚，各民族之间、军民之间、军地之间患难与共、互帮互助、共同进步，全县呈现出了社会稳定、经济发展、军地融合、各族人民安居乐业的大好局面，有力促进了我县经济社会长足发展和长治久安。今年，我县被评为自治区级民族团结模范县，成绩的取得，是我县民族团结事业进步的具体体现，更是全县广大干部群众共同努力的成果，在此，我再次代表县委、县政府向为我县民族团结事业

付出辛勤努力的广大干部群众表示衷心的感谢!

二、统一思想，提高认识，增强做好新形势下民族工作的责任感和紧迫感

我县是典型的以藏族为主体的少数民族聚居地，特殊的区域位置、县情实际、人文因素，决定了做好民族团结工作的重要性。历史发展表明：国家统一、民族团结，则政通人和、百业兴旺；国家分裂、民族纷争，则丧权辱国、人民遭殃。西藏多年的工作实践也充分表明，没有全区各民族的和睦相处、和衷共济、和谐发展，就没有全区社会的安定团结、经济的繁荣昌盛。革吉境内居住藏、汉、回、维等多个民族，语言文字和宗教信仰、风俗习惯都存在差异，全县各族干部群众一定要从全局和战略的高度，充分认识民族团结进步事业的重要性，像爱护自己的眼睛一样爱护团结，形成心往一处想，劲往一处使的强大合力，切实增强做好民族工作的责任感、紧迫感和使命感。

（一）做好民族工作是加强党的执政能力建设的重要内容。当前，我县各民族之间相互融合的共同因素不断增多，但是民族特点、民族差异依然存在，一些社会问题很容易与民族问题交织在一起，使问题复杂化、敏感化、扩大化。能否正确处理涉及少数民族的问题，妥善化解涉及民族间的矛盾纠纷，是对各级党组织执行能力的检验。我们必须清醒认识和正确对待民族问题，正确把握和全面贯彻执行党的民族政策，在继续做好民族聚居地区群众工作的同时，努力推动全县民族团结进步事业不断取得新发展，促进民族工作不断取得新成绩。

（二）做好民族工作是促进经济社会发展的重要基础。团结、稳定、发展之间的关系密不可分，相辅相成。团结是稳定的重要前提，稳定是发展的重要基础。民族的团结带来社会的安宁和稳定，形成了建设的合力，为经济与各项社会事业的发展提供了重要保障。全县各级党委政府各部门要把民族工作作为凝心聚力、加快发展、促进和谐的重要抓手，把全县各族干部群众的所想、所思、所为统一到县委、县政府的决策部署上来，努力激发各族干部群众参与建设的热情和活力，消除影响发展稳定的消极因素，最大限度地调动加快发展、促进和谐的积极因素，形成团结一心、共谋发展、构建和谐的强大合力，为革吉县经济发展、社会稳定贡献力量。

（三）做好民族工作是维护社会和谐稳定的重要保障。民族团结是我们的生命线。长期以来，我县藏族群众与汉族、回族、维族等各族群众相互依存、休戚与共，共同推动了地方经济的健康发展和社会的和谐稳定。可以说，没有民族领域的和谐稳定，我县社会稳定的基石就不稳固，来之不易的发展成果也可能受到影响。因此，全县各级党委、政府要切实负担起第一责任，力量要向基层加强，机制要向深处推进，坚持经常性排查影响民族团结稳定的因素，健全基层维护民族团结稳定的工作网络，切实维护民族团结，维护社会稳定大局。要认真贯彻党和国家的民族政策法规，通过扎扎实实民族团结工作，增强各族干部群众对“五个意识”的认同感，统筹兼顾不同民族、不同群体的利益，继续巩固和发展平等、团结、互助、和谐的社会主义民族关系，努力让各民族干部群众共享改革发展成果，不断促进社会的和谐稳定。

三、明确任务，真抓实干，扎实推进民族团结进步事业

民族团结是中国特色社会主义伟大事业的重要组成部分，各级党组织和广大党员干部必须要站在党和国家事业发展全局的高度，紧紧围绕促进民族团结，实现共同进步这一根本任务，把做好民族团结进步工作作为重大政治责任，始终放在心上，牢牢抓在手上，切实抓紧抓实抓好，不断开创民族团结进步事业的好局面。

（一）牢牢把握民族工作主题，巩固和发展平等团结互助和谐的社会主义民族关系。“各民族共同团结奋斗，共同繁荣发展”是新时期民族工作的主题，必须贯彻到民族工作的方方面面，贯彻到全县工作的方方面面，引导各族群众始终做到与党中央、区党委、地委同心同德、同心同向、同心同行。我们各级党委、政府要巩固和发展平等团结互助和谐的社会主义民族关系，牢固树立“三个离不开”思想，把有利于民族平等团结进步、有利于各民族共同繁荣发展、有利于交往交流交融、有利于国家统一和社会稳定作为衡量民族工作成效的重要标准，推动各民族和睦相处、和衷共济、和谐发展。积极引导各族群众在工作生活中融为一体、打成一片，相互了解、相互尊重、相互包容、相互欣赏、相互学习、相互帮助，建立各民族之间“你中有我、我中有你、不分彼此”相互嵌入式的社会结构和社区环境。

（二）加快经济社会发展步伐，进一步夯实民族团结进步的物质基础。我们党执政的根本出发点是全心全意为人民服务，提高和改善人民群众的生产生活。我们要坚持中国特色西藏特点的发展路子，继续坚持稳中求进的经济工作总基调，大力实施“一产上水平、二产抓重点、三产大发展”的经济发展战略，统筹稳增长、调结构、促改革，激发市场活力。切实抓好基础设施推进工程、精准脱贫攻坚工程、特色产业提升工程、文化旅游打造工程、生态保护优先工程、民生改善先动工程，实现对贫困牧民群众的“辐射拉动”和“就业转移拉动”；要加强基本公共服务，切实保障和改善民生；要大力发展教育、卫生、体育等社会事业，努力提高民族科学文化素质和生活水平；要大力繁荣发展少数民族文化事业，满足全县各族群众日益增长的精神文化需求，真正让各族群众过上幸福美好的生活，充分享受发展带来的成果，体会到党和政府的温暖。

（三）坚定不移维护稳定，进一步夯实民族团结进步的社会基础。要牢固树立稳定压倒一切的思想不动摇，不断强化各级领导干部的政治意识、大局意识、核心意识、看齐意识和责任意识，始终保持清醒的政治头脑，切实巩固好、维护好我县经济发展、社会稳定、各民族团结和睦的良好局面；要及时化解影响民族团结和社会稳定的各种矛盾纠纷，加大对群体事件的防范处置力度，严防人民内部矛盾被敌对势力和别有用心的人插手利用；切实抓好社会治理创新工程，要抓好安全生产和安全管理，加强社会管理综合治理工作，完善突发事件应急工作机制，努力维护安定团结的社会秩序；要全面贯彻党的宗教政策，依法加强宗教事务管理，积极引导宗教与社会主义社会相适应，坚持保护合法、制止非法、抵御渗透、打击犯罪、确保宗教活动规范有序进行的原则，旗帜鲜明地保护爱国宗教人士和正常宗教活动，旗帜鲜明地反对非法宗教活动，严厉打击宗教极端势力；要认真贯彻中央和区党委、地委的决策部署，时刻绷紧反分裂斗争这根弦，坚定不移带领各族群众开展好反分裂斗争和反对恐怖主义、暴力恐怖行动的斗争，确保社会持续稳定、长期稳定、全面稳定。

（四）深入开展民族团结进步宣传教育活动，进一步夯实民族团结进步的群众基础。加强民族团结宣传教育，是一项长期的战略任务。各乡镇、各部门要切实抓好民族团结创建工程，以民族团结教育宣传“五个一”活动为载体，按照中央和区党委、地委关于深入开展民族团结进步宣传教育活动的部署，高度重视，精心组织，狠抓落实。各乡镇、村、驻村工作队和各级领导干部要深入基层、深入群众，有针对性地开展面对面的宣传教育，把民族团结宣传教育与转变群众观念、树立良好生产生活习惯、消除“等靠要”思想，提高市场意识、竞争意识、致富意识有机结合，通过民族团结教育宣传促进乡、村、组、寺庙和谐和乡村组精神文明工作有效开展。要把民族团结教育贯穿于国民教育的全过程，贯穿于未成年人思想道德建设，贯穿于青少年成长成才的各阶段，使民族团结教育渗透到课堂教学、社会实践、校园文化各个环节。要广泛运用文艺作品、电视节目、新闻宣传等形式以及各类新型媒体灵活多样地开展宣传教育，引导全县各族干部群众牢固树立汉族离不开少数民族、少数民族离不开汉族、各少数民族之间也相互离不开的思想观念。要坚持贴近实际、贴近生活、贴近群众，增强宣传教育的感召力、亲和力、影响力，唱响全县民族大团结、大发展、大繁荣的主旋律，进一步形成各民族融洽和睦、亲如一家的良好局面。要坚持用民族团结先进典型事迹和先进典型教育群众、引导群众，激励各族干部群众为民族团结进步事业贡献力量。

四、落实责任、夯实基础，开创全县民族团结工作的新格局

民族团结进步事业是党的事业的重要组成部分，做好民族工作，不只是统战、民宗工作部门的职业，更是全县各级党政机关、社会各界的共同责任。民族问题无小事，我们既不能因为我们处于少数民族区域而忽视民族工作，也不能因为民族关系比较融洽而放松民族工作。在今后的工作中，全县各级党委、政府和有关部门要高度重视民族工作，坚持把民族工作摆在全局工作的重要位置，确保认识更加统一，领导更加有力，成效更加明显，努力争取民族团结的模范县。

（一）加强党的领导，努力形成民族工作的合力。党的领导是民族团结进步事业的根本保证。各乡镇、各村要加强对民族工作的组织领导，把促进民族团结作为事关发展稳定的头等大事，提到重要议事日程，定期研究安排，对民族工作的重点、存在的问题和需要改进的地方做到心中有数，努力进一步形成党委统一领导、党政齐抓共管、相关部门各司其职、密切配合的民族工作新格局。要加强工作协调，形成联动机制，把民族团结进步创建与改善民生、宣传教育、宗教事务、信访稳定、精准脱贫等工作有机结合起来，统筹考虑，推动民族工作不断向前发展。要加强督促检查，对工作不力、工作不到位的，及时开展诫勉谈话，出现问题的，严肃追究相关责任。要善于发现好经验、总结好经验，形成民族工作的长效机制。

（二）加强理论学习，努力提高民族工作整体水平。民族工作是一项政治性和政策性都很强的工作。各级领导干部都要认真学习掌握中央民族工作和中央统战工作会议精神，加强对党的民族理论、民族政策和民族法律法规的学习，不断提高做好民族理论、民族政策和民族法律法规的学习，不断提高做好民族工作的政策理论水平。要坚持深入群众、深入基层、深入实际，大力开展调查研究，了解真实情况，集中群众智慧，准确把握新形势下民族问题、民族工作的特点和规律，总结工作经验，创新工作思路，改进工作方法，丰富工作手段，增强做好民族工作的原则性、系统性、预见性和创造性，不断增强解决民族问题和做好民族工作的能力。

（三）夯实基层基础，努力开创民族团结工作新局面。民族工作的重点在基层、难点也在基层。我们要从加强党的执政能力建设的高度，重视抓基层、打基础工作。要进一步建立健全民族工作机制，结合实际、创新工作，努力开展基层乡村、寺庙民族团结创建示范工作，以点带面，全面推进，见到成效，大力促进民族工作的规范化、制度化、科学化。要重视和加强县、乡民族工作队伍建设，高度重视县、乡民族工作部门领导班子建设，使民族工作部门领导配备、干部力量与民族工作的任务和要求相适应。要始终坚持民族区域自治制度，坚决与党中央在政治上保持一致，坚决反对狭隘民族主义，特别是各族党员干部要结合全县上下深入开展的“两学一做”学习教育，带头讲团结、创团结、促团结，多说有利于民族团结的话，多做有利于民族团结的事，多交各民族朋友，自觉作民族团结的表率，带领各族干部群众加深了解，增进感情，进一步打牢和谐稳定的群众基础。

同志们，民族团结进步事业是全党、全国、全民族的事业，更是关系我县改革发展稳定的事业。我们要紧密团结在以习近平同志为总书记的党中央周围，团结带领全县各族人民同心同德、群策群力，努力使我县民族工作更加有效、民族关系更加和谐、民族团结更加巩固，把民族团结进步事业不断推向前进，为建设团结和谐、繁荣发展、文明进步、安居乐业的革吉做出新的更大贡献！

在全县扶贫开发工作会议上的讲话

阿里地区行署副专员、革吉县委书记 索朗次仁

（2016年4月3日）

这次全县扶贫工作会议，是在全面建成小康社会进入决胜阶段、脱贫攻坚进入冲刺期，继县工作会议之后，县委、政府决定召开的一次十分重要的会议。主要任务是认真学习贯彻落实党的十八届五中全会精神和习近平总书记扶贫战略思想，贯彻落实中央、自治区和地区扶贫开发工作会议精神，深入分析当前扶贫开发面临的形势，回顾总结全县“十二五”扶贫开发工作，安排部署今年和“十三五”时期脱贫攻坚任务，广泛动员全社会力量，齐心协力打赢脱贫攻坚战。下面，我就做好新时期全县扶贫开发工作，讲三点意见：

一、深入研判形势，增强扶贫开发工作的紧迫感和责任感

消除贫困、改善民生、逐步实现共同富裕，是社会主义的本质要求，是我们党的重要使命。2020年贫困人口如期脱贫、全面建成小康社会，是党的十八大向全党和全国人民作出的庄严承诺。党的十八大以来，以习近平同志为总书记的党中央，站在实现“中国梦”的战略高度，把握全局、运筹帷幄，对新时期我国扶贫开发工作作出了改革创新扶贫开发体制机制、开展精准扶贫等一系列战略部署。特别是党的十八届五中全会从实现全面建成小康社会奋斗目标出发，明确要求到2020年我国现行标准下农村贫困人口实现脱贫，贫困县全部摘帽，解决区域性整体脱贫，习近平总书记在讲话中指出要坚持精准扶贫，精准脱贫，重在提高脱贫攻坚成效。从2014年起，以习近平同志为总书记的党中央把扶贫开发工作纳入“四个全面”战略布局，先后对新时期扶贫开发工作提出了“四个切实”“六个精准”“五个一批”等重要论述和精准脱贫的基本方略，出台了《中央、国务院关于打赢脱贫攻坚的决定》《省级党委和政府扶贫开发工作成效考核办法》，并将每年的10月17日定为“扶贫日”，这充分体现了党中央、国务院对扶贫开发工作的高度重视。2015年11月27日、28日，中央又专门召开扶贫开发工作会议，习近平总书记、李克强总理和汪洋副总理分别作了重要讲话，深刻阐述了脱贫攻坚的重大意义、指导思想、目标任务和重大举措，对当前和今后一个时期扶贫开发工作进行全面部署，向全党全国全社会吹响了脱贫攻坚的冲锋号。今年2月2日，区党委、政府在全区经济工作会议之后，紧接着召开了全区扶贫开发会议，陈全国书记、洛桑江村主席分别作了重要讲话，对“十三五”时期全区扶贫开发工作进行了全面部署、提出了明确要求。区党委、政府专门出台了《关于贯彻落实〈中共中央国务院关于打赢脱贫攻坚战的决定〉的实施意见》《西藏自治区县（区）党政领导班子和领导干部扶贫开发工作考核办法（试行）》，为我们做好新时期扶贫开发工作指明了方向、提供了根本遵循。3月3日地区专门召开了扶贫工作会议，白玛旺堆书记、朱中奎专员分别作了重要讲话，分析了全地区扶贫开发工作面临的形势，明确了脱贫攻坚任务，对精准扶贫工作进行了安排部署，动员全地区各族干部群众全力打赢脱贫攻坚战，开启了全地区扶贫攻坚战的新征程。同时，就做好今后一个时

期扶贫开发工作，从自治区、地区到各县都专门成立了以党政主要领导为组长的扶贫开发领导小组，成立脱贫攻坚指挥部，专门抓好扶贫开发，精准扶贫、精准脱贫工作。从中央、区党委、地委对扶贫工作的重视表明，扶贫开发工作已经提升到了战略的高度，已经成为了全面建成小康社会的核心工作。我们一定要认真学习领会中央和自治区、地区有关扶贫开发的新精神和新要求，准确把握新时期扶贫开发的新定位、新思路、新目标、新举措，切实把思想和行动统一到上级部门决策部署上来。

扶贫开发事关百姓福祉，事关社会和谐稳定，事关经济社会发展大局，是“头号民生工程”。县委、政府一直以来都高度重视扶贫开发工作，特别是“十二五”以来，我县认真贯彻落实中央、自治区、地区新阶段扶贫开发的一系列方针政策，围绕“一个目标”，抓好“两个结合”，实现“三个转变”，突出“四项重点”，坚持“五项原则”的总体扶贫开发思路，全社会参与的联动扶贫方式，以改善贫困牧区基础设施为重点，以增加贫困群众收入为核心，加大政府投入，动员全社会参与联动扶贫，大力实施面上扶贫项目、全面实施整乡扶贫推进工程、产业扶贫开发、劳动力转移培训“雨露计划”等一系列措施，贫困人口大幅减少，民计民生有效改善，综合实力明显增强，牧民群众整体生活水平明显提高。但在肯定成绩的同时，也要清醒认识到当前我县经济社会发展总体水平还不高，制约贫困的深层次矛盾依然存在，特别是贫困面大、贫困人口多、贫困程度深、返贫率高的状况尚未根本改变，扶贫脱贫难度大仍然是我们面临的最大问题和难题。由于区位条件差、交通不便、资源匮乏、生态环境脆弱、自然灾害频发、生产条件恶劣、基础设施薄弱和劳动力素质低、自身发展动力不足、因病致贫、供子就学致贫、懒惰致贫、分户致贫等原因，导致我县贫困人口总量在全地区7个县中排第二位。目前，全县现有贫困人口1902户，6022人，占全县人口36%，贫困人口人均纯收入为6998元，其中国家平均补助4975元/人，占总收入的71.2%；个人平均收入1287.63元/人，占总收入18.4%；畜牧业生产平均收入727.8元/人，占总收入10.4%。通过以上数据，我们可以清晰看到，贫困群众的收入主要来源于国家补助，劳务创收和畜牧业收入所占比例相当小。对于如何改变现状，如何攻克扶贫这个难啃的“硬骨头”，使全县6022人贫困群众脱贫致富，让贫困群众与全县人民同步进入全面小康社会，是县委、政府和各级党委、政府目前面临的一大难题，也是义不容辞使命和责任，同时，也是对各级干部宗旨意识和工作能力的最好检验。现在离2019年如期实现贫困县摘帽、贫困户脱贫目标只剩下4年时间，扶贫攻坚进入决战期，时间十分紧迫，任务非常艰巨，我们要站在2020年全面实现小康的战略高度，深刻认识做好扶贫开发工作的重要性和紧迫性，切实增强做好扶贫开发工作的自觉性和坚定性，既要看到所面临的困难和挑战，又要看到当前扶贫攻坚政策和支持力度前所未有的重大利好和机遇，积极争取、用好用足中央和自治区各类优惠政策，坚定信心和决心，带领全县各族群众打赢脱贫攻坚这场攻坚战。

二、以精准扶贫、精准脱贫为基本方略，开创扶贫工作新局面

习近平总书记指出，扶贫开发贵在精准，重在精准，成败之举在于精准。脱贫攻坚好路子好机制的核心，就是精准扶贫、精准脱贫，做到扶贫对象精准、项目安排精准、资金使用精准、措施到户精准、因村派人精准、脱贫成效精准。我们要打赢脱贫攻坚战，必须把精准扶贫、精准脱贫作为基本方略，紧扣“扶持谁”“谁来扶”“怎么扶”“如何退”等关键问题，以稳定实现贫困人口“三不愁”“三有”“三保障”，享有和谐的安居乐业环境、均衡的基本公共服务、较为完善的社会保障体系、高效的获得感和幸福指数为目标，在精准施策、精准推进上出实招。

我县2016年脱贫攻坚的目标是：全县实现150户525人精准脱贫（其中革吉镇37户、116人，雄巴乡37户148人，亚热乡46户、149人，盐湖乡15户56人，文布当桑乡15户56人）。为实现这一目标，打赢脱贫攻坚战，必须围绕“四个全面”战略布局，牢固树立并切实贯彻创新、协调、绿色、开放、共享的发展理念，坚持扶贫开发与经济社会发展相互促进，坚持精准帮扶与集中连片特殊困难地区开发紧密结合，坚持扶贫开发与生态保护并重，坚持扶贫开发与社会保障有效衔接，聚焦全县4067名建档立卡牧区贫困人口，采取有效举措和过硬办法，确保全面建成小康社会的道路上不让一户贫困户掉队、不让一个贫困群众落下。

（一）把握基本方略，明确精准目标。打赢脱贫攻坚战，贵在精准，要以科学有效的方法提高脱贫攻坚精准度，要改变以往的“大水漫灌”为“精准滴灌”，突出“精”和“准”。一是对象识别要精准。扶贫必先视贫，只有摸清底数，才能精准扶贫、脱贫。对象精准是全面实施精准扶贫、精准脱贫的前提和基础。去年，按照上级部门的部署要求，全县自下而上开展了进村入户摸底调查，较好地完成了全县建档立卡工作。从录入的基础数据的基本情况来看，还存在质量不高、信息不全等问题，离精准扶贫、精准脱贫要求差距很大。我们各级组织，尤其是乡、村、驻村工作队必须按照“一个不能少、一个不掉队”的要求，对精准扶贫工作高度负责，对贫困群众高度负责，对革吉工作高度负责，切实做好贫困户建档立卡回访核实工作，对全县贫困户进行再摸排、再识别、再对档、再核查，全面准确掌握贫困人口数量、分布及居住条件、家庭情况、就业渠道、收入来源、贫困程度等情况，修正完善精准扶贫台账和贫困人口信息库，真正把贫困人口找全、把档案建细，做到人有名、户有卡、村有册、乡有薄、县有档，不漏一户，不漏一人。对识别确定的贫困户逐级在组、村召开村民大会进行公示评议，在会上进行公示，接受村民监督，做到公平、公正、公开，确保扶贫对象的真实性。特别要强调的是，自治区给我县确定的贫困人口指标是1318户4067人，多出584户1955人无法进入贫困人口数据库，如何在自治区的指标内做好识别工作就是对我们的严峻考验，没有进入贫困系统的群众肯定是会有意见、有情绪的，我们各级组织，特别是乡、村成立调解组认真做好这部分群众的安抚工作，把矛盾纠纷化解在最基层。二是措施到户要精准。我们在精准识别、摸清底数的基础上精准分析和评估每户贫困群众的致贫原因、脱贫渠道、返贫因素，县相关部门和乡村组织、驻村工作队要根据贫困户的具体情况进行分类，根据不同情况采取不同的扶贫措施，对于因灾因病陷入暂时性贫困的人口提供救济救助；对于丧失劳动能力的贫困人口提供生活保障；可以实行产业扶贫的地方，逐村逐户制定帮扶措施；对于生活在交通不便、气候环境恶劣、资源贫乏的困难户实行易地搬迁，切实做到“一户一本台账、一户一个脱贫计划、一户一套扶贫措施”。三是项目安排要精准。根据资源优势，把产业项目与牧民意愿相结合，“造血式”扶贫与“输血式”救济相结合，近期脱贫与长远致富相结合。根据市场和贫困户实际，把贫困户引入到扶贫项目建设中来，实施短期、中期、长期项目配套措施，使扶贫项目更加顺民意惠民生。同时，加强与自治区、地区相关部门的对接，做到扶贫项目安排“下有支撑、上有对应”，实施一批带动能力强、扶贫效果好的项目。四是资金使用要精准。按照“渠道不乱、用途不变”的原则，最大限度整合各渠道政策、项目、资金，把扶贫资金安排与减贫成效挂钩，加大按扶贫成效分配资金的比重，最大限度发挥好现有项目资金的聚合效益。同时，按照“项目跟着规划走，资金跟着项目走，监督跟着资金走”的原则，建立完善扶贫项目立项、审批、实施、验收、评估等管理制度，认真落实资金项目公告公示制度，对扶贫项目管理实施严格执行项目公开制、管理责任制、考核奖惩制，对扶贫资金使用情况进行监督、检查，确保资金安全、规范运行。五是退出机制要精准。建立健全贫困对象有序退出，动态管理机制，对达到什么程度该退出扶贫对象要有相应的指标参数，既不能空口说脱贫就脱贫，也不能已脱贫还说未脱贫，做到该退就退，应扶则扶，应扶尽扶。同时，我们相关部门、乡村组织在贫困对象达到退出标准有序退出后，要按照“摘帽不摘政策”的要求，不能立即放手不管，而是在一定时期内继续享受相关政策，继续实施未完成的扶贫项目，从而让脱贫基础进一步巩固，防止返贫。六是选派干部要精准。坚持夯实脱贫攻坚一线力量的原则，选派政治立场坚定、工作能力较强、基层工作丰富、经济头脑灵活、能带领群众致富的年轻干部、大学生村官到贫困村担任第一书记或驻村工作队干部，帮助村“两委”班子谋思路、破难题、促发展、保稳定，加强教育引导，宣传优惠政策，帮助困难群众转变陈旧观念、改变恶习陋习，寻找致富路子、带动贫困户脱贫致富。同时，县上对重点贫困村组织得力干部重点抓发展、抓扶贫、抓民生，真正做到干部下沉抓精准扶贫、精准脱贫。七是考核评价要精准。脱贫攻坚的成效最直接的体现就是牧民群众的生活状况。牧民群众有没有脱贫，脱贫到什么程度，广大群众特别是困难群众心里最清楚，也最有发言权。只有把扶贫考评的关键点放在群众的感知、感受上，才能真正地检验扶贫工作开展成果。在扶贫考核工作中，要将评判的标尺交给群众，充分倾听群众的意见和感受，让群众有话语权，绝不能脱离群众，更不能出现以乡（镇）、村和驻村工作队意志绑架群众特别是困难群众意愿的行为。县扶贫开发领导小组不但要对考核的过程公开，更要对考核的结果公开，自觉接受群众监督。对于弄虚作假、搞“数字脱贫”的一查到底、一追到底、严肃处理、绝不姑息，切实以精准考评促精准扶贫，更好地推动扶贫事业的健康发展。八是督促检查要精准。县扶贫指挥部脱贫攻坚督查组要全面负责贫困村精准扶贫、精准脱贫督导工作。围绕脱贫攻坚，建立巡查制度，定期、不定期开展明察暗访，对各乡（镇）、村（居）精准扶贫工作阶段任务、全年任务完成情况实行常态化督查、考核，并纳入全年综合目标考核内容。同时，加强对选派到村任职的干部和驻村工作队干部的督查、考核力度，每月不定期开展督查2次以上，重点督查到村任职干部开展脱贫攻坚工作情况、加强村级党组织建设情况、执行各项纪律和规矩情况，并将督查结果作为对干部年度考核的依据。县上明确村里抓扶贫工作第一责任人是第一书记，同时村“两委”主要负责同志和驻村工作队队长也要切实抓好本村扶贫工作。对工作开展不力、没有真正吃住在村、作风不实的干部，严格按照《干部管理条例》的有关规定进行处理。

（二）突出工作重点，强化精准施策。为切实解决好“谁来扶”“怎么扶”的问题，根据中央和自治区、地区的部署要求，按照“因人因地施策、因贫因原因施策、因贫因类型施策”的原则，结合革吉实际，我县新阶段扶贫开发，要突出抓好十个方面工作。一是实施思想脱贫。扶贫先要扶志，“地方贫困，观念不能‘贫穷’”。我们各级组织和乡村、驻村工作队要想贫困户摆脱贫困，先要从他们思想入手，加强教育引导，改变他们听天由命、消极无为，安于现状、好逸恶劳，只求温饱、不求进取和“等、靠、要”思想，增强战胜贫困的主动性和自觉性，树立战胜贫困的勇气和志气。我们各级组织要树立脱贫致富的标兵和典型，大张旗鼓宣传典型事迹，利用榜样的力量为他们引路，激发牧民穷则思变的斗志，调动他们的积极性和创造性，引导和支持所有牧民群众依靠自己的双手和智慧发家致富。二是实施产业脱贫。我们各级组织要始终坚持把产业扶贫作为持续、动态、根本脱贫的有效手段，让更多贫困群众参与到产业开发中来、在发展生产中脱贫。要以大力推进五个基地建设为契机，围绕各乡村资源分布和环境条件，建设革吉镇牦牛养殖基地、文布当桑乡饲草饲料和粮食种植基地、雄巴乡特色手工艺品加工基地、盐湖乡多种产业发展基地、亚热乡绵羊育肥养殖基地，扩大产业化、规模化经营，引导鼓励困难群众参与到基地建设中来实现产业增加收入。教育引导和鼓励贫困群众联合放牧，解放更多富余劳动力参加劳务创收，增强收入。我们各级组织要大力培育和扶持贫困户开办牧家乐、家庭旅馆、扶贫茶馆、藏餐饮食等传统旅游业，让更多困难群众吃“旅游饭”。今年要通过生产扶持实现覆盖783户

2601人、其中脱贫73户296人，占全年脱贫目标人口数的56%。三是实施扶持脱贫。我们要坚持政府主导和社会参与相结合，充分发挥政治优势和制度优势，广泛动员和凝聚社会力量参与扶贫，形成政府、市场、社会互为支撑，政策扶贫、专项扶贫、行业扶贫、社会扶贫和援藏扶贫“五位一体”的大扶贫格局。深入推进“党员干部进村入户、结对认亲交朋友”活动和“单位包村、干部包户”活动常态化，深化驻村工作，有效衔接定点扶贫与强基惠民驻村工作。进一步完善县党政机关和领导干部联系乡（镇）、村（居）制度，县（中）直单位和驻军部队分别负责包干帮扶1个贫困村，县级领导每人联系1个贫困村并具体负责帮扶2户贫困户、科级干部每人至少负责帮扶1户贫困户、一般干部2名负责帮扶1户贫困户，不脱贫、不脱钩，做到帮扶贫困户实现脱贫。用好、用活、用足、用实西藏特殊优惠金融扶持政策和扶贫贴息贷款政策，重点扶持贫困村发展特色产业、贫困人口就业创业。要积极与国家开发银行、中国农业银行等金融机构对接，确定贷款额度、方式，按照微利或保本的原则，积极争取金融机构为符合条件、风险可控评级授信的建档立卡贫困户提供扶贫小额信用贷款。今年，按照“产业发展项目资金的50%通过贷款解决”的要求，全县要完成扶贫贷款约3535万元。同时，县委、政府设立500万元创业基金重点用于对村专合组织和本地牧区群众创建经济实业进行扶持，并强化经合组织与困难群众利益联系机制，确保贫困农牧民群众能够通过经济合作组织分红增加收入，加快脱贫致富步伐。四是实施转移就业脱贫。县人社局要会同相关单位和乡村组织、驻村工作队按照“培训一人、就业一人、脱贫一户”的目标，整合现有资源组织贫困群众加大对石材加工、毛肉加工、农机维修、烹调、洗车、电焊、酒店服务、蔬菜种植、人工种草等就业技能培训力度，使其能够凭技能参与劳务、外出打工，增加稳定收入；乡村组织和驻村工作队要积极引导贫困户剩余劳动力到服务业、建筑业等行业打零工、做短工增加现金收入；县直相关部门和乡村要组织、引导、鼓励贫困户参与民兵执勤、环卫服务、生态管护等进行就业，增加收入。同时，相关部门要积极向上级争取更多的公益性岗位，帮助困难群众解决就业岗位，增加固定收入。2016年力争实现贫困户就业128人。五是实施项目建设脱贫。县、乡、村及驻村工作队要重点围绕解决贫困村水、电、路、邮、环境整治等方面的问题，抓紧研究对接相关方案和措施。实施革吉至改则道路改扩建工程、乡镇道路畅通工程、牧区饮水安全巩固提升工程、农牧区水利工程、贫困户危房改造工程、牧区种养殖项目等重点利民惠民项目。要通过基础设施的建设解决发展“瓶颈”、促进产业发展、改善生活环境、拓展增收渠道，加快致富步伐。六是实施易地搬迁脱贫。县、乡、村要对生态保护区、地质灾害多发区、生存条件恶劣、生存资源匮乏以及扶贫成本过高的村居和无畜户、少畜户、增收致富困难群众进行认真调查研究，编制符合实际的搬迁规划，加快实施异地搬迁工作，从根本上解决“一方水土养不起一方人”的问题。按照政府主导、群众自愿原则，把易地搬迁与新牧区小城镇建设结合起来，分年度、分批次予以搬迁安置。各相关部门和乡村组织对搬迁群众要跟进后续监管和保障，着力培育发展稳定的致富产业，让搬迁群众发展有基础、增收有保障、致富有路子，真正做到实施一个搬迁项目，安置好一方群众，实现一方人脱贫。2016年搬迁共138户514人，亚热乡：35户122人，文布当桑乡：9户42人，革吉镇：76户269人，雄巴乡：8户34人，盐湖乡：10户47人。七是实施社会保障政策兜底脱贫。县民政、扶贫办要会同乡村组完善农村最低生活保障制度，针对丧失劳动能力、无法通过产业扶持和就业帮扶脱贫的低保户、五保户、残疾人等，用足用活用好各种兜底的社会救助政策，保障正常的基本生活。县扶贫、民政部门要尽快算好“兜底帐”，推行农村低保政策与扶贫开发政策有效衔接，建立农村低保与建档立卡贫困人口数据互通互联、共享信息平台，将贫困人口中需要由社会保障进行“兜底”的家庭，通过低保线与贫困线“两线合一”，将其全部纳入农村低保范围，进行政策兜底扶持，实现应保尽保。2016年要完成兜底23户74人，十三五实现有意愿五保对象集中供养和孤儿集中收养率达到100%。八是实施医疗救助脱贫。县卫生局要会同县扶贫办加强医疗保险和医疗救助，推进贫困乡村基本公共卫生服务均等化，农牧区医疗制度和大病保险政策要对贫困人口倾斜，构筑基本医疗保险、大病保险、医疗救助“三重医疗保障”。今年要完成医疗救助10户39人。九是实施教育脱贫。坚持扶贫先扶智、治贫先治愚的原则，大力发展教育事业，提高贫困人口素质，阻断贫困代际传递，努力从根本上消除贫困。县教育局要会同各学校和财政局严格执行教育“三包”、助学金补助政策和政府奖励机制，加大对建档立卡家庭经济困难学生上大学进行资助力度，让贫困家庭子女都能接受公平有质量的教育。预计今年内发展教育救助103人，补助资金80.34万元。十是实施生态补偿脱贫。牢固树立“绿水青山就是金山银山”的理念，坚持扶贫开发与生态保护相统一，落实小流域综合治理和草原生态保护补助奖励政策，及时兑现贫困户生态补偿资金，积极争取增加生态功能县转移支付力度。县林业、农牧、水利等单位要积极争取和实施新退牧还草、自然保护区、湿地保护和恢复、水生态治理等生态保护项目，吸纳更多贫困群众担任生态保护员、自然保护区管护员、环境保护监督员、草原（场）监督员，吃上“生态饭”，从生态建设与修复中得到更多实惠。年内完成草原生态保护管理员796人及农村公路养护员471人，水生态保护和村级水管员396人。林业系统生态保护岗位2096人就业问题。

三、加强领导，为打赢脱贫攻坚战提供组织保障

如期实现脱贫，到2020全面建成小康社会是我们的历史使命和政治担当，我们必须以坚韧不拔、勇往直前的意志，以抓铁有痕、踏石留印的作风，狠抓全县脱贫攻坚工作。

（一）加强组织领导。县委、政府成立了以县委书记为组长、县长为常务副组长的县扶贫开发领导小组，成立了脱贫攻坚指挥部，并明确了各成员单位和各小组的工作职责。各乡镇和各村要及时成立相关领导小组，党政一把手担任领导小组组长，明确工作职责和任务，加强精准扶贫工作的组织领导，强化职能作用，建立相应的工作机制。各级各部门要把扶贫工作列入议事日程中来，按照“六个到位”和“八个精准”要求研究方案、明确任务、制定措施、落实责任，切实加强对精准扶贫的组织领导，确保扶贫工作卓有成效的开展，取得实效。

（二）强化责任落实。要建立“县负总责，乡镇抓落实”的脱贫攻坚工作机制，做到分工明确、责任清晰、任务到人、考核到位，既各司其职、各尽其责，又协调运转、协同发力。县委、县政府对我县脱贫攻坚工作负总责，抓好目标确定、项目下达、资金投放、组织动员、监督考核等工作；乡镇党委和政府承担主体责任，落实“一把手”脱贫攻坚“第一责任人”责任，要做好精准识别、进度安排、项目落地、资金使用、人力调配、推进实施等工作。县直各部门要把脱贫攻坚作为份内职责，加强对本部门本行业脱贫攻坚的组织领导，运用部门职能和行业资源做好工作，做到扶贫项目优先安排、扶贫资金优先保障、扶贫工作优先对接、扶贫措施优先落实。挂钩联系领导要承担起沟通、协调、指导、推动作用，加强对乡镇脱贫攻坚的统筹。要建立年度脱贫攻坚报告和督查制度，加强督查问责，形成鼓励有作为、整肃不作为的态势，把导向立起来，让规矩严起来。对落实不力的部门和乡镇要追究责任，对未完成年度减贫任务的，要对党政主要负责同志进行约谈；对完不成脱贫摘帽任务的党政主要负责同志和相关负责同志，要严肃问责。

（三）要融入工作全局。善用全局思维、统筹眼光谋划和开展工作，将扶贫攻坚同其他各项工作联系起来考虑、联动起来推进。要把精准扶贫与“联户增收”结合起来，优化力量结构和布局，不断放大双联促扶贫的效应。要把精准扶贫与县域经济发展结合起来，大力发展特色优势产业和多元富民产业，壮大乡域经济总量，以区域发展带动扶贫开发，以扶贫开发促进区域发展。要把精准扶贫与生态环境保护结合起来，抓好环境保护与生态建设，实现经济生态融合发展、资源环境良性循环。要把精准扶贫与全面深化改革结合起来，完善牧区草场流转经营机制，加快牧区流通服务体系，加大金融对扶贫工作支持力度，切实发挥改革对扶贫工作的牵引作用。要把精准扶贫与建强基层组织结合起来，扎实推进基层服务型党组织、为民型干部、富民型党员建设，加强乡镇扶贫干部和村级班子能力培训，着力选派一批思想好、作风正、能力强的优秀干部到贫困村开展工作，切实保障扶贫工作各项任务落到实处。

（四）要强化舆论宣传。要坚持正确舆论导向，扎实做好脱贫攻坚宣传工作，全面宣传我县扶贫事业取得的显著成效，准确解读党和政府扶贫开发的决策部署、政策举措，生动展示各乡镇各部门扶贫开发的典型做法、成功经验和先进典型，表彰对扶贫开发作出杰出贡献的组织和个人，努力营造全社会关心支持扶贫开发的浓厚氛围，为扶贫开发增添动力。

同志们，扶贫开发工作事关全局、任务艰巨，责任重大、使命光荣，是一项功在当代、利在千秋的伟大事业。2016年是“十三五”开局之年，做好今年的脱贫攻坚工作意义重大。新的一年、新的起点要求我们要有新的作为，让我们紧密团结在以习近平同志为总书记的党中央周围，立下军令状，以决战决胜的勇气，凝心聚力，精准发力，苦干实干，攻坚克难，坚决打赢脱贫攻坚战，向全县1.8万各族人民交上一份满意的答卷，为实现2019年贫困县摘帽、贫困人口脱贫，2020年全面建成小康社会目标做出新的贡献！

革吉县“十三五”时期国民经济和社会发展规划纲要

“十三五”时期（2016年—2020年），是革吉县深入贯彻落实党的十八大和十八届三中、四中、五中全会精神，是全面建成小康社会最后冲刺的五年，也是全面深化改革要取得决定性成果的五年。适应国内外形势新变化，顺应各族人民过上更好生活的新期待，科学制定“十三五”规划，对于加快县域经济发展，实施“可持续发展、科教兴革、特色经济发展、强基固本、项目强县”总体战略，推进跨越式发展和长治久安，夺取全面建成小康社会的最终胜利，具有重大意义。

本纲要按照《中共西藏自治区委员会关于制定“十三五”时期国民经济和社会发展规划的建议》《西藏自治区“十三五”时期国民经济和社会发展规划纲要》《西藏自治区主体功能区规划》《西藏自治区新型城镇化规划（2014—2020）》和《阿里地区“十三五”时期国民经济和社会发展规划纲要》的要求编制。本纲要主要回顾总结了“十二五”时期革吉县经济社会发展情况，阐述了“十三五”期间革吉县发展的指导思想、目标任务、战略重点以及保障体系建设等，集中体现了县委、县政府的决策意图和施政方向，是今后五年全县经济社会发展的宏伟蓝图，是全县各族人民夺取全面建成小康社会的行动纲领。

第一章 全面建成小康社会的发展基础

“十二五”时期，在自治区党委、政府和地委、行署的坚强领导下，在中国联通集团无私支援下，县委、县政府团结带领全县人民，认真贯彻落实中央第五次西藏工作座谈会精神，贯彻落实党的十八大和十八届二中、三中、四中、五中全会精神，贯彻落实习近平总书记系列重要讲话精神、特别是“治国必治边、治边先稳藏”的重要战略思想，坚持发展第一要务、民生第一目标、稳定第一责任，全面落实“可持续发展、科教兴革、特色经济发展、强基固本、项目强县”发展战略，全县实现了经济健康发展、民生持续改善、生态环境良好、民族宗教和睦、社会和谐稳定，在全面建成小康社会进程中迈出了坚实步伐。

第一节 发展成就

“十二五”时期，革吉县经济社会各项事业均取得了显著的发展成就。交通、水利等基础设施建设成效明显，自我发展能力进一步增强；产业结构持续调整，特色优势产业加快发展，正从传统牧业经济迈向多元经济共同发展；以安居工程为突破口的社会主义新农村建设扎实推进，群众生活水平显著改善；教育、科技、文化、卫生等各项事业加快发展，社会全面进步；生态文明建设得到加强，环境质量保持良好；反分裂斗争取得重大胜利，社会政治局势持续稳定；党的建设深入推进，党在牧区的执政基础更加巩固。

县域经济发展持续增长。2011年到2015年，全县地方生产总值由1.84亿元增加到3.2亿元，年均增长25%；地方财政一般预算收入由1328万元增加到1521万元，年均增长4.25%；全社会固定资产投资由0.86亿元增加到3.17亿元，年均增长67%；社会消费品零售总额由4169万元增加到5891万元，年均增长10.3%；牧民人均纯收入由4007元增加到7992元，年均递增24.8%。

基础设施条件显著改善。“十二五”是全县基础设施建设力度较大的时期，实施了小康示范新村、水利、乡镇政权机关业务用房等项目。期间，投资明显扩增，重点实施了国道317公路革吉段新建工程、牧区道路、扶贫整乡推进、农业综合开发、饮水安全工程、“三房”建设、绒山羊养殖基地、安居工程、县城硬化绿化、便民服务站、阿里电网延伸等项目，交通、能源落后状况根本改观，牧区生产生活条件明显改善，城镇面貌发生巨大变化，为县域加快发展构筑了坚实的平台。

经济结构调整初见成效。“十二五”期间，全县实施“牧业稳县、矿业富民、草业惠民”的经济发展战略，三次产业占全县生产总值的比重由2011年的35：15：50整为30：25：45，产业结构仍保持“三一二”的特征。特色产业日益壮大，以发展特色畜牧业为突破口，有序推进人工种草、扶持绒山羊养殖、建设高寒棚圈和牦牛养殖基地，促进羊绒、肉、奶、酥油、民族手工业等特色产品的生产销售；推进扎仓茶卡固体硼镁矿资源开发，申报盐湖乡章仓三湖食盐商标，年产硼镁矿5万多吨，发电量突破80万千瓦时；全面提升旅游从业人员接待能力和服务水平，接待游客从2011年的4293人次增加到13176人次，餐饮业、商贸流通业等服务业快速发展，强化了县域经济支撑。

社会事业全面协调发展。“十二五”期间，全县教育事业继续得到巩固和发展，顺利通过“两基”国检和完成“学前一年”教育，适龄儿童入学率、在校生巩固率始终保持在99.6%以上，教师合格率、学生升学率得到稳步提升，出台《革吉县内地初中班和大学生奖学金实施办法》。医疗卫生事业取得长足进步，编织起县卫生服务中心、乡镇卫生院和村卫生室的医疗卫生服务网络。农牧区合作医疗和医疗统筹全面展开，群众就医、看病条件明显改善。举办那布民间文艺汇演暨物资交流会，开展“激情周末”活动和下乡文化演出，开放农家书屋和寺庙书屋，建设县新华书店。文化惠民政策得到落实，社会保障覆盖面和保障水平稳步提升，邮电通讯事业得到较快发展。

援藏力度持续稳定投入。“十二五”期间，中国联通对口援藏累计投入资金4348元，注重与革吉县实际相结合，制定援藏规划。加大人力、物力和财力的投入，帮助制定完成革吉县“十二五”旅游规划、灾后重建、亚热乡小学改扩建工程等项目，援藏工作不断向民生领域倾斜，取得了明显成绩。

城乡居民生活水平不断提高。“十二五”期间，在投资拉动的作用下，城乡基础设施不断完善，人民生产生活条件明显改善，部分群众生活达到小康水平。城镇居民最低生活保障制度牧民困难群众救助制度进一步建立健全。居民的物质文化生活日趋丰富，各族群众安居乐业。

生态安全屏障成效突出。健全退牧还草、草原生态奖励补助机制，重要生态系统得到了有效保护，加强重点区域生态公益林建设。环境保护和节能减排工作同步推进，积极推进环境优美乡镇和生态村、饮用水源地保护，水土流失治理、防沙治沙取得成效，垃圾处理设施建设加快，主要污染物减排工作进展顺利。开展国家重点生态功能县和生态功能村环境监测工作，文布当桑乡夏玛村被评为自治区级生态功能村。积极的环境综合治理和严格的环境执法监管，有效改善了城镇环境质量和区域生态环境，全县未发生任何污染事故，水、气、声、土壤、辐射和生态环境质量良好。

社会稳定开创新局面。“十二五”期间，全县认真贯彻落实中央关于西藏工作的一系列重要指示精神，全面落实自治区党委、政府关于维护稳定的各项举措，坚持抓早抓小抓快抓好，周密安排、精心部署，履职尽责、全力以赴，实现了大事不出、中事不出、小事也不出。把网格化管理作为加强和创新社会管理的有效载体，开展了“联户平安、联户增收”工作，完成村（居）“两委”换届选举，着力提高基层社会服务管理能力。全面完成寺庙“六建”“9+1”工程，僧尼的生活条件大为改善。广大党员干部牺牲节假日，连续作战、坚守岗位，全身心投入，充分体现了“老西藏”精神，为保持社会和谐稳定做出了突出贡献。

全县已步入经济快速发展，社会全面进步，人民生活水平显著提高的快车道，经验日益丰富，体制日益完善，环境日益改善，为“十三五”经济社会发展奠定基础，为革吉县拓展发展空间、提供了更好的外部环境。

第二节 发展环境

“十三五”时期是我县经济社会发展的重要战略机遇期，是全面加快建成小康社会的攻坚时期，既面临着重大的机遇，也面临着严峻的挑战。总体上看，全县经济社会发展积淀益深、蓄势已久，未来五年必将继往开来、乘势而起，创新驱动、绿色增长和强劲发展、民生改善将成为这一时期的主要特征。

（一）面临的重要机遇和有利条件

从外部环境看，有党中央特殊关心关怀和援藏的大力支持，中央第六次西藏工作座谈会确定了新时期党的治藏方略，制定了一系列特殊优惠政策，为包括革吉县在内的西藏经济社会发展提供了坚强政治保障、强大政策支撑和根本工作遵循。“十三五”期间援藏力度将不断加大，为推动革吉县发展改革稳定工作提供了重要动力。

从自身发展看，全县经济产业培育初见成效，基础设施建设成效显著，发展基础更加坚实，工作体制机制更加成熟，发展动力显著增强。民生保障显著加强，社会事业协调发展，社会局势和谐稳定。

从发展新优势看，随着国家新一轮开放战略、“一带一路”战略和各领域深化改革全面实施，自治区、阿里实现国家战略定位的步伐进一步加快，为革吉发展稳定提供了最根本的动力。矿产资源储量大、开发潜力广，将使我县区位条件得到根本性改变，物流、资金流和信息流将迎来量和质的飞跃，有助于我县在更大范围深化配置资源。

（二）面临的重大挑战和限制因素

由于特殊的地理环境和历史原因，我县发展与全地区发展的差距仍然较大，县域经济总量较小，经济发展水平仍然较低，居民就业渠道单一，收入水平较低。特别是全县剩余贫困人口成为全面小康最大“短板”，全面破解发展瓶颈任务艰巨，仍然面临着人民日益增长的物质文化需求同落后生产力之间的尖锐矛盾。同时，达赖集团分裂祖国的本质没有改变，目前处于“后达赖”时期向“达赖后”时期转变，反分裂斗争仍然尖锐复杂，维护祖国统一、加强民族团结，确保国家安全的任务更加艰巨。

从制约因素看，我县处于藏西北羌塘高原荒漠生态功能区，草场、环保等刚性约束越来越强，如何妥善处理好“开发和保护”的关系以实现产业发展与生态环保同步任务艰巨。同时，基础设施瓶颈制约仍较突出，公路通达深度不够，技术等级低、抗灾能力弱；电力供应不能满足经济社会发展需要，生产总体条件较差；全县贫困面大、贫困人口多，扶贫攻坚任务十分艰巨。

“十二五”时期是革吉县发展较快、发展较好的时期，步入了科学发展快车道。面向未来，革吉县发展已经站在了一个新的起点上。跨越发展、全面小康、团结稳定是今后较长一段时期的首要战略任务。回眸“十二五”加快发展谱写辉煌篇章，展望“十三五”信心百倍绘就美好蓝图。

第二章 创新发展思路 科学设定目标

第一节 指导思想

“十三五”时期是革吉县全面实现小康社会、推进新型城镇化建设、建设社会主义新农村和生态可持续发展的重要阶段，从新的起点出发，将步入基础设施大建设、特色产业大发展、自我发展能力大提高、民生大改善、社会局势大稳定、生态环境大保护的新里程。

（一）指导思想

高举中国特色社会主义伟大旗帜，以邓小平理论、“三个代表”重要思想、科学发展观为指导，全面贯彻落实党的十八大、十八届三中、四中、五中全会精神和中央第六次西藏工作座谈会精神，深入贯彻习近平总书记系列重要讲话精神、特别是“治国必治边、治边先稳藏”的重要战略思想和“加强民族团结、建设美丽西藏”的重要指示，坚持以“四个全面”战略布局为统领，坚持党的治藏方略，坚持“依法治藏、富民兴藏、长期建藏、凝聚人心、夯实基础”的重要原则，牢固树立和谐稳定、协调均衡、共享互动、绿色健康、有序开放的发展理念，把改善民生、凝聚人心作为经济社会发展的出发点和落脚点，把维护祖国统一、加强民族团结作为工作的着眼点和着力点，坚守维护稳定、环境保护和安全生产三条底线，深入推进畜牧业生产转型工程、基础设施整体推进工程、精准扶贫攻坚工程、文化旅游整体打造工程、社会管理创新工程，坚定不移开展反分裂斗争，坚定不移促进经济社会发展，坚定不移保障和改善民生，坚定不移促进各民族交往交流交融，确保国家安全和长治久安，确保经济社会持续健康发展，确保生态安全环境良好，确保人民生活水平和质量普遍提高，确保如期全面建成小康社会。

（二）发展思路

“十三五”时期是全面建成小康社会最后冲刺的五年，也是全面深化改革要取得决定性成果的五年。坚持把改善民生、凝聚人心作为全县经济社会发展的出发点和落脚点，坚持发展建立在生态安全基础上，坚持就业第一、教育优先原则，以提高发展质量和效益为中心，以基础设施建设、特色优势产业、生态环境保护、精准扶贫脱贫为重点，以加快改革改革开放、促进市场要素流动为途径，加快形成引领经济发展新常态发展方式，走出一条符合革吉实际、富有县域特色的发展道路。

和谐稳定发展。和谐稳定是革吉发展的前提和保障，必须把和谐稳定作为发展的首要条件，牢固树立“治边稳藏”的重要战略思想，以加强民族团结为基石，以确保寺庙稳定为重点，以法制建设为根本，确保社会大局持续稳定、长期稳定、全面稳定。

协调均衡发展。牢牢把握政治、经济、文化、社会、生态“五位一体”建设总体布局，建设革吉镇牦牛养殖基地、雄巴乡特色手工艺品加工基地、盐湖乡多种产业发展基地、亚热乡绵羊育肥养殖基地、文布当桑乡饲草饲料和粮食种植基地，推动不同功能区域、城乡、经济发展与生态环境保护、物质文明和精神文明协调均衡发展。

共享互动发展。以共享互动增进社会凝聚力，大力发展社会事业，完善社会公共服务，促进社会公平正义，努力实现城乡公共服务均等化和经济社会协调发展，提升城乡群众的生活水平和幸福指数，让人民群众得到更多实惠、更好地共享改革发展成果，实现富民与强县的有机统一。

绿色健康发展。正确处理好发展和保护的关系，严守生态安全底线、红线和高压线，坚持“面上保护、点上开发”和“保护中发展、发展中保护”的原则，全面落实功能区定位，大力发展绿色经济，实现经济效益、社会效益、生态效益的有机统一。

有序开放发展。全面融入国家和阿里地区对外开放和区域发展新格局，发展更高层次的开放型经济体系，确保在重要领域和关键环节改革上取得决定性成果，把创新创造活力充分激发出来，以扩大开发带动创新、推动改革、促进发展。

第二节 发展目标

“十三五”时期经济社会发展的总体目标是：人民生活水平全面提升，城乡居民人均可支配收入比2010年翻一番以上、接近全区平均水平，基本公共服务主要指标接近或达到阿里地区平均水平，基础设施条件全面改善，生态文明建设取得明显成效，自我发展能力明显增强，社会大局长期持续全面稳定，建成安居乐业、保障有力、家园秀美、民族团结、文明和谐的小康社会。

安居乐业。取得重大成效，现行标准下的贫困人口如期全部实现脱贫。城乡居民住房条件显著改善，居民家庭人均住房面积30平方米以上，户籍人口城镇化率达到30%以上。特色优势产业实力显著壮大，就业规模持续扩大，全面消除“零就业”家庭，失业率控制在2.3%以内。城乡居民收入高于经济增长速度，牧区居民人均可支配收入年均增长13%以上，城镇居民人均可支配收入年均增长10%以上。扶贫攻坚

保障有力。地区生产总值和地方财政一般预算

收入较快增长，固定资产投资规模保持较快增长，居民消费水平逐年提高，三次产业紧密协调、融合发展，经济增长的质量和效益明显提高。基础设施条件全面改善，县域交通运输网络更加健全，进出县通道更加通畅；能源保障水平大幅提高；县城、乡镇、行政村的供水质量显著提高；信息网络宽带化升级加快推进，政府、社会各领域与互联网的融合不断加深，经济社会信息化水平全面提高。教育、文化、医疗、社保、住房、体育等公共服务体系更加健全，基本公共服务和均等化水平更高。教育质量显著提高，新增劳动力平均受教育年限13年以上；县域医疗基本形成综合诊疗能力，孕产妇住院分娩率95%以上，居民健康素质明显提高，人均预期寿命70岁以上；公共文化服务体系更加完善，广播电视人口综合覆盖率达到100%；基本社会保险覆盖率95%以上。

家园秀美。生态安全屏障功能进一步增强，江河源头、草原、湖泊、湿地等生态系统及生物多样性等到有效保护。草场保有量保持基本稳定，防沙治沙、退牧还草、水土流失综合治理取得显著成效。主要污染物排放总量控制在国家核定范围内，主要江河湖泊水质、城镇空气质量保持优良；节能减排全面推进，单位地区生产总值能源消耗保持在较低水平。建成人与自然和谐相处的宜居城镇和美丽乡村。

民族团结。中华民族共同体意识深入人心，各族群众共居、共学、共事、共乐的社会条件和环境持续完善，相互了解、相互帮助、相互欣赏、相互学习的社会气氛更加良好，各民族和睦相处、和衷共济、和谐发展，把革吉建成民族团结模范县，成为各族群众团结友爱、其乐融融的大家庭。

文明和谐。中国梦和社会主义核心价值观更加深入人心，爱国主义、集体主义、社会主义思想广泛弘扬，向上向善、诚信互助的社会风尚更加浓厚，人民思想道德素质、科学文化素质明显提高。优秀文化遗产得到全面保护和传承。社会治理体系不断完善、治理能力全面提高，社会安全指数95%以上。社会大局持续全面稳定，社会更加安定祥和。

专栏 “十三五”时期经济社会发展的主要目标

表 3

类别	指标		2015年预计	2020年目标	年均增长（%）	目标属性
经济发展	地区生产总值（亿元）				≥10	预期性
	地方财政一般公共预算收入（亿元）		1521	3059	≥15	预期性
	工业增加值占地区生产总值比重（%）		27.6	35	[7.4]	预期性
	旅游总收入（万元）		206	626	≥25	预期性
	城镇化率（%）	常住人口城镇化率（%）	8.86	30	[21.14]	预期性
		户籍人口城镇化率（%）			[ ]	约束性
	服务业就业比重（%）		44.2	50	≥[5.8]	预期性
民生福祉	牧区常住居民人均可支配收入增长（%）		7992	21064	≥13	预期性
	城镇常住居民人均可支配收入增长（%）		24749	39858	≥10	预期性
	牧区贫困人口脱贫（人）		6232	0	[6232]	约束性
	城镇新增就业人口（人）				≥[ ]	预期性
	劳动年龄人口平均受教育年限（年）			10.2		约束性

续表 3

<table>
<tr><th>类别</th><th colspan="2">指标</th><th>2015年预计</th><th>2020年目标</th><th>年均增长（%）</th><th>目标属性</th></tr>
<tr><td rowspan="9">民生福祉</td><td colspan="2">孕产妇住院分娩率（%）</td><td></td><td>95</td><td></td><td>约束性</td></tr>
<tr><td colspan="2">人均预期寿命（岁）</td><td></td><td>70</td><td></td><td>预期性</td></tr>
<tr><td colspan="2">广播电视人口综合覆盖率（%）</td><td></td><td>99</td><td></td><td>预期性</td></tr>
<tr><td colspan="2">基本养老保险参保率（%）</td><td></td><td>95</td><td></td><td>预期性</td></tr>
<tr><td colspan="2">城镇棚户区住房改造（套）</td><td></td><td colspan="2">按照地区下达目标执行</td><td>约束性</td></tr>
<tr><td colspan="2">行政村通硬化路率（%）</td><td>42.1</td><td>100</td><td>11.6</td><td>预期性</td></tr>
<tr><td colspan="2">主电网人口覆盖率（%）</td><td></td><td>97</td><td></td><td>预期性</td></tr>
<tr><td colspan="2">农村饮水安全人口普及率（%）</td><td></td><td></td><td></td><td>预期性</td></tr>
<tr><td colspan="2">行政村通宽带率（%）</td><td>47</td><td>100</td><td>10.6</td><td>预期性</td></tr>
<tr><td rowspan="4">创新驱动</td><td colspan="2">研究与试验发展（R&D）经费投入强度（%）</td><td></td><td></td><td></td><td>预期性</td></tr>
<tr><td colspan="2">固定宽带家庭普及率（%）</td><td></td><td>35</td><td></td><td>预期性</td></tr>
<tr><td colspan="2">移动宽带用户普及率（%）</td><td></td><td>93</td><td></td><td>预期性</td></tr>
<tr><td colspan="2">科技进步贡献率（%）</td><td></td><td>45</td><td></td><td>预期性</td></tr>
<tr><td rowspan="16">生态文明</td><td colspan="2">草场保有量（万亩）</td><td></td><td></td><td></td><td>约束性</td></tr>
<tr><td colspan="2">新增人工草场（万亩）</td><td>[ ]</td><td>[ ]</td><td></td><td>约束性</td></tr>
<tr><td colspan="2">新增建设用地规模（万亩）</td><td></td><td></td><td>[ ]</td><td>约束性</td></tr>
<tr><td colspan="2">万元GDP用水量下降（%）</td><td></td><td colspan="2">控制在国家下达指标内</td><td>约束性</td></tr>
<tr><td colspan="2">单位GDP能耗降低（%）</td><td>[10]</td><td colspan="2">控制在国家下达指标内</td><td>约束性</td></tr>
<tr><td colspan="2">非化石能源占一次能源消费比重（%）</td><td>42.6</td><td>≥45</td><td></td><td>约束性</td></tr>
<tr><td colspan="2">单位GDP二氧化碳排放降低（%）</td><td></td><td colspan="2">控制在国家核定范围内</td><td>约束性</td></tr>
<tr><td colspan="2">空气质量优良天数比率（%）</td><td>≥95</td><td>≥95</td><td></td><td>约束性</td></tr>
<tr><td colspan="2">主要江河国控断面水质达到或优于Ⅲ类水域标准的比例（%）</td><td>100</td><td>100</td><td></td><td>约束性</td></tr>
<tr><td rowspan="4">主要污染物排放总量（万吨）</td><td>化学需氧量</td><td></td><td rowspan="4" colspan="2">控制在国家核定范围内</td><td rowspan="4">约束性</td></tr>
<tr><td>氨氮</td><td></td></tr>
<tr><td>二氧化硫</td><td></td></tr>
<tr><td>氮氧化物</td><td></td></tr>
<tr><td colspan="2">水土流失综合治理面积（万亩）</td><td>[ ]</td><td></td><td>[ ]</td><td>预期性</td></tr>
<tr><td colspan="2">城镇污水集中处理率（%）</td><td></td><td>70</td><td></td><td>预期性</td></tr>
<tr><td colspan="2">城镇生活垃圾无害化处理率（%）</td><td></td><td>95</td><td></td><td>预期性</td></tr>
</table>

注：地区生产总值增长速度按可比价格计算；[ ]内为五年累计数；城镇污水集中处理和城镇生活垃圾无害化处理的城镇指县城所在地。

第三章　优化空间布局 统筹城乡发展

紧紧围绕实现社会稳定和长治久安的战略总目标，贯彻“以人为本、规划先行、环保优先、城乡统筹、布局合理、集约高效、特色突出”的原则，大力推进新型城镇化，建设社会主义新农村，着力构建和谐包容、生态宜居、文化多样、特色鲜明、城镇化和产业互促发展的新型城乡体系。

第一节　优化县域空间布局

按照阿里地区的总体空间发展格局，依托中心城区、重要城镇和主要交通干线，构建引导经济社会发展的轴线，打造产业有效集聚、人口相对集中、公共服务较为完善的发展高地，形成带动全县发展的增长极。以革吉镇为核心，依托国道317重点促进沿线乡镇发展，推动形成“一核—两轴—三带”的空间发展总体框架，塑造经济发展、文化延续、宜居和谐的区域发展布局。

一核：以革吉镇为中心，实施“中心集聚”策略，着力提升革吉镇城镇综合服务功能，加强与地区的紧密联系，壮大城镇经济，统筹发展城郊经济，使之成为发展水平和发展质量较高的县域经济社会发展的核心。

两轴：以国道317为主轴，打通亚热乡至普兰县巴嘎乡的干线公路，实现国道317与国道219的对接，构建F型县域发展轴。国道317发展轴东起文布当桑乡，向西经盐湖乡、雄巴乡到革吉镇，延伸至亚热乡，是进出县域的重要通道，轴线上有自治区重点发展的能矿资源型特色小城镇。经亚热乡对接国道219线普兰段，融入到神山圣湖—古格遗址精品旅游线路，形成旅游、物流大通道。大力改善沿线乡镇基础设施条件，重点发展现代草原畜牧业、盐湖资源开发、旅游业和商贸服务业，实现发展聚集效应，节约资源流动和配置成本。

三区：按照自然条件和经济发展类型的不同，将县域划分为三大经济带和五大基地。东部生态—经济发展区，以盐湖乡为重点发展能矿资源型特色小城镇，依托盐湖资源适度发展采矿业和矿产品初级加工业，加强矿产资源开发中的环境保护工作，建设多种产业发展基地，强化基础设施建设，提高基本公共服务水平，吸纳牧业转移人口，辐射带动文布当桑乡，建设饲草饲料和粮食种植基地。中部生态—经济发展区，主要覆盖雄巴乡和亚热乡，大力实施天然草原保护建设工程，建设以白绒山羊、藏系绵羊等特色畜种为主的生产和育肥区，探索高原生态牧业发展新模式，亚热乡建设绵羊育肥养殖基地，雄巴乡建设特色手工艺品加工基地；发挥毗邻神山圣湖的区位优势，完善旅游基础设施建设，增强旅游接待能力，积极发展旅游业。西部生态—经济发展区，主要覆盖革吉镇及周边区域，加快建设高产优质人工草地，转变牧业经营方式，建设牦牛养殖基地；以城镇经济为主体，重点发展优质牧业、商贸物流和加工业；完善城镇服务功能，增强聚集和辐射能力。

第二节　推进新型城镇建设

以国道317为依托，高标准、高起点统筹规划，引导城镇布局与城镇空间功能分区相适应、与资源环境承载力相适应、与新型工业化和牧业现代化互动推进，形成“一心两轴多点”的城镇化发展布局。“十三五”时期，在充分考虑空间适宜开发性基础上，着力构建以革吉镇为核心的城镇圈，构建以人为核心的新型城镇化体系。到2020年，城镇化水平达到30%以上。

*优化城镇空间布局。*除县城、各乡镇镇区、集镇所在外，规模均较小；行政村布局分散，沿谷地发育，沿水系、道路呈聚集状分布；职能上，除县城承担一定公共服务职能外，其他乡镇、村均以农牧业为主要职能。实施“中心集聚、轴向带动、点状促进”的城乡空间发展策略，在县域形成“一心两轴多点”的空间格局。一心：以革吉镇为中心城区，是县域的政治、经济、文化中心，在县域的社会经济发展中担负着重要的职责，发挥着龙头作用。两轴：国道317发展轴，自革吉镇至文布当桑乡，主要覆盖县域大

部，由于交通区位优势，沿线城镇服务功能、产业发展、人口集聚的能力更为突出，是县域乡镇分布较为密集的区域；雄巴至亚热发展轴，以亚热乡为主，以草原畜牧业和旅游业发展为主，毗邻神山圣湖，将成为连接阿里地区东部和南部的重要交通枢纽。多点：除中心城区外，在县域范围内优先选择特色乡镇和一般乡镇，主要覆盖盐湖乡、雄巴乡、亚热乡和文布当桑乡，形成人口较为集聚、服务功能完善的辐射周边的各级职能中心。加强县城、重点乡的基础设施和公共服务建设，提升城镇综合承载能力；加快一般乡镇改造建设，完善城镇功能，增强以城带乡能力。

推动新型城镇建设。以现代文化为引领，深入挖掘历史和民族文化资源，将历史、地域、民族文化元素融入城镇规划建设中，提升城镇文化品味和文化内涵，突出城镇特色，打造城镇建设品牌。合理划分县城功能区，完善集中供暖、信息化设施建设，打造县城便捷生活服务圈；按照布局美、环境美、建筑美、生态美的要求，做到传统与现代、环境与建筑、自然与人工的相得益彰；加快老城区的改造完善和提升拓展，增加公共用地和绿地。增强中心城区和重点镇的辐射带动作用，推动城镇基础设施向乡村延伸。按照集中、集约、集居的原则，统筹规划，认真研究城乡居民生产生活特点，建成适合的社会结构和社区环境。完善城镇服务功能，科学合理布局，提高居民生产生活的便捷性、提高社会管理的效率、提高生产资料利用的集约性，努力实现生活城镇化、就业保障化、社区管理化、生产自主化的目标。

健全城镇管理体制。加快推进户籍制度改革，对技术型、知识型等农民工简化手续，有序推动牧业转移人口市民化。深化土地管理制度改革，健全土地收储制度，严格保护草场资源，优先保障城镇建设用地指标，建立城乡土地资源统一优化配置、节约用地、集约用地的新机制。完善新型城镇化建设投融资体制，将市场竞争机制引入城镇资源的开发和利用过程中，充分利用市场机制来配置城镇资源，使城镇资源的开发效率达到最大最优。利用城镇建筑实体经营权等有形资产和文化、广告等无形资产进行融资；推进市政公共产品价格改革，吸引社会资本投资，放宽准入，完善监管，鼓励社会资本参与城镇公用设施投资建设和经营；提高城镇管理效能，创新城镇管理手段，完善信用信息体系建设，促进城镇管理人文化、科学化、智能化，提升城镇日常管理水平。

统筹城乡协调发展。统筹考虑城乡建设布局、生产力布局和人口布局，以城带镇，以乡带村，构建完善的城乡一体化规划体系。结合安居富民、定居兴牧两大民生工程，高起点、高标准、高效益进行规划建设。引导城郊村向县城和中心镇集中，偏远村向乡镇或中心村集中，有条件的小村并大村，撤乡并镇；对于洪灾、水灾、雪灾、泥石流及地震等地质灾害多发易发区域，按照“靠县、靠镇、靠乡、靠路”的原则，实施村庄合并。大力提高中心城镇带动和辐射边远地区同步发展的能力，加强中心城镇基础设施建设，提高教育、医疗、文化、体育等基本公共服务能力，增强中心城镇的聚集效应。以产业发展引导人口流动，以规模经济承载公共服务，结合物流交通、市场枢纽，重构商贸重镇，不断实现城乡要素配置合理化、产城发展一体化，形成城乡产业经济协调发展新格局。

第三节 推进美丽乡村建设

按照城乡空间布局、产业发展、基础设施建设、公共服务和社会管理等各方面要求，以改善农村环境、提高群众生活质量、保障居住安全、全面建成小康社会为目标，建设村庄整洁、庭院干净、住房宽敞、居住环境优美、基础设施完善、功能齐全的生态文明新农村。

科学编制乡村规划。按照城乡一体化发展要求，从实际出发，精心编制乡村规划。加快乡村公路建设，进一步提高乡村公路的等级和通达深度，优化村庄布局，改善乡村环境卫生和村容村貌。充分发挥城乡基础设施功能，促进城乡基础设施向牧区延伸，保持村庄整体风貌与自然环境相协调。

专栏1：牧区人居环境改善项目

- 牧民安居工程续建。剩余牧民安居工程建设；对牧区危房进行改造。
- 游牧民夏季草场定居点。
- 农村人居环境综合整治。建立垃圾储存场地，排水系统，推广应用新能源，整洁村容村貌，基础设施修缮，美化绿化环境，完善配套设施。
- 供销合作社项目，扶持当地牧民经济合作组织。
- 新农村社会化综合和服务中心，设立新农村社会化综合和服务站。

加强牧区基础设施建设。坚持从牧民最关心、最直接、最现实的利益出发，加大项目投资倾斜力度，改善牧民生活条件。继续实施防震加固工程，实现所有牧民住进安全适用房屋的目标。加大乡村电力建设，通过主网延伸工程，提高牧民用电质量，全面解决无电人口用电问题。实施饮水提质增效升级工程，保障农牧区饮水安全。加大乡村公路建设力度，实现行政村和寺庙通硬化路。加快推进广播电视覆盖工程、乡镇通光缆工程、行政村通宽带工程，提高牧区通讯服务水平。到2020年全县50%左右的行政村基本达到《美丽乡村建设指南》国家标准。

改善牧区居住环境。加强村容村貌环境综合整治，重点治理垃圾和污水，推进城镇垃圾污水处理设施和服务向牧区延伸，合理处置农药包装物、农膜等废弃物。积极稳妥推进乡村土地整治，加强村庄公共空间整治，完成全县85%行政村的村容村貌整治。重点实施农家书屋建设、村卫生医疗室设备完善、太阳能公共照明等工程，完善乡村基层综合服务平台。建立牧区人居环境建设民主管理机制，保障牧民知情权、参与权、表达权、监督权。构建和谐的干群、村民关系，开展“文明村镇”等活动，维护牧区安定祥和。

完善牧区消费环境。完善农资供应体系，规范市场秩序、稳定市场价格、保障市场供应。统筹县级农贸流通市场，建设具有农资配送、畜产品仓储、日用品配送、快递配送、再生资源回收等功能的牧区综合运输服务站，提升农资站综合物流服务功能。依托农家店、牧区综合服务站、乡镇邮政点，发展牧区物流联系网点，健全牧区物流末端网络。积极培育和发展牧区经纪人，提升专合组织物流配送能力和营销服务水平。

第四章　加强设施建设 增强保障能力

“十三五”时期，利用西藏全社会固定资产投资规模显著扩大的难得机遇，充分发挥市场配置资源的基础性作用，完善综合交通体系，提高城乡信息化水平，加强市政设施和水利建设，提高城乡基础设施的承载能力和运行效率。

第一节　改善交通运输条件

构建综合交通运输体系。革吉县地理位置特殊，与噶尔、改则和普兰等地接壤，又是国道317（安狮公路，那曲至狮泉河）的必经之路。加快公路交通基础设施建设，以干线公路为主脉，以农村公路为基础网络，形成便捷、畅通、高效、安全的综合交通运输体系。“十三五”期间，加大县域乡村公路的建设力度，完成县域境内7条景区公路建设，实现100%建制村通公路和通畅工程的建设目标。

专栏2：交通运输通达通畅工程

- 县域主网公路：建设四乡一镇通村油路，修建县城至公前村、县城至芒拉里、芒拉至康巴列村、雄巴乡至结克村、盐湖乡至羌堆村、文布当桑乡至罗玛村、亚热乡至塞利普村、亚热乡至罗玛村、亚热乡至却藏村。
- 乡村公路：建设四乡一镇乡村通村、转场和牧场公路，四级砂石路。
- 通寺公路：建设4个寺庙通油路，修建盐湖乡至扎西曲林寺、雄巴乡至象鲁康、雄巴乡至加吾拉康、革吉镇至扎加寺油路。
- 旅游公路：建设7个旅游景点公路，新建修建麦隆达普岩石、多仁村萨尼温泉、羌麦四组革琼岩画、羌麦一组杂嘎古墓遗址、羌麦四组朵贡岩画、亚热乡温泉、文布乡红柳公园。
- 县乡客运站建设。

加强客运场站建设。依托国道317，建成以县城为中心的快速综合交通运输体系，完善乡际客运班线建设。组建客运营运企业。通过实行招商引资和调动民间资金等渠道，引导和鼓励建立符合市场规律的货运公司，同时争取国家或援藏等资金建设物流集散中心以满足或解决我县的货物运输市场需求。

理顺公路养护体制。明确主体责任，进一步理顺农村公路管理养护体制。落实足额的养护资金，确保养护机制的正常运行。实行管养分离，推进农村公路养护市场化。完善考核机制，确保农村公路养护质量。

第二节 加强水利设施建设

坚持节约优先、合理开发、优化配置、强化管理的原则，提高水资源利用效率和效益。加强防洪、草场水利、安全饮水、大型灌区、调节水库等重点工程建设。“十三五”期间，提高乡镇、村庄、人口密集区防洪能力，重点建设新城区防洪堤工程、乡村段防洪堤工程。

加强民生水利工程建设。加强饮用水水源地保护和供水工程建设，通过界桩、警示牌、宣传栏、预警能力、农村生活垃圾治理等方式，建设城镇集中式饮用水水源工程；通过太阳能采暖深井、蓄水池、管道饮水等方式，重点在雄巴乡结克村、亚热乡夏玛村、盐湖乡羌堆村、文布当桑乡罗玛村和三座寺庙、两座拉康实施供水工程，覆盖四乡一镇各村组（居委会）和寺庙，有效解决群众的饮水安全问题。加强草场水利设施建设，实施节水增效工程，新增草场有效灌溉面积，重点建设嘎尔嘎和盐湖乡羌麦村夏夏草场灌溉项目，完善灌区配套设施及末级渠系，扩大草场和饲草料基地的灌溉面积，为改变传统的靠天养畜开辟新的路径。

专栏3：水利基础设施重点工程

- 安全饮水工程。实施农村饮水提质增效工程，采取太阳能采暖深井、蓄水池、管道引水等方式保障群众安全饮水，覆盖四乡一镇各村组（居委会）和寺庙；县城饮用水水源地建设工程。
- 灌溉设施建设。建设饲草料基地灌溉项目，完善灌区配套设施及末级渠系，实施节水增效。在全县四乡一镇无水草场进行打井灌溉，累计建设232口井；新建嘎尔嘎灌溉工程；盐湖乡羌麦村夏夏草场灌溉工程，新增5000亩草场灌溉；在雄巴、亚热盐湖等乡镇建设14个小型灌溉工程，满足饲草料基地灌溉。
- 河道综合治理。对县域内的重点河道进行综合治理，其中狮泉河帮巴村段和强巴村段2处、亚热乡扎贡曲1处、盐湖乡夏夏藏布、相曲藏布2处。
- 防洪工程。在文布当桑乡、亚热乡实施乡村防洪工程；在文布当桑乡夏玛村、革吉镇布贡村、森布村防洪工程；在革吉镇森布村、雄巴乡巴措村实施山洪灾害治理工程；在雄巴乡巴措村其那沟进行小流域综合治理；在森布村、结克村、亚热罗玛村、文布夏玛村、羌麦村实施水土流失治理项目。
- 流域生态安全。实施雄巴乡多仁村湿地保护修复工程。

重视小型水利工程建设。充分认识乡村对革吉县经济发展和社会稳定的重要作用，坚持统筹发展的理念，加大对乡村水利基础设施的投入力度。建设小型水库、水塘和引渠工程及节水增效工程，解决易旱草场的灌溉问题，提高工程引水灌溉保障率。“十三五”期间，加大边远和高海拔地区小型水利工程建设力度，对四乡一镇无水草场进行人工打进灌溉，在雄巴、亚热、盐湖和文部当桑等乡镇的14个村建设小型灌溉工程。加强水土流失、生态脆弱流域等综合治理和合理开发。革吉县作为狮泉河流域上游重要的生态安全屏障，对狮泉河帮巴村段和强巴村段、亚热乡扎贡曲、盐湖乡夏夏藏布和相曲藏布等重点河段进行综合治理。加强乡村防洪体系建设，在革吉、文布当桑、亚热等乡镇开展防洪工程和山洪灾害治理，对雄巴乡巴措村其那沟进行小流域综合治理。同时，通过网围栏、人工种草、引水渠、拦水坝等保护措施，修复雄巴乡多仁村湿地，确保流域生态安全。加强水源保护和水质监测，确保水利工程长期发挥效益。

筹集水利事业发展资金。积极开展立项，形成一批水源建设项目、渠道配套和节水改造项目或者水土保持项目，或将一些小项目捆绑上报，争取国家或援藏资金的投入和支持。同时，按照“谁建设、谁受益、谁管理”的原则，调动民间投资的积极性，吸引民间投资。继续加大对民办公助项目的宣传力度，让民办公助项目走进群众。积极推行“一事一议”制度，明确投资、管理和责任主体，带动山沟乡村水利基础设施的建设和管理。

第三节 推进城乡设施建设

按照统一规划、适度超前、重点突出原则，

强化革吉镇、盐湖乡的辐射带动作用，完善以县城、乡镇为主体的城镇体系布局，加强城镇能源、水利等市政基础设施和公共服务设施建设，提升城镇综合承载能力。

加强城乡能源基础设施建设。坚持输入优质能源为主、开发利用本地资源为辅，加快建设以太阳能为主、多能互补、集中与分散供给相结合的综合能源体系。“十三五”期间，加快县城500千瓦光伏电站、革吉3000千瓦风力发电站建设，进入阿里电网并网发电，完善县域电源点布局，解决大部分乡镇的用电问题。建设以太阳能为主体的中小型绿色能源电站，建设亚热乡400千瓦水电站及文布当桑乡二级水电站，缓解能源供需矛盾突出的问题，到“十三五”末基本实现电力人口覆盖率达到95%以上。加快完善城镇电网，探索推进城镇分布式能源建设，建设安全可靠、技术先进、管理规范的新型配电网络体系，加快推进城镇清洁能源供应设施建设，安装太阳能路灯。实施城镇取暖替代工程，提高城镇能源供应保障水平。“十三五”期间，推进县城供暖设施建设，建成县城集中供暖设施和供暖管网。

专栏 4：能源重点工程

- 电源。建设县城500千瓦光伏电站、革吉3000千瓦风力发电站。
- 电网。纳入阿里电网联网工程，覆盖革吉县及辖区内5个乡镇。
- 牧区电力建设。盐湖乡光伏电站扩容300千瓦，为三座寺庙和两座拉康各新建25千瓦光伏电站，建设亚热乡400千瓦水 电站及文布当桑乡二级水电站，为无电牧区购置太阳能户用电源。

加强城乡水利基础设施建设。加强城镇饮用水水源地建设和保护，科学规划城镇水厂布局，确保居民生活用水安全。完善城镇给排水管网布局，实现县城所在城镇安全供水全覆盖，提高城镇生活污水、垃圾无害化处理水平；加快城镇防洪设施建设，提高城镇防洪能力，完善城镇排水与暴雨外洪内涝防治体系。

加强城镇市政基础设施建设。统筹地上地下市政公用设施建设，促进城镇公共资源集约利用，努力降低城镇开发成本。因地制宜、统筹安排地下综合管廊建设，统筹电力、通信、给排水、有线电视、供热、燃气等管网建设，探索地下管网综合管廊模式。加强城镇基础设施保护，强化桥梁、燃气、给排水、防洪堤、地下综合管廊等设施安全运行。

专栏 5：城镇基础设施重点建设项目

- 县城供气、供暖工程。建设县城供暖系统及附属工程，完成文布当桑、盐湖、雄巴、亚热等乡的供暖系统建设及附属。
- 县城给排水工程。建设县城供排水，县城供排水管道铺设及水源点、处理厂等；建设文布当桑、盐乡、雄乡、亚热等4个乡的集中供排水项目。
- 住房保障项目。干部职工周转房、廉租房、公租房、经济适用房；县城棚户区改造，四乡一镇旧危房改造，给排水、电照、绿地等附属配套设施。
- 市政道路建设。
- 小城镇基础设施。文布当桑、雄巴、亚热等乡建设垃圾填埋场。

完善城乡社区生活设施布局。逐步建立社区养老服务体系和便民利民服务网络，打造包括便民超市、平价菜店、家庭服务中心等在内的便捷生活服务圈。“十三五”期间，加大4乡1镇的旧危房和30户棚户区改造力度。加强城市综合管理，完善城镇执法联动大队、便民警务站服务等执法体系建设。大力加强社区和物业管理服务体系建设，促进社区管理与物业管理无缝衔接。推动数字城镇建设，提高信息化和精细化管理服务水平。

增强城镇综合承载能力。完善以县城为支撑、重点乡镇为结点、特色鲜明的城镇体系，推动小城镇成为牧区人口转移就业洼地，加快县域经济发展。有条件的乡，要争取向小城镇方向发展，强化产业、服务业和宜居功能建设，使其真正成为连接城乡的重要节点。充分发挥交通节点城镇综合交通枢纽作用，统筹周边地区交通网络建设，鼓励有条件的城镇将公共交通向周边村镇延伸，提高公共交通覆盖范围。

第四节 增强信息水平建设

深入实施“互联网+”行动，着力加强信息基础设施建设。以“三网融合”为契机，扩大无线宽带网络的覆盖范围，优化固定电话网络结构，积极发展以IP为基础的多媒体通信网，加大网络宽带接入建设力度，加快广播电视系统的数字化、网络化改造，增加覆盖面，不断完善信息化基础设施建设。推行政务办公自动化，增强信息服务系统建设，建立统一的政务数据交换中心，逐步打造网络环境下的“一体化”政务服务体系和“一站式”公共服务平台。推进企业上网工程，实施中小企业信息工程，加快推行电子商务，引导企业引进、消化吸收和创新先进信息技术。实施乡镇、村通光缆工程，建立完善县城空间数据基础设施，加快地理空间信息数据库及其服务体系建设，增强信息收集、整合、交换和管理服务能力。加快农村信息化建设，将牧业和牧区大数据纳入农村信息化发展战略，利用大数据技术促进农村信息资源与用户间的有效衔接，实现牧业资源、环境、生产、产后与服务信息的全流程覆盖。到2020年，完成结构合理、安全高效、覆盖城乡的信息化网络和硬件基础设施建设，建成以信息资源平台为核心的信息管理和服务体系，力争信息化总体水平达到阿里地区同期水平。

第五章　发展优势产业 壮大经济实力

坚持产业强县、富民兴县，继续实施“一产上水平、二产抓重点、三产大发展”经济发展战略，推进产业结构优化升级，基本构建起能够有力支撑革吉未来长远可持续发展的产业新格局。

第一节　稳定发展草原畜牧业

以建设“生态牧业、精品牧业、富美乡村”为现代草原畜牧业的总方向，以保障畜产品有效供给和促进牧民持续增收为目标，以转变牧业发展方式为主线，以高效生态精品畜牧业基地建设为主攻方向，以提高牧业综合生产效率和科技支撑水平为核心，全面推进牧业现代化建设。强化现代草原畜牧业的基础支撑，加快实现由传统牧业向现代牧业的跨越，建设高效牧业示范区，为实现革吉社会稳定和长治久安提供有力支撑。力争到2020年，全县牲畜存栏达到38万头只，良种畜比例提高到60%以上，规模化养殖比例提高到30%以上，畜牧业对牧民增收的贡献份额达到60%以上。

*优化草原畜牧业布局。*依托县域畜产品资源优势和轻污染的生态环境优势及绿色天然的产地优势，积极推进产业带和集聚区规划建设，提高集中度，防止同质化和内部竞争，有序推进牧业产业结构调整，壮大特色畜牧业，继续发展白绒山羊、牦牛、藏系绵羊、毛绒和奶源等高原特色畜牧产品的生产基地和产业带。作为阿里地区重要白绒山羊产业带的核心区，做大做强白绒山羊优势产业，形成以白绒山羊为品牌的“革吉”草原畜牧业经济圈。依托革吉镇牦牛养殖基地和亚热乡绵羊育肥养殖基地，扩大革吉特色优势畜产品的知名度，提高畜产品的市场影响力。

*促进草场经营多样化。*围绕“做大、做强、做优”草原畜牧业的目标，促进草场多样化经营。生产组织化，把分散经营的牧户有效组织起来，向合作社、家庭牧场、养殖大户发展；经营多元化，试行“公司+基地+农户”等多种经营模式，使牧业生产、加工、销售有机结合；鼓励企业以租赁承包方式创办基地，以订单方式与村、乡镇或专业协会等签订种养殖生产供货合同，采取入股分红、利润返还等多种形式集中流转草场，形成规模效应，与牧民结成“风险共担、利益共享”的利益共同体，稳定产销关系；通过项目支持、财政补贴、金融扶持等一系列优惠政策鼓励种养殖大户、牧民合作组织及其他经济组织采用多种经营模式，合法流转草场，提高草场产出。

*强化草原生态保护建设。*重点发展草原生态畜牧业，继续做好草场确权承包工作，加大草场网围栏建设力度，落实草场基本保护制度。合理利用草场资源，在生态脆弱区进行退牧还草，缓解草畜矛盾，减轻草地压力，防止草场退化。“十三五”期间，实施退牧还草恢复草场250万亩，休牧围栏150万亩，草地补播100万亩；进行400万亩草场鼠害和100万亩草场治理。加快饲草料加工业的发展，扩大人工饲草种植面积，在气候较好的乡镇实施建设灌溉人工饲草料基地（人

工种草）1.3万亩，为偏远牧区修建牧道。推进文布当桑乡饲草饲料和粮食种植基地建设，在9个村开展集中连片农业综合开发，推广紫花苜蓿、披碱草等优质牧草品种，到2020年底全县集中连片人工种草面积达到3万亩。在各乡镇建设饲草料储备加工基地，实现“南草北畜”。转变传统饲养模式，推广“四季舍饲”或“冷季舍饲，暖季放牧”的现代家庭牧场示范场建设，重点开展牲畜短期育肥，提高牲畜出栏率。

完善良种繁育体系建设。强化实用技术推广应用，加强畜牧良种繁育体系建设，建立符合草原牧业生产实际的良种引进和繁育体系。“十三五”期间，在雄巴、亚热、盐湖和文部当桑等地开展白绒山羊、藏系绵羊选育，置换优质白绒山羊3万只；在革吉镇建设牦牛现代化养殖基地，用优质二代牦牛配种，新建人工授精站、饲料加工厂等生产工作用房，草地围栏及其它设备。

完善动物疫病防控体系建设。认真落实重大动物疫病各项防控措施，确保畜牧业健康稳定发展。继续完善乡镇畜牧兽医站动物疫情监测设备和实验室基础设施建设；建立重大动物疫病防控和监测体系，建设动物疫病防控中心、重大动物疫病防控物资储备库，配备所需的设施及物资；建设村级动物防控检疫网络体系，培训村级防疫员，购置动物防疫检疫设备，完善重大动物疫情报告制度；健全动物疫病和产品安全追溯体系，建立引种、饲料、兽药经营准入制度和完善动物防疫工作制度。

构建高效牧业科技推广体系。以现代牧业示范园区为龙头，科技示范点为节点，加大牧业先进适用技术成果集成示范与转化应用力度，辐射带动更多牧户实现科技致富。往“种草养畜、调草保畜、减量增效、保持生态”的模式方向发展；在饲草料基地的基础上，逐步实现放牧和补饲相结合的生产模式。“十三五”期间，修建高寒棚圈2700套，覆盖全县所有牧户。建设绵羊、牦牛短期育肥基地，育肥绵羊2.5万只、牦牛500头，解决城乡居民日常肉、奶需求。改造提升传统畜牧业，坚持规模化养殖、标准化生产和合作化经营的发展方式，着力培育和扶持标准化规模养殖场（小区）和中介组织，全面提高畜牧业专业化、规模化、标准化生产水平。

培育新型经营组织的发展。鼓励和扶持经营大户、村干部、科技人员、致富能手及各类涉农企业牵头兴办专业协会和专业合作社。“十三五”期间，全县扶持19个牧民经济合作组织，采取包点扶持的办法，每个乡镇或职能部门至少扶持1家“五好”合作社，推动全县合作社建设规范化。进一步规范合作社利益分配，努力使合作社的收益分配工作走上制度化、程序化、透明化、规范化轨道，并形成合理的利益分配长效机制。组建适应市场机制的新型专业化合作组织，引导有条件的“双联户”组建经济合作组织，积极培育扶持养殖大户、销售大户，让广大牧民从中受益、获得实惠。发展壮大集体经济力量，积极争取“短平快”等项目向牧区倾斜，帮助村级组织建立、健全“造血”功能，推动集体经济的兴旺发达。同时，加大对牧民增收带动力强的龙头企业培育扶持力度。

第二节　推进新型工业化发展

根据革吉的资源条件和产业基础，坚持走资源消耗低、环境破坏小、科技含量高、经济效益好的新型工业化道路，坚持科技创新与产业升级相结合，坚持重点产业与园区建设相结合，坚持产业发展与社会效益相结合，坚持实现工业化与信息化相结合，壮大特色优势产业集群，培育战略性新兴产业，推进产业结构优化升级。

畜产品加工业提质增效。以保障畜产品自给率和特色畜产品加工业需要，稳步提高牧业综合生产能力。充分利用天然草场的畜牧优势，发展绿色有机畜产品。对本地的牛羊活畜资源进行有效整合，打造稳定、优质牛羊肉食加工产业链。打通中高端市场销售渠道，打造“养殖—屠宰加工—市场销售”一体化产业链条，实现畜牧产业化快速发展。以牛羊肉深加工项目为龙头，开发和推广牦牛肉干、酥油、酸奶、奶渣、山羊绒等产品，促进肉制品由初加工向精细加工和综合利用开发的方向发展。“十三五”期间，在革吉镇产业园区建设农畜产品加工厂，新建厂房及购置设备。

盐湖资源综合开发利用。根据盐湖资源的特点及市场要求，对具备开采的液态盐湖卤水资源（硼、锂、钾）实现科学、合理、有序的开发，逐步提高盐湖资源在县域经济发展中的地位。遵循生态保护和“谁开发、谁保护、谁污染、谁治理”的基本原则，整顿和规范矿产资源开采秩序，进一步提高现有矿的资源利用率，扩大高品位矿产资源的生产销售，提升中低品位矿产资源的加工增值水平，进行科学、合理、有序的开发。借鉴生态脆弱地区矿产资源开发的经验，淘汰规模小、污染大、效益低的企业，发展壮大有实力、品质高的企业，打造绿色矿业集群。实现矿产资源合理开发利用与生态安全屏障建设和谐共赢。

探索盐湖产业园区建设。科学规划园区产业发展方向，加快园区前期工作，完善园区基础设施，努力提升园区产业承载和招商引资水平，推进企业向园区聚集。推进扎仓茶卡矿区整合后续工作及资源开发，进一步提高硼镁矿的生产销售量和加工增值水平。引进国内知名大型硼镁矿开采加工企业来此投资建厂，带动县域工业发展，力争将革吉县打造成全国著名的硼镁矿开采加工基地。

培育战略性新兴产业。充分利用县境内丰富的太阳能和风能资源优势，争取国家政策和资金支持，推进太阳能、风能等清洁能源的开发利用。加快县城500千瓦光伏电站、革吉3000千瓦风力发电站建设，作为重要的清洁能源接续基地，进入阿里电网并网发电。探索从湖盐或以盐湖卤水为原料的盐类产品开发，积极引进技术、资金和人才，拓展湖盐的各种功能特效，实现盐湖资源开发的多样性。扩大雄巴乡手工艺品加工厂生产规模，重点发展民族服饰、民族生活用品，满足消费者多层次需求及旅游业发展需要。

第三节　加快服务业转型升级

以旅游业为引擎，着力改造提升传统服务业，加快带动现代物流业、金融服务业、中介服务业、餐饮业等产业发展，增加就业容量，全面推进服务业结构优化升级，全力打造县域旅游新格局，发挥好旅游业在第三产业中的高效带动作用，增强县域经济发展活力。

实现旅游业突破发展。充分利用革吉丰富独特的自然、文化资源，配合“羌塘草原文化生态旅游区”行动，大力提升重要的旅游目的地地位和品质，树立“精品化、大众化、品牌化”的观念，把旅游作为先导产业和富民支柱产业来培育。制定高起点、高水平、高标准的文化旅游产业发展规划，实现文化旅游资源的合理开发和优化配置。

专栏6：革吉县旅游业提升工程

- 旅游景点开发项目。盐湖乡岩画景点、麦隆达普岩洞景区开发，建设旅游专线道路、景观设施、服务体系等设施；亚热乡温泉开发，温泉度假房屋及附属设施。
- 野生动物观光走廊。建设野生动物观光道路及沿途观光台等。
- 旅游基础设施建设。建设革吉镇、盐湖乡、雄巴乡、亚热乡约8个黑帐篷营地，兼具旅游咨询、游览、休闲、供给等　旅游服务，配套停车场、休息室及旅游营地各项设施。

打造精品旅游路线和旅游景区。依托羌塘草原、神山圣湖象雄文化和国道317，构建羌塘草原文化生态旅游环线，积极融入朝圣之路经典旅游路线，把革吉建成区域性旅游集散地。顺应自助自驾游发展趋势，鼓励发展自驾营地、房车营地、露营地、度假营地等新型旅游项目。在革吉、盐湖、雄巴、亚热等乡镇建8个黑帐篷营地，兼具旅游咨询、游览、休闲、供给等旅游服务。培育旅游新业态，研发推广“野生动物观光走廊”系列旅游商品；打造特色草原旅游摄影展，体验“牧家乐”和民俗风情表演等。推动“便民警务站”拓展功能，树立“便游服务站”新形象，建立旅游服务平台和旅游信息网，健全旅游安全预警和应急机制，完善旅游应急救援等安全救助体系。

推进商贸批发市场建设。重点培育一批组织规模较大、现代化水平较高、服务于生产与流通的专业市场。初步建成包括县城、乡镇二个层级的批发市场体系，利用各乡镇市场的自身优势发展一批具有一定规模的批发企业。牧区市场秩序得到显著改善，基础设施得以全面改进，畜产品批发市场形成通畅的销售渠道。

拓展零售商品市场体系。以开拓市场、扩大消费、丰富业态、方便生活为主线，不断优化县城、边远乡镇及牧区商贸服务业布局，改造提升商品交易市场，优化商业零售网点布局。扩大“万村千乡”市场工程牧家店覆盖面，积极开展农副产品购销、配送和农资及牧区日用消费品的统一配送工程建设。到2020年，零售品流通总规模翻一番，从业人员比重进一步提高。

培育发展餐饮服务业。不断推进餐饮业特色化、规模化，带动相关产业协调发展，促进餐饮业繁荣。培育具有地域、民族特色的餐饮业，提高餐饮业整体素质和水平。到2020年，全县餐饮业成为革吉重要的商贸服务产业，力争30%以上从业人员取得职业资格资质证书，部分餐饮企业达到“绿色餐饮”标准。

有序拓展金融服务业。服务实体经济，防范系统性风险，有序发展和创新金融组织、产品和服务，全面提升金融服务水平。发挥金融机构的综合性服务功能，积极发展中小金融机构，创新金融产品和服务模式。拓宽保险服务领域，积极发展责任保险、信用保险，探索发展巨灾保险，创新保险营销服务方式，建立健全保险服务体系。

大力发展现代物流业。加快建立社会化、专业化、信息化的现代物流服务体系，整合和利用现有物流资源，加强物流基础设施的建设和衔接，提高物流效率，降低物流成本。推动畜产品、大宗矿产品等重点领域物流发展。优化物流业发展布局，支持物流功能集聚区有序发展。“十三五”期间，建设畜产品冷链物流及配送中心。

规范提升商务服务业。鼓励支持非公有制经济发展服务业，增强社会容纳就业能力。加强信息服务、旅游服务、工程咨询、信用评估等专业服务；积极发展律师、公证、司法鉴定、经济仲裁等法律服务。规范发展人员培训等人力资源中介服务，积极培育牧区经纪人队伍，加强牧民技能培训，促进牧区劳动力转移，引导他们从事工程施工、旅游服务业等非农产业，促进牧民工有序流动，增加工资性收入。

第六章 实施精准扶贫 打赢脱贫攻坚

“小康不小康，关键看老乡”，坚持“转观念、谋发展”的理念，坚持精准扶贫、高效扶贫、精准脱贫，重点扶持贫困村的基础设施建设，谋划和争取产业化项目，不断增强自身的“造血”功能，同时加强社会参与力度，加大各类项目的捆绑与整合，提高扶贫资金的使用效率。瞄准“两年集中攻坚，三年巩固提升，四年全部摘帽”的奋斗目标，到2020年确保现行标准下贫困人口全部实现脱贫，齐心协力打赢脱贫攻坚战。

第一节 大力实施精准扶贫

按照“县抓落实、乡镇专干、工作到村、扶贫到户”的扶贫工作机制，以问题为导向，以到户为切入点，实施精准扶贫，切实做到扶贫对象精准、项目安排精准、资金使用精准、措施到户精准、因村派人精准、脱贫成效精准。

扶贫对象精准。牢牢把握“遵循标准、逐户核查、公示公告、分级确认、动态调整”的原则，确保“一户不多、一户不少”。建立扶贫信息系统，运用现代信息化技术，建立覆盖全县、延伸到户的贫困村、贫困户扶贫信息网络系统，对贫困户、贫困村做到“五清、六有”，实现统计精准。实行动态监测管理，严格按照“两公示一公告”（村级公示、乡级公示、县级公告）程序，实时更新、公布扶贫信息系统数据，脱贫销号、返贫入库，做到有进有出、动态管理。

项目安排精准。项目决策上要深入基层了解民意，因地制宜确定目标，严格按照标准、程序实施项目，监管到位、责任到人，确保党的政策不变成“平均主义”。主要安排与牧民脱贫致富相关的农村小型基础设施工程，包括县乡村公路、小型水利、小流域治理、山洪防治、人畜饮水等其他方面，围绕基本生产、生活条件及生态环境实施项目。

专栏7：精准扶贫项目

- 基础设施项目。小型水渠、转场公路桥梁等。
- 产业扶持项目。乡村招待所、牧家乐、奶制品加工厂、风干肉加工厂、皮毛加工厂。
- 到户帮扶项目。借畜扶持、添置牲畜。
- 整村推进。
- 以工代赈。乡村道路、转场道路、小型水利、小流域综合治理。

资金使用精准。以扶贫规划和重大扶贫项目为平台，把扶贫资金与减贫成效挂钩，加大资金整合力度，集中力量解决突出贫困问题，提高资金使用效益。强化资金监督管理，确保一分一厘、一丝一毫都用在扶贫开发上。促进扶贫资源优化配置、扶贫项目高质高效推进，提高扶贫工作整体水平和效益。

措施到户精准。坚持调查研究，坚持实事求是，针对贫困原因和类型，因地制宜，实施一村一策，通过产业帮扶、企业帮扶、社会组织和个人帮扶等手段扶贫。逐村逐户制定帮扶计划，用足用活帮扶政策，确保项目、产业、安居、搬迁、就业、技能、智育、健康、金融、援藏、部门、社会、结对等扶持措施到村到户。

因村派人精准。认真总结驻村工作、“第一书记”好的经验做法，明确选派范围、条件和标准，坚持因村制宜、因村派人，优先选派机关单位领导班子成员、后备干部和优秀年轻干部，优先选派政治素质好、群众观念强、热爱农村基层工作的驻村干部、“第一书记”，强化履行建强基层组织、推动精准扶贫、为民办事服务、提升政治水平等职责，做到真扶贫、扶真贫。

脱贫成效精准。按照“四年脱贫、一年巩固”目标，各项具体工作，都要和脱贫攻坚总要求、总任务对表，和全面建成小康社会进程对表，每年脱贫任务要精确到人，做到脱贫一户销号一户。到2019年实现现行标准下1318户4067名贫困人口全部脱贫；再利用一年加以巩固，到2020年贫困人口全面消除，贫困村基本生产生活条件、公共服务能力和社会保障水平显著改善，完成扶贫攻坚任务。

第二节 分类推进扶贫攻坚

科学设定扶贫路径，分类推进扶贫举措。“十三五”期间，通过产业扶持、转移就业、易地搬迁、教育支持、医疗救助等措施解决4067人左右贫困人口脱贫，完全或部分丧失劳动能力的人口全部纳入农村低保制度覆盖范围，实行社保政策兜底脱贫。

发展生产脱贫一批。引导和支持有劳动能力的人依靠自己的双手开创美好明天，坚持宜牧则牧、宜工则工、宜商则商、宜游则游，立足当地资源，实现就地脱贫。针对缺乏生产资料和发展门路的贫困户，有的放矢、形式多样地帮助贫困户建起持续稳定增收的产业和机制。“十三五”期间，力争通过产业扶持329户，使1191人脱贫。

专栏8：发展生产脱贫重点项目

- 养殖业发展项目：主要建设革吉镇牦牛基地和亚热乡绵羊育肥基地2个养殖基地，使全县贫困户受益。其中：革吉镇牦牛基地规模化养殖量达5000头，建设牲畜棚圈、饲草料生产基地、无菌化挤奶及奶制品加工厂房，牦牛屠宰厂房及牦牛肉加工厂房等配套设施；亚热乡绵羊育肥基地规模化养殖30000只，在全县范围内培养至少20户“绵羊经纪人”和100户养殖大户，建设绵羊暖棚圈、饲草料库（青饲料库和干饲料库）、绵羊屠宰及加工厂房等配套设施。
- 种植业发展项目：主要建设饲草料生产基地、高原生态高效农业生产基地，其中：在文布当桑乡、革吉镇森布村和加布村重点建设饲草料基地，文布当桑乡饲草料基地人工种草面积达10000亩，革吉镇森布村和加布村饲草料基地为县产业园区和革吉镇牦牛生产基地提供有力保障；高原生态高效农业生产基地主要建设30座现代高效蔬菜大棚，形成牛、羊、猪、家禽养殖和储备基地，保证县城内四季新鲜蔬菜供应并辐射周边区域。
- 民族手工艺品加工发展项目：依托雄巴乡民族手工艺品加工基地，建设原料加工生产线及厂房，工艺品成型加工及厂房，综合管理区、生活区及配套设施。
- 绿色矿业及多种产业发展项目：依托盐湖乡绿色矿业发展基地及多种产业发展基地，打造一家具有行业竞争力的绿色矿业企业，提升县域小城镇的发展综合实力，使区域内贫困户受益。

● 旅游服务业发展项目：依托生态旅游区建设，建成野生动物观赏区，自驾游体验区，接待区及旅游专用区和配套设施。在县城、雄巴乡、盐湖乡、文布当桑乡开展集旅游接待、娱乐观光、特色餐饮于一体的综合标准化建设，提升三乡一镇的旅游服务功能。

易地搬迁脱贫一批。对“一方水土养不活一方人”的实施扶贫搬迁，贫困人口很难实现就地脱贫的实施易地搬迁。结合新型城镇化、旅游开发和新农村建设，采取整村搬迁、散户集中、插花安置等方式，按规划、分年度、有计划组织实施，确保搬得出、稳得住、能致富。“十三五”期间，力争通过搬迁扶持510户，使1761人脱贫。

生态补偿脱贫一批。加大县域生态保护修复力度，争取财政、投资、环境等政策倾斜力度，争取重点生态功能区转移支付，扩大政策实施范围，让有劳动能力的贫困人口就地转成野保员等生态保护人员。

发展教育脱贫一批。加大对致富带头人、养殖大户、专合组织管理人员、从业人员的培训力度，以订单培训、跟班培训、定向培训、师徒传授等方式，实施家政服务、汽车驾驶、餐饮服务、建筑建材、手工编织、服装服饰、民族工艺品制作等转移就业技能培训，提升就业创业能力。基本实现有条件的家庭至少一人掌握一门实用技术。“十三五”期间，力争通过教育就业扶持17户，使59人脱贫。

社会保障兜底一批。对完全或部分丧失劳动能力的人，由社会保障来兜底，将低保政策和扶贫政策相衔接，对因病致贫的提供医疗救助保障，加大其他形式的社会救助力度，做到应扶尽扶、应保尽保。“十三五”期间，力争通过社会保障扶持270户，使510人脱贫。

第三节 完善扶贫考核办法

“十三五”期间，把脱贫攻坚作为头等大事和第一民生工程来抓，坚持以脱贫攻坚统揽经济社会发展全局，举全县之力打赢脱贫攻坚战。

全面落实领导责任。强化县扶贫开发领导小组职能，健全多层次干部分片包干责任制，做到5年不脱贫不脱钩。强化扶贫开发领导责任，加强扶贫开发队伍建设，落实县、乡、村三级和驻村工作队、双联户长扶贫责任清单制度和逐级督查、验收制度。开展定期督查、专项督查、明察暗访等督查，及时了解帮扶措施落实情况。

建立健全考核制度。按照《贫困县党政领导班子和领导干部经济社会发展实绩考核办法》，把扶贫成效作为年度考核的主要指标。按照《西藏自治区贫困人口脱贫考核办法》，建立由户到村、由村到乡、由乡到县的脱贫成效评估机制。加强对行业扶贫工作的考核和定点帮扶工作的督查，每年通报目标任务完成情况。

严格落实奖惩制度。层层签订脱贫攻坚责任书、立下军令状，把脱贫攻坚实绩作为选拔任用干部的重要依据，实行扶贫工作“一票否决”。对重视扶贫、成效突出的单位给予表彰，干部给予提拔重用；对扶贫帮扶重视不够、工作不实的部门给予通报批评，主要领导给予约谈问责。

第七章 完善公共服务 共享发展成果

基本公共服务是保障基本民生和公民权利的重要内容，也是各级政府必须履行的基本职能。加快健全覆盖城乡、普惠可及、差异缩小、可持续的基本公共服务体系。优化基层公共服务网点布局，促进资源整合和设施共建共享，重点解决“最后一公里”终端服务可及性和质量效益问题。

第一节 优先发展教育事业

始终坚持教育优先发展，以建设教育强县为目标，全力促进教育资源城乡均衡配置、优化配置，人口平均受教育年限达到10年以上，为推进可持续发展提供智力支撑和人才保障。

推进教育跨越式发展。在义务教育发展基本均衡基础上，全面提升教育质量和水平，推动义务教育由基本均衡向优质均衡迈进。全面实施素质教育，坚持育人为本、德育为先，加强社会主义核心价值体系教育、公民意识教育、反对分裂维护祖国统一和民族团结教育，提高青少年学生的思想道德素质。大力发展学前教育，积极探索推进高中教育，到2020年义务教育阶段巩固率达到100%。

改善综合办学条件。大力推进学校标准化建设，义务教育质量显著提升。加强教育信息化建设，大力发展远程教育系统运行管理保障机制，全面推进“三通两平台”建设，实现优质教育资源共享。加快牧区双语幼儿园（班）建设，加强义务教育学校标准化、寄宿制学校和县乡学校教师周转房建设，不断改善中小学校的办学条件。高度重视牧区教育工作，提高偏远地区集中办学程度。认真做好“三包”政策从幼儿园到高中全覆盖工作，严格执行义务教育阶段学校学生营养改善计划，完善家庭经济困难学生资助体系。大力发展体育事业和体育产业，推动群众体育与竞技体育协同发展，广泛开展群众性体育健身活动，增强人民体质。

提高基层教师待遇。对长期在基层工作的教师在工资、职务职称等方面实行倾斜政策，对长期从教、贡献突出的教师给予奖励，改善基层教师的工作和生活条件，确保革吉县留得住一支稳定的教师队伍。

提升中小学教学质量。加强师资队伍建设，全面提升教师队伍整体素质，加大乡镇教师配置。到2020年，小学教师和初中教师学历合格率达到100%。加大教育援藏工作力度，通过与对口援藏的学校进行交流等方式，选派教师进藏支教、组织教师到内地培训，提高办学水平、教学理念和方法。坚持把双语教育贯穿始终，鼓励双语教师到基层任教，确保学生基本掌握国家通用语言文字，提高教学水平。

探索职业教育的有效形式。抓住国家大力扶持职业教育的机遇，转变教育发展观念，立足牧区实际，依托阿里地区职业教育平台，确保所有初中未能升学的毕业生都能接受职业教育，全面提高劳动者素质，培养壮大产业工人队伍。突出动手能力、实践能力和就业技能的培养，努力培养“升学有基础，就业有技能，返乡能致富”的新一代建设者。

第二节　增强科技创新能力

实施创新驱动发展战略，加大科技专项资金投入，提高科技创新能力，使科技创新成为县域经济结构调整和发展的有力保证。力争到“十三五”期末，科技进步对全县经济增长的贡献率达到45%以上。

加强科技人才队伍建设。充分发挥政府主导作用，着重抓好致富技能培训和科技培训，不断提高全体劳动者的科技素质，为经济、科技和社会事业的持续、快速、健康发展提供智力支持。“十三五”期间，通过人才引进和培养扩充全县各类科技人才数量。

建立科学技术服务平台。建立一个功能完善的科技综合服务中心，形成科技成果转化、技术推广、信息传播、技能培训、科学知识普及的综合性科技服务平台，促进科技成果向现实生产力转化，形成科技与经济社会紧密结合的有效机制。通过新技术、新品种的引进使用，不断提高科技对经济社会发展的贡献率。

加大农牧科技推广力度。采用先进技术发展设施农业，在革吉县实现重大突破，提高土地产出率和资源利用率；畜牧业着力加快养殖小区、品种改良、饲草料基地和防疫体系建设，促进畜牧业发展方式、牧民生产生活方式的深刻变革。通过牧业科技示范园进行牧区劳动力科技培训。

第三节　提高人民健康素质

以健康需求为导向，坚持防治结合、藏中西医并重、多元发展，优化医疗卫生资源配置，提升医疗卫生服务能力，实施健康工程，让城乡居民少得病、看得起病、看得好病，到2020年人民群众主要身体健康指标达到全国平均水平。

完善医疗卫生服务体系。平衡医疗卫生资源。优化城乡医疗资源配置，稳定基层卫生资源。加强以县医院能力提升、乡镇卫生院标准化建设、村卫生服务全覆盖为重点的三级医疗卫生服务网络建设，平均达到2.5名医生/千人。积极引导一般诊疗面向基层服务，逐步实现社区首诊、分级医疗和双向转诊。深入实施“全民健康促进行动”，建立健全家庭健康档案，实施城乡居民大病保险制度。

加快医疗卫生队伍建设。加强全科医师培养和在职卫生专业技术人员培训，提高医疗卫生服务能力和水平。充分利用对口援藏“组团式”选派、“传、帮、带”等方式，重点加强牧区卫生技术人员的培养培训工作，提高牧区卫生技术人员的综合素质和医疗技术水平。继续实施城镇卫生支农牧区卫生工作，进一步提高基层的诊疗水平。加强医德医风建设，提高医疗卫生服务质量。

促进公共卫生服务均等化。继续深化医药卫生体制和公立医院改革，鼓励社会力量发展医疗卫生事业，支持民营医疗机构发展壮大。促进妇幼保健等基本公共卫生服务项目发展，加强妇幼保健工作，倡导优生优育，落实全面二孩政策，提高人口素质。积极扶持藏医药事业的发展，提升藏医药服务能力。加快疾病预防控制体系和突发公共卫生事件医疗救治体系建设，加强地方病、高原病、传染病以及重大疫病的防治工作。加强卫生执法监督工作，强化卫生执法监督体系建设，加大卫生监督执法力度，严格查处各种非法行医和损害群众利益的行为。健全食品药品安全监管体系，整顿规范市场秩序，提升风险监测水平，依法打击假冒伪劣商品，保障食品药品安全。

第四节 健全就业服务体系

把促进就业作为经济社会发展的出发点和落脚点，围绕产业发展增加就业岗位，拓宽就业渠道、提升就业能力、转变就业观念，努力实现充分就业。

实施积极的就业政策。多渠道开发就业岗位，改善就业结构，鼓励自主创业和自谋职业。继续实施并完善财税、信贷等优惠政策，大力发展劳动密集型产业，扶持中小企业发展，基本形成劳动者自主择业、市场调节就业和政府推进就业的共促机制，促进充分就业。细化征地补偿安置方案中促进就业具体措施，妥善解决失地牧民就业。鼓励和支持牧民到城镇和企业就业，鼓励和支持内地群众到革吉创业，带动当地群众就业。

持续推进创业和就业。鼓励大众创业，万众创新，全面推动创业带动就业，动态消除“零就业”家庭。完善公共就业培训服务体系，提高劳动者就业创业能力，促进职业技能培训由数量型向质量型转变。鼓励一批高校毕业生和复转军人积极创业，扶持一批失地牧民自主创业，动员一批牧区能人带头创业。发动群众参与建筑施工、跑运输、开茶馆等自主创业，让更多的群众增收致富。城镇登记失业率控制在2.3%以内。

维护劳动者合法权益。广泛推行劳动关系协调机制，加强劳动执法，完善劳动争议调处机制，依法保障劳动者权益。建立健全就业援助工作长效机制，积极开发公益性岗位，稳定规模，规范管理。全面推行劳动合同、集体合同制度，完善政府、工会和企业三方劳动关系协调机制，加强劳动执法，妥善处理劳动争议，保障劳动者权益。发挥工会和行业组织作用，努力形成企业和职工利益共享机制。

第五节 完善社会保障体系

按照“保基本、广覆盖、多层次、可持续”方针，统筹、衔接城乡居民的社会保障体系，构建与经济社会发展相适应的社会保障体系，实现人人享有基本社会保障。

健全社会保障体系。以保障社会事业、增强人民幸福、促进民族团结为目标，推进全社会保险参保登记制度。继续做好城乡居民社会养老保险工作，完善社会统筹和个人账户相结合的基本养老保险制度，推进机关事业单位养老保险制度改革，继续做好新农保、寺庙僧尼社会养老保险和居民养老保险全覆盖。健全留守儿童、老年人关爱服务体系，健全残疾人权益保障。探索建立被征地农民养老保险补偿机制和寺庙老年僧尼集中供养新模式。进一步完善工伤保险制度。

完善社会救助体系。完善城乡居民最低生活保障、城乡医疗救助制度和农村五保供养制度，扩大保障范围。加强农村低保与新型农村社会养老保险以及其他社会救助制度和扶贫政策之间的衔接。积极发展以扶老、助残、救孤、济困为重点的社会福利事业，实现孤残弃儿童集中供养率、孤寡老人意愿集中供养率100%目标，不断提高特殊困难群众生活保障水平。完善临时救助制度，帮助低收入困难家庭和因突发事件造成临时生活困难的群众。健全养老服务体系，培育养老服务产业。

*完善住房保障体系。*以满足群众基本需求、实现住有所居目标、保证共享改革成果、促进各民族和谐共存为目标，坚持市场调节与政府调控相结合，调节需求、增加供给、完善制度、加强监管，建立统一的城乡住房保障体系，有序推进城市旧住宅区、危旧房和非成套住宅改造，建设城镇保障性住房，逐步改善城乡中低收入住房困难家庭的住房条件。力争到2020年基本完成现有城镇棚户区、城中村和危房改造。

第八章　繁荣文化发展 传承特色文化

坚持以建设重要的特色文化保护传承地为目标，以人民群众不断增长的精神文化需求为导向，以促进文化大发展大繁荣作为弘扬民族精神的重要内容，围绕文明素质提升、文化事业繁荣、文化产业发展三个重点，突出藏文化传承、保护和发展，推动革吉向文化强县转变。

第一节　提升文明素质

弘扬社会主义核心价值观，倡导富强、民主、文明、和谐，自由、平等、公正、法治，爱国、敬业、诚信、友善。增强中国特色社会主义道路自信、理论自信、制度自信，不断激发全县各族人民实现中华民族伟大复兴中国梦的信心和决心。

*加强社会主义思想道德建设。*深入开展中国特色社会主义和中华民族伟大复兴中国梦宣传教育，培育和践行社会主义核心价值观，大力弘扬以爱国主义为核心的民族精神，推进社会公德、职业道德、家庭美德、个人品德建设。加强爱国主义教育基地建设，深入开展反分裂斗争教育，引导各族群众认清“团结稳定是福、分裂动乱是祸”；结合“新旧西藏对比、感党恩、三个离不开”等宣传教育，让群众认识到祖国大家庭的温暖和社会主义制度的优越性，打牢维护祖国统一、加强民族团结的思想基础。开展公民道德宣传日活动，深化“做一个有道德的人”活动。加强未成年人思想道德教育，促进思想道德素质、科学文化素质和健康素质协调发展。深入开展送温暖、献爱心、讲诚信、扶弱助残、保护环境等多种形式的道德实践活动。加强社会信用体系建设，建立健全守信激励和失信惩戒机制，推进政务、商务、社会诚信和司法公信建设，培育牧民守信意识，构建诚信模范示范县。充分发挥典型示范带动作用，广泛组织开展道德模范评选、表彰、宣传活动。

*深化拓展精神文明创建活动。*坚持贴近实际、贴近生活、贴近群众，不断拓展群众性精神文明创建内涵。加强社区、企业、校园文化建设，深入开展“五下乡”活动，广泛开展文化艺术节、广场文艺、群众歌咏比赛等群众喜闻乐见的基层文化活动；广泛开展城乡共建、军民共建、警民共建、村企共建等多种形式的共建活动，形成全社会共同参与文明创建活动的生动局面；广泛开展社会志愿服务活动，大力发展志愿组织，弘扬志愿精神，扩大志愿服务社会影响，吸引公众积极参与。深化文明城市、文明村镇、文明单位、文明家庭等精神文明创建活动。融入乡规民约、行业规范、学生守则、寺庙管理，引导广大群众自我教育、自我提高，倡导科学、文明、健康的生产生活方式，提高城乡文明程度。到2020年，文明乡镇创建率达到100%，文明社区、文明单位、文明家庭创建率达到98%以上，评选星级文明户（家庭）占农村社区总户数的25%。

第二节　繁荣文化事业

以巩固思想文化阵地、满足全县各族人民不断增长的文化需求为目标，促进文化事业繁荣发展。

*全面深化文化体制改革。*理顺文化行政管理部门与所属事业单位的关系，推动文化行政管理部门切实履行好政策调节、市场监管、社会管理、公务

服务等职能。深化公益性文化事业单位内部改革，形成责任明确、行为规范、富有效率、服务优良的公共文化服务长效运行机制，建立健全公共文化服务的经费保障、绩效考评和监督机制。

健全公共文化服务体系。推进基层文化服务体系标准化，数字化发展，实施好文化惠民工程，提高基本公共文化服务水平。以文化设施建设为重要抓手，推进村级电影放映室、文化室、民间艺术团排练场、广电中心、数字影院建设和改造，推进数字公共文化服务城乡全覆盖，实施优秀文化信息资源进村、入户工程，提高社会力量参与公共文化服务水平。

加强文化遗产保护与传承。坚持“保护为主、抢救第一、合理利用、传承发展”的指导方针，推进非物质文化遗产展示场所保护建设，全面展示非物质文化遗产成果。对重点谢寺庙实施文物保护维修工程。推进革吉县谚语非物质文化遗产保护和传承，深入挖掘县域文化内涵在弘扬优秀传统文化、爱国主义和民族团结方面的重要作用。拓展文化遗产传承途径，以民俗资源开发保护和自然、历史、文化遗产保护利用为重点，促进非物质文化遗产资源转化为产品。

专栏9：繁荣文化事业重点项目

- 基层文化建设工程。为全县19个村居及5个寺庙拉康新建专用书屋场所；完成警务站警营书屋建设；新建19个村级文化站。
- 县民间艺术团、县级展览室，干部职工之家及附属设施。
- 文化信息资源共享。县城影剧院、村级电影放映室、县城数字化电视覆盖、行所在地有线电视网络。

加强公共文化基础设施建设。以公益性、基本性、均等性、便利性为原则，建设公共文化基础设施服务网络。加强县文化活动中心基础设施建设，提升县级公共文化服务水平。对乡村文化中心（室）进行维修、改造和文化活动设施配送。巩固拓展农家书屋、寺庙书屋、党报党刊全覆盖工程，提升公共文化传播力。对重点乡镇建设具备培训、影院放映、演出、健身、比赛、娱乐、科普等综合服务功能的文化体育活动中心。

开展重点文化活动。通过政府购买服务、补贴等形式，支持各类示范性、导向性文化活动开展，推进公益性文化场馆向全社会免费开放，把健康向上的文化产品和服务送到城乡基层，丰富人民群众的精神文化生活。组织各级各类文艺团体送文艺节目进农村、进社区、进校园、进企业、进警营。开展诵读朗诵、读书演讲、知识竞赛、送书下乡等，推进图书进机关、进校园、进社区、进警营、进乡村。推进青少年宫等向全社会免费开放。

第三节 发展文化产业

坚持推进资源整合，倡导“文化+”理念，不断增强文化产业实力和竞争力，加速推动文化资源向文化产业转变。

完善文化产业发展格局。依托丰富的特色文化资源和发展潜力，推出一批思想深刻、艺术精湛、群众喜闻乐见、具有革吉风格的文化艺术精品。充分发挥革吉县民间艺术团作用，编排、创造一批特色文化文艺节目，丰富干部群众文化生活。抓住生态旅游文化产业的契机，积极推动文化产业与旅游产业的融合。

调整文化产业结构。坚持文化产业集约化、规模化、专业化发展方向，以培育主体、搭建平台为基础，深挖特色民族文化市场价值，促进文化和旅游深度融合。推进文化科技创新，提升文化产品和服务的科技含量，不断提高文化产品附加值。

加强文化市场建设。打破条块分割、城乡分离的市场格局，加快构建统一开放竞争有序的现代文化市场体系，促进文化产品和要素在更大范围内合理流动。适应新型文化业态发展，丰富文化产品供给，全面发展文化旅游、演艺娱乐、民族手工艺、文化创意与设计服务业。积极开拓大众性文化消费市场，培育牧区文化市场，不断扩大文化消费。

第九章 建设生态文明 推动绿色发展

牢固树立绿色发展理念，实行生态优先发展

战略，采取切实有效措施，着力加强生态建设、资源合理开发与保护、环境污染综合治理，积极推进美丽革吉建设和积极构建国家重要的生态安全屏障。促进革吉县经济发展与生态环境保护的深度融合。

第一节　生态安全屏障建设

境的影响，按照不同地域的资源环境、承载能力和发展潜力，综合自然资源、建设适宜性、生态敏感性等多方面因素，规划将革吉县域划分为适建区、限建区和禁建区三大类。

专栏10：革吉县主体功能区

	二级空间分区	三级空间分区
适建区	城市建设用地、村庄建设用地、重大基础设施用地	包括中心城区和乡镇内的城市建设用地、村庄建设用地，以及重大基础设施及周边用地
限建区	中心城区发展协调区	中心城区内城市建设用地以外区域
	矿产资源分布区	县域呈东西向的带状分布的矿产分布区
	牧草地	广泛分布于县域范围内的天然牧草地
禁建区	冰川及永久积雪区	海拔较高，气温常年0℃以下的永久性积雪层和冰川区域
	河湖水面	主要河流，主要湖泊
	湿地保护区	主要指湿地保护区，属于高原湖泊沼泽草甸湿地，是黑颈鹤等多种珍稀鸟类的迁徙走廊和繁殖地
	林地	主要指分布于县域内的灌木林区

做好土地资源利用规划。加强土地资源和资产管理，对农地和非农地实行严格的用途管制，促进土地资源高效利用，使土地资源发挥最大的经济、社会和生态效益。严格控制非农建设占用土地，统筹兼顾各项建设用地，满足交通、水利、能源等重点工程和符合产业政策的企业项目用地。加大对草原保护，对草场实行特殊保护，实现草场总量动态平衡，草场总量稳中有增。加快草原生态工程建设，改善牧业用地条件，防止土地退化。

广泛持续开展绿化行动。加强重点乡镇“绿色走廊”建设工程，对县城道路、机关、学校进行绿化美化建设。建设本地秀丽水柏枝和红柳育苗基地，支持造林绿化工程。继续实施退牧还草、人工种草、草原鼠虫害和毒草害防治，加强天然草原的保护，大力实施退牧还草建设。围绕羌塘国家级自然保护区的生态建设，加强对草场的建设，提高草场承载力，搞好人工种草的后续管理。继续推广牧区太阳能、风能等可再生能源建设，解决牧民群众生产生活对燃料的需求。

保护建设湿地生态系统。加强对河流、湖泊、滩涂等湿地资源的管护，实施疏浚清淤、岸堤修复等湿地保护工程。加强草原草甸保护，加强湿地保护与恢复，保护高原典型荒漠生态系统。“十三五”期间，开展湿地保护、沙漠化防治、灌木林建设与保护等生态工程，保护狮泉河流域革吉段200公里的湿地，修建网围栏、警示牌、通道、河流疏通等。

维护生物资源多样性。以自然保护区为载体，保护好重要的野生动植物繁衍栖息的自然环境，加强野生动物保护，加强生物多样性保护，以生物多样性富集区域为重点，加快已有生物多样性自然保护区建设。“十三五”期间，开展野生动物救护及驯化、藏羚羊自然保护区等工程，建设藏羚羊自然保护区。同时，将生态屏障建设与动植物多样性保护结合起来。推广生态示范区和草原生态畜牧业建设，保护好自然生态环境及珍稀野生动植物，实现县域内自然生态系统良性循环，维护生态平衡。

第二节　全面推进环境治理

强化环境污染治理的针对性，着重加强城镇生产、生活污水和垃圾治理，农村面源污染和土壤污染治理等突出问题，完善环保制度设计、规划、监测、执法、宣传等方面的能力建设。到2020年，县城区空气质量优良天数比重达到90%以上，城镇污水集中处理率达到90%，主要河流城区水质达到Ⅲ级以上，重要河流水功能区水质达标率达到95%，工业固体废弃物综合利用率达到90%以上。

推进重点流域综合治理。对不同流域按照饮用水源保护区，实施水功能区差别化管理和水资源开发，重点实施县城饮用水源地保护和乡村饮用水源地保护项目。以羌塘国家级自然保护区等为重点，全面推进水污染综合治理，实施隔离防护、矿渣和底泥治理、生态护坡、河湖滨带生态修复。对县境内重点河段进行生态环境综合治理，包括河道清淤和疏浚等工程；进行重点部位的山洪灾害防治。

强化城镇污染控制和治理。推进城镇水污染治理、大气污染治理、生活垃圾无害化处置，推进矿产品加工等重点行业污染减排，严控城镇污染源。推进城区污水管网改造、城镇污水处理设施升级和城镇新区清污分流工程，重点完成县城生活污水处理厂及其污水收集管网建设。

强化牧业面源污染治理。通过“改水、改厨、改厕”和建立生活垃圾、生活污水收集处理系统，改善环境卫生和乡村风貌。加大测土施肥面积比例，减少化肥、农药施用强度，推广使用生物农药，提高农用塑料薄膜回收率，建设污染防治设施。

加强环境保护能力建设。加强建设项目环境审批管理，从源头控制污染，做好项目建设三同时监管。建立环保信息网络平台，加大环保政策、技术、法律法规宣传力度。加大环保执法力度，提高依法行政水平，规范环保行政许可、现场执法检查、排污收费、行政处罚等执法行为，开展各类环保专项行动，完善公众参与渠道。提升环境监测水平，更新监测装备，实施专业人员培训，健全应急预案体系。

第三节　防灾减灾体系建设

推进综合防灾减灾事业发展，构建综合防灾减灾体系，充分发挥政府主导作用，积极调动各方力量全面增强综合防灾减灾能力，维护人民群众生命财产安全。

加强自然灾害防御能力建设。开展水文、气象、地震、地质、农牧业、林业、草原、野生动物疫病疫源等应急监测能力建设，提高重大自然灾害的防御能力。建立健全防抗雪灾、防汛抗旱、防护地质等自然灾害的应急预案。建立和完善农业气象服务系统，提高设施农业的气象保障能力。推动乡镇农村信息服务站建设，发展牧区信息员队伍，着力解决牧区气象服务信息发布瓶颈等问题，减少极端天气因灾损失。

专栏 11：防灾减灾体系建设

- 高寒棚圈建设。
- 人工种草。主栽品种为披碱草和青稞牧草。
- 防抗灾物资储备库。
- 动物防疫、检疫服务。
- 易灾乡镇修建救灾仓库。
- 应急避难场所。
- 应急指挥中心。

加强防灾减灾骨干工程建设。加强城镇疏散场地、避险场所、救灾物资储备库体系建设，在易灾乡镇新建防抗灾饲草料储备库，配备抗灾运输、铲雪等机械设备，提高救灾物资和应急装备保障水平。加大草场水利设施、抗旱应急水源等工程建设，加强防洪基础设施建设，提高防汛抗旱能力；加大饲草饲料生产与加工基地建设，充实饲草料储备，拉动全县饲料工业的发展。

完善防灾减灾应对机制。健全自然灾害信息发布机制，完善基层自然灾害灾情上报与统计，全力做好灾害治理和灾后恢复重建工作。开展防灾减灾宣传教育和科普工作，开展各类自然灾害应急演练，增强公众防灾减灾意识，提高自救能力。

第十章　全面深化改革　优化发展环境

坚持把深化改革作为第一动力，健全、完善现有各项发展制度，以深化改革和创新机制促进发展，加快形成更具活力的发展环境。

第一节　深化体制改革

结合革吉县实际，坚持问题导向瞄准制约发展的突出问题，积极稳妥地推进改革，创新体制机制，激发经济社会发展活力。

转变和规范政府职能。加快转变政府职能，建设法治政府、创新政府、廉洁政府和服务型政府，增强政府执行力和公信力，制定本县市场准入负面清单，公布县级政府权力清单、责任清单，进一步扩大下放权限范围，加快从事前审批向事中事后监管转变。深化“三证合一”“先照后证”商事制度改革，加强改革后的市场监管。

完善行政管理体制。按照“环节最少、效率最高”的要求，深化行政审批制度改革，合理确定项目和范围，规范审批行为。推动审批与监管分离，建立高效快捷的行政审批机制。落实政府权力清单、责任清单制度，健全部门间协调配合机制，理顺和明确权责关系，避免事权交叉重叠。坚持创新管理，强化服务，全面实行政务公开，推广电子政务和网上办事，着力提高政府效能。

深化牧区改革。深化牧区集体土地产权制度改革，加快推进集体土地所有权和使用权、草场承包经营权确权、登记和颁证，保障牧户宅基地用益物权，坚持和完善“三个长期不变”基本政策，引导土地、草场经营权规范有序流转，健全工商资本租赁草场的监管和风险防范机制，维护牧民生产要素权益。围绕现代牧业和生态畜牧业等主导产业，积极探索专业合作社与土地（草场、牲畜）入股等流转形式，引导整村、整组流转，促进适度规模经营。积极推进户籍制度改革，把符合条件的牧业转移人口逐步转为城镇居民。

加强人才队伍建设。建立管理规范、开放包容、运行高效的人才发展机制，最大限度调动人才的积极性、激发人才的创造力。着力培养素质优良和结构合理的专业技术人才队伍，着力培养具有管理创新能力和社会责任感的干部队伍。切实改善基层干部职工的工作生活条件，畅通基层人才向上流动的渠道，稳定壮大基层人才队伍。

创新投融资机制。加快融资平台建设，促进政府投融资平台转型发展。健全县公共资源交易中心，实现全县所有公共项目招投标进中心。发挥投资关键作用，提高投资效益，统筹安排、科学制定政府性投资计划，强化政府性投资项目的全过程监管，不断提高政府性投资项目的社会效应。深度激活民间投资，加快投融资体制改革和创新，支持民间资本进入可以市场化运作的基础设施和市政公用事业领域，着力化解建设需求和资金供给之间的现实矛盾，努力形成政府、企业、社会多元化投融资体制和机制。

第二节 发展民营经济

把发展民营经济与壮大支柱产业、推进新型城镇化、招商引资结合起来，通过加大投入提升发展能力，通过科技创新增强内生动力，通过政策落实优化发展环境，使民营经济成为改革开放的突破口、经济增长的生力军、结构调整的新抓手、扩大就业的主渠道。

鼓励全民创新创业。坚持就业优先，以创业带动就业，制订小微企业计划，引导鼓励各类创业者开展创业。完善创业扶持政策，健全创业服务体系，强化创业公共服务平台建设，大力培育各领域、各层次和类型的创业群体，拓宽中小企业创业兴业领域。

加大财税扶持力度。坚持“政府引导，市场化运营”的原则，充分利用金融和担保机构资源，整合社会力量，拓宽融资渠道，为民营企业提供融资服务。建立中小企业和民营经济专项资金及发展基金，加大民营经济和中小企业财政资金扶持力度。

强化科技创新驱动。强化科技创新对发展的引领支撑，增强民营企业发展内生动力。大力发展科技型中小民营企业，对认定的科技创新型中小民营企业给予奖励。扶持民营企业特别是中小企业科技创新、管理创新和市场创新。

着力优化发展环境。全面落实促进民营经济发展的政策措施，注重发挥企业家才能，增强各类所有制经济活力，让各类企业法人财产权依法得到保护。完善政策法规，维护市场秩序，营造各种所有制经济依法平等使用生产要素、公平参与市场竞争、同等受到法律保护的体制环境。

第三节 培育市场体系

按照“使市场在资源配置中起决定性作用”的新要求，以市场化和法治化为取向，强化制度支撑，突出新兴交易市场培育，加强新技术的应用，促进传统与新兴融合，最大限度激发市场和社会活力。

发挥市场机制作用。正确处理政府和市场的关系，发挥市场机制作用，将适合采取市场化方式提供、社会力量能够承担的公共服务，通过政府向社会力量购买服务的新模式，创新公共服务供给，鼓励社会资本参与公共服务领域的建设和运营。

培育新型经营主体。创新农业经营体系，发展种养殖专业大户、家庭牧场、牧民合作社、龙头企业等新型经营主体，加强牧区实用人才技术培训，引导和鼓励返乡农民工、退伍军人等群体成为新型职业牧民和专业大户，鼓励家庭农场实施专业化、标准化、规模化生产，规范提升牧民合作社，创建自治区级、地区级、县级示范社。

丰富金融服务产品。鼓励各类金融机构在县城和中心镇布局网点机构，加快发展村镇银行、小额贷款公司等新型农村金融组织，加快金融产品创新，探索所有权、股权、使用权、经营权、有形资产、无形资产等抵押贷款，探索草场承包经营权抵押融资的试点。

第四节 深化对口支援

终坚持民生优先原则，用好援建资金，建好援建项目，多办牧民群众急需、急盼的实事。在完成好受援各项任务的同时，更多用市场行为赢得新的发展机遇，拓展新的发展空间。深入推进产业援助，大力争取援藏资金支持本地发展特色优势产业，充分发挥对口援建单位科教人才优势，不断深化与中国联通在就业、教育、卫生等方面的交流与合作，把“输血”与“造血”、硬件建设与软件建设、物质资源与文化交流结合起来，不断增强革吉自身发展能力。

总体思路：贯彻落实中央第六次西藏工作座谈会精神，围绕革吉县“十三五”总体思路和发展目标，紧密结合中国联通、革吉两地经济社会发展的实际，健全人才、技术、管理、资金等全方位对口支援机制，全面实施经济援藏、干部援藏、人才援藏、教育援藏、科技援藏，提高革吉县经济社会的发展水平。

援建目标：围绕全面建成小康社会，推进社会稳定和长治久安目标，以改善民生为主线，充分发挥援受双方的优势，重点支持精准扶贫和特色优势产业发展，扎实有序推进援藏工作，不断推动革吉经济持续健康发展及社会和谐稳定和各族群众生活水平改善提高。

改善牧民生产生活条件。以小康新村建设为核心，切实改善革吉各族群众的获得感，让广大群众感受到对口援建带来的实惠。加大基础设施建设力度，着力实施一批牧区民生工程，改善城乡基础设施条件，解决好精准扶贫、环境保护等问题，改善群众的生产生活环境。

加快推进社会事业发展。以就业、教育、卫生、文化的援助为重点，助推革吉县社会事业进一步改善。加大就业保障服务设施标准化、信息化建设和增加技能培训、创业引导资金投入，帮助劳动力转移就业、牧民到内地就业、革吉县籍高校毕业生就业；改善教育教学条件，改造乡村医疗卫生设施，提高基层群众医疗保障水平；推进村级公共服务设施、维稳应急设施等项目建设和贫困大学生补助，促进各项社会事业发展。

增强革吉产业发展能力。以促进产业合作为手段，以旅游业、生态牧业和产业园区为重点，整合资源，深化产业合作。一是加强旅游业交流合作。加大宣传推介力度，提升革吉旅游知名度，建设湿地、民俗村等旅游设施，提高旅游接待水平。二是加大科技兴牧力度。帮助革吉发展现代畜牧业、高效种草业。改善牧业发展方式和牧民生产生活方式，提高牧业生产效益。三是加强产业园区建设。援建革吉产业园区基础设施，加大对口招商引资支持力度。

加大干部人才培养培训。以培养干部人才为基础，以专业技术型人才培训为重点，实施科技援藏战略。选派党政干部分批分期赴内地进行学

习、考察、挂职、培训；重点选派教育、卫生、牧业等专业技术骨干人才赴内地交流学习；同时从内地邀请教育、医疗、农牧业等方面专家学者来县里开展讲学、授技等援助工作，争取技术人员短期援藏，坚持人才支持和技术培训相结合，以传帮带的方式为县里培训技术干部。加强援藏干部管理，及时解决他们工作生活中的困难藏西北羌塘高原荒漠生态功能区是国家重点生态功能区，在藏西北羌塘高原形成的带幅宽度不一的屏障带，革吉县处于核心带上。根据经济建设和城镇发展对于地域生态环问题。

第十一章 维护社会稳定 实现长治久安

坚持“依法治县，长期建县”的方针，围绕社会稳定和长治久安的总目标，牢固树立法治观念，加快法治革吉建设，深化落实自治区党委、政府十项维稳措施，努力实现革吉社会局势的持续稳定、长期稳定、全面稳定。

第一节 全面加强法治建设

按照十八届四中全会提出全面推进依法治国总要求，大力推进依法治县进程，加强依法行政、司法公正、法治社会建设，在法治轨道上推进经济社会发展和长治久安。

全面加强依法行政。深化行政管理体制改革，落实行政审批制度改革，进一步规范、减少和下放行政审批。执行重大行政决策程序规定，建立重大行政决策听证制度，完善重大行政决策专家咨询论证和风险评估机制。推进政府服务法治化，规范政府服务行为，明确政府服务内容、标准、程序和时限等事项，加快服务型政府建设。

全面加强司法公正。探索推进“阳光司法”，进一步完善审判公开、检务公开、警务公开制度，扩大公开范围，拓宽公开渠道，创新公开形式，以司法公开促进司法公正廉洁。进一步完善司法听证制度、新闻发布制度以及当事人权利义务告知、群众旁听庭审、裁判文书上网、诉讼档案查询等制度。更加注重司法为民，加强对牧民维护合法权益的法律援助，进一步提高法律援助办案质量和服务水平。

全面提高法律意识。弘扬社会主义法治精神，广泛开展群众性法治文化活动。深入开展“七五”普法，推进法律“七进”（进机关、进乡村、进社区、进企业、进单位、进学校、进寺庙）工作。加强公务员教育、培训和管理，不断提高公职人员特别是负责干部的法律意识、科学素养、业务水平和履职能力。引导各族群众自觉遵法学法守法用法。

第二节 深入开展民族团结

全面贯彻党的民族政策、中央民族工作会议精神，落实《民族团结进步条例》，依法管理民族事务，坚持在法律规范内、法治轨道上处理涉及民族因素的问题，推动各民族和睦相处、和衷共济、和谐发展。

广泛开展民族团结宣传教育。紧紧围绕重大节庆纪念日，深入开展新旧西藏对比教育、反分裂斗争教育、民族先进典型宣传，引导干部群众牢固树立“三个离不开”思想。推进民族团结教育进机关、进乡村、进社区、进学校、进企业、进警营、进寺庙，增强各族群众对伟大祖国、中华民族、中华文化、中国共产党、中国特色社会主义的认同，巩固民族大团结的思想根基。

深入推进民族团结进步创建活动。丰富民族团结进步活动载体。以深化“一宣讲、两结对、三连心、四恳谈、五解难”为重点，持续推进共产党员民族团结先锋活动、共青团员民族团结闪光行动、少先队员民族团结牵手活动。“十三五”期间，每年选派牧民、村干部等基层群众，干部代表、专业技术人员、优秀学生代表，赴内地进行民族交往交流交融学习，增进各民族同呼吸、共命运、心连心，增强民族凝聚力和祖国向心力，努力把革吉县建设成为西藏重要的民族团结模范县。

第三节 依法加强宗教管理

全面贯彻党的宗教政策，依法管理宗教事

务，保护群众宗教信仰自由和正常宗教活动，积极引导藏传佛教与社会主义相适应。

做好新形势下宗教工作。全面贯彻落实党的宗教工作基本方针和国家管理宗教事务的法律法规，充分尊重和保障各族群众的宗教信仰自由，保护正常的宗教活动，维护宗教团体、宗教活动场所和信教群众的合法权益。坚持分级负责、属地管理，健全县、乡、村三级宗教事务管理责任机制。认真执行《宗教事务条例》等法律法规，加强寺管会建设，确保宗教活动规范有序进行。

改善寺庙僧尼公共服务。把寺庙作为基层社会单位，统筹规划基础设施建设，加大寺庙文物保护投入，深入实施寺庙“九有”工程。进一步改善僧尼生活修行条件，在编僧尼纳入社会保障体系，继续实施免费健康体检，巩固医疗、养老、低保和人身意外伤害保险全覆盖，保障僧尼与全县各族群众同步实现全面小康。

加强僧尼教育引导。深入持久地开展和谐模范寺庙暨爱国守法先进僧尼创建评选活动，开展以弘扬历代高僧大德“爱国爱教、遵规守法、弃恶扬善、崇尚和谐、祈求和平”为主题的法制宣传教育。大力推进爱国爱教宣传服务下乡活动，增强广大僧尼的中华民族意识、国家意识、法制意识、公民意识。

第四节　全面维护社会稳定

推进社会治理创新，坚持依法治理、主动治理、综合治理、源头治理相结合，努力实现革吉社会局势的持续稳定、长期稳定、全面稳定。到2020年，群众安全感满意率达到98%以上。

深入开展反分裂斗争。始终坚持中央对达赖集团的定性和斗争方针，深入揭批其在政治上的反动性、宗教上的虚伪性、手法上的欺骗性，应对“后达赖”向“达赖后”转变的重大挑战，教育引导广大党员干部和各族群众自觉与达赖集团划清界限，坚决抵御达赖集团的分裂渗透破坏活动。严密防范和依法打击各类分裂破坏活动。

加强和创新社会治理。培育社会治理内生动力，推进居民自治制度化、规范化、程序化，努力实现社会治理和自我调节、居民自治良性互动。认真落实自治区十项维稳措施，深入推进“关口前移、源头治理、网格化管理、群防群治”4项措施。完善基层管理机制，深化“网格化”“双联户”服务管理模式，提升干部驻村驻寺工作。优化党员进社区活动和干部到村担任第一书记，创新工作机制，夯实城乡发展稳定的社会基础。

深化社会治安综合治理。健全立体化社会治安防控体系和城乡维稳防控网络，完善群防群治工作体系，加强实有人口服务管理体系建设。加强和改进信访工作，深化涉法涉诉信访改革，完善调解联动工作体系。严密防范、依法惩治违法犯罪活动，维护社会秩序。加强平安创建工作体系建设，建设平安革吉。完善基础信息收集、共享、协调、研判机制，完善重大决策社会稳定风险评估机制。完善领导干部维稳分包机制、维稳督查机制、维稳工作责任制和责任追究制。

健全公共安全体系。牢固树立安全发展观念，加强安全意识教育。加强公共服务和应急指挥资源整合统筹。维护网络安全，加强网上舆情应急管控和舆论引导，加强微信等新兴媒体管理和互联网管理。加强新兴媒体管理，全面实行手机、固定电话和互联网实名制登记，切实维护网络、通讯和意识形态领域安全。健全防范暴力恐怖、民族分裂活动、极端宗教活动、突发事件风险识别、预警应急处置机制和体系。

提高安全生产管理水平。完善和落实安全生产责任和管理制度，进一步深化道路交通、矿山、油气、危险化学品、建筑、民用爆破器材和烟花爆竹、人员密集场所消防安全等行业和领域的安全专项整治，加强对食品药品等重点领域的监管，关闭取缔非法和不具备安全生产条件的生产经营单位，加快完善道路交通安全设施的建设和危险路段整治。强化重点领域的监督检查，坚决遏制重特大安全事故发生，切实维护人民生命财产安全。完善安全生产责任制度，强化“党政同责、一岗双责、失职追责”。

加强政法基层基础工作。建立健全县和重点

乡镇政法机构，加强基层“两所一庭”建设，加强维稳队伍建设，充实基层政法力量。加强公、检、法、司、消防等基础设施建设，提高基层维稳装备水平和保障能力。坚持从严治警，加强执法监督，提高执法水平。

加强国防建设。加强党管武装工作，大力支持国防和军队建设，完善国防动员体系，强化国防教育，增强全民国防观念。加强驻革吉县武警中队建设和协作，加强民兵预备役建设，深入开展双拥共建活动，不断巩固和发展军政军民团结。

第十二章 强化规划保障 实现宏伟蓝图

本规划是今后五年革吉县经济社会发展的宏伟蓝图和行动纲领，实现本规划目标和任务，主要依靠政府指导和市场配置资源的基础性作用。各级政府部门要正确履行职责，保障规划顺利实施。

第一节 切实转变观念

确立科学发展观，进一步提高和增强对大力发展畜牧业、商贸业、物流业、旅游业等产业重要性的认识。坚持开放带动，走开放型经济发展道路，充分利用发展面临的难得机遇，形成全方位、多层次、宽领域开放格局。提高创新意识，努力营造全方位创新环境，做到思想观念创新，发展模式创新，体制机制创新，科学技术创新，以创新作为发展的驱动力。切实转变经济增长方式，摒弃过去粗放型经济增长方式，更加注重经济与社会、人与自然、城镇与牧区的协调发展。

第二节 加强组织实施

各相关部门要围绕“十三五”期间的工作重点，制定本部门的专项规划，明确发展方向、发展目标、工作重点和政策措施，同时做好本部门项目的规划衔接工作，为规划的实施提供有力支撑。各乡镇要依据县规划纲要确定的发展思路和总体要求，从实际出发，编制好本乡镇的经济社会发展规划，把规划纲要提出的目标和任务落到实处。

做好年度计划、专项规划与总体规划的衔接，将总体规划确定的目标任务、重大项目分解、落实到专项发展规划中，分解、落实到每年度的年度计划中。明确和落实部门责任，责任部门要制定具体实施措施，确保规划落到实处。加强规划实施的监督考核，定期向人民代表大会及其常委会报告，自觉接受监督检查。实行规划评估制度，适时组织开展对规划实施情况的评估分析，形成评估报告，作为修订规划的重要依据。各级政府要强化规划意识，以规划指导各项工作，保持工作的系统性和连续性。

第三节 做好规划衔接

深刻领会国家、自治区支持阿里经济社会发展的有利政策，将其融入到深入实施“一带一路”战略、“环喜马拉雅经济合作带”建设、南亚大通道建设等重大项目建设中，争取国家和自治区在财政转移支付、重大政策性试点、统筹城乡试点、基础设施建设、土地资源利用等方面的扶持政策，努力把各项重大利好政策转化为推动阿里发展的动力和支撑。

按照服从上级总体规划、区域规划和专项规划之间协调一致的原则，进行规划衔接。在约束性目标、空间功能定位和重大基础设施建设等方面与上级总体规划进行对接。在发展目标、空间布局、重大项目建设等方面与总体规划进行对接。加强经济社会发展规划、城镇规划、土地利用规划之间的衔接配合，确保在总体要求上指向一致，在空间配置上相互协调，在时序安排上科学有序，不断提高规划的管理水平和实施成效。

第四节 实施项目带动

抓住中央第六次西藏工作座谈会的战略机遇，围绕现代畜牧业、新型工业、现代服务业、基础设施、公共服务、对外开放、扶贫攻坚等领域，进一步解放思想、拓宽思路、结合实际，高起点、高水平谋划一批事关长远发展的重大项目，切实增强经济发展的支撑能力和保障能力。不断开拓投资增长的新领域，建立重大项目库动态补充机制。

做好项目前期工作。准确把握自治区、地区产业政策和投资方向，认真做好建设项目的规划、前期考察、论证工作，建立项目库储备机制，科学评估项目的社会、经济效益，争取项目在“十三五”期间立项和建设，发挥更大的社会和经济效益。积极筹措建设资金。根据本规划确定的发展目标和重点任务，努力争取上级投资和援藏资金，多方筹措社会资金。

第五节 建立考评机制

本规划经过革吉县人民代表大会审议批准，具有法律效力，由县人民政府组织实施，乡镇、部门要严格遵守总体规划。建立健全“十三五”时期经济社会发展工作考核评价机制。将经济社会发展、生态文明、项目建设、精准扶贫、民族团结等工作纳入各乡镇和部门年度实绩考核的主要内容，考核结果作为干部任用，交流和奖惩的重要依据。完善规划实施监督机制，开展经常性的督查、督办，公布规划的进展情况，公开规划实施中存在的问题，自觉接受人民代表大会及其常务委员会对规划实施情况的监督检查。规划实施期间由于特殊原因确需调整时，由县政府提出说明和建议，按法定程序报县人民代表大会或县人民代表大会常务委员会审查批准。未经法定程序，任何部门、个人、团体均无权对规划纲要进行修改。

名词解释

1. “五好”即：服务成员好、经营效益好、利益分配好、民主管理好、示范带动好。

2. “五清”，即：底数清、问题清、对策清、责任清、任务清；“六有”，即：有村情档案、有问题台账、有需求清单、有村级规划、有帮扶措施、有脱贫时限。

3. “九有”即：有领袖像、有国旗、有路、有水、有电、有广播电视、有通讯、有报纸、有文化书屋。

在第一次县乡领导班子换届工作推进会上的讲话

县委常委、组织部部长 束志勇

（2016年5月13日）

同志们：

我县乡镇领导班子换届工作按照地委要求于5月底前完成，目前，县换届办完成了领导班子换届考察工作、合理确定领导职数、民主推荐、确定领导班子候选人人选以及民主测评、初步确定人事方案，并上报了地委组织部。在前阶段工作中， 我县换届工作以扩大党内民主为基本方向，以落实群众公认原则为价值取向，呈现出领导重视、操作规范、程序严密、公平公正、运行有序的良好态势。

一、高调开局，突出领导重视

坚持高起点谋划，高标准定位，高质量运行。一是倡明导向。县委组织部坚决落实地委的一系列政策要求，着力营造风清气正的换届环境，多次向县委主要领导汇报县乡换届工作开展情况，先后召开3次“五人小组”会议研究乡镇换届工作。县委索书记也在4月29日召开的县委全委（扩大）推荐会议上强调，这次县乡换届既是全县政治生活中的一件大事，也是加强县乡领导班子建设的一次重大机遇，要换出导向，换出民心，换出活力，为革吉长治久安和发展稳定提供坚强有力的组织保证和政治保障。二是强化指导。下发了《革吉县县乡党委领导班子换届工作方案》和《革吉县关于认真做好县乡领导班子换届工作的通知》，进一步明确工作目标和具体要求。下发了《革吉县县乡领导班子换届风气监督工作方案》，从严从实地做好了全县换届风气监督工作，确保换届工作平稳健康有序进行。为进一步加大宣传力度，还下发《革吉县县乡领导班子换届宣传工作方案》在全县范围内树立了正确的舆论导向，动员引导了全县各族干部群众积极参与换届工作，营造了风清气正的换届环境和良好的换届氛围。三是落实责任。明确县委书记为乡镇换届工作第一责任人，县委组织部长为直接责任人，成立了以索书记任组长的换届工作领导小组，保证换届期间思想不散、秩序不乱、工作不断。

二、程序严密，突出规范运作

坚持以程序的公正求结果的公正，每一个干部必须通过严密的程序产生。一是规范程序。梳理出需要特别引起重视的环节，对推荐、考察、审批、选举等环节进行了细化，作出了规范的程序性规定，保证了乡镇换届工作的规范运行。二是严守程序。由县委组织部联合县纪委（监察局）对干部进行多角度、广范围、深层次的考察和全面准确地评价。在考察前，合理制定考察方案，并在考察单位公开张贴考察预告；在考察时，综合运用个别谈话、发放征求意见表、民主测评表、实地考察、查阅资料、专项调查、同考察对象面谈等方法，广泛深入地了解、全面掌握干部情况。考察结束后，考察组把考察对象的主要德才表现、主要不足和缺点进行整理汇总，并由县纪委（监察局）做出廉政鉴定，鉴定不合格的不予提拔任用，防止和减少了用人上的失察失误。汇总结果显示：同意建议人选提任或进一步使用的占99.6%；总体评价称职及以上占98.4%，其中优秀的占79.7%。三是严明纪律。明确提出，考察工作务必零差错，要求考察组人员必须严格按程序办事，按政策办事，按纪律办事，不能有任何闪失。明确强调，考察组成员必须严守政治纪律、工作纪律、保密纪律和廉洁纪律，决不允许违反工作程序，擅作主张，随意表态。明确指出，对考察工作实行考察组长责任制和责任追究制，如实记录干部考察全过程，以此促进选任工作责任制落实。目前，没有发现一例违背程序和纪律的事件。

三、做好下步工作的一个重点和三项要求

一个重点工作就是科学组织代表选举和委员协商提名。

坚持党组织主导人选推荐提名，突出政治标准和道德品行要求，严格人选资格条件，合理确定规模，注重改善结构，规范提名方式，认真考察把关，切实提高代表、委员质量。

（一）全面摸清代表、委员现状。对党代表、人大代表、政协委员现状进行全面摸底调研，准确掌握代表和委员比例结构、界别以及代表委员履职能力、发挥作用等情况，形成详细台账，认真对照中央和自治区要求，特别是关于基层一线代表、新社会阶层人士、党外代表人士以及少数民族、妇女同志等硬性指标和意见，对哪些可以继续提名，哪些不宜继续提名，哪些结构需要优化，哪些人员需要增补，比例如何确定合规有效，界别如何设置更科学合理，进行量化、细化，做到心中有数，形成具体的推荐提名方案。

（二）严把代表、委员素质关。代表、委员人选应当坚决拥护和执行党的路线方针政策，模范遵守宪法法律，拥护民族区域自治制度，旗帜鲜明反对分裂，自觉维护祖国统一和民族团结，自觉践行社会主义核心价值观，密切联系群众，能够正确行使民主权利、在群众中有一定影响力和公信力，综合素质好、具有较强履职能力。注意代表、委员人选一贯的思想政治倾向、道德品行和社会形象。坚决防止把有以下10种情形的人推荐提名或继续提名为代表、委员人选：一是严重损害国家和人民利益的；二是与分裂势力、敌对势力相勾联的；三是送子女到达赖集团所办学校上学、所建寺庙学经的；四是出境“朝拜”达赖或参加达赖所办法会的；五是参与黑恶势力、宗族势力、宗教势力和非法组织的；六是品行不端、道德败坏的；七是涉嫌违纪违法的；八是社会形象不好、群众意见较大的；九是没有履职能力或当选后不尽责、履职意愿不强的；十是身份上弄虚作假或身份与代表性不一致的。

推荐提名人选时要注意听取本人的意愿，防止强行安排。

（三）科学确定代表、委员名额。党代会代表名额，由同级党的委员会全体会议根据《中国共产党地方组织选举工作条例》《中国共产党基层组织选举工作暂行条例》规定，结合所辖党组织数量、党员人数和工作需要等实际情况确定，并报上级党委批准；代表名额一般不超过上次党代会。按照地委组织部要求，今年我县党代表名额为110人。

（四）优化代表、委员结构。准确认定代表、委员人选身份，以参加选举时所从事的职业为准，具有多重身份的，按代表性和工作性质主次认定。适当提高基层一线代表、委员特别是工人、农民、专业技术人员代表、委员比例，保证妇女、少数民族代表、委员比例，越往下越要提高来自基层一线的比例。注意从优秀基层党组织书记和党务工作者中产生党代会代表人选。人大代表中的领导干部比例要控制，党外代表人士应当有适当比例。政协委员应当注重包容性，体现大团结大联合，党外代表人士比例不低于60%，适当增加新社会阶层人士。同级党代会代表与人大代表、政协委员一般不交叉。

（五）严格推荐提名和组织考察。代表、委员人选要在广泛酝酿协商的基础上，由党委集体研究决定。个人向组织推荐人大代表、政协委员人选，必须写出推荐材料并署名，由组织上统筹考虑。不准以个人推荐代替组织推荐，不能因为有人打招呼、批条子就不加甄别地推荐提名。不准在人选推荐提名上搞利益交换。不得将代表、委员职务作为荣誉进行搭配，不得简单以资产规模、纳税情况、社会知名度等代替人选标准。统战部门会商有关部门，负责党外人大代表、党外人大常委会组成人员候选人的推荐提名工作。政协委员人选，党内的由党委组织部门提名，党外的由党委统战部门提名，建议人选名单由同级统战部门汇总并征求有关方面意见后，由组织部门报同级党委审定。同级党委要对代表、委员人选进行严格组织考察，也可委托下一级党委（党组）按干部管理权限或属地原则考察，但不得层层委托考察。代表、委员人选要听取纪检、审计、综治、信访、公安、国安等方面意见，准确掌握代表和委员身份、家庭背景和家庭主要成员的政治历史等情况，切实把好政治关。党代会代表人选，要听取广大党员群众、基层党组织意见。人大代表、政协委员人选要分别听取人大党组、政协党组意见，其中为党外人士的，要听取所在单位党组织、所在团体和党委统战部门的意见；人选为非公有制经济人士的，要开展综合评价，并征求企业党组织、非公有制企业党建工作机构的意见；人选为新社会组织人士的，要征求所在社会组织监管部门和上级党组织的意见。代表、委员人选产生后，要在一定范围内公示。

三点要求：一是牢牢把握中央、区党委、地委精神。多途径、多渠道，原原本本、认认真真、持续深入学习领会中央、区党委、地委关于换届工作的有关精神和决策部署，着力在统一思想认识、吃透政策法规、掌握方法步骤、明确具体要求上下功夫，确保党委意图得以实现。狠抓宣传引导群众工作，广泛宣传换届工作的目的意义、政策法规、方法步骤，调动党员群众参与热情，提高党员群众参与能力。加大换届相关知识培训力度，抓住关键对象、突出重点内容、拓宽培训实效，确保换届工作质量。

二是精心思考谋划。认真回顾以往换届工作，注重借鉴其中的成功经验和做法，按照这次换届工作的新形势、新任务、新要求，积极探索谋划，确保预期目标全面顺利实现。认真分析研究以往换届工作存在的突出的问题和薄弱环节，深入开展调研，把各项工作做早、做深、做细、做实，提前预判换届工作中可能出现的问题，掌握主动、认真研究，及时拿出有力防范措施，增强换届工作的预见性、前瞻性和实效性。

三是抓好基础工作。建立健全舆情应对、请示报告、沟通协调等制度机制，加强上下级换届办、各单位各部门之间的沟通协调和工作对接，保证各项工作衔接有序、稳步推进。提前准备好“两代表一委员”、党员干部等各类名册和领导班子前后对照表、各种征求意见函、干部档案任前审核表等各类与换届有关的表格材料，细化换届工作具体日程，列出任务数、排出时间表，为换届工作顺利推进奠定坚实基础。

在第二次县乡领导班子换届工作推进会上的讲话

县委常委、组织部部长 束志勇

（2016年5月30日）

同志们：

我县县乡换届选举工作在地委和县委的坚强领导下，在全县党员干部群众的共同努力下，精心组织，发扬民主，严格程序，严肃纪律，有条不紊的推进，按照目前进度，能够在6月10日前完成乡镇换届工作，现将县乡换届工作进展情况汇报如下：

一、工作基本概况

此次换届县乡同步进行，时间紧、任务重、要求高。区党委和地委换届工作会议后，县委高度重视，迅速行动部署，及时传达区党委、地委换届精神。4月6日上午组织召开县乡领导班子换届工作部署会，拉开了县乡换届工作的序幕；并成立了以索书记为组长的换届工作领导小组、党代会筹备领导小组、县乡领导班子换届工作指导小组，换届风气监督领导小组，每个领导机构下设办公室，负责日常工作，上情下达，充分发挥了桥梁纽带作用，进一步明确了工作职责，分解了任务要求，做到了每个环节有指导、有监督、有汇报；在充分调研和征求意见的基础上，研究出台了《革吉县县乡领导班子换届工作方案》《革吉县关于认真做好县乡领导班子换届工作的通知》《革吉县县乡领导班子换届风气监督工作方案》《革吉县县乡领导班子换届宣传工作方案》以及《革吉县党代表名额分配通知》，在全县范围内树立了正确的舆论导向，动员引导了全县各族干部群众积极参与换届工作，营造了风清气正的换届环境和良好的换届氛围。目前，县乡党代会正在按照有关法律、章程以及地委有关要求有条不紊地进行。截止5月30日，四乡一镇全部向县委递交召开乡镇党代会的请示，其中革吉镇和盐湖乡已经全部完成党代会筹备工作；县直党支部的党代表名额分配方案已经下发，部分不涉及到县委委员的党支部已经开展党代表选举工作；县换届领导小组已向地委打了第一次报告，根据批复精神，地委同意了我县召开党代会的时间、地点、议程以及党代表人数、县委委员、候补委员和纪委委员名额；县委工作报告正在抓紧时间调研起草，县党代会召开在即，各筹备小组的工作已全面启动。目前，全县干部职工思想稳定，各项换届工作扎实有序进行，我们有信心在规定时间全面完成各项换届选举工作任务。

二、主要做法和特点

在这次县乡集中换届选举工作中，县乡党委突出重点，把握关键，与时俱进，创造性地开展工作，把坚持党的领导、充分发扬民主与严格依法办事有机地统一起来，最大限度地激发和调动了广大人民群众行使民主权利的积极性，保障了换届工作逐步推进。主要做法是：

（一）加强领导，健全机构。为切实加强对县乡换届工作的领导，县委主要领导对这次换届选举工作高度重视，专题研究，对这项工作的指导思想、基本要求、时间安排作了周密部署，制定了工作方案，成立了县乡换届工作领导组。为抓好落实，期间，县委常委会多次研究换届选举工作，县委书记索朗次仁同志积极履行换届工作第一责任人职责，特别是在换届工作的各个关键阶段，经常过问，多次指示，要求换届选举工作一定要充分发扬民主，严格依法办事。期间，对县直干部赴乡镇任职出发前，作了“转变角色”“加强学习”“做好团结”“照顾身体”“勤奋工作”的鼓励讲话；并亲自检查革吉镇党代会筹备情况。其次，换届工作中，遇到的重大问题，县委能够及时听取工作汇报，研究解决有关重大问题，协调各有关部门，使换届选举工作始终在党的领导下有条不紊地进行。

（二）强化宣传，营造氛围。宣传工作是否充分，舆论导向是否正确，直接关系到换届工作能否顺利进行。换届期间，全县各级各部门积极组织，采取多形式、全方位、分步骤、有力度的宣传。

一是坚持教育到人、抓点促面。加强对重点对象的学习宣传和教育培训，县委主要领导和乡镇党委“一把手”认真学习“九个严禁、九个一律”纪律要求，同时亲自抓学习、带头抓学习、全程抓学习；县换届办成员专题学习干部选拔任用和换届选举工作的政策法规，并将学习情况以简报形式上报地区换届办，引导他们筑牢严守纪律的思想防线，自觉抵制各种不正之风。注重扩大教育覆盖面，共向全县各级领导干部、换届工作组成员、发放地区严肃换届纪律提醒牌107个，全县和所辖乡镇内张贴警示标语262条，悬挂横幅13条；便民服务中心和革吉镇电子显示屏滚动播出宣传标语，切实在全县范围内做到“领导干部熟悉、工作人员精通、干部群众了解”。

二是坚持教育到位、抓出实效。县乡领导班子，县乡镇换届办人员共签订《严守换届纪律承诺书》75份（“两代表一委员”产生后各级各部门将及时与组织签订承诺书），促使他们自觉服从组织安排，正确对待个人进退留转，不搞违法违纪行为，接受党员群众监督。积极发挥媒体作用，在革吉县电视台、革吉县政府网站、网信革吉微信公众号、组织工作宣传栏等媒介资源中公布中央、自治区党和地委的换届政策法规；将换届纪律要求张贴在各乡镇党务公开栏中，使干部群众更好地行使对干部选拔任用的知情权、参与权、选择权和监督权。纪委督促全县各级党组织、党员干部认真学习换届选举工作的政策、法律、法规和章程，特别是“九个严禁和九个一律”的纪律要求，增强纪律观念，筑牢纪律防线，严守纪律规定。

三是坚持完善制度，抓出氛围。建立换届工作舆情突发事件应急处置机制，加强舆情实时监控，对苗头性问题早预防、早发现、早处理，树立了正确舆论导向，营造了良好的舆论氛围。宣传工作中注意结合这次换届选举工作面临的新形势和新任务，重点宣传有关选举方面的法律法规和换届选举的重大意义、指导思想，宣传换届选举工作的日程安排和具体要求，使整个换届选举工作依法进行，程序到位。为整个换届选举工作营造了良好的环境和浓厚的舆论氛围。

（三）强化务实，配备班子。务实高效地选举产生了新一届乡镇党委领导班子。通过乡镇党委换届，我县乡镇党委班子在人数、年龄、文化程度等均发生了较大变化，同换届前相比，班子成员结构更趋合理。目前，乡（镇）领导班子成员中大学以上文化程度22人，占40.0%，比调整前增加28.6个百分点，大专文化程度31人，占56.36%，比调整前增加2.1个百分点，中专文化程度及以下2人，占3.64%，比调整前降低28.6个百分点；现领导班子成员35岁以下47人，占85.5%，比调整前增加8.4个百分点，班子成员平均年龄32.8岁，比调整前降低1.1岁，班子成员中最大年龄53岁，最小年龄23岁。此次调整中，乡（镇）长调整2人。调整后，乡（镇）党委副书记、乡（镇）长5名，藏族3人，汉族2人；大学文化程度2人，大专文化程度3人；平均年龄34岁，最大年龄38岁，最小年龄30岁。

三、下一步打算

下一步，我们将根据区党委和地委的要求，严格纪律，规范操作，强力推进全县县乡换届工作，重点抓好以下五方面工作：一是做好县直机关的第九届党代表的选举工作，领导组织好县党代会的召开；二是加强督促检查，进一步严肃换届纪律，保证换届工作风清气正、健康有序地进行；三是继续做好宣传工作，为县乡换届工作的顺利开展营造浓厚的社会舆论氛围；四是把换届后的领导班子思想政治建设抓在手上，采取有力措施，进一步提高班子的战斗力。五是一如既往地扎实做好各项工作，为县党代会的顺利召开奠定坚实的基础。

索 引

说 明

一、本索引采用主题分析法编制。索引范围包括篇目、类目、部(门)目、条目等。
二、本索引按主题词首字汉语拼音音序(同音按音调)排列,若首字拼音相同则按第二字音序排列,以此类推。
三、索引款目后的数字表示内容所在的页码,数字后的拉丁字母(a、b)表示栏别(从左至右)。
四、篇目、类目、部(门)目用黑体字。

A

B

C

D

E

F

G

H

J

K

L

M

N

P

Q

R

S

T

W

X

Y

Z

中共革吉县委员会

2016年7月4日，阿里地区行署副专员、革吉县委书记索朗次仁到盐湖乡扎西曲林寺慰问驻寺干部

2016年6月29日，阿里地区行署副专员、革吉县委书记索朗次仁，县委常委、组织部部长束志勇慰问“三老”人员

2016年7月4日，阿里地区行署副专员、革吉县委书记索朗次仁到雄巴乡小学了解学生学习情况

2016年1月1日，县委副书记、政法委书记、公安局局长旺庆和干部职工欢庆元旦

2016年6月21日，阿里地区行署副专员、革吉县委书记索朗次仁主持召开“两学一做”学习教育活动专题讨论

革吉县人民政府

2016年8月29日，县委副书记、县长王明杰在革吉县第十二届人民代表大会第一次会议上作报告

2016年8月16日，县委副书记、县长王明杰主持召开革吉县委理论中心组2016年第7次集中学习

2016年8月27日，县委常委、常务副县长确巴参加革吉县第九次党代会

2016年2月8日，县委常委、常务副县长确巴在革吉县迎接春节、藏历新年文艺演出上致辞

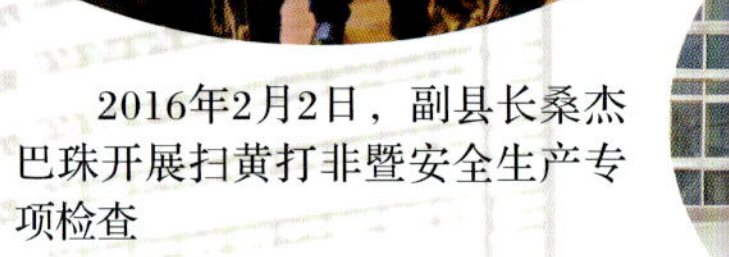

2016年2月2日，副县长桑杰巴珠开展扫黄打非暨安全生产专项检查

2016年12月28日，县委副书记、县长王明杰主持召开2016年度民主生活会

2016年8月30日，革吉县第十二届人民代表大会第一次会议全体人大代表合影

革吉县人民代表大会常务委员会

2016年8月30日，阿里地区行署副专员、革吉县委书记索朗次仁在革吉县县乡两级人大代表换届选举上进行投票

2016年8月28日，县委副书记、县长王明杰参加人大十二届二次会议分组讨论会议

2016年11月8日，革吉县人大常委会主任、党组书记白玛加布到雄巴乡检查指导“人大代表之家”运行情况

2016年8月29日，革吉县人大常委会主任、党组书记白玛加布向大会作《革吉县人大工作报告》

2016年11月16日，人大阿里地工委副主任扎西旺堆（右三）到革吉县验收“人大代表之家”

2016年8月29日，革吉县第十二届人民代表大会第一次会议在县会议中心开幕

2016年8月28日，召开革吉县第十二届人民代表大会第一次会议预备会议

中国人民政治协商会议革吉县委员会

2016年8月4日，政协党组书记、主席洛桑遵珠到文布当桑乡结对帮扶户了解情况

2016年11月3日，政协党组书记、主席洛桑遵珠到雄巴乡象鲁康寺与僧人交流

2016年8月3日，政协党组书记、主席洛桑遵珠到文布当桑乡扶贫包乡点检查工作

2016年2月26日，政协党组副书记、副主席扎布拉到革吉镇公前村扶贫联系点解决贫困家庭粮食衣物等

2016年8月30日，革吉县政协二届一次全委会议选举大会

2016年8月28日，革吉县政协召开二届一次全委会议

2016年4月4日，革吉县政协一届六次会议上委员分组讨论

中共革吉县纪律检查委员会（监察局）

2016年5月28日，阿里地区行署副专员、县委书记索朗次仁，县委常委、纪委书记冯展强观看廉政文化宣传活动开展情况

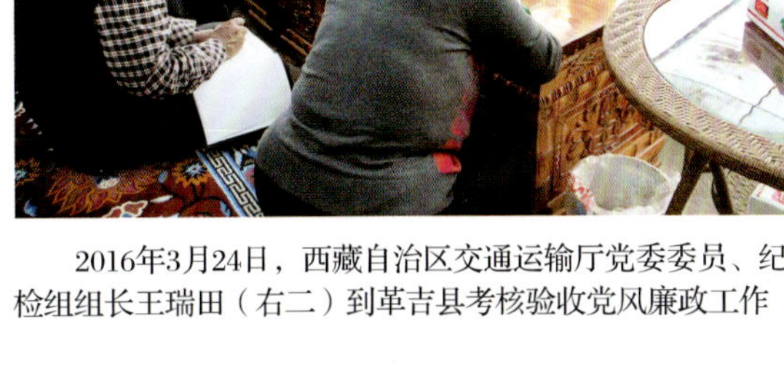

2016年3月24日，西藏自治区交通运输厅党委委员、纪检组组长王瑞田（右二）到革吉县考核验收党风廉政工作

2016年6月20日，县委常委、纪委书记冯展强到县加油站检查加油实名登记情况

2016年3月24日，自治区党风廉政建设考核组一行到革吉县考核验收党风廉政工作

2016年4月22日，革吉县召开第一季度党风廉政建设和反腐败工作专题会议

中共革吉县委办公室

2016年4月22日，革吉县委理论学习中心组（扩大）学习会

革吉县委办公室荣誉栏

革吉县委办公室“三务”公开栏

革吉县委办公室人员严谨办公

革吉县人民政府办公室

2016年2月13日，政府办公室副主任舒艳传达文件精神

2016年5月4日，政府办公室副主任普扎西审阅文件

2016年3月15日，政府办公室工作人员与机关后勤工作人员学习革吉县公务用车管理办法

2016年8月4日，机关后勤服务管理中心主任次旺传达文件精神

政府办公室荣誉栏

政府办公室工作宣传栏

2016年月9月3日，政府办公室参加革吉县综合环境整治工作

革吉县人民代表大会常务委员会办公室

2016年6月4日，人大办公室副主任尼玛石珍指导乡镇人大干事业务工作

2016年10月23日，人大办公室副主任尼玛石珍传达上级文件精神

2016年4月18日，人大办公室主任普琼组织办公室工作人员学习上级文件精神

2016年7月7日，人大办公室副主任尼玛石珍到文布当桑乡慰问结对帮扶户

2016年3月10日，人大办公室工作人员检查办公室安全隐患排查

2016年5月26日，人大办公室工作人员查阅换届文件

中国人民政治协商会议革吉县委员会办公室

2016年5月23日，政协党组副书记、副主席扎布拉主持召开换届选举工作会议

2016年7月28日，政协办公室副主任次旦卓嘎筹备政协二届一次换届会议材料

2016年1月29日，政协办公室组织对单位内部安全隐患及消防设施进行排查

2016年7月10日，政协办公室工作人员筹备换届工作

2016年4月19日，政协办公室组织县委办、政府办召开会议，对政协一届六次全委会议提案进行移交

中共革吉县委组织部

2016年7月7日，县委常委、组织部部长束志勇参加县乡换届工作报告会

2016年11月7日，县委常委、组织部部长束志勇参加革吉县抓党建促脱贫工作座谈会

2016年11月13日，县委常委、组织部部长束志勇参加第五批干部驻村工作总结暨第六批干部驻村工作动员大会

2016年革吉县创先争优强基础惠民生活动第五批驻村工作总结表彰暨第六批驻村工作动员大会颁发奖牌

2016年11月13日，县委常委、组织部部长束志勇为第五批优秀驻村干部颁奖

2016年10月9日，县委常委、组织部部长束志勇参加革吉县2016年度第3季度党建专题会议

2016年5月12日，县委党校副校长努增桑姆为村（居）主任培训授课

中共革吉县委宣传部

2016年10月31日，县委副书记、县长王明杰主持召开理论中心组2016年第十一次（扩大）学习会议

2016年11月30日，西藏自治区宣讲团成员、自治区党校党史党建教研部副教授施俊伟（后排左一）到革吉县宣讲自治区第九次党代会精神

2016年11月23日，县委常委、宣传部部长史小亚到亚热乡罗玛村督导检查宣传思想工作开展情况

2016年2月17日，宣传部组织开展“革吉县2016年春节、藏历新年”文艺汇演

2016年9月30日，宣传部联合团县委、民宗局、妇联举办“迎国庆、促团结”青年歌手大赛

中共革吉县委统战部

2016年10月24日，阿里地区行署副专员、县委书记索朗次仁主持召开革吉县宗教领导小组第五次专题会议

2016年5月7日，县委统战部副部长仁增多杰看望在拉萨治病的扎西曲林寺主持和僧人

2016年10月21日，革吉县宗教办主任格曲到象鲁康寺管会检查各项材料

2016年3月28日，革吉县象鲁康寺管会主任巴桑罗布组织召开座谈会

2016年3月28日，革吉县扎西曲林寺管会副主任平措达杰主持召开座谈会

2016年3月28日，革吉县扎加寺副主任与僧人交流

中共革吉县委政法委员会

2016年8月1日，县委副书记、政法委书记、公安局局长旺庆主持召开雪顿节期间维稳安保工作会议

2016年9月29日，县委副书记、政法委书记、公安局局长阿旺朗杰主持召开国庆期间维稳安保会议

2016年4月10日，政法委副书记罗追旦增到革吉镇那布居委会开展综治宣讲

2016年3月14日，县委副书记、政法委书记、公安局局长旺庆在应急处突演练中讲话

2016年3月1日，政法委召开维稳专项会议

2016年3月14日，政法委组织县公安局、各维稳部门开展应急演练

2016年4月3日，政法委组织学习“党风廉政”工作会议

革吉县人民法院

2016年5月8日，法院院长李尕青到亚热乡整治高利贷

2016年5月4日，法院院长李尕青到盐湖乡办案

2016年11月22日，法院法官到县中学进行法制教育

2016年5月4日，革吉县流动法庭到文布当桑乡办案

2016年3月17日，法院工作人员在街头开展法制宣传

2016年5月6日，当事人为人民法院送锦旗

革吉县人民检察院

2016年6月23日，检察院检察长次仁尼玛到布贡村慰问老党员

2016年10月30日，阿里检察分院副检察长费超（左二）一行工作组到革吉县人民检察院检查指导工作

2016年7月19日，检察院检察长次仁尼玛主持召开半年工作交谈会

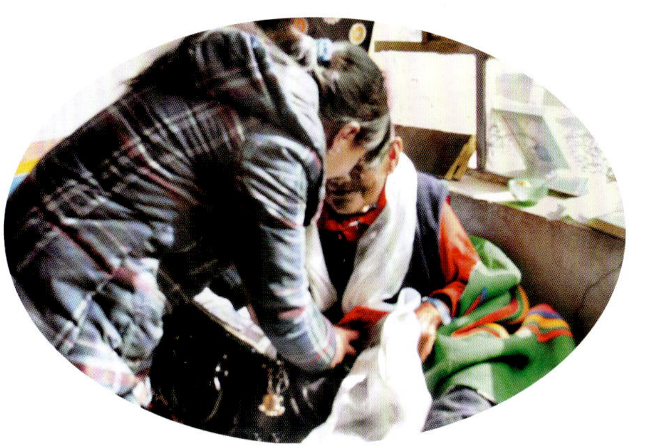

2016年2月8日，检察院侦监科科长拉巴卓玛到布贡村慰问困难群众

2016年3月18日，检察院干警到革吉县中学开展"送法进校园"宣传活动

2016年12月4日，检察院干警在街头开展"检察开放日"活动

2016年12月21日，检察院召开民主生活会

革吉县总工会

2016年12月10日，阿里地区工会办事处党组书记、主任多尔琼（右一）到革吉县检查指导工会工作

2016年12月18日，总工会主席达瓦仓巴到文布当桑乡夏玛村慰问结对帮扶对象

2016年12月25日，“格力公司”委托总工会开展节日送温暖活动

2016年12月25日，总工会开展在档困难职工集中“生活救助”发放仪式

2016年12月23日，革狮一级检查站成立工会组织

革吉县妇女联合会

2016年3月28日，县委常委、宣传部部长秦建军到革吉镇慰问单亲母亲

2016年3月28日，县委常委、宣传部部长秦建军为环卫贫困职工发放慰问金

2016年8月23日，妇联主席德吉卓嘎到革吉镇为贫困妇女发放“母亲邮包”

2016年5月28日，妇联主席德吉卓嘎到科级以上干部家中送廉政倡议书

2016年6月10日，妇联主席德吉卓嘎到县完小周边检查食品安全

共青团革吉县委员会

2016年5月20日，团委书记扎西罗布到县中学开展“戴团徽、亮身份、做表率”活动

2016年8月22日，团委书记扎西罗布到雄巴乡巴措村结对帮扶户对象家中了解情况

2016年10月13日，团委到县完小表彰优秀少先队员

2016年6月1日，团委为贫困生赠送学习用具

2016年6月30日，团委主办精准扶贫和“两学一做”知识竞赛

2016年7月8日，志愿者开展保护狮泉河母亲河活动

革吉县发展和改革委员会

2016年9月18日，县委常委、常务副县长确巴到革吉镇加布村检查以工代赈项目建设情况

2016年11月6日，发改委主任郝永福同相关单位工作人员为供暖工程热源厂选址

2016年10月23日，发改委副主任边巴欧珠接收文布当桑乡夏玛村赠送锦旗

2016年5月21日，发改委工作人员在县城询问市场价格

2016年12月21日，发改委工作人员到县蔬菜基地检查工程质量

2016年10月16日，县基建领导小组成员单位同施工、监理、设计方验收雄巴乡加吾村以工代赈项目

革吉县民族宗教事务局

2016年1月2日，县委常委、常务副县长确巴到扎加寺开展安全排查工作

2016年6月6日，阿里地区民宗局副局长、佛协理事长西绕桑布（后排中）到革吉县为僧人进行爱国教育宣讲

2016年2月1日，阿里地委统战部副部长达瓦多布杰到扎加寺慰问僧人和驻寺干部

2016年10月20日，民宗局副局长卓玛拥宗到扎西曲林寺检查指导工作

2016年7月8日，民宗局副局长卓玛拥宗到县养老院检查工作

2016年6月6日，阿里地区民宗局副局长、佛协理事长西绕桑布（右一）到扎西曲林寺慰问僧人

2016年5月31日，县委统战部、民宗局联合工作组在扎西曲林寺召开上半年和谐模范寺庙暨爱国守法僧人表彰大会

革吉县司法局

2016年7月14日，司法局局长旦增尼扎到县完小开展法律进校园宣讲活动

2016年12月31日，司法局局长旦增尼扎慰问刑满释放人员

2016年7月12日，司法局开展法律进牧区宣传活动

2016年7月24日，司法局组织工作人员开展法制宣传活动

2016年7月7日，全县干部职工开展法制讲座

革吉县公安局

2016年3月10日，西藏自治区人大常委会副主任李文汉（右一）到革吉县慰问公安局执勤人员

2016年10月23日，县委副书记、政法委书记、公安局局长阿旺朗杰到雄巴乡派出所调研

2016年10月26日，县委副书记、政法委书记、公安局局长阿旺朗杰到扎西曲林寺调研

2016年11月5日，县委副书记、政法委书记、公安局局长阿旺朗杰到文布当桑乡公安派出所检查指导工作

2016年3月15日，公安局组织干警开展综治宣传活动

2016年3月13日，公安局开展应急拉动演练

革吉县民政局

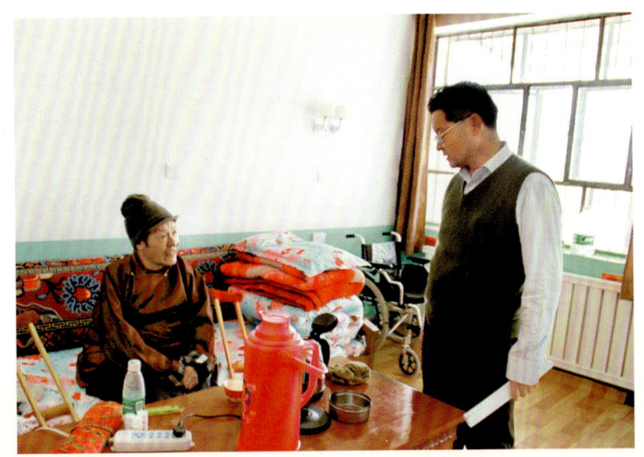

2016年10月22日，阿里地区行署副专员、革吉县委书记索朗次仁到“五保”集中供养服务中心看望特护区老人

2016年9月1日，县委副书记、县长王明杰到“五保”集中供养服务中心看望“五保”老人

2016年3月16日，副县长桑杰巴珠向分散在牧区供养“五保”老人介绍集中供养中心基本情况

2016年12月24日，副县长桑杰巴珠到象鲁康寺调研

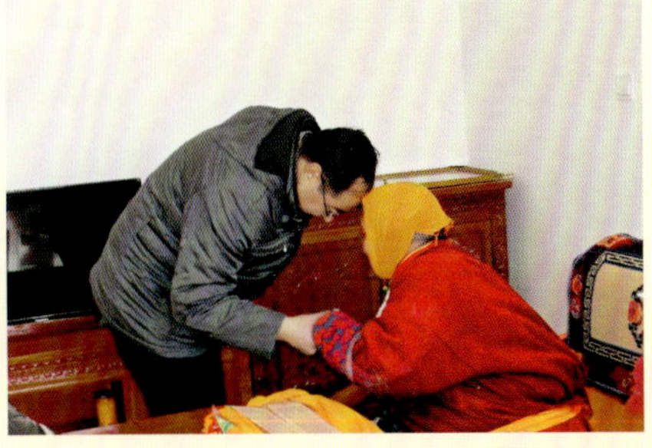

2016年12月6日，阿里地区民政局党组副书记、局长米玛次仁到革吉县“五保”集中供养中心慰问老人

2016年10月20日，民政局副局长洛益加措到阿里地区民政局学习相关业务知识

2016年12月27日，民政局工作人员将孤儿安全送达阿里地区儿童福利院

2016年5月13日，县消防中队官兵到“五保”中心教老人和工作人员使用消防设备

革吉县人力资源和社会保障局

2016年1月27日，人社局局长扎西次仁到亚热乡调研农牧民培训需求

2016年5月30日，人社局局长扎西次仁核实结对帮扶基本情况

2016年10月17日，人社局开展“两学一做”学习教育活动

2016年5月23日，人社局组织农牧民到普兰县学习蔬菜种植技术

2016年6月7日，人社局工作人员带领农牧民到普兰县学习蔬菜种植技术

2016年6月28日，藏餐培训结业典礼

2016年8月15日，人社局组织青年开展消防岗前培训

革吉县商务局

2016年12月2日，阿里地区行署副专员、革吉县委书记索朗次仁，县商务局局长扎西平措在地区查看参展物品

2016年5月6日，商务局局长扎西平措到雄巴乡民族手工艺品厂检查指导工作

2016年4月29日，商务局参与全县联合安全生产检查

2016年12月2日，商务局局长扎西平措带队参加阿里地区组织的物交会

2016年5月1日，商务局组织人员对县成品油经营进行监管

2016年9月14日，商务局在拉萨参加藏博会产品销售

革吉县教育（体育）局

2016年10月9日，阿里地区行署副专员、革吉县委书记索朗次仁在均衡大会上讲话

2016年10月20日，县委常委、常务副县长确巴到学校检查指导工作

2016年10月9日，副县长桑杰巴珠与各乡镇签订义务教育责任书

2016年11月8日，教育局副局长扎南到县中学检查指导工作

2016年5月13日，正在上课的幼儿园学生

2016年10月9日，县领导为考上内地西藏班家长发放奖学金

革吉县国土资源局

2016年7月18日，国土资源局局长姜勇到盐湖乡羌堆村宣传相关政策

2016年6月4日，国土资源局副局长尼珍到文布当桑乡核实永久基本农田划定的乡镇预留用地

2016年7月14日，国土资源局副局长尼珍主持召开“两学一做”学习教育专题讨论会

2016年5月26日，国土资源局联合相关单位检查乱搭乱建现象

2016年6月16日，国土资源局参加以“深化安全发展观、提升全民安全素质”为主题的安全生产知识宣传活动

2016年9月10日，国土资源局踏勘挂牌出让地块现场

革吉县环境保护局

2016年3月24日，阿里地区环保局副局长欧珠多吉（左三）一行工作组到各村组检查指导工作

2016年9月6日，副县长阿梅到卫生服务中心对废弃物进行专项检查

2016年4月15日，环保局局长陈永川到雄巴乡象鲁康寺检查环境卫生整治情况

2016年5月23日，环保局局长陈永川到亚热乡却藏村指导生态村创建工作

2016年3月16日，环保局委托第三方对革吉县公前村“饮用水水源点、土壤监测点、空气监测点”进行坐标（经纬度）定位

2016年6月5日，环保局工作人员开展环境保护宣传活动

2016年7月12日，环保局联合县团委、志愿者开展保护“母亲河”活动

革吉县住房和城乡建设局

2016年9月2日，西藏自治区住建厅厅长斯朗尼玛（右一）、阿里地区副专员袁富国检查革吉县县城易地搬迁工作

2016年9月2日，西藏自治区住建厅厅长斯朗尼玛（前排左一）到革吉县盐湖乡检查乡镇干部职工周转房

2016年5月31日，县委常委、常务副县长确巴到革吉镇加布村宣讲农牧民施工队资质

2016年6月10日，住建局副局长旺姆到施工现场检查指导工作

2016年9月18日，阿里地区住建局副局长加央次仁到革吉县公共租赁房验收附属设施建设项目

革吉镇太阳暖棚职工周转房

雄巴乡业务用房

革吉县重点建设项目管理中心

2016年6月11日，阿里地区行署副专员、革吉县委书记索朗次仁，县委副书记、县长王明杰到砂石场调研

2016年4月29日，县委常委、常务副县长确巴组织各单位专家组召开议标会

2016年9月15日，县委常委、常务副县长确巴带队到革吉镇验收康巴列村转场公路

2016年6月16日，革吉县举行易地搬迁奠基仪式

2016年6月10日，项目管理中心负责人到盐湖乡工地检查指导工作

2016年6月15日，革吉县项目管理中心工作人员到雄巴乡加吾村了解结对帮扶户生活情况

革吉镇周转房

革吉县建设工程质量监督站

2016年6月28日，西藏自治区人大常委会副主任李文汉（左二）一行工作组到革吉县易地搬迁福康小区建设工地调研

2016年8月24日，县委常委、常务副县长确巴主持召开工程质量安全会议

2016年6月10日，质监站人员学习“两学一做”文件精神

2016年7月4日，易地搬迁指挥部召开项目进度会议

工地木材摆放区

施工现场

革吉县城市管理监察大队

2016年7月21日，副县长郝永福带领相关环卫单位负责人检查工业垃圾处理及环境违法行为

2016年5月1日，城管大队队长洛旦组织开展整治县城街道大扫除活动

2016年10月20日，城管大队队长洛旦组织员工开展环城路卫生整治

2016年8月23日，城管大队队长洛旦组织开展整治工地垃圾

2016年9月10日，东郊公租房“双联户”户长罗布带领人员开展环境卫生整治

2016年9月16日，城管大队工作人员检查县城农贸市场环境卫生

革吉县水利局

2016年7月20日，阿里地区水利设计所所长索南尼玛（左一）检查嘎尔嘎灌区项目

2016年8月14日，县委副书记、县长王明杰到革吉镇森布村指导防汛抢险工作

2016年7月23日，水利局副局长沈函检查嘎尔嘎灌溉工程质量及进度情况

2016年8月15日，水利局局长次仁顿珠检查布贡村饲草料基地灌溉工程

2016年4月18日，水利局技术人员到扎加寺检查寺庙饮水管道

2016年6月16日，水利局工作人员开展安全生产宣传活动

革吉县农牧局

2016年6月25日，农牧局局长次仁旺加到革吉镇森布村检查指导人工种草

2016年4月20日，农牧局工作人员到亚热乡却藏村、罗玛村进行草场界限打点

2016年6月10日，农牧局技术人员到革吉镇加布村教授紫花苜蓿种植方法

2016年11月15日，革吉县宣讲团到革吉镇布贡村宣讲惠农政策

2016年11月25日，农牧局防抗灾领导小组到亚热乡却藏村实地调研防抗灾情况

2016年5月12日，农牧局组织干部职工开展植树活动

革吉县文化广播电影电视局

2016年11月13日，文广局电视台台长旦巴带队对全县线路进行维修

2016年10月5日，革吉县电影队队长次仁多吉到各乡镇、村（居）巡回放映电影

2016年6月11日，文广局举办“让文化遗产融入现代生活，加强文化遗产保护”宣传活动

2016年6月20日，革吉县电视台专业人员在制作新闻并上传到地区电视台

革吉县新华书店一角

革吉县卫生局

2016年11月2日，卫生局局长次巴珠到雄巴乡卫生院检查指导工作

2016年9月3日，县卫生局举办村医培训会

2016年10月31日，卫生局局长次巴珠到雄巴乡检查指导卫生工作

2016年6月22日，卫生局副局长仁藏多杰主持召开健康教育和新农合培训会

2016年8月29日，县疾控中心带队下乡筛查包虫病人群

2016年4月5日，县疾控中心领导带队到文布当桑乡开展健康体检

革吉县旅游局

2016年8月5日，副县长桑杰巴珠带队到亚热乡塞利普村召开精准扶贫动员大会

2016年5月10日，旅游局副局长尼琼到革吉镇加布村宣讲旅游法律法规知识

2016年11月15日，革吉县开展旅游安全大检查

2016年9月15日，旅游局联合林业局到雄巴乡民族手工艺加工厂检查指导工作

2016年7月9日，旅游局工作人员在县城开展旅游宣传活动

2016年10月10日，旅游局联合安监、消防、公安宣传安全生产有关法律知识

盐湖乡扎西曲林寺

革吉县林业局

2016年12月16日，副县长桑杰巴珠与林业局局长普布扎西组织开展革吉县羌塘国家级自然保护区管护站设备发放仪式

2016年4月22日，林业局局长普布扎西到雄巴乡湿地保护区调查鸟类疫情情况

2016年8月11日，林业局拨付农牧民劳务工资

2016年3月21日，革吉县综治办牵头，县林业局及31家单位在县城开展“三月综治宣传月”活动

2016年7月20日，林业局工作人员在县城内进行树木修剪、除草、消毒、打药工作

2016年5月30日，林业局在正在建设的人工湖边树立安全警示牌

革吉县扶贫（农发）办

2016年11月3日，西藏自治区副主席其美仁增（右一）到革吉县革吉镇森布村蔬菜基地考察

2016年11月3日，西藏自治区副主席其美仁增（左二），阿里地区地委委员、宣传部部长、脱贫攻坚常务副总指挥长索朗才旦（左一）到革吉县革吉镇牦牛养殖基地了解项目效益情况

2016年12月18日，县委副书记、县长、脱贫攻坚指挥部常务副总指挥长王明杰参加福康小区入住仪式

2016年7月26日，县政协副主席扎布拉到革吉镇公前村贫困户家中了解情况

2016年7月12日，革吉县扶贫（农发）办主任、脱贫攻坚指挥部办公室主任罗布到福康小区调查易地扶贫搬迁项目建设质量与项目进展情况

2016年11月21日，革吉县脱贫攻坚指挥部办公室工作人员到亚热乡罗玛村检查精准扶贫工作开展情况

革吉县藏语文工作委员会（编译局）

2016年8月20日，西藏自治区、阿里地区藏语委办（编译局）工作组一行到革吉县检查社会用字情况

2016年3月8日，编译局工作人员检查社会用字情况

2016年4月15日，编译局工作人员在街头检查社会用字情况

2016年6月23日，编译局工作人员在街头宣传藏汉“双语”社会用字

2016年6月12日，编译局工作人员翻译政府工作报告

2016年6月21日，编译局工作人员校对革吉县第九次党代会会议材料

2016年12月8日，编译局工作人员翻译“三农普法”宣传稿

革吉县党的建设领导小组办公室

2016年12月14日，阿里地区行署副专员、革吉县委书记索朗次仁在基层党组织书记述职评议会上作点评

2016年8月7日，县委副书记、县长王明杰主持召开党建工作推进会

2016年8月7日，县委副书记、县长王明杰主持召开革吉县2016基层党建现场学习交流总结会

2016年12月14日，县委常委、组织部部长束志勇在基层党支部书记述职会上作讲话

2016年8月4日，县委常委、组织部部长束志勇到雄巴乡督导检查“两学一做”学习教育

2016年8月5日，县委常委、组织部部长束志勇到盐湖乡开展基层党建工作交流学习座谈会

召开2016年度县委常委班子民主生活会

革吉县 革吉镇

2016年3月8日，革吉镇副镇长拉巴欧珠与农牧民群众欢庆“三八”妇女节

2016年12月29日，镇党委书记牛群到康巴列村看望驻村干部

2016年5月11日，革吉镇组织召开年度工作会议

2016年4月10日，革吉镇组织开展村（居）干部文化素质提升培训

2016年6月2日，革吉镇召开党代会

2016年6月12日，革吉县脱贫攻坚政策宣讲团到革吉镇开展宣讲

革吉县 雄巴乡

2016年5月2日，党委副书记、乡长多吉洛珠到多仁村召开精准扶贫工作会

2016年7月16日，党委副书记、乡长多吉洛珠到结克村召开人民调解工作会议

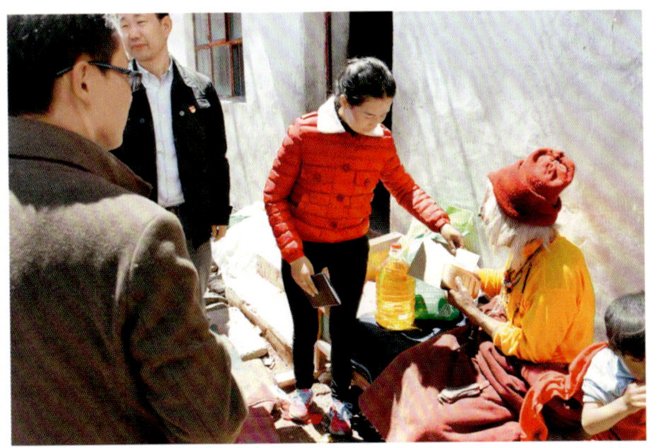

2016年6月12日，党委书记周桢垒到多仁村村民家中了解生产生活情况

2016年9月26日，党委书记周桢垒，党委副书记、乡长多吉洛珠，党委副书记、纪委书记康宁为先进“双联户”户长颁奖

2016年9月25日，党委副书记、乡长多吉洛珠主持召开先进“双联户”户长培训会

2016年7月2日，雄巴乡开展“五下村”活动

革吉县亚热乡

2016年9月8日，县委常委、常务副县长确巴到亚热乡检查指导工作

2016年10月7日，亚热乡村“两委”班子，驻村工作队，乡干部职工开展“两学一做”学习教育活动

2016年12月25日，县人大常委会副主任洛桑次仁到亚热乡检查指导工作

2016年4月17日，召开亚热乡第十三届二次人民代表大会

2016年3月11日，亚热乡组织学校老师、干部职工召开开学动员大会

2016年12月28日，亚热乡却藏村合作社贫困户分红现场

革吉县 盐湖乡

2016年9月20日，党委副书记、乡长贡觉次仁和羌麦村第一书记、副乡长白玛才旺实地考察人工种草建设项目

2016年12月13日，党委副书记、乡长贡觉次仁下村统计适龄儿童入学情况

2016年10月22日，盐湖乡机关干部开展宣讲卫生防疫基本知识宣讲

2016年7月1日，盐湖乡召开“优秀共产党员”表彰大会

2016年9月15日，盐湖乡机关和公安派出所在全乡范围内开展食品安全大检查

2016年12月17日，盐湖乡完小举办散学典礼，乡人民政府募捐钱物以帮助困难学生添置学习用品

2016年10月26日，革吉县那布艺术团巡回演出

革吉县 文布当桑乡

2016年7月2日，党委书记白玛旺久慰问困难党员

2016年6月15日，党委书记白玛旺久组织开展“保护环境，我爱家园，党员在行动”活动

2016年6月11日，党委书记白玛旺久、乡组织委员阿旺一行检查施工安全

2016年6月21日，党委书记白玛旺久组织干部职工整治环境卫生

2016年5月4日，文布当桑乡组织干部职工开展植树活动

2016年3月28日，乡人大主席普琼主持庆祝“3·28百万农奴解放纪念日”活动

2016年5月28日，文布当桑乡组织机关党员干部召开“两学一做”座谈会

中国农业银行股份有限公司革吉县支行

2016年11月3日，农行革吉县支行行长朗加到雄巴乡多仁村慰问结对帮扶户

2016年3月27日，农行革吉县支行行长朗加到亚热乡助农取款服务点检查工作

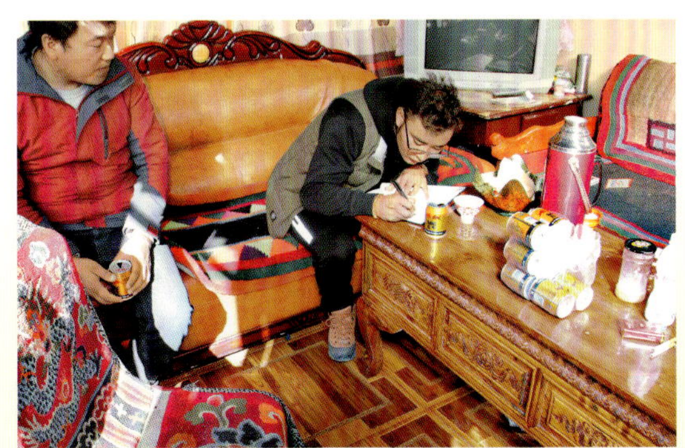

2016年3月25日，农行工作人员到革吉镇布贡村进行钻石卡评定调查

2016年4月6日，农行革吉县支行行长朗加到革吉镇加布村农行进行钻石卡评级调查

2016年5月13日，农行工作人员到雄巴乡巴措村进行流动服务

2016年1月5日，农行革吉县支行召开“春天行动”营销启动会

中国西藏·革吉

美丽革吉

这里是“万山之祖”，喜马拉雅山脉、冈底斯山脉
喀喇昆仑山脉和昆仑山脉在这里相聚